존 듀이와 교육

듀이 철학 입문과 이 시대를 위한 현대적 재구성

존 듀이와 교육

듀이 철학 입문과 이 시대를 위한 현대적 재구성

초판 1쇄 인쇄 2021년 1월 20일
초판 1쇄 발행 2021년 1월 27일

지은이 짐 개리슨·슈테판 노이베르트·케르스텐 라이히
옮긴이 김세희·김언순·김자운·서용선·심성보·심임섭·유성상·이우진·최현주
펴낸이 김승희
펴낸곳 도서출판 살림터

기획 정광일
편집 조현주
북디자인 꼬리별

인쇄·제본 (주)신화프린팅
종이 (주)명동지류

주소 서울시 양천구 목동동로 293, 22층 2215-1호
전화 02-3141-6553
팩스 02-3141-6555
출판등록 2008년 3월 18일 제313-1990-12호
이메일 gwang80@hanmail.net
블로그 http://blog.naver.com/dkffk1020

ISBN 979-11-5930-176-6 93370

가격은 뒤표지에 있습니다.
잘못된 책은 바꾸어 드립니다.

존 듀이와 교육

듀이 철학 입문과
이 시대를 위한 현대적 재구성

John Dewey

짐 개리슨
슈테판 노이베르트
케르스텐 라이히
지음

김세희
김언순
김자운
서용선
심성보
심임섭
유성상
이우진
최현주
옮김

살림터

존 듀이의 정치철학을 통해 본
그의 교육철학 다시 조망하기

존 듀이John Dewey는 20세기 초반 미국에서 가장 유명한 철학자였을 뿐 아니라, 학계를 넘어 일반 대중들을 대상으로 정치와 교육, 과학과 종교 등에 대해 많은 글을 쓴 공공적 지성인이었다. 듀이는 자기가 살았던 시대를 앞서 나갔으며, 오히려 현재 우리 시대의 맥락을 같이하고 있다. 듀이는 실용주의의 설립자이기도 하지만, 그의 교육과 배움에 대한 접근 방식은 여전히 현대적 담론과 실천에 국제적으로 큰 영향을 미치고 있는 교육 고전인 『민주주의와 교육Democracy and Education』1916의 저자이기도 하다. 듀이는 엄청나게 다양한 활동들을 하는 가운데에서도 1,000여 편이 넘는 논문과 책을 저술했다. 이 중 대부분은 일반 대중을 대상으로 하는 것으로 최근에는 37권의 전집으로 출간되었다.

공적인 참여의 삶을 산 철학자, 존 듀이

듀이는 1952년 93세의 나이로 유명을 달리했지만, 그가 세상을 떠난 후 수십 년 동안 듀이의 업적은 대부분 무시되었다. 학계의 철학은 기술적이 되어 갔고, 듀이의 폭넓은 성찰은 모호할 뿐 아니라 시대에 뒤떨어진 것으로 간주되었다. 도덕철학자와 정치철학자들조차 공리주의적 윤리와 칸트적 윤리 간의 논쟁에 휩쓸려 듀이에게 관심을 기울일 이유를 찾지 못했다. 그의 영향력이 존속되던 교육의 현장을 제외하면 그의 책을 읽는 학생들도 거의 없었다고 한다.

그런데 최근 들어 듀이가 다시 화려하게 부활하고 있다. 왜 이러한 현상이 일어나는가? 또 듀이의 부활은 진정 현대의 철학과 정치학 그리고 교육학에 희망을 안겨 주는가? 그것은 듀이처럼 공적인 참여의 삶을 산 철학자가 흔치 않기 때문이다. 그는 진보 시대 개혁의 주역으로서 시카고대학교 부설 실험학교를 설립했으며, 사회개혁 운동가 제인 애덤스가 세운 헐 하우스-북미 최초로 만들어진 이민자 생활 향상을 위한 기관-에서 그녀와 함께 일했고, 여성 참정권 운동과 마거릿 생어의 산아제한 운동을 지원했다.

듀이는 훗날 진보주의 교육이라고 불리는 흐름의 선두에 선 주창자이기도 하고, 미국 교사들의 영웅으로 칭송받았다. 그는 미국 최초의 교원단체인 미국교원노조AFT의 1번 회원이었다. 또한 전대학교수협회, 뉴스쿨, 전미시민자유연맹의 창설에 앞장섰다. 그러는 한편 일본과 중국, 터키, 멕시코, 소비에트 연방을 여행하면서 강연을 하고 교육개혁에 대한 자문 활동을 적극적으로 개진하였다. 비록 실패로 돌아가기는 했지만, 1929년 사회민주주의 원리에 입각한 새로운 정당, 즉 제3의 당을 표방하는 독립정치행동연맹의 시도는 영국의 페이비언 사회주의Fabian Socialism의 영향을 받은 영국 노동당을 모델로 삼아서 사회당과 공산당의 연합을 추진하였다. 1930년대 이후 듀이의 사회사상은 민주적 사회주의democratic socialism로 특징지을 수 있다. 사실 듀이는 스탈린의 사회주의 국가나 뉴딜 정책의 복지국가가 모두 '계획된 사회planned society'라고 말하며, 자신이 추구하는 민주적 사회주의 혁명은 그 운동 중에서도 끊임없이 구상되고 또 수정되는 '계획하는 사회planning society'임을 강조하고 있다. 78세 때인 1936년에는 스탈린의 고발로 모스크바에서 열린 트로츠키 재판에서 그의 무죄를 주장하는 심리위원회를 이끌었다. 소비에트 정권에 대항해 사보타주를 일으키며 반역을 주도했다는 트로츠키의 혐의를 벗기려는 것이었다. 이런 일련의 활동으로 인해 미국연방수사국FBI의 사상 검증을 받아야 했다.

듀이(1859~1950)가 살았던 시대는 기계력이 중심이 되어 가던 대량생산 및 대량소비로 대표되는 포디즘Fordism 산업사회였다. 증기, 전기, 철도 등이 매우 발달하기 시작하고 산업화와 도시화가 빠른 속도로 진행되었다. 그런데 기계의 발달은 19세기 미국인의 삶에서 쉽게 볼 수 있었던 공동체의 지역적 형태들을 해체시켰다. 상업과 산업의 영향으로 전통적인 형태의 공동체와 권위가 붕괴되기 시작하였다. 새로운 형태의 커뮤니케이션과 테크놀로지는 새롭고 더욱 광범위한 상호의존을 가져왔지만, 공통의 목적과 추구에 대한 연대감을 불러오지는 못했다. 철도와 유선전선을 이용하고, 노동의 복잡한 분화가 증가하고, 집단행위가 많아졌음에도 불구하고 공동체성을 형성하지는 못한 것이다.

듀이는 이런 현상의 출현을 위기의 시작으로 보았다. 현대 생활에서 과학과 기술이 제공한 문화적 발전과 오늘날 많은 비판적 논란을 일으키고 있는 근대화와 세계화의 위기 및 어두운 측면 간의 긴장을 벌써 인식하였다. 아무리 대중매체가 발달하고 과학과 기술의 합리주의가 테크노크라시technocracy를 형성하고, 이에 걸맞은 전문적 관료가 구성된다 해도, 가까운 사람들과 서로 성장하는 관계를 구축하지 않는 한, 자신이 직면한 문제를 해결할 수 없다. 듀이가 강조하듯 산업사회의 출현에 이바지했던 기계 시대는 작은 공동체를 붕괴시키면서 거대한 사회만을 추구했기 때문이다.

그랬기에 듀이의 눈에 비친 대중은 여전히 길을 잃고 방황하는 것처럼 보였다. 대중은 원자화되고 불완전하며 비조직적인 상태로 내버려진 듯하였다. 그래서 듀이는 당시 미국 민주주의의 주요한 문제가 본질적으로 정의와 권리를 덜 강조하는 데 있다기보다는 '공공생활의 피폐성'에 있다고 보았다. 이러한 피폐성의 근원은 근대 경제생활의 비인격적이고 조직화된 성격과 미국인들이 자신들에 대해 인식하는 방식 사이의 모순에 있다고 보았다. 20세기 초반의 미국인들은 점차 자신을 자유롭게 선택하는 개인으로 생각하게 되었다. 대기업들이 지배하는 거대한 규모의 경제생활이 자신의 삶을 관리하고, 그들의 역량을 침식하기 시작했는데도 말이다. 듀이는 사회적 사안을 관리하는 일에서 개인의 중요성이 줄어들고 있던 시기, 그리고 기계의 힘과 거대한 비인격적 조직들이 상황의 골격을 결정하고 있던 바로 그런 시기였음에도 불구하고, 역설적으로 사람들은 개인주의에 매달리고 있었다. 사람은 개인으로 태어나는 것이 아니라, 타인과 공생하는 유기체로 태어남에도 말이다.

듀이는 제1차 세계대전 후 미국의 민주주의가 두 가지 위기에 직면하고 있다고 보았다. 하나는 대중 사회 성립에 의한 공중public의 몰락이며, 다른 하나는 전쟁 히스테리로부터 시작된 공산주의 배척 운동에 의한 시민적 자유의 억압이다. 듀이의 공중의 정치철학은 이 민주주의의 두 가지 위기에 대한 저항에 의해 성립되었다. 1920년대 공중의 몰락은 투표율의 저하(50%)로 나타났다. 1920년대를 경계로 도시인구는 농촌 인구를 상회하고 도시화와 산업화를 기반으로 하는 행정기구의 관료화와 개인주의에 의한 공동체의 붕괴가 민주주의의 위기를 낳은 것이다. 시민적 자유의 위기는 노동운동과 공산주의 운동에 대한 탄압에서 현저히 나타났다.

그리고 듀이가 지적하는 공중의 소멸은 세 가지 위기를 표현하고 있다. 첫째는 시야가 좁은 공중이며, 둘째는 확산된 공중이며, 셋째는 무관심한 공중이다. 자기중심적인 이익을 중시하는 좁은 시야에 갇힌 공중은 더 이상 공적인 존재가 아니다. 세분화된 이익집단의 한 명으로 확산된 공중도 공적인 존재가 아니다. 사적인 취향 속에 갇혀 사회나 정치에 무관심한 공중 또한 공적인 존재가 아니다. 듀이는 '공중의 소멸'의 중심 요인을 개인주의와 그것을 생산한 근대의 정치경제학에서 찾고 있다.

듀이는『공중과 그 문제들 The Public and Its Problems』[1927]에서 공중의 소멸을 두 가지 과제로 수렴하여 논하고 있다. 하나는 공중의 존재 기반이며, 또 하나는 국가 또는 주정부의 기능이다. 국가/주정부란 오케스트라의 지휘자와 같은 것이다. 오케스트라의 지휘자는 어떤 악기도 연주하지 않고 어떤 음도 내지 않는다. 악기를 연구하여 음을 울리게 하고 음악을 창조하는 것은 오케스트라 단원이다. 그런데 오케스트라는 지휘자에 대한 충성 없이는 개개인의 음이 연합되지 못하고 해체되며, 연합association으로 조화로운 음이 울려 퍼지지 못한다. 지휘자(국가)와 오케스트라(사회)의 관계는 정신(국가의 관념)과 신체(사회의 활동)의 비유로도 표현된다. 사람들의 사회생활은 추상적이고 고립된 개인의 생활이 아니라 다양한 협동사회association의 활동을 기초로 성립한다. '공적 영역' 또는 공론의 장은 협동사회에서의 활동을 기반으로 성립하는 것이다. 협동사회의 활동을 기초로 하는 듀이의 공공성 개념은 자유주의를 주장한 시민적 공공성과는 이질적인 관점을 가지

고 있다. 듀이의 공중 철학은 개인의 자유와 인권을 원리로 근대 시민
사회를 창설한 자유주의의 연장선에 있는 것이 아니라, 협동사회의 실
현을 공동체의 정치철학에 따라 추구한 공상적 사회주의의 연장선에
있으며, 협동사회주의의 전통에 뿌리를 두고 있다.

듀이는 '거대한 사회Great Society'를 '위대한 공동체Great Community'
로 전환하여 공중을 옹호하고 민주주의를 복원해야 한다고 주장한다.
듀이가 '거대한 사회'라고 했을 때, 그것은 익명의 개인이 자유의 이
념을 표방하며 구성된 시민사회 그 자체를 의미했다. 거대한 사회에
서 국가의 통일은 의견이나 정보를 단시간에 쉽게 순환시키는 대중매
체의 기술에 의해 조직되며, 그 정치적 통일은 사회적인 획일성과 지
적인 획일성을 조장하여 정치의 평범한 표준화를 촉진한다. 듀이는 위
대한 공동체사회 건설을 위한 '민주적 사회주의' 또는 공적 사회주의
public socialism를 주창하였다.

듀이가 추진한 사회주의 혁명은 첫째, 교육을 중심적인 수단으로
삼는 비폭력적인 혁명이며, 소비에트에서 수행된 폭력 혁명과는 전략
이 달랐다. 둘째, 수립되는 정치권력에도 차이가 있었다. 듀이가 추진
하는 사회주의 국가의 정치권력은 소비에트와 같은 노동자 계급의 전
제적인 권력이 아니라 의회제 민주주의를 전제로 하는 정치권력이었
다. 셋째, 혁명의 주체에도 차이가 있었다. 소비에트 혁명의 주체는 노
동자 계급이며 노농동맹인 것에 비해, 듀이가 구상하는 사회주의 혁
명은 교사와 지식인, 자영업자와 소시민을 주체로 하는 혁명이었다. 그
중에서도 교원노동조합에 대한 기대가 컸다. 넷째, 건설된 사회조직
의 이미지에 차이가 있었다. 소비에트가 집산주의의 계획경제를 추진
하는 노동자 조직과 농민 조직으로 구성되는 사회였던 것에 비해 듀
이가 구상하는 혁명 후의 사회는 '위대한 공동체'이며, 민주주의의 정

치윤리로 구성된 공공 영역을 중핵으로 하는 협동적인 사회였다. 다섯째, 생산과 재생산의 관계에도 차이가 있다. 마르크스 경제학에서는 사회의 중심이 생산 과정에 있고 재생산 과정은 노동력의 재생산으로서 생산에 대해 종속적인 위치를 부여받았다. 그러나 듀이는 문화 재생산의 정치적 과정이 사회의 중심 문제이며 생산 과정이 오히려 재생산 과정에 종속되는 것으로 인식했다. 듀이는 생산의 궁극적인 문제는 인간 존재의 생산이라고 주장하였다.

듀이는 공동체의 복리에 기여하고 사회적으로 가치 있는 것을 '공적'이라고 불렀다. 공적 건물과 사적 건물, 공적 도덕과 사적 도덕, 공립학교와 사립학교, 개인과 공인, 사유재산과 공적 기금 등 우리는 공과 사를 쉽게 구별하고 있다. 이러한 공과 사의 구별 속에 국가의 성격과 기능을 푸는 열쇠가 존재한다. 듀이의 공공성과 사사성은 이율배반적인 대립 항이 아니다. 그에게서 사적 사항의 대부분은 사회적이며 공공적이다. 사적 영역이나 친밀 영역이 팽창해서 공적 영역이 해체된 것이 아니라, 사적 영역이나 친밀 영역에 내재하는 공공성이 개인주의 이데올로기에 의해 사사화된 결과로 공적 영역이 해체된 것이다. 그래서 듀이는 개성의 실현을 공적 영역을 회복하는 기초 요건으로 삼았다. 공중public은 공동체의 공공재를 획득하여 보호하는 주체를 의미한다. 공중은 공공권이라는 공동의 장을 간접적으로 옹호하고 보호하고 있으며, 정부와 국가는 공중의 대리인으로서의 공무원 조직인 것이다. 공중은 추상적으로 존재하는 것이 아니라, 사람들의 매일의 활동에 뿌리를 두고 있다.

듀이에게 민주주의는 다수결의 원칙을 따르는 체계를 넘어서는 삶의 양식, 즉 시민들 사이에 의사소통과 숙의를 촉진시켜 지성적 집단행동을 위한 협의를 이끌어 내는 민주적 삶의 방식이었다. 듀이는 민주주의를 '삶의 방식' 또는 '삶의 양식'의 철학이며, 그리고 다양한 사람들이 더불어 사는 것이라고 정의하였다. 듀이의 민주주의는 정치적인 절차나 제도에 머무르지 않는 삶의 방식 그 자체를 관통하는 포괄적인 개념이며, 다양한 사람들이 공생하는 협동생활의 행동원리다. 민주주의는 협동생활의 원리 이외에 그 무엇도 아니다. 민주주의는 공동체 생활 그 자체의 개념이다. 듀이는 'society(이익사회/조직사회)'가 아닌 'association(연합/협동)'으로서 'community'의 건설을 제창한다. 서로 다른 사람들이 공생하는 협동생활을 조직하는 일은 얼굴과 얼굴을 마주하는 의사소통이며, 이 의사소통을 통해 사람들은 '공동체'를 구성한다. 의사소통에서 듀이가 강조하는 것은 대화이며, 자기의 주장을 말하는 행위보다는 타인의 목소리를 듣는 행위다. 듀이는 '보는 것vision'은 관조자spectator이며, 듣는 것hearing은 참가자participant임을 강조한다.

공동체는 공통적인 것the common을 공유하고 의사소통에 의해 구성된 사람과 사람 간의 유대이다. '공통적'이란 공통의 믿음, 공통의 윤리, 공통의 문화, 공통의 지식, 공통의 복리, 공통의 시설 등이 포함된다. 이러한 공통의 선과 재화가 공공적인 것이다. 공통적인 것=공공적인 것을 공유하며 의사소통으로 결합된 사람들의 유대가 공동체이며, 그러한 의사소통의 공간이 '공적 영역public realm'이다. 공적 영역은 의사소통에 의해 공통적인 것=공공적인 것의 가치나 공공복리를 구성하여 그것을 서로 나누는 활동을 수행하는 공간이다. 공적 영역은 공동성에 기반을 둔 정치 공간이며, 타인과 더불어 사는 존재인 인간의 협동성을 기초로 하는 삶의 정치 공간이다.

공익에 열린 공간이 공공성이며, 반대로 보호되고 숨겨진 공간인 가정생활이 사사성이었다. 이 말이 '공중'이라는 의미를 획득한 것은

17세기 중반의 프랑스에서였다. 'le public'의 등장이 그것이다. 나아가 '공중the public'의 등장으로 공공성은 공화제 민주주의로서 중심 개념의 의미를 획득했다. 듀이의 공공성의 개념은 이러한 민주주의의 주체인 공중의 개념을 기초로 하고 있었다. 하지만 오늘날 근대 사회는 공공성의 상실을 경험하고 있다. 가족을 중심으로 한 친밀 영역의 확대가 공적 영역의 해체를 이끌었다. 사사성을 중심으로 한 가정생활과 성생활을 주요 관심사로 삼고, 공중을 대중으로, 공공적인 사항을 사적인 사항으로 치환하려는 사고방식을 사람들 속에 침투시킨 것이다.

듀이의 신념은 실용주의와 자유주의를 모두 반영하는 것이었다. 듀이의 실용주의는 그의 자유주의에 독특하고 어떤 면에서는 생소한 특질을 제공한다. 대부분의 자유주의 정치이론은 듀이의 실용주의와 상충하는 도덕적 형이상학의 가정에 기초를 두고 있다. 듀이는 고전적 자유주의자들이나 동시대의 많은 자유주의 이론가들과는 달리, 그의 정치이론의 기반을 근본적 권리나 사회계약의 존재에 두지 않았다. 그는 시민적 자유를 선호했지만, 다수결의 원칙을 제한하고자 하는 권리 규정에 우선적 관심을 두지 않았다. 그리고 사회의 기본적 구조를 지배하는 정의 원칙을 도출하거나 정부의 침해로부터 자유로운 사적 영역을 밝히기 위해 노력하지도 않았다.

듀이는 자유주의의 중심이 되어야 하는 자유란 개인들 저마다의 역량을 실현하게 하는 공동생활에 참여하는 데 존재한다고 보았다. 자유의 문제는 개인의 권리와 공동체의 요구 사이의 균형을 어떻게 찾는가의 문제가 아니라, 개인의 내적 삶은 물론 외적 삶까지 양육하고 지도하는 정신적 권위를 보유한 전체적인 사회질서를 어떻게 확립하는지에 대한 보다 근원적 문제에 천착하고 있다. 시민적 자유는 이러한 사회에 없어서는 안 되는 필수 불가결한 요소이다. 그것이 개인으로 하여금 나름의 존재 이유를 추구하도록 해 주기 때문이 아니라 민주적 삶이 필요로 하는 사회적 의사소통, 즉 자유로운 탐구와 토론을 가능하게 해 주기 때문이다.

그러기에 듀이에게 민주주의의 최우선적 중요성이란 모든 사람의 우선권을 동등하게 평가하는 데 필요한 장치(제도 등)를 제공하는 것이 아니었다. 대신 삶의 모든 영역과 방식이 확장되는 사회조직의 형태를 제공하여 개인이 가진 최대한의 힘이 길러지고 유지되고 관리될 수 있게 하는 것을 강조하였다. 그가 생각한 활성화된 자유주의의 첫 번째 목표는 정의나 권리의 추구가 아니라 바로 '교육'의 실현이었다. 공적 영역의 구성과 조직, 즉 의사소통에 의한 공동체의 조직에서 중시된 것이 '교육'이다. 교육이야말로 인간의 사회적 지성과 상상력의 성장을 촉진하고, 한 명 한 명의 개성을 타인의 개성과 병행하여 형성시켜 사람들을 '민주적 공중democratic public'으로 발달시키기 때문이다. 그래서 듀이는 민주주의 부흥을 위해 공동의 공공생활이 회복되기를 원했고, 이를 위해 '민주적 공중'의 탄생을 원했다. 민주적 공중의 탄생을 위한 의사소통은 공중을 재탄생시키는 유일한 방법이며 의사소통에 의해 형성되는 사회적 지성이 민주주의 정치의 실현을 이끈다. 교육은 함께 공유하는 공공생활의 상호적 책임에 시민들이 적합해지도록 마음 및 인격의 형성과 습관화, 그리고 지적·도덕적 유형을 창출하는 것이었다. 듀이는 이런 종류의 민주주의 교육이 학교교육의 문제일 뿐 아니라 진보적 사회기관 및 정치기관의 필수적인 책무라고 보았다. 학교는 민주적인 공공생활에 참여하도록 어린이들을 준비시키는 '축소된 공동체'나 '맹아적 공동체'가 되어야 하며, '아동의 서식지'가 되어야 한다. 그리고 민주적인 공공생활은 다시 공공선을 증진시키도록 시민들을 교육하는 시민적 학습을 지향해야만 한다.

듀이는 정치적 차원에서 이기적, 비역사적, 원자적 개인주의를 포함한 고전적 자유주의를 경멸하고 있다. 그는 또한 고통을 최소화하며 쾌락을 최대화하는 공리주의는 물론이고 칸트에 의해 옹호된 내재적 합리성을 포함한 타고난 자유의지의 가치를 낮게 보았다. 사회적 선을 확보하기 위해 국가의 역할을 고전적 자유주의의 울타리에 가두는 것에 대해서도 비판적이었다. 공산주의적 마르크스주의에 대해서는 강하게 거부하였지만, 일종의 사회주의 형태에 대해서는 어느 정도 동의하였다. 20세기 초 자본주의와 공산주의 위치를 이분화하기보다는 인간의 상호작용과 의사소통의 모든 측면에서 참여적인 다원적 경험을 하도록 하는 민주주의에 기반을 둔 사회적 재구성이라는 제3의 길을 모색하였다.

듀이는 많은 근대화 칭송론자들과는 달리 과학주의, 실증주의, 환원주의 등을 엄중하게 거부하였다. 예를 들어 이론과 사실, 그리고 사실과 이론, 인식자와 인식 대상, 주체와 객체, 마음과 몸이라는 이원론을 반대하였다. 확고한 목적/궁극적 실재 등 '마지막 말씀last words'을 가정한 형이상학을 거부하며 변화change가 실재reality라는 실용주의 관점을 취하였다. 이 관점은 절대주의에서 실험주의로의 이동을 보여 주는 것이다. 듀이의 철학은 20세기 초 미국인들이 당면한 엄격한 양자택일의 문제, 즉 과학과 종교, 개인주의와 공동체, 민주주의와 전문가 정치 사이의 융통성 없어 보이는 양자택일의 문제를 완화시키는 데 기여하였다. 과학은 우리가 경험해 나가면서 세계를 이해하는 또하나의 방식일 뿐이지, 꼭 신앙과 대립각을 세우는 것은 아니라고 하였다. 개인주의는 마구잡이로 사적 이익을 도모하는 것이 아니라, 공동체 생활 속에서 개인이 가진 특유의 역량을 이끌어 내야 한다고 주장하였다. 민주주의는 단순히 합리와 불합리를 불문하고서 다수결을 따르는 것의 문제가 아니라, 시민들이 지성적 행위를 할 수 있도록 교육하고 실천하는 하나의 삶의 방식이라고 하였다. 철학을 실천적이며 실험적일 수밖에 없는 것으로 본 듀이의 생각은 철학자들이 시민일 뿐만 아니라 철학자로서 그 시대의 사건에 대응해야만 한다는 것을 시사한다. 이는 곧 철학과 민주주의 사이의 관계 역시, 대부분의 철학자들이 받아들이는 것보다 훨씬 밀접하다는 것을 암시한다.

사람은 사람과 사람의 관계 속에서 협동적인 존재로 태어나는 것이며, 인권은 그 사람이 속한 공동체의 투쟁 성과로서 실현되는 것이다. 특정한 개인이 특정한 사회(대인관계)를 구성하고 특정한 사회가 특정 개인을 구성한다는 것이 듀이의 개인과 사회에 대한 인식이다. 개인은 그 자체로서 이미 사회적이다. 듀이는 개인주의individualism와 개성individuality을 구별하여 개인주의를 극복하고 개성이 개화하는 사회를 전망한다. 개성은 처음부터 주어진 것이 아니라, 협동생활 속에서 창조되는 것이며, 개성은 사회집단 속에서 발달하여 유동적이며 지속적인 성장 속에서만 획득되는 것이다. 개성은 인간의 상상력에 근거한 지성의 다원적이고도 다양한 가능성을 나타내는 개념이며, 사회 진보의 수단임과 동시에 민주주의가 성립하는 기반이다.

이러한 개성 발달을 추진하는 것이 자유freedom의 개념이다. 『자유주의와 사회적 행위Liberalism and Social Action』[1935]는 자유주의에서의 급진주의를 선명하게 주장한 저작이다. 듀이는 자유주의에 대한 가장 급진적인 비판자임과 동시에 가장 급진적인 옹호자이기도 하였다. 듀이가 자유주의를 격렬하게 비판한 것은 자유주의가 개개인을 원자로 해체하여 사람들의 경험을 기초로 하는 공동체적인 유대와 민주주의 윤리와 공적 영역을 파괴하기 때문이다. 듀이가 자유주의를 철저히 옹호한 것은 이 사상이 개인의 가능성을 자유롭게 표현하고 다양한 사람들이 함께 생활하는 민주주의를 실현하는 기초가 되기 때문이다. 따라서 듀이의 자유는 국가의 권력 통제나 기존 사회제도의 틀로부터의 자유라기보다는 개인이 사회적 이익에 공헌할 수 있게 하는, 공적 영역에 참가하는 '적극적 자유'를 의미한다. 자유를 희망하는 투쟁을 통해 사람은 스스로 개인인 자기를 형성하고 민주주의 윤리와 공공적 복리를 공유하는 사회를 형성한다고 생각한다. 자유주의에 대해 철저한 비판과 옹호라는 양가성을 갖는 급진주의자로서 1930년대의 듀이는 시장을 만능시하는 자유방임주의로서의 자본주의를 비판하고, 전문적 관료에 의해 시스템화된 뉴딜 정책과 복지국가론을 비판하고, 동시에 스탈린주의의 사회주의 국가를 비판하면서 독일, 이탈리아, 일본 파시즘의 전체주의를 비판하였다.

또 한편으로 듀이는 흔히 진보주의 교육자라고 불리지만, 정작 본인은 그렇게 불리는 것을 좋아하지 않았다. 진보주의와 보수주의라는 이분법을 원하지 않았기 때문이다. 앞서 언급한 대로 이원론을 거부하였기 때문일 것이다. 그래서 실제 사회적 재건론자들로부터 비판이 제기되자 진보주의 교육학회를 탈퇴하였다. 교육철학 운동으로서의 진보주의progressivism는 20세기 초·중반 북미와 유럽의 역사적 용어 그리고 루소, 스펜서, 피아제, 듀이, 킬패트릭, 킹슬리 같은 인물의 저작과 주로 연관되어 있다. 이들의 기본적 원리는 전체 학급 중심의 일방적 수업, 기억과 암기에 터한 학습, 표준화된 교과와 시험, 석차와 경쟁의 강조, 정보와 기술에 중심을 둔 교육과정 등 전통적 방법에 대한 반발로 형성되었다. 진보주의 교육자들은 교수·학습의 새로운 방법을 선호하는 것과 함께 오랜 보수주의 가치와 사회문화적 전승을 대체하는 개인의 활동과 자율성 발달을 중시하는 정치적 자유주의를 수반하면서 전통적 교육제도의 보존에 강한 거부감을 보였다. 진보주의는 더욱 활동적이고 협력적이며, 실험적 학습 유형, 더 많은 교육 목표 및 과목의 선택, 그리고 정치적으로 자유롭고 과학적으로 안전한 교육정책의 수립을 중시하였다. 새로운 심리적 인지적 발달 이론은 많은 전통적 교육 방법을 허물었고, 교육과정과 교수법에 대한 발달적으로 적절한 새로운 접근 방식을 포함하였다. 이러한 진보주의 교육은 20세기의 교육이론이나 실천에 근본적 변화를 가져다주었다. 교육에서 진보적 가정은 학생들의 본성(자연)과 경험에 따라 교육을 하는 것이다. 물론 이 본성은 발달 심리학 모델에 기초한 것이다. 듀이의 경험적 자연주의empirical naturalism는 우리를 파국에 몰아넣은 이원론, 환원주의 그리고 비인간성으로부터 우리를 구출해 주었다는 의미를 갖는다.

다른 한편으로, 이런 진보주의 교육은 지식의 중요성을 과소평가하고 있다는 비판을 받았다. 이런 비판을 하는 사람은 대부분 적극적 학습보다는 수동적 학습, 학생 중심보다는 교육과정 중심, 전통의 보존보다는 비판적 성찰, 흥미보다는 훈육을 중시하였다. 전통주의자들로 분류되는 보수적 교육은 흔히 앨런 블룸, E. D. 허시 등에 의해 옹호되었다. 이들은 미국 정신의 쇠퇴와 함께 오늘의 교육적 난관을 초래한 원천이 진보주의에 있다고 보고, 그 책임을 모두 듀이 탓으로 돌렸다. 그런데 이는 듀이를 잘못 이해한 것이다. 듀이의 진보주의를 내용 없는 방법주의로 곡해한 것이다. 듀이는 과도한 전통주의나 지식주의를 비판한 것이지 전통이나 교과/지식 그 자체를 반대한 것이 아니었다. 듀이는 분명 학습의 수동성과 능동성, 경험의 당함과 해봄, 아는 것과 하는 것, 이론과 실천, 흥미와 정신, 감각과 이성, 경험과 지식, 방법과 내용, 개인과 세계, 자아와 사회성의 변증법적 통합을 역설하였다.

그런데 듀이의 철학적 탐구는 교육 영역에서는 지속적으로 관심의 대상이 되었지만, 교육학에서의 듀이는 철저히 탈정치화되었고, 정치학에서는 공동체 의견의 조화를 믿는 낭만주의 이론으로 무시된 것이 현실이다. 듀이 정치철학의 르네상스가 일어난 것은 그의 공적 영역 및 공중의 정치학이 지닌 급진성radicalism이 현실적인 의미를 띠기 시작한 냉전 구조의 붕괴 이후이다. 듀이는 미학과 윤리학에 의한 개성의 발달을 기초로 하는 다양한 문화의 교류가 공적 영역의 정치학을 활성화시키는 생명력임을 강조하였다. 공적 영역의 정치학은 시학을 필요로 한다.

물론 듀이의 공적 영역 및 공중의 정치학은 미완의 정치학이었다. 민주적 사회주의 비전은 위대한 공동체라는 추상적인 사회상밖에 제시하지 못했고, 위대한 공동체는 인간의 가능성인 동시에 상상력의 자유로운 발달과 그것을 실현하는 민주주의를 공통의 신앙으로 하는 투쟁을 요구하고 있었다. 듀이의 공적 영역의 정치학은 종교를 넘어서는 것을 공통의 신앙으로 삼는 민주적 공중의 등장을 요청하는 철학이며, 근대 시민사회를 초월하는 사회를 준비하는 정치철학이었다. 그것은 타인과의 공생을 삶의 방법으로 신체화하는 미완의 프로젝트이며, 민주주의를 실현하는 영속적인 혁명의 철학이라고 할 수 있다.

민주주의와 교육

듀이를 일약 유명하게 하였던 『민주주의와 교육Democracy and Education』1916이 출판된 지 100년이 넘어서고 있다. 이 책『존 듀이와 교육: 듀이 철학 입문과 이 시대를 위한 현대적 재구성』은 짐 개리슨 Jim Garrison, 슈테판 노이베르트Stefan Neubert, 케르스텐 라이히Kersten

Reich가 공동 저작한 *John Dewey's Philosophy of Education: An Introduction and Recontextualization for Our Times*[2012]를 번역한 것이다. 이 책은 듀이의 전반적 교육철학을 오늘의 시대적 상황에 맞게 재맥락화하고 있다. 듀이의 교육사상을 현대 사회와 교육이 직면한 도전에 대응하여 재구성하고 있다. 저자들은 존 듀이의 철학과 교육에 대해 해석학적 접근을 통해 현대적 재구성 및 재맥락화를 시도하였다. 또한 저자들은 특별하게 듀이의 교육이론을 그의 철학에 대한 종합적 독해를 통해 이해하였다. 후기구조주의적 사고에 비추어 듀이의 사상을 조망한 것은 우리에게 많은 교육적 시사점을 제공하고 있다. 저자들은 문화적, 구성적, 의사소통적 패러다임을 통해 듀이의 전체 교육사상을 파악하고 있다.

또 그동안 오해했거나 무시되어 왔던 듀이의 교육이론을 친절하게 소개해 준다. 심리학, 과학, 자연, 문화, 철학, 형이상학 그리고 인식론은 물론이고 사회와 교육에 대한 듀이의 수많은 생각을 현대 이론가 및 공적 문제와 연결시켜서 긴장 관계 속에서 해석학적 독해를 시도하였다. 특히 바우만, 푸코, 부르디외, 데리다, 레비나스, 로티와 같은 저명한 현대 철학자들의 담론을 끌어들여 듀이 교육사상을 재구성하는 것은 이 책의 백미라고 할 수 있다. 이러한 작업은 독자들이 스스로 수행하고자 하는 또 다른 재맥락화를 위한 모델로서도 중요한 기여를 한다. 이러한 진보적 노선은 PISA의 교육 정신에도 반영되고 있다.

1부에서는 문화적 전환을 위해 교육과 문화의 관계를 논의한다. 자연과 문화는 서로 뒤얽혀 있다. 문화와 경험은 긴장 관계에 있으면서 인간의 발달과 성장의 결과이자 더 나은 발달과 성장을 위한 중요한 전제 조건이 된다. 이러한 연결선상에서, 교육은 사회적 생활의 필수적인 기능으로 고려될 수 있다. 저자들은 교육과 학습에 대한 듀이의 설명을 '암묵적 구성주의', '상호작용적 구성주의', 그리고 구성과 재구성 및 해체 과정을 거치는 '구성적 실용주의'와 '실용적 구성주의'로 설정한다. 궁극적 진리와 타당성만을 찾는 과학적 해석 공동체의 틀에 한정한 협소한 방법론적 구성주의가 아닌, 문화적 맥락에서 구성 및 실천과 상호 연계시킨, 오늘날의 표현으로는 이른바 '상호작용적 구성주의'를 지향한다. 사회적, 문화적, 정치적 차원의 상호적 구성주의를 중심으로 하면서 그것을 교육의 사상과 실천에 연계시키고 있다.

2부에서는 구성주의적 전환을 위해 교육을 경험의 재구성으로 이해한다. 모든 경험은 환경과의 교변작용과 관련되어 있으며, 실험적 탐구로서의 경험은 오늘날 구성, 재구성, 심지어 해체라고 불리는 단계들과 서로 상호 침투하고 있다. 참여와 공유를 내포하는 한 듀이에게 모든 의사소통은 교육적이다. 교육에서 중요한 것은 학습자의 경험을 능동적으로 재구성하기 위해 충분한 기회와 자원, 그리고 영감을 제공하는 학습 환경을 마련하는 것이다.

3부에서는 의사소통적 전환을 위해 교육, 의사소통 그리고 민주주의의 연계성을 논의한다. 교육적 성장은 경험 안으로부터 발전되는 구성적인 과정이다. 그것은 자연환경뿐만 아니라 사회문화적 환경에서 타인과의 상호작용을 자극한다. 민주주의 없이 인간은 자기 자신을 전적으로 소유할 수 없고 타인들의 사회적 행복에도 기여할 수 없다. 심지어 교실에서도 우리는 오직 자신의 경험으로부터 무언가에 기여할 기회를 가질 때 교육받게 된다는 것을 배우기 시작한다. 듀이의 입장은 궁극적으로 민주주의와 민주적 자치에 대한 그의 신념을 드러낸다. 이는 민주적 재건의 필요성과 기회를 지향하는 사회개선주의이고 심층 민주주의이다. 듀이는 민주적 공적 영역과 민주적 국가 사이에 긴장관계가 있음을 관찰하고 사회적 지성을 가진 민주적 공중/공공성의 탄생을 요청한다.

4부에서는 듀이의 핵심적 교육사상을 우리 시대에 비추어 비판적으로 재구성한다. 특히 현대 철학자들의 사상과 연계시켜 듀이 교육이론에 대한 비판 및 우려와 함께 그의 현대 사상적 위상을 재설정하고 있다. 저자는 고체적 근대성을 비판하면서 액체적 근대성을 끌어들인 바우만의 탈근대적 관점에서 듀이의 교육사상과의 유사성을 발견한다. 저자는 지식과 권력의 연계성을 분석한 푸코를 통해 듀이와의 유사성을 발견한다. 그러나 듀이는 푸코보다 더욱 민주주의에 더욱 비중을 두고 있다. 저자는 여러 형태의 자본 및 학습된 취향(아비투스)과 그것들의 효과에 대해 분석한 부르디외를 통해 듀이의 습관 개념을 재구성하고 있다. 데리다가 해체의 철학자인 반면, 듀이는 재구성의 철학자이다. 둘 다 전통적인 서구 형이상학을 극복하고자 하였으나, 그들의 극복을 위한 동기는 아주 다르다. 듀이는 엄격한 윤리학 저 너머에 있는 타자들에 대한 배려가 절실히 필요함을 강조한 레비나스를 통해 경험적, 자연적, 상호작용적 다원주의를 모색하고 있다. 로티는 구체적인 사회적 조건에 대한 비판적 연구보다 증대되는 자유에 대한 희망에 초점을 둔다. 그러나 듀이의 입장에서는 로티가 관찰자적 태도를 지나치게 강조하는 것이 민주적 진보를 위한 싸움을 위한 참여자와 행위자로서의 역할을 제한할 위험성이 있다고 바라본다.

이 책의 저자인 짐 개리슨, 슈테판 노이베르트, 케르스텐 라이히는 『민주주의와 교육』 출간 100주년을 맞이하여 『민주주의와 교육의 재고찰: 100년 이후의 듀이Democracy and Education Reconsidered: Dewey After One Hundred Years』2016를 출판하였다. 이 책은 『민주주의와 교육』을 압축적으로 요약하면서 최근의 학문적 추세인 실용주의, 후기구조주의, 구성주의 등의 관점에서 듀이의 교육이론을 재구성하고 있다.

우리 사회가 듀이에 대해 다시 관심을 갖게 된 것은 아마 학교의 민주주의와 공동체성이 붕괴되고 있기 때문일 것이다. 최근 학교의 민주성과 공동체성의 붕괴를 막기 위한 교육운동으로 '혁신학교'가 등장하였고, 나아가 지역사회의 새로운 갱신을 모색하는 '마을교육공동체운동'이 태동하면서 듀이는 새로운 관심을 끌고 있다. 이런 흐름은 우리 교육의 중대한 변화 징후를 보이는 사회적 현상이며, 이런 징후가 듀이를 다시 불러내고 있다. 듀이는 시민들에게 근대 경제 안에서 효과적으로 행동할 수 있는 능력을 길러 주는 새로운 공동체적 기관, 특히 민주적이고 공동체적인 학교의 설립을 요청하고 있기 때문이다.

듀이의 시대와 마찬가지로 오늘날 사람들은 자신의 삶을 지배하는 힘에 대한 통제력을 잃고 있다는 두려움, 사람들이 공적인 책임을 외면하고 있다는 두려움, 정치인들과 정당들 그리고 교육자들에게는 이에 대응할 도덕적 혹은 시민적 상상력이 결여되어 있다는 두려움을 호소하고 있다. 이런 두려움은 우리 사회에도 만연해 있다.

듀이는 민주주의를 '의사소통의 잠재력을 실현하는 참여적 생활양식'으로 이해한다. 우리 사회의 경우 촛불혁명 이후 새로운 사회로의 이동을 확인할 수 있는 좋은 민주주의 징후가 나타나고 있는데, 광장 민주주의에서 가정 민주주의, 학교 민주주의, 마을 민주주의로의 확장이 더디게 진행되고 있다. 이런 점이 우리를 더욱 불안하게 한다. 특히 권위주의적 유령이 우리 주변을 여전히 배회하고 있기에 더욱 그렇다. 이러한 두려움과 불안을 넘어서려면 듀이가 역설하듯 사회적 지성을 가진 시민, 즉 '민주적 공중'이 탄생되어야 한다. 제도적 민주주의와 함께 생활 민주주의가 필요한 것이다. 한 번의 투표로 권력을 교체하는 데 머무는 것이 아니라, 일상생활 속의 민주주의가 절실하게 요구된다. 듀이는 원자화된 대중 또는 이리저리 휩쓸려 다니는 우중이 아니라 '민주적 공중'의 출현을 강력하게 요청하고 있다. 듀이는 당대에 대해 관찰하는 사람, 참여하는 사람, 그리고 행동하는 사람으로서의 역할을 충실히 해야 민주주의가 더욱 공고하게 된다고 역설하였다.

요즘 우리 사회에 시민성이 더욱 절실해지고 있다. 종교 집단, 의사 집단, 노동 집단, 언론 집단, 사법 집단, 관료 집단 등을 포함하여 민주화 운동을 해 왔던 사람들 모두에게 도덕적 시민성과 정치적 시민성이 결합된 공중으로의 재탄생이 절실한 듯하다.

이 책 『존 듀이와 교육: 듀이 철학 입문과 이 시대를 위한 현대적 재구성』2012은 나오기까지 몇 년이 걸렸다. 우리는 듀이의 교육철학이 올바로 소개되지 못한 것에 대한 학계의 시각 조정을 위해 번역을 시도하였다. 하지만 집단적 작업은 역시나 어렵고 지난했다. 물론 듀이가 강조한 집단적 지성, 의사소통적 협력을 체험하는 의미 있는 기회이기도 하였다. 이 책은 학교 공동체와 민주적 삶의 양식, 참여민주주의, 민주적 공중의 출현 등을 깊이 있게 이해하는 데 큰 도움을 줄 것이다. 또한 듀이에 대한 고정 관점을 상당히 해소해 줄 것이다.

2021년 1월
옮긴이들 씀

듀이John Dewey는 실용주의 철학을 수립하였을 뿐만 아니라, 교육학계에서 지금까지도 여전히 존경받는 거장이다. 그는 교육과 학습에 관한 담론 및 실천에서 여전히 커다란 영향력을 펼치고 있다. 사실 듀이는 활동했던 당시부터 이미 국제적인 명사였다. 과학, 민주주의, 개인과 같은 강력하고도 명백한 근대성modernity이 지닌 힘을 유기적으로 통합시키는 그의 능력은 다른 문화적 전통을 지닌 많은 사람들에게 대단히 매력적으로 보였다. 그는 중동의 터키와 동북아시아의 (수십 년의 공산주의 검열을 거친 후 오늘날 다시 깨어난) 중국도 방문하여 가르치며 강의를 했다. 오늘날에도 이 두 나라를 비롯해 유럽, 남미, 아프리카의 다른 많은 나라들에서도 그의 영향력이 느껴진다. 진정으로 듀이는 20세기 초의 교육학 분야에서 가장 커다란 국제적 영향을 끼친 인물이라고 봐도 무방할 것이다.

하지만 듀이가 1952년에 사망한 이후 수십 년 동안, 특히 미국에서 분석철학이 우위를 차지하게 됨으로써, 교육 및 철학 분야에서 그의 영향력은 급격히 시들해졌다. 그다음으로 심리학과 교육에서 초기의 협소한 행동주의 접근 방식에서 이후 더 넓은 인지주의 접근 방식으로 전환되기는 했어도, 위에서 말한 접근 방식은 모두 듀이가 강조한 교육에서의 경험과 문화가 가진 중요성을 과소평가하였다. 교육을 교육철학적 입장에서 깊이 사고하는 것은 대단히 중요한 일인데도 불구하고, 너무도 많은 교육이론가들과 실천가들이 이를 소홀히 했던 것이다. 그러던 중 1980년대 후반 듀이의 철학은 교육학과 철학 분야에서, 또 국제적 차원에서 새롭게 탐색되기 시작했다. 무엇보다 듀이의 전집 출간은 그에 대한 연구를 발전시키는 데 커다란 역할을 했다. 이러한 일이 가능했던 것은 무엇보다 냉전이 종식되었기 때문이다. 냉전으로 인해 듀이가 강조한 과학, 민주주의, 개인이라는 주제가 서구 전 지역에서 심각하게 왜곡되었던 것이다. 물론 여전히 이 주제에 대해 왜곡되게 바라보고 있지만, 냉전 종식 후 서서히 바뀌면서 지금은 대단히 환영받는 주제가 되었다. 듀이에 대한 관심이 증폭하게 된 배경에는 두 가지가 있다. 그 하나는 리처드 로티Richard Rorty 등이 주창한 이른바 '신실용주의neo-pragmatism로의 전환' 혹은 '실용주의에 근간한 포스트모더니즘으로의 전환'과 같은 실용주의자들 간의 열띤 논쟁에서 기인한다. 다른 하나는 점점 더 국제화되고 다문화되어 가는 지구촌의 다양한 맥락에서 포괄적으로 교육을 이해할 수 있는 교육철학이 무엇인가에 대한 현대적 논쟁으로부터 기인한다. 교수-학습 분야의 연구자들이 '문제 기반 학습법problem-based learning'과 '학습자 중심 교수법learner-centered teaching'에 대해 다룰 때에도 다시 듀이와 접목시키고 있다. 더불어 듀이가 시작했던 협력학습과 소집단학습도 다시 사람들에게 많은 영감을 주고 있는 상황이다. 특히 최근의 교육이론과 실습에서 '사회구성주의'로의 전환이 이루어지고 있는데, 이는 듀이의 교육철학과 상당히 친화력을 지니고 있다. 그뿐만 아니라 그러한 전환은 사실 실용주의적 노선과 관점의 연장선에서 이루어지는 것이기도 하다.

우리는 지금 듀이가 살았던 세계와는 완전히 다른 세계에 살고 있다. 그러므로 듀이의 철학은 우리라는 새로운 세대에 맞게 재맥락화recontextualization하여 검토할 필요가 있다. 이 책에서는 현재 커다란 영향력을 펼치고 있는 여섯 개의 철학적 담론들을 통해 듀이 철학을 재맥락화해 보고자 시도하였다. 그 이유가 바로 이 책을 네 부분으로 나눈 이유이기도 하다.

먼저 우리는 듀이가 제안한 교육학적 아이디어의 배경이 되는 철학적 사유를 이해할 필요가 있다. 따라서 도입부에서는 이에 대해 먼저 다루도록 하겠다. 그 도입부는 두 가지 이유로 이전과는 다른 혁신적인 방식을 취하고자 한다. 먼저, 듀이의 교육학적 사유에 대한 심도 있는 이해를 위해 그동안 교육자들이 그리 주목하지 않은 듀이의 텍스트에 대해 검토하고자 한다. 물론 그동안 교육자들이 듀이의 주요 텍스트를 읽어 왔다는 사실을 부정할 수는 없다. 하지만 그 텍스트의 바탕에 자리한 철학적 사유를 제대로 파악하지 못하였다면, 듀이를 충분히 이해했다고 말할 수는 없을 것이기 때문이다.

다음으로, 듀이는 독자들에게 해석학적hermeneutic 도전을 하도록 만드는 전체론적holistic 철학자이다. 따라서 독자들은 듀이 철학의 일부를 적절히 이해하려면 그의 전 철학을 파악하고 있어야 하며, 또 그의 전 철학을 이해하기 위해서도 그의 철학 일부를 파악하고 있어야만 한다. 그렇다면 우리는 어디에서 시작해야 할까? 이제껏 많은 교육자는 듀이의 일부 텍스트만 읽고서 거기에 자신을 가두어 놓았던 것이 사실이다. 따라서 우리는 이 책에서 듀이의 여러 텍스트들을 통해 더 커다란 철학적 맥락에서 그에 대해 접근해 보고자 한다. 특히 독자들이 난해한 듀이의 사상에 좀 더 수월하게 다가설 수 있도록 도움을 주고자 한다.

교육자들은 이제껏 듀이에 대해 오해해 왔다. 왜냐하면 교육자들은 대단히 거시적이면서도 유기적인 철학자인 듀이를 해석학적 방식으로 접근하지 않았기 때문이다. 조금은 불편할 수 있지만 지금껏 너무도 자주 우리의 협소한 프로젝트에 맞추기 위해 듀이의 일부 저작을 억지로 끼워 맞추곤 했다. 일반적으로 교육 분야에서는 교육철학에 관한 아주 적은 이론만으로도 충분한 성취를 이룰 수 있고, 심지어 전혀 없더라도 문제가 없다고 생각하는 경향이 있다. 그러나 분명한 사실은 우리는 모두 교육자라는 점에서 교수와 학습에 관한 이론과 교육철학을 암묵적으로 갖고 있다는 사실이다. 그 이론이나 교육철학을 표면적으로 구체화시키지는 않더라도 말이다. 마찬가지로 우리는 개별적 인간 존재가 된다는 것은 무엇을 의미하는지, 과학을 구성하는 요소는 무엇인지, 민주주의가 의미하는 것은 무엇인지에 대한 이론을 암묵적으로 내재하고 있다. 비록 이런 것들에 대해 생각해 보지 않았을지라도 말이다. 종종 교육자들은 통찰력이나 영감을 얻기 위해 듀이에게 눈을 돌리곤 하지만, 교육자들은 과학, 개성, 민주주의에 대한 듀이의 사유에 대해 올바로 이해하지 못하곤 한다.

　그러한 오해는 서구를 지배하는 주류 패러다임 때문이었다. 그러한 주류 패러다임으로 인해 듀이는 생존 시에도 실로 엄청나게 많은 오해를 받아 왔다. 예컨대, 모든 탐구는 가치를 담지한 활동일 뿐만 아니라, 이론을 담지한 혹은 개념을 담지한 활동이라는 현대의 대부분 과학철학자들이 동의하고 있는 입장을 듀이는 이미 인식하고 지니고 있었던 것이다. 물질과 인간의 본질을 묻고 있는 과학적 탐구에는 어떠한 개념들과 가치들을 이미 전제하고 있는 것이다.2부를 보라 듀이는 정신mind과 자아self를 생물학적 매트릭스matrix에서 우발적으로 등장하는 사회 구조로서 이해하고 있었다.1부와 2부를 보라 그는 개인의 정신과 자아뿐만 아니라 집단, 공동체, 교실의 정신과 자아를 구성하는 가장 좋은 방법은 민주주의라고 생각했다.³부를 보라 하지만 우리는 위와 같은 거시적 질문들에 대해서는 모두 이미 답이 제시되었다는 생각 아래, 사실 그 답들은 대단히 미흡하고 심지어 위험하기까지 한 답변인데도 불구하고, 오늘날의 교육연구자들과 실천가들은 인간의 정신과 자아를 단지 숫자의 배열인 것처럼 여기는 PISA(국제학업성취도평가) 점수를 극대화하려는 규칙이나 규정, 그리고 무의미한 학교의 의식들이 교육학의 전부인 것처럼 축소시키고 있는 실정이다.

듀이의 '경험적 자연주의empirical naturalism'는 그와 같은 교육학의 비극적 환원주의와 비인간성으로부터 우리를 구하려는 의도에서 창안한 것이었다. 물론 오늘날의 교육연구자들과 실천가들이 제대로 듀이의 교육철학을 읽어 내지 못한다면, 그들은 여태껏 해 왔듯이 자신들의 작은 선입견에 맞추어 듀이의 사유를 환원시킬 것이라 생각된다. 그런 의미에서 이 서문은 독자들이 듀이를 제대로 읽어 내도록 하는 것뿐만 아니라, 독자들의 이론과 교육 실천에서 그와 같은 환원주의를 극복하는 데 도움을 주고자 하는 것이다.

이 서문에서 우리는, 듀이의 재맥락화를 실행하기에 앞서, 현혹될 만큼 단순하게 보이지만 다른 텍스트들보다 더 난해하며 오해되고 있는 특정한 주요 텍스트들을 독자들에게 제시하고자 한다. 이러한 방식을 통해 우리는 대부분의 교육자들이 일반적으로 접하게 되는 것보다 더 넓은 범위에서 듀이 사상의 구조와 내용을 살펴볼 수 있도록 할 것이다. 그리하여 듀이 사상을 읽을 때 보이는 해석학적 문제를 다소 해소해 보고자 한다. 최종적으로 우리는 이 책에서 제시하는 주요 텍스트들의 출전을 제시하여, 이후에 독자들 스스로가 그 텍스트들을 검토하고 해석할 수 있기를 기대한다.

이 책은 네 부분으로 구성된 공동 저술서이다. 1부는 케르스텐 라이히Kersten Reich, 2부는 짐 개리슨Jim Garrison, 3부는 슈테판 노이베르트Stefan Neubert가 주로 저술하였다. 4부는 우리 세 사람이 최근의 연구를 배경으로 하여 함께 저술하였다. 우리는 여러 해 동안 다른 여러 프로젝트들을 수행해 왔는데, 그러한 결과로 나온 이 책은 결코 단편적 연구들의 모음집이 아니라, 서로가 함께 논의하고 해결한 최종적인 형태의 프로젝트임을 확신한다. 물론 우리 각자는 광범위하고 실질적인 측면에서 듀이에 대한 의견이 일치하지만 그 해석에서는 서로가 차이가 있는데, 오랜 연구 결과로 나온 이 책은 다양성 가운데 통일성을 지니고 있다. 우리는 이 책의 결론을 열어 두고자 하였다. 왜냐하면 우리는 이 책을 통해 독자들 스스로가 쟁점을 만들어 가기를 희망하기 때문이다. 이러한 면모는 4부에서 더욱 명백해지며, 각 절마다 독자들이 반성적으로 성찰할 수 있는 개방형 토론 문제로 마무리하였다.

1부에서는 듀이가 '문화적 전환cultural turn'이라고 칭했던 것의 중요한 측면을 발전시켜 논의하고자 한다. 듀이에게 문화는 교육에서 필수적인 것이다. 교육의 과정을 적절하고도 비판적으로 파악하려면 분명히 문화를 반성적으로 검토해야 할 것이다. 듀이 이전의 교육 전통에서는 교육에서 문화의 역할이 체계적으로 다루어지지 않았기에, 우리는 듀이에 의한 전환을 말하고자 한다. 그 논의는 다음의 여섯 단계로 진행된다.

1. 가장 먼저 우리는 교육의 핵심 문제인 자연과 문화의 관계에 대해 초점을 맞추고자 한다. 여기서 우리는 듀이가 지닌 이중적 관점의 주장을 보게 될 것이다. 한편으로 그는 인간의 문화

와 행위에서 자연이 중요하다는 진화론자의 입장을 취하고 있
다. 반면 그는 인간의 문화와 행위가 발전함에 따라 자연에 영
향과 변화를 주고 있다는 점도 분명하게 이해하고 있다. 그는
자연과 문화를 인간의 생활과 그 잠재력이 발생하는 긴장의 관
계로 간주한다.

2. 이러한 긴장의 관계에서 문화와 경험은 인간의 발달과 성장의
결과일 뿐만 아니라, 더 나은 발달과 성장을 위한 중대한 전제
조건이 된다.

3. 이 연장선상에서 교육은 사회생활의 필수적인 기능으로 볼 수
있다.

4. 형식적 교육과 비형식적 교육의 구분은 개인과 사회의 성장이
라는 복잡한 관계를 명확히 하는 데 도움이 된다.

5. 듀이에 따르면, 문화와 교육을 연결하는 기본 과정은 의사소통
에서 찾을 수 있다. 의사소통은 상호작용interaction 및 교호작
용transaction을 포함하며, 이 두 개념은 듀이의 사유를 온전하
게 이해하기 위해서는 반드시 짚고 넘어가야 할 것들이다.

6. 1부를 마무리하면서, 우리는 독자들이 더 깊은 이해와 관심을
기술일 수 있도록, 이곳에서 사용된 듀이의 텍스트들에 대해
간략한 설명을 제공하고자 한다.

1부에서 듀이의 경험적 자연주의에 대해 친숙해진 다음, 2부에서는
듀이의 탐구 이론과 경험의 재구성에 대해 좀 더 자세히 살펴보고자
한다. 여기에서 우리가 구성적 전환constructive turn이라고 말하는 것
은, 듀이가 이전의 교육학과 심리학에서의 접근 방식을 넘어서 교육과
학습에서의 구성의 역할을 강조했기 때문이다. 우리는 듀이의 주장을

통해, 경험이라는 흐름은 여러 가지 경험의 양상들을 관련시키는 것이며, 사실 그와 같이 관련시키는 방식 자체는 경험에서 비롯된 것임을 알게 될 것이다. 따라서 합리성이라는 것도 경험과 별개로 존재하는 것이 아니라 경험에서 도출된 것이다. 듀이에게 합리성은 나머지 모든 경험들과 마찬가지로 끊임없이 재구성되어야 하는 대상으로 자리한다.

2부는 다음의 여덟 단계로 이루어져 있다.

1. 진화론자인 듀이는 경험이 '생물학적 매트릭스'에서의 경험에서 출현한다고 파악하였다. 정말 그는 『논리: 탐구 이론*Logic: The Theory of Inquiry*』의 2장 제목을 「탐구의 존재론적 매트릭스: 생물학」LW 12: 30이라 하였던 것이다. 이곳에서 듀이는 교육적 경험의 두 가지 기본 원리인 상호작용과 계속성은 환경과 상호작용하는 모든 생명체의 특징으로 이러한 매트릭스에서 비롯됨을 제시한다. 생명체는 수많은 복잡한 하위 기능들로 구성된 '복합 기능'인 것이다. "그러나 모든 기능은 스스로를 유지하는 경향이 있다"면서 듀이는 "그것이야말로 생명에 관한 가장 명백한 사실"이라고 말한 바 있다.MW 13: 378 대다수 교육자들은 모든 생명체(분명하게 우리의 모든 학생들을 포함하여)는 자기의 환경과 끊임없는 역동적 평형을 유지해야 한다는 아주 명백한 사실을 간과하고 있다. 듀이가 말하는 학습의 생물학적 기반은 습관(제2의 천성)을 형성하는 능력이다. 체화된 습관이 여러 층위의 자극에 대해 일반화된 반응이라는 점에서 논리적이라고 할 수 있다. 만약 우리가 습관을 재구성할 수 있다면, 우리는 경험을 재구성할 수 있는 것이다.

2. 이 사실은 우리에게 의미, 가치, 자아를 산출하는 언어적 경험의 차원, 즉 경험의 사회적 매트릭스를 설명하게 한다. 그러므로 만약 우리가 의미와 가치를 재구성할 수 있다면, 우리는 경험을 재구성할 수 있는 것이다. 또한 자아는 사회적이기에 만약 우리가 사회적 관계망을 재구성할 수 있다면, 나 자신의 경험뿐 아니라 우리 모두의 경험도 재구성할 수 있는 것이다.

3. 듀이에게 교육의 목적은 경험의 재구성을 통한 성장이다. 하지만 그가 말하는 "성장growth"이라는 것은 단지 현재의 자아가 더 커다란 형체로 되는 것을 의미하지 않는다. "성장"은 우리의 환경을 식별하는 능력의 기능 발달, 그 식별된 환경에 맞춰 더 현명하게 대응할 수 있는 능력의 기능 발달을 의미한다. 따라서 성장을 한다는 것은 우리 자신을 변화시키는 것이자 세계를 변화시키는 일이 된다. 그러한 혁신/전환transformation을 위해서는 변화를 위한 잠재력이 요구된다. 듀이는 잠재력을 소극적인 것으로 바라보지 않았다. 그는 잠재력을 "역량capacity이자 능력ability이요, 힘power"이라 생각했다.MW 9: 46 따라서 학생들이 모르는 것은 약점이 아니다. 그것은 배울 수 있는 학생들의 힘, 즉 잠재력인 것이다.

4. 듀이는 미국철학회 회장을 하기 이전에 미국심리학회 회장을 역임하였다. 1896년에 그가 쓴 유명한 논문 「반사궁Reflex Arc」은 '기능주의 심리학functionalism psychology'이 무엇인지를 명확하게 진술한 최초의 글로 평가되고 있다. 사실 기능주의 심리학은 현재까지도 세계 여러 지역에서 지배적인 영향력을 끼치고 있는 심리학이기도 하다. 하지만 미국 심리학 역사에서 가장 중요한 논문 출간이라고 볼 수 있는 듀이의 그 논문을 대다

수 교육자들은 무시해 왔다. 그 논문의 핵심 아이디어는 "반응은 자극을 구성하기 위한 필수 요소"EW 5: 102이고, 그 반응은 경험을 통한 지속적인 기능의 조정coordination, 즉 기능의 재구성reconstruction이라는 것이다. 이는 우리의 기존 인식을 완전히 뒤집는 주장이다. 우리가 종종 마주하는 '자극이 유기체의 반응을 통제한다'는 것은 사실 유기체의 기능적 순환인 것이다. 다시 말해, 자극과 반응은 유기체가 자극에 따라 기능적으로 조정하고자 노력하는 것으로서, 곧 자극과 반응은 동시적으로 발생하는 기능적 순환의 과정이다. 이에 근거해 볼 때, 동기유발이라는 교육학적 개념을 크게 확장시켜 이해할 필요가 있다.

5. 생명체는 자신이 한 일과 그 결과를 인과적으로 연결하기 시작하면 행동 습관이 나타나게 된다. 듀이는 우리의 행동에 대한 기능적 조정이 정신과 자아의 생물학적 토대를 마련해 준다고 주장하였다. 지성적 습관intelligent habits을 형성하는 일은 우리가 충동을 억누르는 것이 아니라 충동을 적절하게 조직하고 구조하여 통제하는 것이다. 곧 지성적 습관의 형성은 우리의 습관들을 지성적으로 반성하고 재구성함으로써 우리 스스로를 통제하는 법을 배우는 일이다. 듀이에게 "지성은 행동의 자유를 누리게 하는 열쇠"인 것이다.MW 14: 210 듀이는 이렇게 말하였다. "이성, 즉 합리적 태도는 어떠한 결과로서 획득된 성질인 것이지, 결코 미리부터 주어져 의지를 불러일으켜 행동에 착수케 하는 전제된 성질이 아닌 것이다. 지성적으로 자신의 지성을 키우는 사람은 '삶이라는 강력한 충동'을 결코 좁히지 않고 넓혀 가면서 우연한 자신의 행복을 향해 나갈 것이다."MW 14: 136~137

6. 듀이가 말하는 지성이라는 개념은 강하면서도 구체적이다. 그
   것은 단지 차가운 인식만이 아니라 뜨거운 상상력과 충동, 감
   정을 포함한다. 이는 우리가 듀이의 탐구 이론과 반성적 학습
   이론을 고려하면서 반드시 기억해야 할 사항이다. 듀이에 따르
   면, 탐구 이론은 다섯 단계로 이루어져 있다. 우리는 이 단계
   들을 교육적 의미와 관련시켜 광범위하게 논의해야 할 필요가
   있다.
7. 이 사실은 "구성construction", "재구성reconstruction" "해체
   deconstruction"라는 담론적인 주제들을 활용하여, 오늘날 전개
   되는 보다 추상적 차원의 이론적 또는 철학적 쟁점들을 정교하
   게 만드는 데 도움이 된다.
8. 다시 우리는 이 장에서 사용한 듀이의 텍스트에 대한 개요를
   제공함으로써 마무리하고자 한다.

3부에서는 듀이의 의사소통적 전환이라고 부르는 핵심적인 측면을
전개하고자 한다. 즉 교육을 위한 의사소통에 대해 논의하도록 하겠
다. 사실 듀이 이전만 하더라도 교육에서 의사소통의 중요성이 상대적
으로 과소평가되어 왔다. 이 점에서 우리는 '의사소통적 전환'이라고
명명한 것이다. 그 내용은 여섯 단계로 이루어져 있다.

1. 우리는 먼저 듀이의 핵심 개념인 의사소통에 대해 짚어 보고,
   의사소통의 복잡성과 함께 교육에서의 의사소통의 필수 불가
   결한 관계에 대해 논의하겠다.
2. 이와 같은 교육과 의사소통의 필수 불가결한 관계는, 공동 활
   동joint activities을 학습의 본질적인 출발점으로 강조하는 듀이

의 입장을 논의해 가다 보면, 더욱 구체적이고 분명해질 것이다.

3. 듀이는 민주주의와 교육이 서로 연결되어 있다고 믿는다. 그는 민주주의를 현대 사회에서 의사소통의 잠재력을 실현하는 참여적 생활양식으로 이해한다. 우리는 듀이가 당시의 맥락에서 발전시킨 민주주의적 비전을 설명하고, 그것이 이 시대에 어떠한 중요한 의미를 담고 있는지를 보여 주고자 한다.

4. 이와 관련하여 민주주의적 사고와 실천의 핵심 주장이자 중심 요소가 바로 '참여와 다양성'이다.

5. 듀이는 의사소통, 교육, 학습, 민주주의에 대한 자기의 이론들의 핵심을 꿰고 있는 사회적 지성social intelligence 이론을 제시함으로써, 민주주의의 발전에서 마주하게 되는 여러 도전들에 대응한다.

6. 4부의 마무리도 독자들이 추가하여 읽을 수 있도록 여기서 사용한 핵심 텍스트에 대해 설명하고 간략하게 논의를 하겠다.

4부에서는 앞서 3부까지 행해 왔던 입장에서 완전히 벗어나고자 한다. 다시 말해, 우리는 듀이의 교육철학을 충실하게 소개하는 수준을 벗어나서, 그가 남긴 전통을 현시대에 유익한 방식으로 재맥락화하고자 한다. 듀이는 1880년대 초반부터 1950년대 초반까지 70년이 넘도록 적극적으로 활동한 학자였다. 당시 세계는 급속하게 변화했으며, 훌륭한 진화론자였던 듀이는 자신의 철학을 당시에 적합하게 맞추고자 노력하였다. '재구성reconstruction의 철학자'라고 알려질 만큼, 듀이는 사람들과의 대화나 사건들 속에서도 늘 자신을 재구성해 갔다. 하지만 시대는 달라졌고 사건은 지속적으로 진화했으며, 새로운 목소리가 삶의 무대 위로 올라왔다.

듀이가 살아 있다면, 지그문트 바우만Zygmunt Bauman, 미셸 푸코 Michel Foucault, 피에르 부르디외Pierre Bourdieu, 자크 데리다Jacques Derrida, 에마뉘엘 레비나스Emmanuel Levinas와 같은 사상가들을 만나면, 듀이는 어떤 대화를 했을까? 특히 자신을 엄청나게 숭배했던 신실용주의자 리처드 로티를 만나면 어떤 대화를 했을까? 물론 우리는 이 질문에 대한 최종적인 답을 찾으려 하기보다는, 듀이를 위에 제시한 20세기 후반부터 21세기 초반의 저명한 학자들과 함께 비판적이고 창의적인 긴장 상태에 빠뜨리고자 한다. 다시 말해, 우리는 현시대에 맞게 듀이를 재구성하여 이러한 사상가들과의 열린 대화를 개최하고자 한다. 그 대화는 결국 듀이와 독자 여러분의 대화이기도 한 것이다. 물론 우리가 선정한 대화 상대들이 제한적이며 약간은 자의적이라는 것을 부정할 수 없다. 우리는 듀이와의 대화에 중요한 다른 인물을 초대할 수도 있었다. 하지만 그러한 초대 인물과의 대화는 독자들의 상상에 맡기고자 한다. 우리가 선택한 여섯 명의 사상가들은 듀이를 현시대에 맞게 재구성하는 데 중요한 비판적 이해와 성찰을 제공해 줄 것이다. 그들의 사상은 실용주의 전통과 다르면서도 결정적인 친밀성을 지녔다는 점에서 대단히 생산적인 대화가 될 것이라 생각한다. 우리 저자들은 사상가들을 선택하면서 최대한 자의적이지 않으려고 노력하였다. 독자들이 스스로 판단할 수 있도록 먼저 듀이와 그 사상가들의 유사성과 차이점을 지적해 보겠다. 이를 통해 독자들은 듀이를 재구성할 뿐만 아니라 바우만, 푸코, 부르디외, 데리다, 레비나스, 로티를 재구성할 수 있을 것이다. 더불어 독자들이 이 시대를 위해 그들 이외의 다른 사상가들도 재구성할 수 있을 것이라 기대한다.

우리는 듀이를 '쾰른의 상호작용적 구성주의Köln interactive constructivism'라는 입장에서 재맥락화하고 재구성하고자 한다. '쾰른의 구성주의'는 독일의 쾰른대학교에 위치한 '쾰른 듀이연구소'의 명예 교수이자 이 책의 저자인 라이히에 의해 구축된 입장이다. 국제적으로 알려진 8개의 연구소 가운데 하나인 쾰른 듀이연구소[1]는 자신들의 필요, 목적, 원칙에 기초하여 듀이를 비판적이고도 창의적으로 재구성해 왔다.[2] 이 연구소의 학자들은 쾰른대학교의 여러 동료들과 함께 '쾰른 상호작용적 구성주의'의 관점에서 듀이의 가치를 재발견하였다. 특히 자신들이 장기간 관여해 온 국제 프로그램에서 얻은 세계적 전망을 바탕으로 듀이에게 접근하였다. 이들 가운데 이 책의 두 저자인 라이히와 노이베르트는 10년 이상 듀이 관련 논문들을 써 왔다. 쾰른적 구성주의자로서 그들은 유럽을 넘어 전 세계의 새로운 세대를 위해 '듀이의 실용주의'를 재고하는 글들을 출판해 왔다.[3] 그들은 이와 유사한 방식으로 다른 사상가들과의 연계를 시도하였다. '쾰른의 상호작용적 구성주의학파'의 인물들은 듀이를 단순히 모방하는 수준을 넘어, 현시대의 국제적인 관점에서 듀이의 가치와 의미를 다시 생각해 보고자 하였다. 이를 위해서 그들은 듀이와 바우만, 푸코, 부르디외와 같은 이 시대 사상가들과의 가상적 대화를 시도하였다. 실제로 이 책에서 시도한 재맥락화는 그러한 작업에서 일부분 가져온 것이다.

여기에 이 책의 또 다른 저자인 미국의 교육철학자 개리슨은 보다 전통적인 실용주의적 관점에서 '사회적 구성주의'를 발전시켜 논의하고 있다. 그 역시 듀이를 데리다와 레비나스 그리고 최신의 문화심리

---

1. http://www.hf.uni-koeln.de/dewey/
2. 상호작용적 구성주의에 대한 이론과 프로그램은 Reich(1998, 2006, 2010)와 Neubert(1998, 2003)를 참조 바람. 온라인에서는 http://www.uni-koln.de/hf/konstrukt/reich_works/index.html(2011.8. 8)을 참조 바람.
3. 예컨대, Reich(2007, 2008, 2009, 2012), Neubert(2008, 2009a), Neubert & Reich(2002, 2006, 2008, 2012)을 참조 바람. 온라인에서는 http://www.uni-koln.de/hf/konstrukt/reich_works/index.html(2011.8. 8)을 참조 바람.

학과 과감하게 연결시키는 모험적인 글들을 써 왔다. 물론 다른 국가나 지역 또는 단순히 지적인 관점에서 듀이를 읽는 사람들은 우리와 다소 다른 방식으로 해석할 것으로 생각된다. 듀이는 다원주의자로서 자신의 사유를 다른 방식으로 읽어 왔던 우리 세 사람을 반성적이면서도 책임감을 지닌 연구자로서 환영할 것이라고 믿어 의심치 않는다. 10년 동안 우리 세 저자는 서로가 함께 건설적인 대화들을 나누었고 국제적인 협력과 교류를 시행해 왔다. 물론 우리는 다른 저명한 듀이 연구자들과도 함께 논의해 왔다.[4] 이를 통해 우리들 모두는 20세기 교육에서 듀이가 구성주의의 가장 중요한 선구자라는 점에 동의하게 되었다.

이 책은 독자 스스로가 듀이의 유산을 다시 생각해 보기를 희망하는 초대장이다. 쾰른적 구성주의든, 전통적인 실용주의든, 바우만이든, 푸코든, 부르디외든, 데리다든, 레비나스든, 로티든 간에, 아니 여러분이 생각하는 다른 어떤 접근이라도 관계없이, 독자 여러분이 듀이의 유산을 다시 생각해 볼 수 있다면 우리는 임무를 다한 것이라 생각한다. 그런데 우리는 독자 여러분에게 또 하나 제안하고자 한다. 그것은 독자 여러분이 듀이의 실용주의에 대한 지식을 넓히고 심화시킬 수 있는 귀중한 자료를 찾고자 한다면, 듀이의 생각을 따르는 사람들이 지난 30년 동안 해 왔던 광범위한 연구들을 검토해 보기를 바란다는 점이다.

---

4. 이에 대해서는 Garrison(2008), Hickman, Neubert, & Reich(2009), Green, Neubert & Reich(2011)을 참조 바람.

차례

1. 교육과 문화: 문화적 전환 43

2. 경험을 재구성하는 교육: 구성적 전환 115

JOHN DEWEY

1부

교육과 문화:
문화적 전환

20세기 후반 문화적 다양성, 다문화주의, 문화적 정체성과 같은 문제들을 새로운 맥락에서 다루어야 한다는 입장이 확산되고 있었다. 그런데 듀이는 이런 상황이 벌어지기 훨씬 이전부터 교육에서의 문화적 전환을 시작한 철학자였다. 듀이의 광범위한 경험철학과 경험 및 교육의 관계를 이해하려면 문화에 관한 그의 입장을 반드시 살펴봐야 한다.

자연과 문화

듀이는 헤겔의 초기 사상을 접한 후, 자연과 문화가 대립하는 것이 아니라 상호 연관되어 있음을 깨달았다. 그는 인간이 문화적 존재이고, 자연의 일부라고 확신했다. 인간은 자연 속에서 자연과 더불어 행동하고, 동시에 자연에 저항한다고 본 것이다. 듀이는 입맛, 즉 미각을 예로 든다. 그는 미각이 자연적으로 습득되는 게 아니라, 문화에 뿌리를 둔 심미적 경험이라는 사실에 주목한다.

맛의 원리는 심미적인 감각 작용을 넘어서 맛을 이해하는 반성
적인 분석의 산물이다. … 맛이란 본질상 그것을 경험하는 사람
의 심미적 능력과 문화에 의해 좌우되는 개인적인 것이다.^{EW 2: 278}

이렇게 자연과 문화를 필연적인 관계로 보는 듀이의 관점은 그의 철
학 전반에 걸쳐 반복적으로 나타난다. 다윈주의Darwinism 측면에서 보
면, 인간은 자연과 진화의 흐름을 벗어날 수 없다. 그러나 문화적 측면
에서 보면, 인간은 자연에 의해 결정되는 것이 아니며, 미리 예정된 방
식으로 인간 행동을 강제한다고 할 수 없다. 오히려 자연은 개방적이
며 진화하는 우주에 가깝다.

자연에 관한 지식은 예정된 운명에 대한 복종이 아니라 변화
과정에 대한 통찰을 의미한다. 따라서 '법칙', 즉 후속 절차에 대
한 방식으로 공식화된 통찰이다.^{MW 4: 47}

하지만 서구에서는 오래전부터 자연을 인간이 부여한 최고의 권리
라고 정당화해 왔다. 이 권리는 분명 인간의 이해관계와 권력을 넘어
선다. 그래서 이 권리는 일반적 인권보다 훨씬 숭고한 것이 되어 버렸
다. 이것은 자연의 법칙이 문화적 맥락과 무관한 것이고, 인간에 의해
만들어진 것도 아니라고 착각하게 한다. 이런 입장 때문에 우리는 이
렇게 말하곤 한다. 가령 처음부터 우리가 주장하는 바에 누군가 반대
되는 증거가 있을 때도, 이 사실을 배제한 채 "자연스럽다"라고 말한
다. 듀이는 이런 입장에 대해 의심해 봐야 한다고 주장한다.

자연이라는 개념에는 다양한 의미가 내포되어 있지만, 자연은

인간에 대한 믿음을 규정하고 평가하기 위해 표준이나 기준을 공통적으로 요구해 왔다. 사실 자연은 외재적이고 인공적이고 허구적인 것과는 정반대에 놓여 있다. 오히려 자연은 존재와 사고에 내재하면서 필연적인 것으로 받아들여지는 모든 것을 가리킨다. 그래서 자연적이고 정상적이고 규범적인 것들을 결정하는 것은 자연에 맡겨 두고, 반대로 부차적이고 우연적인 것들이 무엇인지를 찾아야 할 것이다.MW 7: 287

그런데 우리는 과학적인 사고와 교육의 역사에서 그리고 일상 속에서, 자연에 의지하면서도 문화가 중요하다는 사실을 빈번히 잊곤 한다. 이런 사실을 어떻게 설명할 수 있을까? 듀이는 이런 사실이 전승되어 서구 사상의 공통된 구성 요소가 된, 18세기 프랑스의 철학자이자 교육자인 루소Jean Jacques Rousseau[5]가 저지른 명백한 오류 한 가지를 특별히 제시한다. 그에 따르면, 듀이는 이에 대해 이렇게 말한다.

오늘날 우리가 그러하듯이, 루소는 자연에 대해 관련 없는 두 가지를 혼동해서 생각했다. 하나는 자연이 학습되지 않은 타고난

---

5. [옮긴이 주] 루소가 말하는 '자연'은 천성을 제약하는 습관이나 타인의 의견에 의해 수정되기 이전 상태의 능력과 성향이다. 간단히 말하면 '자연'은 타고난 능력과 성향, 즉 '천성'을 뜻한다. 따라서 자연을 따른다는 말은 아동의 기호와 흥미가 어디서 생기며 어떻게 성장하고 소멸하는가에 주의를 기울여야 한다는 것을 뜻한다. 오늘날과 같이 아동이 제지당하는 상황이 자주 벌어지는 곳에서는 자연적인 경향을 관찰하기 어렵다. 이는 자연을 따라야 한다는 교육원리가 주로 항거하는 인위적 조작에 의해 아이들을 어른의 표준틀에 억지로 끼워 맞추려 하기 때문에 생긴 결과다. 자연에의 합치를 주장하는 교육이론은 마음과 그 힘에 관해 훨씬 덜 형식적이고 덜 추상적인 견해를 보인다. 이전 견해에서는 마음을 분별, 기억, 일반화 같은 추상적인 능력으로 파악했다. 이에 비해 이 교육이론은 이런 추상적인 능력을 구체적인 본능과 충동, 생리적 능력으로 대치하고 있다. 본능, 충동, 능력이 개인마다 다르다고 보는 것이다. 결과적으로 '자연에 합치시키는 교육'이 주장하는 바는 직접적인 교육적 노력을 통해 인간을 수정시키고 변혁시키는 일이다. 즉 '문화(culture)'의 힘이 크지 않은 것은 아니지만 선천적으로 타고난 능력, 즉 '자연'이 그러한 양육(nurture)의 기초와 근본적인 자원을 제공한다는 것이다. '자연'이 선천적으로 타고난 것인 데 반해, '양육'은 후천적으로 학습되는 것을 가리킨다.

잠재력과 발달과 관련된 질서라는 것이고, 다른 하나는 자연이 사회생활과 문화에 반대되는 것이라고 본 점이다. 이 두 가지에 대한 혼동은 오늘날에도 지속되고 있다.MW 7: 377

듀이의 생각을 따라가며 이러한 혼동을 해소해 보자. 먼저 인간 생활과 발달에 자연적인 기초가 존재한다는 것은 인정해야 한다. 이 연관성에 대해 듀이는 원시적인 충동과 활동을 이야기한다. 그가 볼 때, 모든 개인은 선천적인 기질을 갖고 태어난다. 자연은 또한 우리가 피할 수 없는 환경이다. 인간을 낳은 어머니이며 살아가는 터전이다. 때로는 계모이거나 정이 없는 가정일 수도 있다. 하지만 문명이 지속되고 문화가 계속되면서 때로는 진보한다는 사실은 인간이 자연에서 토대를 발견하고 지지를 얻고자 한다는 증거다. 한 개체가 태아에서 성인으로 성숙하고 발달하는 것은 유기체와 주변이 상호작용한 결과인 것처럼, 문화란 진공 속에서 일궈지거나 자신에게만 쏟아부은 인간 노력만의 산물이 아니라 인간과 환경 사이에 오랫동안 축적되어 온 상호작용의 산물인 것이다.LW 10: 36-37

듀이는 환경environment과 주변 조건surroundings을 이렇게 구별하였다.

유기체가 살아가는 환경은 살아 있는 존재가 어떤 방향으로 기능할지 적극적으로 영향을 미치는 조건들의 총합이다. 그러므로 환경은 단순히 주위의 물리적인 조건과 같지 않다. 유기체가 반응하지 않는 물리적 조건은 많다. 그렇다고 이러한 조건이 모두 진정한 환경은 아니다.MW 6: 438

환경은 개인이 진화하고 발달하면서 갖게 되는 경험으로부터 결코 독립적일 수 없다. 앞으로도 말하겠지만, 이 생각은 교육과 학습에서 결정적인 영향을 미친다. 개인과 그를 둘러싼 환경은 지속적으로 교호작용transaction하고 공진화coevolution하면서 성장한다. 그러므로 우리는 단순히 '주변에 존재하는 자연'과 '개인이 자연에 의해 영향 받으며 자연과 상호작용하고 함께 진화하는 환경으로서의 자연'을 구별해야 한다.[6] 듀이의 관점에서 볼 때, 학습 환경은 저절로 작동되는 외부 조건으로 결코 축소될 수 없다. 그렇다면 학습 환경은 조직된 교육 내용과 학습자들의 경험 사이에 참된 교호작용이 가능하도록 구성되어야 한다. 듀이는 이렇게 말한다.

> 삶은 진공 속에서 이루어지는 것이 아니며, 자연 또한 드라마 공연 같은 무대 장치가 아니다. … 삶은 자연의 과정에 묶여 있다. 인간이 살아온 과정은 성공하든 실패하든 자연이 개입하는 방식에 좌우된다. 인간이 자신의 일을 통제할 수 있는 힘은 자연적인 에너지를 사용할 수 있는 능력에 달려 있다. 이런 능력은 결국 자연의 과정에 대한 통찰력에 달려 있다.MW 9: 236

이 대목은 루소를 비판할 수 있는 또 다른 논점이다. 인간은 역사 속에서 자신의 본성을 변화시켜 왔다. 환경에서 일어난 변화가 바로 인간 자신의 본성에 영향을 미칠 수밖에 없기 때문이다. 듀이는 다음과 같은 점에 주목한다.

---

6. [옮긴이 주] 듀이는 자연(nature)을 세 가지 수준에서 말한다. 물리-화학적 수준, 심리-물리적 수준, 그리고 인간 경험의 수준이다. 이 가운데 세 번째 수준의 두드러진 특징은 언어 사용과 그것을 활용한 의사소통이다. 인간은 언어를 통해 감정과 정서, 의사를 전달하고 소통한다. 그래서 인간의 마음은 언어를 통해 객관화된다.

고정불변의 인간 본성이란 있을 수 없다. 인간 본성에 있는 특정의 욕망은 지속되므로 이 욕망이 생산한 결과물인 현존하는 문화, 즉 과학, 도덕, 종교, 예술, 산업, 법규는 인간 본성의 원초적인 구성 요인으로 되돌아가 반응하면서 새로운 형태로 변화한다. 이로 인해 전체 양상이 수정된다.LW 13: 142

이렇게 접근하는 방식이 바로 듀이의 강점이다. 문화로부터 자연을 분리하거나 문화와 자연을 격리시켜 보는 것은 의미가 없다. 바로 우리의 경험과 행동이 늘 서로 뒤얽혀 있고 더불어 서로 관통하고 있기 때문이다.

루소의 중대한 오류는 인간을 어떤 사회적 실재를 결정하는 데 필수적인 자연적 조건을 갖고 태어나는 존재로 본다는 점이다. 루소에 따르면, 인간은 본질적으로 선하게 태어나지만 사회에 의해 타락한다. 이러한 타락은 자유와 자연이라는 조건 속에서 성장하는 것을 가로막는 사회적 조건에 달려 있다. 하지만 인간은 순수한 자연 상태로 돌아갈 수 없기 때문에 루소는 그 대안을 찾으려 했다. 사회계약론에서 루소는 사회적 타락을 극복하기 위해 모든 사람에게 동등한 권리와 의무를 부여했다. 특히 이 지점에서 듀이는 이런 분석과 정치 비전에 내재한 극단적 개인주의를 비판한다. "인간 본성이 본질상 배타적으로 개별적이라는 생각은 그 자체가 문화에 대한 개인주의 운동의 산물이다."LW 13: 77

다른 말로 하면, 루소는 자신의 주장을 정당화하기 위해 자연이란 개념에 자신의 개인적 소망과 사회적 희망을 투사했다. 전자는 교육소설인 『에밀』에, 후자는 『사회계약론』에 나타난다. 하지만 루소는 자연에 대한 자신의 특별한 관점을 숙지시키는 문화적 맥락을 염두에 두지 않아 결국 순수하게 자연주의 관점에서 주장하는 것을 불가능하게 만들었다.

자연과 문화의 관계에 대한 듀이의 이해는 오늘날에도 여전히 유효하다.[7] 다음 사례를 보자. 오염, 자원 고갈, 종의 멸종, 기후 변화, 이 외의 많은 것들을 보면 이를 잘 알 수 있다. 인간 문화에 의해 자연에 가해진 외적 작용의 결과를 생각할 때, 문화에 대한 자연의 의존성은 명백하다. 인간의 문화가 점차 자연과 맞물리면서 지구의 다른 생명체들의 생존 조건을 위기에 빠뜨리고 있다는 사실을 역사가 보여 주고 있다. 인간의 활동이 지구에서 일으킨 문제를 해결하는 데 비상한 노력을 기울인다면, 그때는 듀이의 이런 해석이 결코 과장된 것이 아님을 알게 될 것이다. 오늘의 환경 위기는 인간이 생활에 필요한 자연자원을 위협하는 방식으로 자연에 공공연하게 적대적인 행위를 했다는 점을 분명히 보여 준다.

자연과 문화는 뒤얽혀 있다. 양쪽은 서로 구별될 수는 있지만 분리될 수는 없다. 자연과 문화를 이야기할 때면 늘 언어가 표현의 매개체로 사용된다. 여기에서 자연과 문화는 경험에서 문제를 해결하려고 사용하는 언어 코드나 관습을 포함하고 있기 때문이다. 듀이는 이렇게 언어의 중요성을 잘 인식했다.

　'자연'과 구별되는 것으로서의 '문화', 그리고 이를 함축하는 모
　든 것은 언어의 전제 조건이자 언어의 산물이다. 언어는 인류가

---

7. [옮긴이 주] 흔히 '문화'는 '교양'과 같은 뜻을 지닌다. 듀이가 강조하는 '문화'는 적어도 뭔가 세련된 것, 원숙한 것을 의미한다. 조잡하고 덜 된 것의 반대 지점에 문화가 있다. '자연'이 조잡한 것과 동일하다면, '문화'는 자연적 발달에 반대되며 '평범'이나 '평균', '사회적 효율성'과도 다른 입장에 있다. 듀이는 문화를 의미지각의 범위와 정확성을 부단히 확장하고 향상시켜 가는 능력으로 정의한다.

습득한 기술, 정보, 습관을 유지하고 전달하는 유일한 수단이다. 그래서 문화는 후자인 언어의 산물이 된다. 반면 어떤 사건의 의미와 중요성이 다른 문화집단에서는 달라지기 때문에, 이는 전자인 언어의 전제 조건이 된다.LW 12: 62

이런 배경으로 우리는 종종 일상의 사태에서 사물, 사건, 인물, 사람 등의 '자연성nature'에 대해 이야기하지만, 이는 우리가 활동하고 참여하는 문화의 관점에서만 그렇게 말할 수 있다. 여기에서 반성이라는 것이 자연적으로 주어지는 게 아니라 문화적으로 결정된다는 자연에 대한 어떤 생각을 우리는 종종 당연하게 받아들인다.

그러나 로티Richard Rorty가 그렇듯, 듀이도 언어가 경험을 충분히 규명하는 것으로 생각하진 않는다. 그에게 언어는 경험에서 그리고 경험으로부터 의미를 만들어 내는 수단이다. 그러기에 우리는 언어의 중요성을 잊지 말아야 하지만, 언어에만 관심을 국한시켜서도 안 된다. 2장에서 논의하겠지만, 경험에 대한 언어적 재현이 원초적이고 비언어적인 형태의 경험과 똑같은 것은 아니다. 지금까지 본 것처럼 활동, 절합articulations,[8] 의사소통은 자연과 문화의 맥락을 포함한다. 언어에 대한 이러한 실천적 관점은 자연과 문화의 관계에 대한 듀이의 접근 방법을 이해하는 데 중요하다.

더불어 듀이는 이런 관계에서 고려해야 할 문화적 관습과 제도와 관련해 고도로 발전된 습관 이론을 폈다. 그에 따르면, 습관은 문화 속에서 행동하는 능력을 만들어 낼 뿐만 아니라 만들어지기도 한다. 습관은 원시적인 충동이라고 부르는 생물학적인 근거가 있지만 자연적으로만 결정되지도 않는다.

습관이란 개인이 경험을 통해 행동을 수정하게 된다는 것을 의미한다. 그리고 이 수정은 미래에 비슷한 방면에서 훨씬 쉽고 효과적인 행동을 하는 경향을 만든다.MW 9:349

습관에 대한 듀이의 생각은 최근 프랑스 사회학자 부르디외Pierre Bourdieu가 발전시킨 취향habitus[9] 개념과 비슷하다. 사회적 행동은 물론 개인적 행동에서 습관과 지성의 연관성을 듀이는 특히 강조했다. 그는 행동의 습관과 사고의 습관에 대해 말했다. 자연의 관점에서 볼때, 이것은 타고난 성질과 환경에 의해 주어진 잠재력을 발휘한다. 뒤에 논의할 "상호작용, 교호작용, 의사소통"에서 보겠지만, 사회적 상호작용과 의미의 창조를 통해서만 문화 성장에 기여하는 사고의 습관과 지성적 문제해결 습관을 형성할 수 있다. 듀이는 "지식과 분리된 습관은 새로운 상황의 변화를 허용하지 않는다"같은 책: 349라는 사실을 이미

---

8. [옮긴이 주] 그물의 마디 사이의 일정한 간격을 유지하면서도 결코 분리될 수 없는 관계를 뜻하는 '절합'은 '기표(signifier)'와 '기의(signified)' 사이의 관계가 필연적인 것이 아니라, 변화의 여지를 열어 둔 개념으로서 언어가 가지고 있는 자의성을 열어 놓는 개념이다. 이 자의성은 시간이라는 축을 도입하게 되면 비로소 구조의 견고한 벽을 허물고 그 본연의 모습을 드러내면서 변화가 발생한다. 마치 고기잡이 그물에 비유되는 구조 속에서 그물의 마디마디에 비유되는 개체들이 가지는 관계망 및 '안정적인' 거리는 구조주의 이론체계를 상징적으로 보여 주는 상보적 분포의 견고함을 갖고 있음에도 불구하고, 기표와 기의의 결합체로서의 언어, 그리고 그 연결 관계가 '자의적'이라는 관찰은 후기구조주의 사고를 보여 준다. '혁신교육', '진보교육'과 같은 어휘, 즉 기표들의 조합은 그 어휘들이 지시하는 의미, 즉 기의만을 우리에게 전달하지 않는다. 이 기표들은 일정한 맥락 속에서 존재하고, 그 맥락을 통해서 전달되는 기의들은 우리에게 기승전결을 갖춘 하나의 이야기/담론으로 다가온다. 같은 기표라도 이야기/담론의 맥락에 따라 다른 기의가 전달될 수 있다. 전달되는 이야기/담론도 하나의 모습으로만 존재하는 것은 아니다. 맥락을 전달하는 사람 혹은 환경에 따라 그 이야기/담론은 천차만별일 수 있다. 담론은 세계에 대한 사고방식을 설명하는 개념적 틀로서 사회적 공간 속에 존재하는 이데올로기(신념의 집합)와 지식에 대한 권력의 절합이며, 의미의 변형자이기도 하고, 주체가 객관화되는 것이기도 하다. 교육정책은 담론과 분리되어 존재할 수 없으며, 교육의 담론 다수는 문화적 격리 및 자본과 같은 개념에 의존하고 있다.

9. [옮긴이 주] 부르디외(Pierre Bourdieu, 1930~2000)의 '아비투스'는 '학습된 취향'으로 번역된다. '아비투스'는 구조와 행위를 직접 연결시키기보다 그 사이를 매개하는 구조로 본다는 점에서 독특한 점이 있다. 부르디외는 '아비투스'라는 새로운 개념을 끌어들여 기존 이론들이 극복하지 못했던 구조와 행위의 딜레마를 넘어서려고 했다. 부르디외에 따르면, 인간 행위는 사회의 객관적 구조와 아비투스라는 내재화된 구조의 변증법적 매개를 통해 나온다.

관찰했다.

터프츠James H. Tufts는 『윤리학』에서 이에 대해 더 폭넓게 설명한다.

식욕이나 본능과 같이, 어떤 습관들은 이미 형성된 것이며 정해진 것이다. 그 습관이 종족의 역사로부터 발생하였는지 아니면 개인의 역사로부터 발생하였는지의 여부는 그리 중요한 문제가 아니다. 습관은 첫 번째는 아니라 할지라도 두 번째의 천성이다. (1) 습관은 상대적으로 쉽게 만들어지고 조직된 것을 나타낸다. 그것은 최소의 저항선을 나타낸다. 반성적 습관이 특화된 습관이라면 유기체의 식욕처럼 편하고 자연스럽다. (2) 편하면서도 마찰을 일으키지 않는 습관은 즐거운 일이다. 구체적인 상황에서 마음에 들지 않는 특성을 빼 버리는 일은 관습에서 흔히 일어난다. (3) 마지막으로 이미 형성된 습관은 능동적인 경향이 있다. 습관은 습관을 행하는 데 적합한 자극만 필요하며, 강력한 장애물이 없을 때는 갇혀 있던 에너지를 발산하기도 한다. 습관은 기회 있을 때마다 특정 방식으로 작동하려는 경향이 크다. 이 기능을 제대로 못하면 불편해지고 초조함이나 결핍을 느낀다.MW 5: 309-310

이 인용문은 습관이 행위에 영향을 미치는 자연과 문화 요인 사이에서 상호작용을 통해 생긴다는 점을 말해 준다. 습관은 인지적, 정서적, 사회적, 소통적, 심미적 습관 등과 같이 상이한 형태로 존재하면서도 잠재성을 갖고 있다.

듀이가 인간 행위의 생물학적 근거를 지칭해 사용한 말이 "본능instinct"이다. 본능 개념이 당시에는 일반화된 언어였지만, 오늘날에는 시대에 뒤떨어진 용어가 되어 버렸다. 예를 들면, 후기 저작인 『인간 본성과 행위*Human Nature and Conduct*』에서 듀이는 더 현대적인 용어인 "충동impulse"을 선호했다.

습관은 타고난 충동을 문화적으로 적절하게 행동으로 바꾸는 능동적 경향이다. 습관은 특정 방식으로 활동을 이끌어 내는 힘과 같다. 하지만 습관을 강화하거나 약화하는 환경이 바로 습관에 영향을 미친다. 습관은 문화 속에서 개인 양식으로만 나타나는 것이 아니라 관습과 같은 집단 양식으로도 나타난다. 관습은 종종 사회적 인습과 의무를 재현한다. 이런 측면에서 관습은 필연적으로 습관의 보수적인 양상을 띤다. 이는 문화 발전을 적절하게 재조정하지 못하도록 방해할 수 있다. 이렇게 "습관과 관습은 신념을 신속히 고착시켜 지성적인 생활을 억제하는 경향이 있다."MW 6: 453-454 환경이 변하면 이러한 고착은 사회생활에 문제가 되거나 심지어 위험해질 수도 있다.

듀이는 우리 세계와 같은 역동적인 세계에서, 습관들과 다른 문화적 구조는 피할 수도, 예측할 수도 없는 변화에 유연하게 대응해야 한다고 생각한다. 듀이는 이렇게 말한다. "예상하지 못한 방식으로 이전에 경험하지 못한 상황에 적응할 필요가 생겼을 때, 그러한 상황에 적응하기 위해서는 철저히 좋은 습관이라도 유연성을 유지할 필요가 있다."MW 6: 466 유연한 힘을 가진 습관은 환경 변화에 적극 기여할 뿐만 아니라 전통, 문화, 사회 및 역사 경험에 뿌리를 둔 아이디어, 상상력, 행위 양식과도 항상 관련되어 있다.

듀이는 『인간 본성과 행위*Human Nature and Conduct*』에서 습관에 대해 가장 정교하게 설명했다. 이 책 서문에서 듀이는 이렇게 주장한다.

충동과 지성의 작동을 이해하는 것은 개별화된 정신 활동을 이해하는 데 열쇠를 제공하는 반면, 습관과 그것의 서로 다른 유형을 이해하는 것은 사회철학의 핵심이다. 그러나 이것들은 습관을 생각하면 이차적인 것이어서 정신은 생물학적 습성과 사회적 환경의 상호작용에서 형성된 신념, 욕망, 의도의 체계로서만 이해될 수 있다.MW 14: 3

우리가 행동하면서 어려움과 문제에 직면하면, 지금까지 문제되지 않았던 습관들은 도전받게 되고 의도적인 문제해결과 반성적인 지성이 작동하기 시작한다. 듀이는 다른 모든 활동과 마찬가지로 이런 새로운 사고와 반성 차원에서도 습관이 존재한다고 본다.

우리는 일상생활에서 단순한 습관으로 실패를 경험할 때 모든 종류의 문제를 해결하도록 도와주는 관찰, 지각, 의사소통, 학습, 감상, 비판 등의 습관에 대해 이야기할 수 있다. 이렇게 듀이는 '능동적 습관active habits'과 '수동적 타성passive habituations'을 구별했다.MW 9: 52 듀이에게 능동적 습관이란 의도대로 상황을 조정할 수 있는 역동적이고 유연한 힘을 말한다. 예를 들어, 당신이 외국 도시처럼 낯선 곳에 자신이 있음을 깨닫고 사태를 정확히 파악할 방법을 찾는다면, 당신은 그 상황에 적응하기 위해 능동적 습관을 사용하고 개발하게 된다. 자신의 고향은 이미 알고 있는 익숙한 환경이기 때문에, 더욱 수동적인 타성을 통해 주로 방향을 잡게 된다.

이와 마찬가지로 듀이는 '습관habits'과 '판에 박힌 행동routines'을 구별한다. 그에게 습관은 학습과 성장이 지속될 수 있도록 발달에 대한 유연성과 개방성을 어느 정도 유지해야 한다. 반대로 판에 박힌 행동은 "화석화된 습관"EW 2: 103을 말한다. 이는 사회생활에서 어느 정도 불가피할 수 있지만, 교육적 관점에서는 종종 문제가 된다. 듀이 말에서 더 중요한 것은 위에서 언급한 습관과 판에 박힌 행동을 구별하는 것이다.

습관은 사회적 교환과 교호작용을 통해 얻어진 개인의 능력인 반면, 관습은 개별적 습득에 선행하는 집단적인 습관이다. 관습은 종종 가족, 교육제도, 행정, 관료주의, 사업, 산업 등과 같은 제도에 기본적으로 나타난다. 심지어 과학도 여러 제도에 기초하는데, 그 제도는 구성원과 담론들에 영향을 미치고, 포용과 배제의 조건, 언어 게임, 실천과 일상적 관습을 결정한다. 가령 과학 분야의 조직은 제도화되어 있기에 개인의 기지와 의지 같은 우연성에 지배될 수 없다.

그런데 이런 제도화는 실천에서 이론을 분리하는 위험을 늘 초래한다. 언제나 과학에서는 주어진 제도의 형태에 의문을 제기한다. 또한 경험과 실천에 관해서는 취약한 점에 대해 질문하는 것을 중시한다. 훨씬 더 일반적으로 말하면, 듀이에게는 언제나 제도, 관습, 습관이 인간 성장과 실제적이고 적절한 문제해결을 위해 유익한지 판단하는 게 중요하다. 민주주의에서 이러한 과제는 모두 자신들의 다양한 삶의 경험에 적극 참여해야 해낼 수 있다. 듀이의 급진적이고 민주적인 헌신을 따르고자 한다면, 비판적 반성과 판단은 거듭 되풀이되고, 종종 복잡한 과정이 된다. 철학에서 이러한 관점은 도덕이나 윤리 규범 및 원칙뿐 아니라 과학에 관련해서도 마지막 어휘last words[10]란 존재할 수 없다는 것을 포함한다. 듀이는 특히 경험의 맥락과 분리된 보편적 주장에 비판적이다.LW 6:3-21 우리는 개인이나 지역사회 또는 전체 사회 차원에서 여러 행동을 통해 자신의 경험을 형성한다. 그로 인해 지속적으로 서로 영향을 미치고 변형할 수 있는 새로운 습관과 환경을 만들어 낸다.

이렇게 중요한 통찰의 배경을 충분히 이해하려면 듀이 자신이 거대하고 전례 없는 사회, 경제, 기술, 문화, 정치 변혁의 시대에 살았다는 사실을 깨달아야 한다. 여기서 다시 문화와 자연의 관계에 대해 했던 중요한 질문으로 돌아가 보자. 산업화는 새로운 사고방식을 선도했다. 그것은 문화와 자연의 교호관계로만 이해되는 것보다 자연의 힘을 사용하고 변화시키는 과정을 통해 더 분명해지기 때문이다. 듀이는 이미 이를 아주 명확하게 알아차렸다. "자연에 대한 지식 상태, 즉 물리학은 산업과 상업, 상품의 생산과 유통, 서비스의 규제가 직접 의존하는 문화의 한 단계이다."LW 13: 69 또한 이는 사회적이고 정치적인 생활에 적용된다.[10]

현재 공표된 모든 사회철학과 정치철학은 인간 본성에 대한 특정 관점을 포함하며, 우리는 그것을 확인하게 될 것이다. 인간 본성은 그 자체이면서 물리적인 자연과의 관계에서 드러나는 것이다. 여기서 적용되는 요인은 문화의 모든 요인에도 적용된다. 같은 책: 72

듀이는 전통 철학을 비판하면서, 사상사에 영향을 미쳤던 자연과 문화, 몸과 마음, 이론과 실천, 그리고 이와 유사한 대립 등과 같은 이원론dualism을 강력히 거부했다. 그에게 경험하는 것과 아는 것은 물리적 사태만큼이나 자연스러운 과정이다.

---

10. [옮긴이 주] 모든 사람은 그들의 행위, 그들의 신념, 그들의 인생을 정당화하기 위해 채용하는 일련의 낱말들(words)을 갖고 있다. 그것들은 친구들에 대한 칭찬, 적들에 대한 우정, 장기적인 프로젝트, 가장 심오한 자기의심, 그리고 가장 고결한 희망을 담는 낱말들이다. 그것들은 우리가 때로는 앞을 내다보면서, 때로는 뒤를 돌아보면서 우리의 삶에 대한 이야기를 말하는 낱말들이다. 로티는 그러한 낱말들을 '마지막 어휘(last words)'라고 불렀다. 그것이 '마지막'이라는 것은, 만일 그러한 낱말들의 값어치에 대한 의심이 주어진다면 그 낱말들의 사용자는 의존할 수 있는 비순환적 논변을 전혀 갖지 못한다는 뜻이다. 그 낱말들은 사용자가 언어와 더불어 있는 끝까지 함께하는 것이며, 그것들 너머에는 오직 어찌할 수 없는 수동성 혹은 힘에의 호소만 있을 따름이다. 기독교인들은 이 '마지막 어휘'를 '말씀'으로 받아들인다.

어떤 사물이 한때 성장하고 변화하는 것을 안다는 게 자연스러운 것처럼, 의도적으로 변화해 결과적으로 부패하거나 침식하는 것을 아는 것도 자연스러운 일이다. 이는 또한 별개의 독립체가 되어 간다고 보기보다는 마음과 의식이 어떤 자연스럽지 않은 영적 성질을 잃게 되면서 아는 것과 의식하는 것의 유기체적 기능이나 관계를 맺게 되는 것을 의미한다.Ralph Ross: Introduction, in MW 7: xi-xii

듀이는 이를 창발성emergence 또는 진화 과정으로 이해했다.

그에게 정신의 진화적 기능은, 사람들이 자신의 환경에 적응하고, 생존과 더 나은 삶을 위해 그 환경을 자신에게 맞추도록 행동을 유도해 온 것이 명백해 보였다. 정신의 원래 기능은 아무런 흔적도 없다. 그런데도 그것이 지금 앎을 추구하는 인식자 knowers가 되었다는 사실은 듀이에게 허위로 여겨졌다. 물론 문명은 당면한 많은 위험으로부터 일부 사람들, 특히 유한계급의 정신을 해방시켰다. 그리고 그 해방은 순수한 지식, 즉 이상적 성취로 보이는 지식 자체에 대한 생각을 만들어 내는 충만한 상태에 이르게 했다. 참여자도 아니고 행위자도 아니고 심지어 지적인 행위자도 아닌 관망자가 이상적인 유형으로 찬양되었다. 듀이는 이런 방식의 철학화에 반대했다. 그는 반성으로 해결할 수 있는 인간의 계속되는 위험과 문제에 대한 예리한 인식을 피력했고, 앎의 가치에 무지한 인식자를 비난했다.Ralph Ross: Introduction, in MW 7: xii

머피Murray G. Murphey가 듀이의 입장을 이렇게 특징짓는 것처럼, 이는 보다 일반적인 의미에서 문화 안에서 우리의 삶을 이해하기 위한 것임을 의미한다.

인간과 인간의 행동은 별, 원숭이 또는 식물의 본성과 움직임에 대한 연구처럼 자연 현상으로 연구되어야 했다. 인간에 대한 접근 방식이 인간을 많은 동물들 중 하나로 보는 진화론적 관점을 취해 왔기 때문에 삶을 유지하고 자신의 활동을 선택하는 일 둘 다에 관련되는 어떤 환경 속에 있게 되는 것이다. 그렇기 때문에 인간은 언제나 고립된 것이 아니라 집단 속에서 발견된다는 것은 사실이다. 이것은 생물학적인 사실일 뿐만 아니라 인간 존재 양식의 필연성이다.Murphey: Introduction in MW 14: ix-x

이 부분에서의 주요한 주장을 요약하려 한다. 우선 듀이로부터 자연과 문화의 관계에 대해 "사태의 관망자" 입장만을 갖는 것은 충분치 않다. 이런 관계는 역사, 사회, 개인의 관점에 따라 변하기 때문이다. 인간의 삶이 자연에 의해 결정된다고 보거나 자연과 문화의 교호작용을 소홀히 하는 이원론으로 구축된다면, 이는 편협하고 기만적인 자연주의naturalism의 위험에 빠질 수 있다. 교호작용의 관점은 자연 속의 문화를 통해 자신을 확인하는 맥락에 이미 참여하고 있음을 늘 내포한다. 자연과 문화의 이러한 이중적인 관계는 우리가 하는 모든 관찰, 참여, 행위에 스며들어 있다. 우리는 문화 속에서 참여하고 실천하면서 자연을 관찰할 수 있다. 이는 우리가 세계에 반응하는 습관일 뿐만 아니라 특정 관습, 규칙, 전통, 제도, 관심 등의 실천과도 관련되어 있다. 이러한 접근은 지나치게 환원론적이긴 하지만 문제를 단순화해 주기도 한다. 그래서 일상에서 쉽게 유혹에 빠지는 이원론적인 오해를 피하는 데 듀이의 접근 방식은 여전히 적절하다. "일반적인 특성"에 대한 듀이의 주장은 이 관점에 몇몇 문제를 남기고 있지만, 자연과 문화를 더 복잡한 교호작용의 관점에서 보게 한다.

문화와 경험

듀이는 초기 글 중의 하나인 「유물론에 대한 형이상학적 가정The Metaphysical Assumption of Materialism」에서 지식의 다른 전통적 형이상학뿐 아니라 지식의 유물론적 모방 이론을 거부했다.

> 실체substance에 대한 지식이 없다면 자아 활동에 의해 생성된 현상에 대한 지식(순수주관적 관념론), 또는 실체와 아무런 관련이 없는 현상에 대한 지식(흄의 회의론)이나 객관적 정신에만 관련된 현상에 대한 지식(버클리의 관념론)만 존재할 것이다. 그리고 실체에 대한 지식이 없다면 알려지지도 않고 알 수도 없는 실체와 관련된 현상에 대한 지식(스펜서의 지식), 또는 정신이 의식 속에 주어진 모든 현상에 반드시 강요되는 지식의 형태에 의해 통일되는 현상에 대한 지식(칸트의 지식처럼)만 존재하게 될 것이다.EW 1: 4-5

헤겔은 듀이의 성장기에 크게 영향을 미친 것으로 알려져 있다. 헤겔의 영향으로 듀이는 외견상 서로 분리되어 있는 내부 세계와 외부 세계에 대한 인식론상의 이원론적 분열을 극복하려는 시도에 매료되었다. 헤겔은 『정신현상학』에서 이미 이원론 문제를 생각하고, 변증법적인 단계에서 지식을 통합할 수 있는 방법을 수립했다. 듀이에게 헤겔의 영향은 심대하고 지속적이었다.Good, 2005 참조

하지만 듀이는 중요한 측면에서 헤겔을 따르지 않았다. 그는 헤겔과 달리 행동과 문화에 더 강조점을 두었다. 듀이는 정반합의 결론 단계인 최종적 해결책을 배제함으로써 헤겔의 지식체계를 완전히 버리고 실험주의적experimentalist 지식구조로 이동하였다. 제임스William James에게 영감을 받은 듀이는 지식에 대한 반-이원론 기초에 이르는 실용주의적pragmatist 방식을 발견했다. 인식론적 문제를 해결하는 열쇠로서 행동action 개념을 채택하였다. 듀이는 이렇게 말한다. "모든 생명 활동은 깊이와 범위가 무엇이든 활동 자체를 실현하려는 과정에서 불가피하게 장애물을 만난다."MW 6: 230 인간 행동은 난관과 문제를 극복하면서 의미를 획득하게 된다. 그것이 바로 경험이다.

듀이가 사용한 경험experience이라는 단어는 일반적으로 통용되는 이해와는 좀 다르다. 그가 말하는 경험은 '경험하는' 측면은 물론 '경험되는' 측면도 포함한다. 예를 들면, 손가락이 불길에 닿게 되면, 주관적인 통증('경험하는')은 불길의 열('경험되는' 대상)로부터 분리될 수 없다.

또한 듀이는 '1차적 경험'과 반성적인 경험인 '2차적 경험'을 구별한다. 1차 경험은 우리의 손가락이 준비 없이 처음으로 불길에 닿았을 경우, 반성이 일어나기 이전에 단지 주어진 상황과 벌어진 상호작용의 일부로서 나타난다. 그래서 1차 경험은 바로 '불에 데는 것'이다. 우리는 이때 행동하고, 겪고 참고, 즐기고 괴로워하는 등 경험을 단지 주어진 것으로 여긴다. 그런 행동이 즉각적이고, 결백하며, 순수하고, "자연스러운" 것으로 보일지라도, 좀 더 면밀히 관찰해 보면, 지금까지 습관을 갖게 되는 과정에서 학습한 문화적 맥락으로부터 얻게 된 의미

이기 때문에 이미 괴로워하고 있음을 보여 준다. 가령, 처음 불꽃을 만진 어린이는 이미 대상에 대해 학습하기 위해 대상에 손길을 뻗는 습관이 있었다. 그러나 이러한 1차 수준의 경험은 아직 반성적reflective이지는 않다. 자신이 상황을 문제로 정의하거나 지각하면, 지적 반응을 요구하는 상황이 된다.

듀이는 이런 문제 상황에 대한 지적인 반응 과정을 설명하기 위해 2차 경험이라는 용어를 사용했다. 예를 들면, 불은 위험하기 때문에 다른 물건과는 다른 방식으로 접근해야 한다고 우리는 배웠다. 그런 문화에서 살게 되면, 이런 경험을 직접 하지 않고도 다른 사람이 들려주는 것에서 배우게 된다. 이렇게 반성적 경험은 달갑지 않은 1차 경험의 결과를 피하도록 도움을 준다. 하지만 2차 경험, 특히 다른 사람의 경험에만 의존하면, 1차적 만남을 통해 세상과 생생하게 접촉할 기회를 잃는 위험에 빠질 수 있다. 그때는 자신이 행동할 수 있는 실제 조건과 좋은 기회를 쉽게 잃어버리게 된다. 그래서 듀이는 지성주의의 이런 단면적 형태를 종종 비판했는데, 그건 바로 이런 함정에 빠지면 삶의 현실을 망각하기 때문이다.

듀이에게 경험의 기본적인 기준은 상호작용이다. 개개인은 자신을 둘러싼 사회 환경뿐만 아니라 자연 환경과도 상호작용한다. 경험, 생활, 문화 개념은 어느 정도 동의어로도 사용할 수 있다. 경험이란 '살아진 문화lived culture'라고 할 수도 있다. 생활 경험이라고도 할 수 있고, 경험의 관점을 통해서만 문화를 말할 수 있다. 그렇다고 듀이가 말하는 경험이 자연과 문화가 혼란스럽게 섞여 있는 혼합물은 아니다. 그런 맥락과 관련해 구체적인 의미와 행동으로 구분될 수 있고, 구분되어야만 하는 매우 특정한 용어다.

듀이가 말하는 경험에는 의식뿐 아니라 지각도 포함한다. 그러나 우리는 이 용어들을 단순한 주관적 현상이 아니라, 위에서 논의한 교호작용transaction의 의미로 이해해야 한다. 2장에서 세부적으로 논의하겠지만, 지각과 의식에서 반성에 이르기까지는 길고 복잡한 경로가 있다. 여기서 우리는 경험에 대해 더 기본적인 특징에 초점을 맞추려 한다.

듀이는 수동적으로 '당하는undergoing' 측면과 같이 능동적으로 '해 보는doing' 측면을 포함해 활동에 참여하는 경우 완전한 감각으로만 경험한다고 설명한다.[11] 양 측면이 연결되어 있을 때만 의미 있는 경험이 된다. 양자가 분리되면, 경험은 생명력을 잃어버리거나 무의미한 반복 행동이 되거나 자의적이고 충동적인 행동주의로 변질되고 만다. 학교에서 학습이 학문적이기만 하고 실제 생활의 문제와 충분히 연결되지 못할 때, 종종 이런 일이 발생한다. 그런 연관성은 실험, 실제 문제해결 또는 학습자 활동을 통한 해법 구축을 통해서만 성취될 수 있다. 그리고 교과서나 학술 담론에서 가져온 것뿐만 아니라 처음부터 학습자의 경험에서 가져온 문제도 있어야 한다.

해 보는 것과 당하는 것으로서의 경험은 안정적이면서도 불안정한 측면이 늘 있다. 이를 이해하기 위해 앞서 습관에 대해 이야기한 것을 상기해 보자. 습관은 어떤 1차 경험이 친숙하고, 잘 알려져 있으며, 당연한 것으로 받아들여지는 이전 경험에서 비롯된 무언가를 이미 포함하고 있다(계속성)는 것을 의미한다. 그런 의미에서 습관은 우리에

---

11. [옮긴이 주] 듀이는 '해 보는 것(doing)'을 '시도해 보는 것(trying)'이라고 표현한다. 이것은 경험이라는 말과 연결된 '실험'이라는 말의 의미에서 당장 드러난다. '해 보는 것'은 경험의 능동적 요소다. 수동적 측면에서 볼 때, 경험은 '당하는 것(undergoing)'을 말한다. 우리가 어떤 것을 경험할 때, 그것에 작용하고 그것에 무엇인가 일을 하며, 그다음에 그 결과에 해당하는 것을 하든가 당하든가 한다. '해 본다는 것'은 '우리가 바라는 변화를 얻기 위해 모종의 조치'를 하는 것이다. '당한다는 것'은 그 조치와 결과의 연관성을 파악하거나 이해하는 것이다. 이는 경험의 두 가지 요소의 특수한 결합이다. 전자가 '능동적 행위'라면 후자는 '수동적 체험'이다. 인간의 경험은 진공 속에서 일어나는 것이 아니다. 이와 같이 듀이의 경험은 인간과 환경의 상호작용으로서 '해 보는 것'과 '당하는 것'의 특수한 결합으로 이루어진다.

게 경험의 안정성을 부여한다. 하지만 경험의 불안정하고 불확실한 측면도 분명 있다. 왜냐하면 우리가 말했듯이, 모든 습관은 예상치 못한 새로운 사건에 반응하여 더 나은 발달과 경험의 재구성을 위해 개방적일 필요가 있기 때문이다.

듀이에게 학습은 이 양극단 사이의 긴장에서 일어나는 일임에 틀림없다. 정서적이고 반성적인 방식으로 결과를 경험하지 않고 수동적으로만 상황을 인식한다면, 우리는 습관을 진지하고 지속적으로 재구성할 수 없을 것이다. 그런 식으로 나아가면 경험은 피상적으로 남아 있을 것이며, 학습을 통한 성장에도 크게 기여하지 못할 것이다. 그렇지만 우리가 듀이가 말한 것처럼, 학습을 학습자 스스로 의미를 구성하는 적극적인 과정으로 이해한다면, 학습은 의미 있는 경험으로 이끄는 열쇠가 될 것이다.

철학자이자 교육자로서 듀이는 생애 후반기에 자신의 접근 방식을 일컫는 이름에서 "형이상학"이라는 용어를 버리려고 했다.[12] 듀이는 사람들이 자신의 실용주의pragmatism를 아리스토텔레스로부터 계승된 불변의 본질뿐 아니라 보편적 진리와 마지막 어휘[13]를 추구하는 형이상학적 전통과 동일시하는 것 때문에 시달렸다. "아리스토텔레스는

12. 시드니 훅(Sidney Hook)은 『경험과 자연』에 소개하는 글을 썼다. 『경험과 자연』에서 듀이의 형이상학의 현대적 논의는 듀이가 '형이상학'과 '경험'이라는 용어 사용을 불행한 것으로 간주하였다는 잘 알려진 사실을 주목해야 한다. 듀이는 오랜 철학적 경륜의 마지막에 이르러 오해를 피하기 위해 두 용어를 버릴 준비를 했다. 그는 인류학적 의미에서 '경험'을 '문화'로 대체하였다. … 90세 전야에 자신의 입장이 가진 어떤 측면과 관련하여 '형이상학'과 '형이상학적'이라는 말을 다시 쓰지 않겠다고 다짐했다. 왜냐하면 그는 자신의 용어 사용이 아리스토텔레스에 기초한 고전적 전통의 의미에 동화되어 버렸다고 불평했기 때문이다."

13. [옮긴이 주] '마지막 어휘'란 모든 인간이 인생의 궁극 목적으로 여기는 어휘를 말한다. 그리스도, 공산주의, 조국, 혁명, 평화, 자유 같은 것이 마지막 어휘/말씀이 될 수 있다. 자유주의자(더 자유롭고 정의로운 사회를 만드는 데 관심의 초점을 두는 사람)는 이 어휘들을 통일시키거나 그 어휘들의 옳음과 그름을 판정해 줄 최종 심판, 곧 초월적 진리는 없다고 믿는 사람이다. 듀이의 사상을 현대적으로 계승한 리처드 로티는 우리가 아는 어떤 것도 '불변의 실체·본질·본성'으로 이루어진 것은 없다고 보며, 본질이나 실체에서 시작해 현상 세계를 설명하는 전통 형이상학을 인정하지 않는다.

우연성contingency을 인정했으나, 불변하고 확실하며 완결된 것을 선호하는 자신의 편향을 결코 포기한 게 아니다."LW 1: 47 듀이의 모든 실험주의 접근이 불변하고 확실하며 완결된 진리를 성취할 수 있는 가능성 자체를 거부했지만, 실용주의 철학의 일부로서 형이상학이라는 단어를 사용한 것은 종종 이런 식으로 오해되었다. 오늘날까지 실용주의 진영에서는 듀이가 『경험과 자연』에서 제안한 "존재의 일반적 특성"같은 책: 50, 52에 대한 실용적 반성을 가리켜 형이상학이란 이름을 사용해야 할지, 아니면 완전히 포기할지 여부로 논쟁이 벌어지고 있다. 우리는 실용주의적 형이상학을 유지할지에 대한 논쟁이 자연주의의 문제, 그리고 문화를 자연화하려는 잠재적 함정과 오류에 밀접하게 연관되어 있음을 이미 앞에서 보았다. 구성주의자뿐만 아니라 실용주의자들도 이런 함정을 피하려고 하는데, 그렇게 하기 위해 어느 정도까지 서로 다른 방법을 취하고 있을 뿐이다. 한 가지 방법은 문화의 전제이자 필수적인 맥락에서 자연을 강조하는 것이다. 또 다른 방법은 우리가 문화를 통하지 않고는 결코 자연에 접근할 수 없다는 가정을 주장하는 것이다.

듀이를 볼 때, 때로 이런저런 방법의 옹호자로 보일 수 있다. 그는 자신의 접근 방식을 자연주의로 특징지었지만, 문화 또한 상당히 강조했다. 그래서 실제로 그는 자신의 철학에서 핵심 개념을 "경험"에서 점차 "문화"로 바꾸려고 했다. 이런 방식으로 듀이에게 문화는 삶을 경험하고 심지어 자연에 접근하기도 하는, 필수적이고 포괄적인 맥락이라는 것을 보여 준다. 말년에 회고하는 글에서 그는 아래와 같이 썼다.

오늘 내가 『경험과 자연』을 다시 쓴다면, 제목을 『문화와 자연』으로 붙이고, 구체적인 내용 구성도 그에 상응해 수정하고 싶다. 나는 '경험'이란 용어를 포기하려고 한다. 실용주의의 목적을 위해, 그동안 내가 사용한 '경험'에 대한 이해를 방해했던 역사적 장애물을 극복하기 어렵다는 것을 점점 깨닫기 때문이다. 그 대신 '문화'라는 용어로 대체하고 싶다. 문화는 오늘날 내가 말한 경험 철학을 완전히 자유롭게 관철시키면서도 그 의미를 확고하게 해 주기 때문이다.LW 1: 361

이 술회에서 알 수 있듯 듀이는 경험에 대한 자신의 생각을 포기한 게 아니다. 오히려 경험에 대해 객관적이거나 주관적인 것, 그 어느 한쪽으로 이해하려는 환원주의자들의 반복된 오해에 대해 특별한 대응을 하고 있다고 할 수 있다. 이러한 오해는 경험이란 것이 항상 맥락적이고 항상 상호작용하는 것이라고 주장하는 어정쩡한 이원론에 배경을 두고 있다. "경험이 포괄적인 주제라면, 경험되는 것은 무엇이고, 또 그것을 경험하는 방법은 무엇인지에 대해서도 모두 나타낼 수 있어야 한다."LW 1: 362 따라서 경험은 결코 자연이나 생물학에서 말하는 측면만으로 접근할 수 없다. 주관적인 방식으로 경험하거나 인식하는 것, 그리고 세상을 주관적으로 다루는 것만으로 축소할 수도 없다. 듀이는 행위, 인식, 사고에 대한 도식을 제시한 피아제Jean Piaget의 분석과 그가 말한 동화와 조절 이론을 환영했는데, 문화적 맥락과 사회적 상호작용을 고려하는 것이 필요하다고 주장했을 것이다. 그래서 듀이가 말하는 경험은 피아제 학습이론보다 더 광범위하다. 그의 경험은 생물학만으로 축소할 수 없을뿐더러 심리학만으로도 접근할 수 없다고 볼 수 있다.

듀이는 광범위한 저서에서 행위와 맥락에 따른 상이한 행동 유형을 이해할 수 있도록 다양한 관점을 제공했다. 보이스버트[Boisvert, 1998, 149ff.]는 듀이의 핵심적인 생각은 '지도 만들기'나 '지도 구성하기'의 은유라고 주장했다. 바로 인식자의 구성적 활동을 요구하기 때문에, 지식의 모사 이론copy theories에 대한 듀이의 실용주의적 비판은 중요한 은유다. 그러나 이것은 듀이가 루소에 대한 논의에서 상세하게 설명한 것처럼, 학습과 교육을 위해서도 중요한 은유다. 그가 관찰한 『에밀』의 에피소드와 관련해서 이렇게 말한다.

> 루소는 사물 자체의 관계를 이해시키지 않고, 사물에 대해 가르치는 것이 갖는 결함에 대해 한 구절로 묘사했다. '당신은 자신이 그에게 세계가 어떻게 생겼는지 가르친다고 생각하겠지만, 그는 지도를 학습하고 있을 뿐이다.' 그 예시를 '지리학'으로부터 벗어나 '전체적인 넓은 지식 영역'으로 확장하라. 그러면 여러분은 초등학교에서 대학에 이르기까지 많은 가르침의 요지를 얻게 될 것이다.[MW 8: 218-219]

교육에서 우리는 종종 지도map와 실제 세계world를 혼동한다. 우리는 종종 세계 자체가 변화한다고 생각하지만, 변화한 것은 오히려 지도 위에 만들어지는 우리 자신이라는 것을 깨닫지 못한다.[LW 1: 125 참조] 루소를 따라 듀이도 행동이 일어나는 필수적인 맥락에서는 항상 지도 만들기가 이루어진다고 주장했다. 루소를 넘어서 듀이는 이렇게 인식했다. "뭔가 발견하려는 항해는 활동의 외적·내적 한계를 보여 주는 지도에 이미 요약되어 있다."[EW 4: 338] 사물과 사건은 결코 단순히 주어지는 것이 아니라, 세계와 우리의 상호작용 속에 생산되고 구성된다고 그는 결론지었다. 더 명백히 말해, 확실한 사실과 분명한 데이터는 거울에 비쳐지는 것처럼 외부로부터 우리에게 쉽게 다가오지 않는다. 오히려 이것들은 문제 상황에 반응하고 해법을 만드는 구체적인 방법을 선택하는 탐색을 통해 적극적으로 선택된다. 여기서 지도 만들기 mapping라고 불리는 말은 최근 용어로 '실재를 구성하는 것'으로 설명될 수 있다. 지도의 경우와 마찬가지로, 우리는 행동의 맥락 속에 구성을 시도하고 적용해야 한다. 듀이로부터 배울 수 있듯이, 우리의 구성물들은 작업에서 만들어지는 가설이다. 그 가설은 몇 번이고 적용 가능성을 보여 줘야 하며, 우리는 변화, 재구성, 수정할 수 있고 그렇게 될 가능성이 있는 모든 단계에서 준비되어야 한다.

앞서의 논의는 우리를 진리에 대한 질문으로 인도하고, 진리는 모든 철학적, 과학적 담론을 위한 본질적인 어떤 질문을 요구한다. 다른 전통과 마찬가지로, 실용주의는 진리에 관한 독특한 설명을 발전시켰다. 듀이는 진리 요청이 일시적이고 실험적인 특성이 있다는 점을 드러내기 위해 "보증된 주장 가능성warranted assertability"[14]이라는 용어를 도입했다. 자신의 견해로는 믿음과 지식이라는 용어보다 "보증된 주장"이란 용어가 더 낫다고 했다. 보증된 주장은 믿음이나 지식이란 용어의 모호함에서 자유로우며, 주장을 보증하기 위한 탐구에 대한 관련성을 포함하기 때문이다.LW 12: 17

과학사에서 주장을 보증하는 방법에 대한 이론은 많이 존재했다. 그 가운데 실용주의는 언제나 탐구와 연결된 구성 과정에 대해 반드

---

14. [옮긴이 주] 듀이는 영원불변한 진리는 없다고 주장한다. 그는 진리라는 말 대신 '보증된 주장 가능성'이라는 용어를 사용하자고 제안한다. 보증된 주장 가능성은 언제든 오류로 밝혀질 수 있는 '오류 가능주의(fallibilism)'를 포함한다. 어제의 참이 오늘의 거짓으로 변할 수 있다. 어떤 도덕적 확실성을 지닌 진리라도 듀이에게는 지속적으로 검토되고 수정될 대상이라는 점에서 그것은 하나의 가설일 뿐이다. 듀이에게 진리는 항구불변한 것이 아니라 불안정한 환경에 적응하기 위해 끊임없이 '유용한 것'으로 전환되는 문제해결의 도구이기 때문이다. 진정한 지식이란 개인적 관점에서뿐 아니라 사회가 유용하다고 판정한 것을 포함해야 하며, 그러한 판정은 다시 지속적으로 검토될 수밖에 없음을 인정한 결과라고 할 수 있다.

시 수정 가능하도록 고집한다는 게 특징이다. 이와 관련해 듀이는 퍼스Charles Sanders Peirce의 의견을 지지하며 이렇게 인용했다.

> 퍼스는 과학적 명제라는 게 추가적인 탐구 결과에 의해 의심받을 수 있는 주제라는 점에 주목했다. 그런 후 예견할 수는 없지만 꼭 필요한 수정이 가능하도록 여지를 남겨 두면서 … 그런 발견이 가능하도록 우리의 이론을 구성해야 한다고 덧붙였다.LW 12: 17, footnote 1

듀이는 시의적절한 이론 구성, 선정, 선택과 부분적인 관점에 의존하는 모든 진리 요청의 필연적 한계와 시의 적절한 이론들의 구성에 대한 함의와 관련해 퍼스의 프래그머티즘 주장을 훨씬 급진적으로 만들었다. 따라서 오늘날 구성주의 접근 방식에 비추어 보면 듀이는 우리와 강한 유사성을 보여 준다.

경험에 대한 듀이 이론은 철학에서 중요한 문화적 전환을 보여 주며, 지식을 문화의 도구로 바라보는 관점을 제공한다. 우리는 경험 속에서 세계를 창조적으로 만들기 위해 사고하고 행동하는 데 사용할 수 있는 많은 문화적 도구와 자원을 발견하게 된다. 이는 경험된 사건과의 교호작용으로 실재reality가 구성된다는 오늘날 구성주의자들의 가설과 가깝다. 예를 들면, 듀이는 "실재라는 용어가 언제든지 포괄적인 지시어라는 점을 넘어설 수 있는 유일한 방법은 모든 다양성과 공통성에 있는 특정 사건들을 통해서만 가능하다"LW 10: 39라고 말한다.

발생한 사태가 모두 현실이긴 하지만, 실제로 일어났기 때문에 발생한 사건들이 가치가 동일한 것은 아니다. 이들 각각이 갖는 결과와 중요성은 엄청나게 다르다.MW 10: 40 듀이의 암묵적 구성주의는 "담론의 우주"라고 불리는 경험에서의 많은 사건들의 담론적 실천 맥락을 통해서만 구성적으로 다뤄질 수 있다는 통찰을 기반으로 한다. 그에게 존재로서의 사건과 담론의 의미에는 항상 순환적 관계가 존재하며, 우리는 양자를 결코 완전히 분리시킬 수 없다. 예를 들면, 듀이는 『논리학Logic』에서 이렇게 주장했다.

　　이 질문은 담론에서의 의미관계가 현재 존재하는 의미 있는 연결 전에 생기는 것인지, 그 후에 생기는 것인지를 제기할 수도 있다. 먼저 추론한 다음 그 결과를 이용해 담론에 참여했는가? 아니면 담론에서 만들어진 의미 관계를 통해 어떤 것이 다른 것의 증거가 될 수 있다는 것을 발견해서 사물들에 연결할 수 있게 되었는가? 이 질문은 역사적 우선성의 문제가 해결될 수 없다는 점에서 수사학적이다. 그렇지만 사물을 기호로 다루는 능력이 충분하지 않은 어떤 경우에도, 상징이 아니라면 우리에게 추론의 토대가 되는 사물의 특성만을 표시하고 보존할 수 있도록 한다는 점을 지적하기 위해 이 질문은 제기된다.LW 12: 61

경험하는 것과 아는 것은 여러 사건에서 일어나는데, 문제는 주체와 세계 사이의 이원론을 극복하는 일이다. 이에 대해 듀이는 이렇게 보았다.

　　경험의 자아나 주체가 일련의 사태에서 핵심적인 부분이라는 것이 참이라면, 이에 따라 자아는 인식자가 된다. 사건의 진행 과정에 참여하는 독특한 방식에 의해 마음이 형성된다. 인식자와 세계 사이에 의미 있는 구분은 더 이상 존재하지 않는다. 다시

말해, 사물의 상이한 존재 방식과 사물의 움직임 사이에 차이가 있을 뿐이다.LW 10: 42

움직임 속에서 상이한 방식으로 '존재하는 것being'의 문제는 본질적으로 교육과 사회적 삶 사이의 관계 문제다.

교육과 사회적 삶

듀이는 1913년 『사회적 관점에서 본 교육Education from a Social Perspective』에서 '사회적인 것'이란 모든 교육을 포괄하는 개념이라고 했다. 그는 문제의 두 측면을 이렇게 구별했다.

'사회적'이라는 개념은 … 이중의 목표를 꾀하는 것이 틀림없다. 한편으로, 행위와 노동은 더 이상 자주성 없는 노예적이고 기계적인 것으로 간주되어서는 안 된다. 과학과 역사의 접촉을 통해 자유롭고 계몽적인 것이 되어야 한다. 또 다른 한편으로, 교육은 더 이상 한 계급의 특징적 표식이 되어서는 안 된다. 교육은 더 이상 한가한 때 할 수 있는 일이나 지적인 자극제가 아니라, 오히려 자유롭고 진보적인 모든 사회적 행위에 필수적인 일로 보아야 한다.MW 7: 120

이러한 이중의 관점은 한편으로 학습자에게 있어 전통적인 학습 관념과 내용의 한계 그리고 규율로부터의 해방을 시사한다. 이렇게 생각하게 된 이유는 그동안 제한된 이해집단에게 배분될 지식의 정전

canon을 전수하는 데 중점을 두었기 때문이다. 그렇지만 민주주의를 위해 듀이가 끊임없이 자신의 독자들에게 상기시켰듯이, 교육의 특권을 가져야 한다고 생각하는 특정 계급에게만 지식이 분배되어서는 안 된다. 교육은 민주주의 사회 구성원 모두를 위한 목표다. 사회적 과업인 교육은 특권 집단과 소외된 집단 사이에 가능한 한 공평함을 얻도록 투쟁해야 한다.

듀이는 20세기 교육에서 가장 영향력 있는 저서의 하나인 『민주주의와 교육Democracy and Education』에서 교육을 "삶에 필수적인 것"이라고 했다. 교육 없이는 사회집단이나 사회가 존속하거나 생존할 수 없는 중요한 사회적 전승의 매개체이므로 교육은 삶에 필수적이다.

가장 넓은 의미에서 말하면, 교육은 삶의 사회적 연속성을 유지하는 수단이다. 원시부족에서처럼 현대 도시에서도 사회집단을 구성하는 모든 개개인은 미숙하고 스스로는 아무것도 할 수 없는 상태로 태어나며, 언어도, 신념도, 개념도, 사회적 기준도 갖추지 못한 채 태어난다. 개개인은 자기 집단의 삶의 경험을 짊어지고 가는 단위이다. 이러한 단위에서 개개인은 시간이 지나가면 사라지지만, 집단의 삶은 계속 이어져 간다.MW 9: 5

교육을 읽기·쓰기·셈하기 같은 기본적 문화 기술 및 기법의 전승이나 근면·통제·시간엄수·복종 등과 같은 기본이 되는 도덕적 덕목의 전승으로 지나치게 협소하게 이해하면, 교육이 가진 필수적인 사회적 과업과 광범위한 문화적 목표에 대한 시각을 놓치게 된다. 듀이에게 사회적 기능으로서 교육은 그것의 궁극적 목표가 다른 데 있는 것이 아니라 성장을 '경험의 끊임없는 재조직이나 재구성 과정'으로 인식하는 데 있다.MW 9: 82 참조 무엇보다도 민주주의 이상은 개인의 성장이 일반적으로 사회의 번영 및 성장을 위한 열쇠임을 암시한다. 이것은 통제가 오직 위로부터 부과되는 것은 아님을 의미한다. 이와 관련해 듀이는 지도, 통제, 안내를 구분한다.

이 세 가지 용어 가운데 … '지도direction'는 기본적인 기능인데, 그것이 어떻게 발휘되는지에 따라 한쪽 극단에서는 안내guidance하는 조력으로 나타나고, 또 한쪽 극단에서는 규제와 지배로 나타난다. 그런데 여하튼, 흔히 '통제control'라는 말과 연관되어 있는 한 가지 위험한 생각을 경계해야 한다. 이따금 개인의 타고난 경향은 순전히 개인적이거나 이기적이어서 반사회적인 것이라는 가정을 공공연하게 표방하거나 무의식적으로 깔고 있는 경우를 보게 된다. 이때 통제는 개인의 타고난 충동을 공적인 또는 공동의 목적에 따르게 하는 과정을 뜻한다. 개인의 본성은 원래 통제라는 과정에 부합하지 않는다. 그것에 협조하는 것이 아니라 반대하는 것으로 이미 가정되어 있기 때문에, 이러한 사고방식에는 통제가 강압이나 강제의 색채를 띨 수밖에 없다. 많은 정부 체제와 정치 이론이 이러한 생각에 기초를 두어 왔고, 그런만큼 이 생각이 교육이론과 실제에 심각한 영향을 미치는 것은 당연하다. 그러나 이 생각에는 근거가 약하다. 개인이 때로 제멋대로 하고 싶어 하는 것도 사실이고, 또 그것이 다른 사람들에게 방해가 되는 경우가 있는 것도 사실이다. 그런데 개인은 사람들의 활동에 들어와 협동적 공동 활동에 참여하는 데에도 관심이 있고, 대체로 여기에 주된 관심이 있다고 보아도 좋다. 그렇지 않다면 공동체라는 것이 성립할 수 없을 것이다. … 사실상 통제라는 것은 권력에 의한 지도를 강조하는 형태만을 의미하지만, 다른 사람이 주도권을 행사하는 경우뿐만 아니라 개인의 노력을 통해 행사하는 규율까지도 통제에 포함시킬 수 있다.MW 9: 28-29

모든 사회 구성원의 성장을 소중히 여기고 실현시키는 것은 민주주의 발전의 핵심 조건이며, 더 나은 사회적 가능성과 기회를 위한 필수적인 전제 조건이다. 이는 또한 신중하면서도 가장 포괄적인 수준에서 사회 갈등을 해결하기 위한 건설적인 해법을 찾는 것이 필수적이다. 교육은 교육과정에 참여하는 사람들이 다양하거나 다원적이며, 개방적이고 성장하는 민주적 학습공동체에서 참여자와 행위 주체로서 자신을 경험할 수 있는 기회를 갖도록 조직되어야 한다.

교육과 학습에 대한 듀이의 설명과 관련하여 그의 '암묵적 구성주의implicit constructivism'를 강조하기 위해 보다 최신의 구성주의 용어를 사용하여 중요한 통찰을 추가로 설정하는 작업을 필요로 한다. 그래서 무엇보다 우리는 쾰른의 상호작용적 구성주의 프로그램에서 세 가지 관점을 구분하고자 한다. 구성construction, 재구성reconstruction, 그리고 해체deconstruction다. 처음 두 개념은 역시 듀이에게서 뚜렷이 발견된다. 세 번째의 해체의 개념은 당시의 어휘는 아니지만, 비판적이고 창조적인 반성에 대한 듀이 이론의 함의를 통해 단서를 찾을 수 있다.

구성

오늘날 교육심리학에서는 구성주의 학습이 성공적인 학습을 위한 핵심이라는 점을 폭넓게 동의한다. 이 분야에 대해 전형적으로 소개되고 있는 다음과 같은 진술을 보면 알 수 있다.

교사가 학생에게 지식을 그냥 제공할 수 없다는 점은 교육심리학에서 가장 중요한 원리 중 하나다. 학생들은 마음속에 지식을 구성하지 않으면 안 된다. 교사는 정보를 의미 있고 적절하게 만들 수 있는 방식으로 학생들을 가르침으로써, 그들 스스로 아이디어를 발견하거나 응용할 수 있는 기회를 마련해 줌으로써, 그리고 학생들에게 학습을 위한 자신의 전략을 자각하거나 의식적으로 이용할 수 있도록 가르침으로써 이런 과정을 촉진할 수 있다. 교사들은 학생들에게 고차원적인 이해로 나아갈 수 있는 사다리를 제공할 수 있어야 한다. 그렇지만 그 사다리를 아이들이 자신의 힘으로 오르지 않으면 안 된다._{Slavin, 2006: 243}

이 문장을 읽다 보면, 교육심리학 이론들이 듀이와 같은 교육적·심리적 접근 노선을 따르고 있음에도 오늘날 교육심리학자들이 듀이를 분명하게 언급하지 않는다는 점에 놀라지 않을 수 없다. 구성주의 교육과 심리학을 옹호하는 사람들은 무엇보다도 모든 학습자들에게 구성이라는 것이 "스스로 조직하는 필수 불가결한 구성 요소이고, 광범위한 영역에 걸친 창조적이고 생산적인 활동"을 함의한다는 것을 듀이로부터 배운다. 마음이 움직이는 데 정말로 생산적인 마음, 즉 "창조적 정신"을 암시하면서 듀이는 이렇게 말했다.

나는 구성이라는 말을 사용했다. 사람들은 흔히 영재성 같은 매우 드물고 독특한 정신을 갖춘 사람을 창조적 정신과 결합하는 경향이 있다. 그러나 각 개인은 나름대로 독특하다. 사람들은 각각 타인과 다른 각도에서 삶을 경험한다. 따라서 자기 경험을 관념으로 전환하여 그것을 다른 사람에게 전해 줄 수 있다면, 그는

결국 타인에게 전해 줄 독특한 무언가를 갖고 있는 것이다.LW 5: 127

듀이는 "구성하다"라는 말이나 "구성"이라는 용어를 저서 곳곳에서 사용한다. 이 용어들은 건물이나 벽과 같은 물질들의 합성을 뜻할 뿐 아니라 관념과 의미의 구성을 뜻하기도 한다. 듀이는 그런 의미로 사람들이 관념, 개념, 이론, 가치 등을 구성한다고 말한다. 이런 구성은 어느 정도 사람마다 다르고 문화마다 다르다. 그러므로 구성은 경험의 발달에 필요한 과정이다. "우리는 미래에 새롭고 더 나은 것을 구성하기 위해 우리의 과거 경험을 이용한다."MW 12: 134 듀이가 설명한 것처럼, 사회 문제나 도덕 문제에서 이론과 지식의 구성과 관련해서도 구성은 임의적이지 않다. 물리 현상처럼 이 분야에서 우리가 의도적으로 구성한 것을 알게 되고, 모든 사물의 작동 방법과 테스트 결과가 관찰에 의존한다는 점을 알게 될 때, 이들 문제에 대한 지식의 진보 또한 확고하고 영원할 수 있다.LW 4: 149

이와 관련해 한 문화에서 구성 과정이 지속된다면, 어느 정도의 객관성을 늘 수반하는 구성 과정에서 주관성의 역할에 대한 논의는 많이 있어 왔다. 그렇다면 문화는 개인에게 어느 정도 주관성을 양보해 줄 수 있는가? 무제한적인 상대주의를 피하려면 임의성에 대해 어느 정도까지 한계를 두어야 하는가?

듀이의 실용주의에 따르면, 모든 탐구 과정에는 다른 주제들과 함께 작업해야 하는 주제들이 있다. 이들 모두는 개인적 배경은 물론 문화적 배경을 지닌 경험을 교육의 과정으로 가져온다. 그들 견해의 주관성과 다양성 그리고 창의적 관점은 모든 사회적 삶의 영역에서의 발전은 물론이고 과학적 조사의 발전을 위해서도 매우 중요하다. 이런 주제들이 환경을 복사한 것에 지나지 않는다면, 어떤 새로운 것도 영원히 출현할 수 없기 때문이다. 행위와 구성의 연계, 문화적 맥락의 적절성에 대한 근본적이고 혁신적 통찰을 듀이는 제공했다. 더불어 우리가 지금 이 입장을 소환하고 있듯이, 듀이는 '구성적 실용주의'나 '실용적 구성주의'를 위한 근거를 분명히 한다. 그가 내린 관점은 구성이 실재를 형성하고, 그 스스로 문화의 강력한 힘이 된다고 결론짓고 있다. 구성은 "제2의 자연으로서 문화"로 자체 역사를 만든다. 여기서 보았듯이, 구성에서 자연과 문화라는 두 영역은 서로 깊이 관통하고 있기 때문에, 무엇이 자연이고 무엇이 문화인지 분명하게 선을 긋기란 언제나 어려운 일이다. 구성은 종종 우리에게 질서, 규칙, 안정이라는 의미를 부여한다. 더불어 듀이는 문화와 자연에서 구성은 항상 제한적이고 선택적이라는 점 또한 강하게 상기시킨다. 그래서 구성만으로는 세계의 불안정한 특성을 제거할 수 없다.

우리는 충만함, 공고한 완벽, 질서, 예측과 통제를 가능하게 하는 순환 세계는 물론이고 독특함, 모호함, 불확실한 가능성, 여전히 결정되지 않은 결과로 진행되는 과정이 혼합된 세계에 살고 있다. 그래서 인상적이고 매력적이다. 그들은 기계적으로 혼합된 것이 아니라 사실상 밀과 피의 비유[15]처럼 생생하게 혼합되어 있다. 우리는 이것들을 분리해서 인식할 수 있다. 그렇지만 이를 나눌 수는 없다. 밀과 피와 달리 그들은 같은 뿌리에서 자라나기 때문이다.LW 1: 47

---

15. [옮긴이 주] 이것은 마태복음 13: 24-30, 36-43에 나오는 밀과 피의 비유를 인용한 말이다. 인간의 마음속에는 밀과 피가 함께 있다. "밀"은 하느님의 영인 참 자아에 대한 은유이고, "피"는 우리의 본능에서 나오는 악한 생각들, 즉 거짓 자아에 대한 은유이다. 우리는 자신의 참모습이 어떤 것인지도 모르고 거짓 자아가 자기 자신인 줄로 착각하고 산다.

이런 세계에서 구성이란 부정적이고 바람직하지 않은 결과를 낳을 수도 있고, 적극적이고 바람직한 결과를 만들 수도 있다. 그래서 구성에는 늘 비판이 따른다. 듀이는 비판에 대해 이렇게 말한다.

비판은 가치를 구별하는 데 개입하는 판단이다. 더 좋은 것이 왜 더 좋은지, 나쁜 것은 왜 더 나쁜지에 대해 어느 정도 의식을 가지고, 어떤 영역에서 언제든지 무엇이 좋고 나쁜지 생각한다. 그러므로 비판적 판단은 창조적 생산의 적이 아닌 친구이자 동료이다.LW 5: 133-134

듀이는 구성이 필요한 상호작용의 두 가지 측면을 이렇게 묘사한다. "비판이 따르지 않는 생산은 충동의 단순한 분출에 지나지 않는다. 계속적인 창조로 나아가지 못하는 비판은 충동을 죽이는 것이며 이는 무위로 끝나게 된다."같은 책: 140 듀이가 언급한 급진적이고 민주적인 사상을 이루는 배경과 반대되는 이런 비판은 문화적 전통, 실천 그리고 제도뿐 아니라 사회적 조건에 대응해야 한다. 우리가 구성의 측면만을 보고 사회적 비판을 망각한다면, 구성주의는 사회적·경제적 불평등이 주된 특징이 되어 있는 우리 사회의 기득권이 지닌 힘을 순진무구하게 다룰 위험에 빠질 수 있다.

재구성

학습자는 각자 자신의 관점으로 실재를 구성해야 한다. 물론 추가적인 단서가 없다면, 이 진술은 잘못 이해될 수 있다. 구성 과정에서 개인은 이미 개별적이 아닌 상징, 언어, 의미, 규율, 관념, 지식 등 문화 자원을 이용하게 된다. 학습을 발견하는 과정 자체에서 개인은 구성을 통해 문화의 세계를 발견해야 한다.

교육의 핵심 문제는 필요로 하는 문화적 맥락에 기반을 두고, 구성 construction과 재구성reconstruction을 연계시키는 일이다. 이는 언제나 어느 정도 학습 내용을 재생산한다는 것을 의미한다. 그래서 듀이의 경험 개념이 당시 이미 학습이론에서 암시했듯이, 학습자가 학습을 위해 다른 학습자와 협력하면서 자신의 학습 과정을 구성할 수 있는 문화적 자원과 학습 자료를 적극적으로 활용할 수 있는 충분한 기회를 갖는 일이 중요하다.

듀이 저작에서 "재구성하다"나 "재구성"이라는 용어는 많이 발견된다. 그가 말하는 재구성은 무엇을 고쳐 만들거나 재발명하는 것과 연관시키지 않으면 안 된다. 듀이에게 구성과 재구성[16]은 어떤 학습 경험에서든 동반자적 관계다. 학습에 필요한 재생산reproductive 측면과 관련하여 듀이가 학습을 문제해결로서 설명을 한 것은 매우 유익하다. 우리는 학습자로서 문화적 내용, 사건 혹은 상황을 동화시키고 익숙하게 만들기에 앞서 구체적 상황에 대한 정서적 반응을 하는 것으로부터 시작해야 한다. 그런데 교사가 재생산 측면을 지나치게 주장하게 되면, 학습은 지루해질 수 있고 억압적이며 흥미를 상실할 위험에 치달을 수 있다.

---

16. [옮긴이 주] 먼저 일어난 경험의 결과가 다음에 올 경험에 어떠한 변화를 가져올 수 있다. 이런 식으로 수많은 경험들이 생성되었다가 사라지는 과정을 통해 경험은 계속 '재구성'된다. 이러한 '경험의 재구성'은 결과적으로 성장을 가져오며, 변화하는 환경 속에서 자신의 삶을 유지하고 존속해 갈 수 있는 힘이 된다. 특히 지성적인 사고에 기반을 두고 연속적인 '경험의 재구성'이 이루어질 때면 삶을 성장시키는 동력이 된다. 재구성으로서 교육은 경험의 질에 대한 직접적 변형을 도모하면서 학습자들의 학습된 경험을 토대로 삶의 의미를 풍부하게 만드는 데 초점을 맞춘다.

해체

'해체하다' 혹은 '해체deconstruction'라는 말은 듀이 시대에 사용한 용어는 아니었다. 그렇지만 이 용어가 지닌 의미는 듀이에게 전혀 생소하지 않다. 비판의 관점에서 해체의 가치와 한계를 논의한 것은 그의 저서 곳곳에 많이 나타난다. 비판이란 논변의 자기일관성과 과학적 이론을 발견하는 것이고, 이러한 비판으로 우리는 그러한 이론들의 타당성과 배경을 분석할 수 있다. 비판의 한 형식인 '해체'를 요구하고 강조하는 흐름은 사회적·문화적 비판의 분명한 징표가 될 정도로 우리 시대 광범위한 영역에서 늘어났다.

더 일반적인 수준에서 말하면, 해체적 비판에서 중요한 것은 불연속성, 우연성, 비결정성, 생략, 오류, 모순, 역설, 그리고 양가성에 대한 민감성이다. 비판은 결함을 발견하는 것이 아니라 "가치를 분별하는 데 개입하는 하나의 판단이다."LW 5: 133 그러므로 해체적 비판은 창조와 구성을 보완하기 위해 필요하다. 듀이는 여러 부류의 해체주의자들 사이에 광범위하게 퍼진 통찰을 이미 제시했다.

> 철학하는 일은 신념을 비판하는 일이다. 즉, 문화의 지배적인 요소가 될 정도로 사회적으로 광범위하게 만연된 신념에 대한 비판이다. 신념에 대한 비판적 탐구 방법은 그를 한 명의 철학자로 돋보이게 하지만, 그가 다루는 주제는 그 자신만의 것이 아니다. 신념 그 자체는 사회적 산물인 동시에 사회적 사실이며 사회적 힘이다.같은 책: 164

이와 동시에 듀이는 그 무엇이든 모든 것을 해체하는 것과 경쟁하고 그 해체가 구성 및 재구성 노력과 충분히 결합하지 못하는 비판에 대해서는 우려의 목소리를 낸다.

형식 교육과 비형식 교육

교육사에서 교육과정을 직접적인 형태와 간접적인 형태로 구분하는 것은 매우 일반적인 일이다. 오늘날 대부분의 교육이론가들도 '형식 formal' 교육과 '비형식informal' 교육이라는 용어로 구분하여 사용한다. 듀이는 좀 더 비형식적인 측면을 특징짓기 위해 때때로 간접적이거나 우연적인 어휘를 선호하고, 좀 더 형식적 측면을 나타내기 위해 직접적이거나 의도적인 어휘를 더 선호하긴 했지만, 그는 이미 이렇게 구분한 용어를 사용하였다. 이런 기본적 구분의 불가피성에 대해 다음과 같이 말한다.

우리는 역사적인 문제의 관점에서 형식 교육과 비형식 교육을 구분하는 것이 아니라, 근본적이고 중요한 문제로 '학교 밖 교육' 과 '학교교육'이라는 오랫동안 확립된 구분에 관심을 갖고자 한다. 예를 들어, 아이들은 세상에 나와 '학교 밖 교육'에서 모국어를 주로 접한다. 즉, 그들은 교육이 아니라 독자적으로 존재하는 어떤 형태의 사회적 삶에 참여하면서 이를 습득한다. 그 밖의 것들, 기술과학, 대수학, '죽은' 언어 등은 주로 '형식 교육'에 속한다. 기타 많은 주제들은 부분적으로 두 영역에 걸쳐 속해 있다. 교육이론과 실천의 중요한 문제 대부분은 이러한 상황에 의해 결정된다. 교육의 명시적 목적을 위해 선정되고 배열된 교육의 주제 및 방법이 아니라, 그 자체로 가치를 갖고 이행된 어떤 형태의 현대적 삶에 실제 직접적으로 참여하는 것은 교육적 결과를 확보하는 방향에 의존하는 교육 유형에서 분명한 이점이 있다. 진정성, 활력, 깊은 관심과 동화 방식, 그리고 그에 따른 습관과 인성에 미치는 영향력의 확신은 교육 유형의 우연적 특징이다. 이들 특징과는 대조적인 측면에 있는 '학교교육school education'은 멀리에서 이루어지며, '인위적인'–때때로 이 용어를 사용하면 좋지 않은 뜻으로 '추상적인'–것이 되기 쉽다. 학교교육에서 이루어지는 일은 매일매일의 삶에서 일상적으로 실천되도록 조직된 것이 아니기에 인성 형성에 최소한의 영향력만을 갖는 기능적 기술 및 지식의 축적 방식에 기여하는 경향이 있다.MW 6: 427

위 인용은 듀이가 늘 위험성은 물론 상대적인 장점과 관련해 형식 교육과 비형식 교육을 구분할 뿐 아니라, 이를 비판적으로 논의하고 성찰하는 데 어려움이 있음을 암시한다. 그는 두 영역의 차이를 인식하고 사회 속에서 그것들의 기능을 과소평가하지 않으려고 강조한다. 동시에 모든 제도의 사회적 가치를 중시하는 준거로서 비형식 교육이라는 차원을 주목하면서 교육과 민주주의의 관계에 대해 본질적인 논의를 전개한다. 그는 『민주주의와 교육』1916에서 이렇게 말한다.

모든 종류의 인간 협동은 경험의 질 개선에 기여하는 데 궁극적 의의가 있다. 이 사실을 가장 쉽게 인식하는 길은 미성숙한 사람을 다루는 과정에서다. 다시 말해, 모든 사회조직은 교육적 효과가 있다. 하지만 결과적으로 그 교육적 효과는 어른들과 아이들이 협동할 때, 협동의 목적이 중요한 부분으로 간주된다. 사회는 구조와 자원이 복잡해짐에 따라 형식적이거나 의도적인 교육의 필요성이 증대되어 왔다. 이렇게 형식화된 교육과 훈련의 범위가 커짐에 따라 더 직접적인 교섭을 통해 얻는 경험과 학교에서 배우는 내용 사이에는 달갑지 않은 간극이 생길 위험이 커졌다. 과거 수세기 동안 지식과 전문기술 유형의 급속한 성장에 비춰 볼 때, 그 위험이 오늘날처럼 컸던 적은 없다.MW 9: 12-13

듀이는 이미 변화하는 삶의 사회적·문화적 맥락에 반응하는 교육의 형식적인 측면과 비형식인 측면 사이의 균형을 잘 잡아 결합시키는 방법을 찾는 것이야말로 교육의 이론과 실천에서 핵심 문제라고 주장한다. 교육의 근본적인 문제에 대한 해결은 늘 일시적이고 선택적이며 불완전할 것이다. 다른 측면의 약점이 있음에도, 훌륭한 균형을 찾기 위해 어느 한 측면의 장점만을 지나치게 평가하려는 유혹은 피해야 한다. 예를 들면, 교육연구에서 학교교육의 중요성을 되풀이해 과장할 위험이 있다.

학교란 진정 미성숙한 사람의 성향을 형성시키기 위한 하나의 중요한 전달 유형이다. 그러나 이는 어디까지나 하나의 수단에 지나지 않으며, 다른 기관들과 비교하면, 상대적으로 피상적 수단에 지나지 않는다.MW 9: 7

언어, 아니 더 일반적으로 말하면, 상징의 사용은 교육의 두 유형을 구성하는 친숙한 요소에 해당한다. 이는 학습자에게 즉각 나타나는 것이 아니고, 학습과 경험을 연결시키는 방식을 여는 재현representation의 매개체로 나타난다. 비형식 교육에서 "언어를 통한 의사소통은 공동의 소유가 될 때까지 경험을 공유하는 과정으로 필요하다. 그것은 의사소통에 참여하는 두 참여자의 성향을 형성한다".MW 9: 12 그런데도 형식 교육에서 언어의 역할은 더 강화되어 간다. 다음과 같은 이유에서다.

복잡한 사회의 모든 자원과 성취를 전달하는 것은 불가능하다. 젊은이들은 책과 지식의 상징에 숙달되었기 때문에, 만약 젊은이 들이 다른 사람들과 비형식적으로 협동하면서 훈련을 익히도록 남겨진다면, 그들이 접근할 수 없는 종류의 경험으로 가는 길을 또한 열어 줄 수 있다.같은 책: 11

듀이에게 있어서 형식 교육과 비형식 교육의 구분은 이들 양 측면 이 항상 연속적으로 보여야 한다는 특성을 함의한다. 학습은 이 두 유형과 연결되어 있다. 학습의 형식적·비형식적 맥락을 구분할 수는 있지만, 우리의 경험을 형식적인 부분과 비형식적인 부분으로 나눌 수 는 없다. 그래서 두 측면을 완전히 분리해서 볼 수는 없다. 예를 들어, 학교의 학습에서조차 그것이 의도적이고 형식적이지만, 학교 밖 일상 생활에서 겪는 학습자의 경험에서 비롯한 비형식적인 자원과 배경과 항상 연결되어 있다. 형식 교육에서 의사소통과 사회적 상호작용은 학 교에서 형성될 뿐만 아니라, 비형식적인 상호작용으로부터 진전된 습 관의 바탕 위에 이루어진다.

현대 사회의 발전은 형식 교육에 크게 의존하는 경향을 띠고, 수업, 테스트, 시험, 자격증, 평가 같은 절차는 더 세부적이고 다양화된 제 도화의 모습을 보여 준다. 이런 배경과는 달리 비형식적 과정의 중요 성을 강조하고, 이런 과정에서 불가피하게 교육의 질을 헤아리는 듀이 의 주장은 교육을 너무 협소하게 이해하는 것을 일깨워 주는 중요한 조언이다. 학습을 형식적 맥락으로 축소시키는 것은 듀이가 민주주의와 교육을 포괄적으로 이해하면서 제시한 성장growth의 가능성을 잘못 이해할 위험을 내포한다. 성장은 경험의 형식적 영역과 비형식적 영역 사이에서 일어나는 과정이다. 그러므로 이런 구분이 고착된 분리로 굳어지지 않도록 주의를 기울여야 한다. 그래서 듀이는 과정을 우선해서 보아야 하고, 이미 만들어진 범주로 환원시키지 말아야 한다고 주장한다. 교육의 과정이란 형식과 비형식의 구분을 상대화시켜 일정한 조건을 갖추어 가는 성장 과정이라 할 수 있다. 따라서 일반적으로 교육을 성장으로 설명하는 듀이에게 이런 구분은 무의미하다.

성장하는 힘[17]은 다른 사람들과 가소성plasticity[18]에 달려 있다. 이 두 조건은 아동기와 청년기에 완벽하게 갖춰진다. 가소성, 즉 경험으로부터 학습하는 능력은 습관habit[19]의 형성으로 나타난다.

---

17. [옮긴이 주] 삶은 곧 '성장'이다. 그러므로 살아 있는 인간은 아이 시절이나 어른 시절이나 할 것 없이 똑같이 참되게, 똑같이 적극적으로, 똑같은 정도의 내재적 충족과 절대적 요구를 가지고 산다. 이렇게 교육은 연령층에 상관없이 성장을 보장하는 조건을 마련해 주는 일이다. 듀이가 말하는 '성장하는 힘'은 '미성숙'에 바탕을 둔다. 그에게 미성숙은 단순히 '모자라는 것', '결핍된 상태'라는 소극적 의미가 아니라 적극적 의미가 있다. 즉, 성장은 아이에게 무엇인가를 해 주는 것이 아니라 아이들이 직접 뭔가를 '하는' 적극적인 능력이다. 이 두 가지 특징이 '의존성'과 '가소성'이다.

18. [옮긴이 주] 가소성은 이전의 경험 요소를 잘 명심하였다가 나중 활동에 도움이 되게 하는 능력이다. 따라서 가소성은 습관을 형성하는 능력이나 확고한 성향을 발전시키는 능력이라고 할 수 있다. '가소성'은 반죽이나 밀랍과 같이 외적 압력에 의해 형태가 바뀌는 것이 아니라 경험으로부터 학습하는 능력이다.

19. [옮긴이 주] 일반적으로 '습관'은 유사한 문제 상황을 반복해서 직면할 때 형성되는 특정 문제 상황에 대처하는 일관되고 안정된 반응 양식이다. 듀이는 타성으로서 습관이든, 성장의 표현으로서 습관이든, 혹은 부정적인 의미의 습관이든, 긍정적인 의미의 습관이든 형성 단계에 있는 모든 습관은 직면한 문제 상황을 해결하려는 목적과 목적에 대한 의식을 갖고 생겨난다고 보았다. 걷는 습관, 숟가락을 쓰는 습관, 말하는 습관, 글씨 쓰는 습관, 옷 입는 습관 등 일상생활에서 흔히 발견할 수 있는 대부분의 습관은 자동화 단계에 접어들면서 그 습관이 최초에 직면했던 문제 상황에 대한 심각성은 더 이상 찾아볼 수 없게 된다. 따라서 듀이는 지극히 개인적인 습관이 사회문화적으로 공인된 넓은 상호작용을 허용하는 방식으로 재구성될 때, 습관의 부정적인 의미는 긍정적인 의미로 변화할 수 있는 가능성이 있다고 보았다. 그리고 '개인의 타성으로서 습관'이 '성장의 표현으로서 습관'으로 변화될 가능성은 개인이 그 습관을 사회문화적 차원에서 재평가하고 재인식할 때 생겨난다.

습관은 환경을 통제하여 인간이 추구하는 목적에 맞게 활용하는 힘을 준다. 습관은 주위 환경과 균형을 이루기 위한 일반적이고 지속적인 유기체의 활동과 새로운 환경에 맞추어 재조정하려는 능동적인 활동이라는 두 가지 형태를 모두 취한다. 전자는 성장 배경을 이루고, 후자는 성장을 가능케 한다. 능동적 습관에는 능력을 새로운 목적에 적용하는 사고, 창의성, 자발성 등이 따른다. 능동적 습관은 고정된 반복 행동, 즉 성장의 정체를 의미하는 것과는 반대된다. 성장은 삶의 특징이므로 교육은 성장과 거의 동일하다. 성장은 그 자체 외의 어떤 목적이 없다. 학교교육의 가치를 판단하는 준거는 그것이 계속된 성장을 위한 욕망을 얼마나 일으키는지, 그리고 실제로 그 열의를 실천에 옮기는 수단을 얼마나 제공하는지에 달려 있다.MW 9: 57-58

교육에 대한 이런 일반적인 설명이 형식 교육과 비형식 교육의 구분을 어떻게 가로질러 도달하는지 보여 주는 예로 학교와 가정을 대비해 볼 수 있다. 종종 학교는 형식 교육의 제도이고, 가정은 비형식 교육의 제도라고 여겨진다. 그러나 더 면밀하게 듀이의 핵심 개념을 교육적 성장의 이해에 적용해 보면, 이들 양 측면은 똑같이 적용할 수 있다. 다른 사람들과의 관계에서 나타나는 의존성, 가소성 그리고 습관 형성은 가정생활뿐 아니라 학교생활에서 발견되는 상호작용의 특징이다. 성장으로서의 교육이 그 자체를 넘어 아무 목적이 없다고 하는 것은 형식 교육이 경험의 더 거대한 맥락 속에 늘 뿌리를 두고 있음을 함의한다. 또한 이 사례는 양 측면이 지닌 한계뿐 아니라 장점을 진지하게 고려하는 게 중요하다는 것을 보여 준다. 종종 비형식 교육은 일정한 자원에 한정된 환경 속에서 발생한다.

그러나 비형식적 교육은 아무리 심대하더라도 위축될 것이 확실하다. 한 개인이 직접 공유할 수 있는 환경은 시간과 공간적으로 한정되어 있기 때문이다. 게다가 이것의 우연적인 특성은 나쁜 의미로 우발적이고 파편적인 것에 우호적일 수 있다는 것이다.^{MW} 6: 427

이런 한계를 상쇄하려면 형식 교육이 필요하다. 학교는 부분적으로 비형식 교육의 결함을 보완한다. 이러한 보완은 민주주의에서 평등을 위해 사회의 불리하고 주변으로 밀려난 구성원과 연대하는 하나의 형태이고, 이는 필수 불가결한 요청이다. 이러한 요청을 소홀히 여기는 것은 모든 사람이 만족하는 민주적 참여를 위험에 빠뜨리는 사회적·경제적·정치적 불평등을 증대시키기 때문에 장기적으로는 민주주의를 파괴하는 것이다. 듀이에게 민주주의와 교육의 필요에 반응한다는 것은 도덕성을 발달시키는 문제다. 듀이는 이렇게 주장한다.

사회적인 삶에서 효율적으로 공유하는 힘을 발달시키는 모든 교육은 도덕적이다. 이는 사회적으로 필요한 특정 행위를 하는 인성을 형성할 뿐만 아니라, 성장에 본질적이라 할 수 있는 계속적 재적응에 관심을 둔 인성을 형성한다. 삶의 모든 접촉contacts으로부터 나온 학습에 대한 관심은 본질적인 도덕적 관심이다.^{MW 9: 370}

상호작용, 교호작용, 의사소통

듀이에게 의사소통은 핵심 개념에 속한다.

의사소통은 모든 사건 가운데 가장 경이롭다. 의사소통하는 일은 사람들에게 그들 자신을 드러내기 위해서 그리고 자신의 편에 서게 하기 위해서 외부의 밀고 당기는 과정을 거쳐야 한다. 그 과정에서 의사소통의 결실이 참여와 공유여야 한다는 것은 하나의 경이로움이다. 이런 측면에서 볼 때 화체설transubstantiation[20]은 설득력이 없다.LW 1: 132

듀이는 참여 개념을 설명하면서도 이렇게 말한다.

의사소통은 참여를 만들어 가는 과정이며, 고립되고 개별적인 것을 공동의 것으로 만드는 과정이다. 이를 성취해 이루는 기적 miracle[21]은 의사소통을 하면서 의미 전달을 듣는 사람의 경험뿐 아니라 말하는 사람의 경험에 실체성과 명확성을 부여한다.LW 10: 248-249

의사소통 개념은 문화와 교육에 대한 듀이 이론의 핵심 요소에 속한다. 그는 자신의 중후반기 저서에서 의사소통에 대한 포괄적이면서도 체계적인 논의를 정교화했으나, 우리는 이미 그것을 그의 초기 저작에서 발견한다.LW 9. LW 1 참조 듀이는 문화적 도구주의 관점에서 언어를 "도구의 도구"LW 1: 134, 146로 특징화하고, 개인의 직접 교류와 삶의

---

20. [옮긴이 주] '화체설(化體設)'은 미사 때 성체로 사용하는 빵과 포도주가 그리스도의 몸과 피로 바뀐다고 하는 '실체 변화설'을 가리킨다. 빵과 포도주의 외형 속성, 즉 겉모양은 그대로 남고 각각의 실체는 변해 그리스도의 살과 피로 바뀐다는 성체 교리이다. 가톨릭은 빵(생명의 빵, 영혼의 양식)과 술(인간의 죄를 대신해 십자가에서 흘린 그리스도의 보혈)의 외형은 변하지 않지만, 그리스도의 살과 피가 현존한다는 그리스도의 실존양식을 믿고 있다.
21. [옮긴이 주] 듀이는 이 기적에 대해 물리력이나 자발적 참여나 강압보다는 '설득을 통한 의사소통'으로 민주적 기적을 가능케 한다고 주장한다.

관계에서 의사소통을 강조한다. 의사소통은 사람 사이의 협조를 위해, 그들의 삶을 존속하는 데 없어서는 안 되는 것임을 설득력 있게 주장한다. 의사소통은 사회적 상호작용과 참여의 매개자이기에 우선적으로 교육의 매개체를 구성한다.

> 우리가 생각하는 대로 교육은 그 자체가 사회적 결실을 위해 계속된 사회적 상호작용의 과정이다. 즉, 교육은 인간들의 상호작용을 요구하고 공유된 가치를 동반한다.^{LW 8: 80}

교육적 참여를 위해 중요한 것은 상호작용 과정의 효율적 구성 요소로서 독자적인 관점, 관심, 소망, 의도를 모든 개인이 분명히 밝힐 기회가 있어야 한다는 것이다. 듀이에 따르면, 참여는 교육에서 민주주의의 핵심 원리로서, 수동적 적응이나 심지어 순종을 의미할 수도 있지만 독특한 경험이 있는 개인의 능동적이고 자유로운 헌신으로도 고려되어야 한다. 그러므로 학습 공동체를 개발하는 데 있어서 자유[22]와 사회적 헌신 사이의 교육적 참여와 의사소통에는 늘 긴장이 발생한다. 듀이는 '의사소통'이라는 어휘에서 '공동'의 어원이 포함되어 있음을 이렇게 밝힌다.

---

22. [옮긴이 주] 학교에서의 자유를 지지하는 사람이건 반대하는 사람이건 간에, 자유를 사회적 방향감이 없거나 때로는 단순히 실제 동작에 제약이 없는 것으로 해석하는 경향이 있다. 그러나 자유의 근본 취지는 한 개인이 집단의 이익에 대해 그 나름의 특별한 공헌을 할 수 있어야 한다. 그리고 사회적 관심이 단순한 권위적인 명령에 의해서가 아니라 자신의 정신적 태도에서 우러나오는 상태에서 집단 활동에 참여할 수 있도록 조건을 마련해 주어야 한다. 이것이 듀이의 생각이다. 자유는 지적 활동을 스스로 주도해 가는 것, 독립적으로 관찰하고 새로운 것을 생각해 내며 결과를 예견하고 그 결과에 맞게 잘 적응해 가는 것을 뜻한다. 이렇게 자유는 외적 동작에 제약을 가하지 않는 것이라기보다는 정신적인 태도를 가리킨다. 이런 정신적인 태도는 탐색, 실험, 적용 등을 하는 동작에 상당한 정도의 융통성이 없이는 발달할 수 없다.

'공동common', '공동체community', '의사소통communication'이라
는 어휘의 언어적 연관성에는 그 이상의 의미가 있다.[23] 사람은 사
물을 공동 소유한 덕택에 공동체에서 살아간다. 그리고 의사소통
은 그들이 공동으로 지닌 수단이 된다.MW 9: 7

민주주의와 교육의 관점에서 보면, 의사소통 과정은 자유로운 연설,
의사소통과 교류의 자유, 대중 집회의 자유, 출판의 자유, 견해의 유
통 및 흔히 양심의 자유라고 부르는 종교와 지적 확신의 자유, 예배의
자유, 그리고 교육에 대한 권리, 정신적 양육과 같은 민주적 권리 문제
와 연관되어 있다.MW 5: 399 이렇게 권리는 의사소통 속에서 그리고 그
것을 통해서만 살아남을 수 있다. 권리를 지켜 내고 계속 발전하기 위
한 힘은 교육을 통해 이뤄진다. 듀이에게 의사소통의 모든 과정은 교
육적 힘이 있기 때문에, 교육과 의사소통은 분리될 수 없다. "모든 의
사소통은 예술과도 같다. 그러므로 사회적이거나 공유된 어떤 제도라
도 그것에 참여하는 사람에게는 교육적이다."MW 9: 9

이제 의사소통과 상호작용의 관계로 돌아가 보자. 듀이에게 상호작
용은 공통의 사용방식일 뿐만 아니라 더 일반적인 용어로도 쓰인다.
즉, 의사소통은 상호작용의 일부분이고, 모든 사회적 상호작용의 매개
체다. 듀이 관점에서 본 상호작용은 행위자와 다른 행위자의 관계 그

---

23. [옮긴이 주] 듀이는 사람들이 사회에서 살아가는 것은 그들이 무엇인가를 '공동'으로 가지고
있기 때문이며, '의사소통'은 그 '공동'의 것을 가지게 되는 과정을 나타낸다고 말한다. 사람들
의 사회를 이룩하기 위해 공동으로 가지고 있어야 하는 것은 목적, 신념, 포부, 지식(공동의 이
해), 비슷한 마음가짐이라고 하는 것이다. 의사소통, 그것으로 인한 공동 이해에의 참여야말로
사람들로 하여금 유사한 정서적·지적 성향을 갖게 해 주며, 기대와 요구조건에 유사한 방식으
로 반응할 수 있게 해 준다. 진정한 의사소통은 감화와 관련이 있다. 듀이는 아동의 경험과 인
류의 넓은 경험 사이에 사고와 목적의 공동체를 만들지 못하는 의사소통은 의사소통의 이름
을 헛되게 하는 것임을 강조한다. 따라서 학생의 감각과 지각 경험 및 활동의 좁은 문을 통해
들어온 자료를 의사소통된 자료가 자극해서 학생의 삶을 풍부하고 의미 있게 만들어야 한다.

리고 자연적·사회적 세계와의 관계 속에서 파악할 수 있다. 이는 항상 관계를 확립한다. "자연에서 그리고 삶에서와 같이 예술에서의 관계도 하나의 상호작용 유형이다."LW 10: 139

위에서 보았듯이, 모든 인간의 경험에서 경험은 해 보는 것과 당하는 것의 연속체이기에 상호작용은 기본이다. 듀이는 상호작용과 계속성을 경험의 두 가지 기본 준거로 본다. "상호작용과 계속성의 원리는 서로 분리되지 않는다. 이것들은 서로 해석하고 통합한다. 말하자면 이것들은 경험의 종적·횡적 양상에 속한다."LW 13: 25

특히 구체적인 것들은 상호작용이 이뤄지는 상황 맥락에서 일어나기 때문에, 교육의 관점에서 인간의 상호작용을 이해하려면 실제적 상황에 초점을 맞춰야 한다. 이는 특별히 학습이론을 위해서도 중요하다. 듀이에게 학습은 늘 사태 한가운데서 시작한다. 생산적이거나 구성적인 발달을 자극하는 상황에서 삶의 경험과 연계되는 그들의 맥락과 상호작용 정도에 따라 학습은 성장에 기여한다. 학습의 맥락은 다른 사람, 예를 들어 다른 학습자나 교육자와의 지속적인 관계가 필요하다는 점을 전제로 한다.

미드George Herbert Mead와 듀이는 처음 미시간대학교에서, 나중에는 시카고대학교에서 함께 근무한 15년 동안 마음과 자아를 형성하는 사회적 상호작용과 의사소통의 역할에 관한 연구를 함께 진행했다. 듀이는 한때 "내가 그에게 이끌려 끌어낸 엄청난 생각이 없었다면, 나만의 독자적인 생각이 무엇이었는지 생각하고 싶지 않다"LW 6: 24라고 말한 바 있다. 듀이와 미드가 함께 시작한 마음과 자아의 사회적 구성에 대한 탐구는 이후 미드가 한 걸음 더 이어 갔다. 미국 실용주의 역사에서 사회적 상호작용과 의사소통 개념을 지지한 가장 유명한 사람들은 바로 듀이의 동료들이고, 그의 친구 미드였다.

미드가 '자아'의 개념을 '주체로서의 나I'와 '객체로서의 나Me'로 구분한 것은 이미 고전적인 개념이 되었다. 다른 구분도 있겠지만, 이 구분은 의사소통과 사회적 경험의 기본 구조를 이해하는 데 도움이 된다. 듀이가 미드의 개념을 자신의 관점에서 체계적으로 이용하지 않고, 간접적으로만 넌지시 언급하고 있다는 점은 놀랍다. 여기서 사회적 행위의 실용주의적 이해를 위해 미드의 원래 개념을 간략하게 설명하고, 그 함의를 논의할 필요가 있다고 본다. 이런 우회로를 거쳐 듀이에게 돌아갈 것이고, 상호작용과 경험에 대한 듀이의 생각으로 귀결되는 방식을 볼 것이다.

미드의 개념은 우리의 여러 가지 기본적인 생각과 관련이 깊다. 흔히 의미를 갖게 될 때 마음을 품게 된다. 미드에게 유의미한 언어학적 의미는 몸짓의 행위자인 유기체와 몸짓이 지시하는 유기체, 그리고 사회적 행위가 끝날 때 상호 지시되어 도출된 자극 대상 사이의 삼각관계에서 의미 짓는 상징을 해석하는 데 있다. 특히, 목소리를 통한 몸짓은 중요한 상징 매개체다. 상징적으로 매개된 사회적 교호작용social transaction에서 우리는 자신의 행동과 연결해서 타자의 태도를 취하며 의미를 얻는다. 듀이와 미드는 상징적으로 매개된 행동에서 창출된 의미 있는 상징을 사용하는 언어가 마음을 드러내는 특징이 있다는 점에 동의한다. 한 개인은 다른 개인이 반응하는 것처럼, 자신의 몸짓에 반응할 때 자아가 나타난다. 미드1922에 따르면, 말투는 이러한 자기 성찰 과정에서 중요하다.

개인이 그러한 몸짓을 사용하고 다른 개인에 의해 영향을 받는다면, 그는 여기에 영향 받으면서 자신의 사회적 자극에 반응하거나 반응하는 경향을 띤다. … 말투는 타인에게 반응하는 동일한 방식으로, 그것을 만드는 개인에게 반응하기 때문에 특별히 더 중요하다. … 개인이 경험의 영역에서 자신에게 사회적 대상이 될 때, 그 행위에서 자아가 나타난다. 그 개인은 다른 개인이 그것을 사용하거나 스스로 그것에 반응하고, 반응하는 경향이 있는 태도를 취하거나 몸짓을 사용할 때 자아가 나타난다. … 그는 타인을 향해 행동하는 것과 유사한 태도로 자신을 향해 행동한다. 특히 그는 타인에게 말하는 것처럼 자신에게 말하고, 내면의 광장에서 이런 대화를 계속하면서 마음의 자아라고 부르는 영역을 구성한다.^{Mead 1922/1964: 243}

말투가 그것을 지시하는 다른 개인에게 작용하는 것처럼, 우리에게도 큰 영향을 미친다. 그것은 지시된 다른 사람에게 하듯, 우리의 입장, 즉 동일한 의미에 대한 동일한 반응을 일으킨다.

행위자들이 다른 사람을 향해 행동하듯 자신을 향해 행동할 때, 그들은 스스로 사회적 대상이 된다. '객체로서의 나에게' 일어나는 게 말투vocal gesture이며, 이는 다른 사람들 사이에서 사회적 대상인 경험적 자아가 된다. 말투는 엄격히 말해 필수 불가결한 것이 아니다. 자기 자극의 어떤 원천도 마찬가지다.

각각의 청각장애인들이 지닌 개성적인 몸짓들이 충분히 증거하고 있듯이, 오직 말투만이 '나'를 형성하는 유일한 형태라고는 말할 수 없다. 타인이 영향을 받는 것처럼 개별자 자신도 영향을 받을 수 있고, 따라서 타인에게서 어떤 반응을 불러일으킬 수 있듯이 자신의 반응을 불러오는 어떤 몸짓은 자아 구성을 위한 기제로 작용할 것이다.^{Mead, 1912: 140}

정신은 사회 언어적 의미를 습득할 때 출현한다. 자신의 상징적 행위를 해석하고 타인의 관점을 취할 수 있을 때, 자아는 출현하며 자의식을 가지고 정신 혹은 의미체계를 자각하게 된다. 미드Mead, 1903가 말한 "객체로서의 나"는 의식의 자극 대상으로서 개별적 자아인 "주체로서의 나"와 "객체로서의 나"의 구분을 발달시킨다.[24] 하나의 "객체로서의 나"인 개별자는 이런 의식에 대한 국면의 기능을 재구성하는 세계에 소속된 "경험적 자아"다.Mead 1903: 53 "객체로서의 나"를 보여 주는 사례는 많다. 예를 들면, 교사, 학생, 학부모 그리고 아이도 동시에 같은 자아일 수 있다. "주체로서의 나"는 자발적이고, 창조적이고, 일시적인 자아이자 세계를 계속 재구성하는 자아다. "경험적 자아"에 해당하는 다양한 사례는 "주체로서의 나"를 재구성하는 자극의 대상으로도 기여할 수 있다. 하지만 "주체로서의 나"는 객체일 수는 없다.같은 책: 46 "주체로서의 나"와 "객체로서의 나"가 조정 과정에서 갈등하게 될 때, 서로에게 습관적인 경향에 적응할 수 있도록 관심이 옮겨지는 것이 바로 이 기능에 해당한다.같은 책: 45 "주체로서의 나"는 "객체로서의 나"의 다양한 사례를 재구성할 수 있는 창조적 측면이다.

이렇게 자아는 "객체로서의 나"를 보여 주는 다양한 사례뿐 아니라 "주체로서의 나"를 구성하기도 한다. 경험적으로 "객체로서의 나"를 보여 주는 성찰적 자기 자각을 제공하는 것이 "주체로서의 나"이다. "주체로서의 나"는 "객체로서의 나"라는 기존 기능이 파열될 때에만 작

---

24. [옮긴이 주] 사람들은 늘 마주치고 소통한다. 하지만 '내가 생각하는 나'나 '본래의 나'로 만나서 소통하는 것이 아니라 '상대방에게 보이고 기대되는 나', '타인이 생각하는 나'로 만나서 소통한다. 행동의 주체로서 "나(I)"는 타인의 태도에 대한 유기체의 반응인 반면, 타인의 반응으로 이루어진 "나(Me)"는 개인이 의사소통식 교호작용을 통해 취하게 되는 타인의 태도가 결합된 것이다. 유의미한 몸짓은 상징적 상호작용으로 타자의 말과 행위의 의미를 확정하는 '해석'과 자신이 어떻게 행동할지를 타자에게 지시하는 '정의'를 수반한다. 인간의 의사소통은 타자의 행위에 대한 행위자의 끊임없는 의식적인 조정 과정을 포함한다. 즉, 해석과 재해석, 정의와 재정의를 통해 어떻게 행동할지 끊임없이 서로 맞추어 가는 과정이다.

동한다. 그러나 이는 재구성되는 행동의 중심에서 "나는 할 수 있다"는 표현적 기능을 하기 때문에, 이때 "주체로서의 나"는 결코 나타나지 않는다. 이는 지각될 수 있는 관심의 초점으로 나아갈 수 있는 유일한 "주체로서의 나", 즉 경험적 자아다. "주체로서의 나"는 즉각적인 경험의 영역을 넘어 존재한다. 그러므로 "주체로서의 나"는 결코 의식 속에서 객체로서 존재할 수 없다. 그러나 대화하는 내면의 경험 자체, 즉 자신의 말에 대답하는 과정 자체는 몸짓이라는 상징에 응답하는 장면 뒤에 존재하는 "주체로서의 나"를 함축하며, 이것이 의식 속에서 일어난다.Mead, 1912: 140-141 참조

여기서 사회적 대화의 내재화로 재현되는 것이 바로 사고thinking이다.[25] "주체로서의 나"는 생물학적 유전을 가지고 태어날 때부터 기능하는 개별적 행위자의 토대다. 이는 개별적인 삶의 역사에서 보여 주는 독특한 개인의 경험을 통해 진화되고, 개인에게 독특한 창조성을 이루는 토대가 된다. 이런 독특성은 "주체로서의 나"가 지닌 다양한 구성물로 이루어진 사회적 역할을 해석하고, 그 역할에 저항한다. 이에 대해 미드는 우리를 역할놀이라는 개념으로 유도한다.

행위자가 맡은 사회적 역할로서 경험적인 "객체로서의 나"를 보여 주는 사례는 많다. 우리는 상상 속에서 자기주장을 드러내기 때문에, 자아의 사회적 행위에 대한 이런 반응은 타자의 역할 속에 있을 수 있다. 이런 식으로 우리는 모든 집단에서 역할을 하며, 행할 수 있는 범위 내에서 사회적 환경의 일부분이 된다. 자아가 다른 자아를 자각

---

25. [옮긴이 주] 사고는 의심이나 불확실성에서 시작한다. 지식이 통달하거나 소유하는 것을 가리키는 것과 달리, 사고는 탐구, 탐색, 추구하는 태도를 보인다. 사고의 비판과정을 통하여 참된 지식이 수정, 확장되고 실재에 관한 우리의 확신이 재조직된다. '사고'는 우리가 하는 일과 그것에서 나오는 결과의 관련을 구체적으로 파악해 양자가 연속적인 것이 되게 하려는 의도적 노력이다. 우리의 활동과 그 결과의 세밀한 관련을 알아내 활동과 그 결과에 의미를 부여하는 지적 활동이다.

하는 것은 교류를 위해 자아를 동일시할 수 있는 유형을 통해 자기 역할이나 타자의 역할을 해 왔음을 보여 준다.Mead, 1913: 140 참조

미드에게 개별자는 내재된 다수이자 하나의 공동체다. 처음에는 역할놀이가 그냥 문자 수준이겠지만 이후에는 전문적인 역할로 추상화해 갈 수 있게 된다. "등장인물"의 특징과 억양은 희미해지고, 강조점은 내적인 연설 수준의 의미로 떨어진다.같은 책: 147 실용주의적인 사회적 구성은 피부와 같다. 극적인 서사의 구성과 재구성은 창발적 구성과 계속되는 자아 재구성에 중요하다. 문화는 주로 경험적 자아를 구성하는 "객체로서의 나"의 또 다른 장면을 구성하는 여러 역할을 위해 서사적 대본narrative scripts을 제공한다. 이렇게 우리는 거의 대부분 사회적으로 규정된 삶을 살고 있다.

미드Mead, 1922는 놀이에서의 역할과 게임에서의 역할을 이렇게 구분한다.

경험하면서 스스로 사회적 대상이 될 때, 자아는 행위 속에서 나타난다. 개인은, 다른 개인이 몸짓을 사용하거나 반응하고, 그렇게 반응하는 태도를 취하거나 몸짓을 사용할 때, 자아가 나타난다. … 자아는 유아기 삶으로부터 출현한다. … 그리고 어린이들의 삶 속 평범한 놀이 생활에서 자아에 대한 표현을 발견한다. … 이들은 타인을 향해 행동하는 것과 유사한 태도로 자신을 향해 행동한다. 특히, 내면의 광장에서 타인에게 말하는 것처럼 자신에게 말하고, 이런 대화를 계속하면서 마음의 자아라고 불리는 영역을 구성한다.Mead, 1922: 243

인형을 가지고 노는 것은 아이들이 역할놀이를 하는 고전적인 사례

다. 부모들이 자녀의 목소리와 웃음에 반응하듯, 아이들은 인형을 향한 목소리나 어조와 태도에 반응한다. 사회적 구성은 새로운 교육 이념이 아니다. 놀이는 곧 게임으로 발전한다. "게임에는 정한 절차와 규칙이 있다. 여기서 아이들은 타자의 역할만을 취하지 않는다. ··· 아이들은 게임에 참여한 모든 사람의 여러 역할을 해야 하고, 자신의 행동을 다스리지 않으면 안 된다."같은 책: 285 미드가 제시한 이런 예는 자신이 어떻게 놀아야 하는지 이해하기 위해, 다른 모든 선수의 기능과 그들의 조직된 반응을 이해해야 하는 야구선수와 같다고 할 수 있다. 게임의 규칙, 가치, 규범은 행위자가 추상화한 것만큼 등장인물로부터 비롯된 사고의 개념과 범주를 추상화한 것이다. 역할과 규범의 추상화는 "일반화된 타자generalized other"[26]로 이끈다.

일반화된 타자는 자아에 대해 사회화된 의미를 부여한다. 간략히 말하면, "일반화된 타자"는 특정한 타인이 취하는 태도를 연장시키는 것과 관련되고, 반응을 그들에게 그리고 성찰적으로는 우리 자신에게 향하는 것이다. 여기에 미드Mead, 1934/1967가 묘사했던 방식이 있다. "공통적인 역할을 함께 택하는 데 우리는 자신과 타인에게 집단의 권위를 가지고 스스로에게 말하는 것을 알게 된다. ··· 간단히 말해 일반화는 반응에 대한 정체성이 나타나는 결과와 다름없다."같은 책: 245 그 결과는 행동에 대한 암묵적인 보편 규칙이라고 볼 수 있다. 예를 들면, 자신이 어떻게 반응해야 하는지 이해하기 위해, 다른 모든 선수의 기능은 물론 그들의 조직적 반응을 이해해야 하는 축구선수를 생각해 보라. 행위자가 사회적 게임의 규칙·가치·규범을 추상화할 때, 그들은 "일반화된 타자"라는 관념을 갖게 된다.

---

26. [옮긴이 주] "일반화된 타자"는 애덤 스미스의 "공평한 관객", "보이지 않는 손", 뒤르켐의 "집합적 표상" 등과 유사한 수준의 개념이다.

다시 듀이에게 돌아가, 미드의 저작을 분명하게 언급한 몇 안 되는 논문의 하나를 짧게 인용하려 한다. 무엇보다 듀이는 개인의 사회적 경험에서 "불안한 것"과 "안정된 것"[27] 사이의 긴장을 깊게 생각하는 데 도움을 준 미드의 방식을 높이 평가한다.

통일성, 법칙성, 보편성이라는 이름이 부여되며 상대적으로 안정된 질서가 있고, 개별성, 참신성, 예측 불가능성이 끊임없이 발생하는 상황을 어떻게 일관성 있게 통합할 것인가? 세계를 추상적인 의미에서 보면, 미드가 말하는 계속성, 개조, 재구성이라는 관념은 하나의 관념을 넘어선다. 이는 즉각적이고 살아 있는 감정이며, 19세기 사상운동에 의해 제기된 다양성과 표면적 불일치를 해석하는 것으로 해결점을 제공했다.LW 11: 451

이런 의미에서 "객체로서의 나"는 사회적 경험에서 안정성의 국면을 뜻한다. 반면 "주체로서의 나"는 불안정성의 측면을 뜻하면서 예측 불가능성, 개방성, 창조성, 참신성과 관련된 유형을 끌어들인다.

미드와 비견하여 듀이는 자기 저서에서 자아의 여러 부분 사이에 존재하는 내면의 대결과 긴장을 덜 강조하는 편이다. 적어도 미드에 비견되는 이 일의 체계적이고 차별화된 설명을 그는 제시했다. 미드

---

27. [옮긴이 주] 삶과 철학에는 중요한 문제들과 화제들이 위험한 것과 확실한 것, 불완전한 것과 완전한 것, 반복적인 것과 변화무쌍한 것, 고정된 것과 예측할 수 없을 만큼 새로운 것, 현실적인 것과 가능적인 것이 복잡하게 혼합되어 존재하며, 그것의 결합 속도와 양식에 따라 다양한 국면이 전개된다. 구조와 과정, 본질과 우연, 물질과 에너지, 영원과 유전, 계속성과 불연속성, 질서와 진보, 법과 자유, 확일성과 성장, 하나와 다수, 전통과 혁신, 합리적 의지와 강제적 욕망, 논증과 발전 등 우리의 곤경과 문제의 조건을 구성한다. 그것은 무지, 과오 그리고 낙망의 근원인 동시에 성취가 가져오는 기쁨의 근원이다. 규칙적인 것과 안정을 가로질러 가는 것의 이러한 혼합 때문에 한번 경험한 좋은 대상은 이상적인 성질을 획득하고 그 자신에게로 요구와 노력을 끌어들인다.

는 이미 일반화된 타자의 관점을 통해 자아 내면의 긴장을 이해하지만 부분적으로는 한계를 드러낸다. 사회적이고 교육적인 과정의 해결을 위해 사회개조라는 지향성을 보이는 듀이에게는 사회적 행위자에게 존재하는 내면의 갈등이 지닌 잠재적 모순을 경시하는 경향이 더욱 강하다. 더 정확하게 말하면, 듀이는 현대적 삶에서 개인의 경험과 주체성이 갖는 불안정성을 관찰하고 고찰했으며, 개인이 직면할 수밖에 없는 구체적인 문제에 많은 설명을 제시했다. 그렇지만 개별적인 삶에서 갈등 부분을 결국 해결할 수 없을지 모른다는 것을 어느 정도 인정하는 관점에서 보면, 듀이는 개별적인 경험에서 내면의 불일치와 양면성에 대한 설명을 거의 따르지 않았다. 일반화된 타자를 향한 그들의 강한 지향을 민주적인 발달과 해결의 관점으로 가정해 보자. 그렇다면 미드는 물론 듀이 또한 결정적으로 자아의 복잡함을 이해하기 위해 하나의 영향력 있는 접근인 당대의 심리분석과 같은 대안적 접근으로 돌아가지 않은 점은 놀랄 일이 아니다.

동시대의 문화적 구성주의cultural constructivism 관점에서 보면, 사회과학과 교육과학은 물론 심리학의 성과로 현대적 의미의 듀이 사상은 일종의 도전 거리가 아닐 수 없다. 탈근대 사회의 맥락에서 보면, 의사소통과 이해에 대한 관점(일반화된 타자의 안정성 측면)과 개인 안에서 일어나는 불일치를 공정하게 정교화하는 관점(주체로서의 나의 불안정성 측면)을 항상 결합시킬 필요성에 좀 더 초점이 맞춰져 있다. 후자와 관련해서, 욕망의 양가성과 상상력 그리고 상호작용과 의사소통의 무의식적 측면을 좀 더 강조할 필요가 있다. 이것은 4부에서 논의될 심리학의 현재 연구뿐 아니라 탈근대적 삶의 사회학적 분석에서 더욱 분명히 할 것이다.

우리는 특히나 듀이의 후기 저작에서 상호작용 이론이 교호작용 이론[28]으로 심화 발전하고 있음을 발견할 수 있다. 그는 때로 저작 전체를 통해 교호작용이라는 용어를 사용한다. 그런데 후기에 들어서는 상호작용과 교호작용을 체계적으로 구분한다. 그에게 교호작용은 상호작용의 장기적인 효과와 여기 관련된 모든 요소에 서로 영향을 주는 새롭게 생겨난 결과를 특징짓는 이름이다. "교호작용은 순환적이고 끝없이 상호작용하는 과정"LW 8: 103을 뜻한다. 이 용어가 흔히 쓰이는 금융거래라는 더 한정된 영역에서조차 이 용어는 상호작용이 일어나는 맥락 자체를 변화시키는 순환적이고 창발적인 결과를 관찰할 수 있는 말로 이해된다.

권리는 … 특별한 행위를 하거나 피하게 하는 행위자의 명시적이거나 암묵적인 합의의 결과이고, 거래할 때 당사자 상호이익을 위해 서비스나 상품 교환을 수반한다. 모든 매매 거래는 사람들이 모든 빵 덩어리를 사거나 핀 한 봉지를 파는 암묵적이고 명시적인 계약으로 시작된다. 진정 자유로운 합의나 계약은 다음 사항을 의미한다. (1) 거래에 들어가는 쌍방은 각자 원하는 이익을 보장한다. (2) 쌍방은 협력적이거나 서로 도움이 되는 관계로 안내된다. (3) 사회적 삶을 이끄는 거대하고 모호하고 복잡한 사업

---

28. [옮긴이 주] 듀이는 '교호작용'을 사고를 통해 경험을 재구성하는 과정인 반성적 사고 단계로 설명한다. 이를 반성적 사고 과정에서 일어나는 핵심적 사고 작용이라고 설명한다. 교호작용이란 처음에 알지 못했던 사실에 대한 가정을 기초로 반성적 사고의 단계를 통해 논증하는 과정에서 일어나는 작용이다. 이러한 교호작용을 통해서만 가정이 사실로 논증될 수 있다. 교호작용은 독립된 두 가지 항들의 "사이-내부(in-between)"에 발생하는 무언가를 주고받는 부가적이고도 귀속적인 성질의 '상호작용'과 달리 관계 맺음 그 자체가 곧 실재이다. 이와 같이 교호작용 측면에서 사고 개념을 파악해야만 사고의 양 측면의 관계가 논리적인 포함 관계를 넘어 질적인 전환 관계가 된다. 듀이는 교호작용이라는 개념을 통해 주체와 대상의 연속성, 학습자와 교육 내용의 연속성을 설명한다. 상호작용은 별도로 존재하는 주체와 대상이 모종의 영향을 주고받는다는 뜻으로 해석된다. 이러한 가능성을 미연에 방지하기 위해 듀이는 '교호작용'이라는 말을 선호했다. 교호작용은 주체와 대상이 하나의 사실로서 분리되는 종전의 이원론을 극복하고, 이들 양자가 개념적으로 구분되는 것일 뿐만 아니라 연속성을 갖는 것으로 이해할 수 있다.

은 정해진 시간과 장소에서 할 특별한 행위와 운반해야 할 특별 상품으로 나뉜다.MW 5: 405

이 사례는 상품의 교환이 어떻게 진행되는지를 간접적으로 보여 주고, 처리될 상품 교환이 계속되는 질서정연한 과정을 통해 제도 틀을 어떻게 비의도적으로 공지하고 변화시키는지 보여 준다. 경제 교류의 사례가 암시한 대로, 그 과정은 의무, 계약, 규칙, 법률 같은 안정성의 형태를 요구한다는 것을 보여 준다. 듀이조차 가르침과 배움의 양상을 묘사하기 위해 경제 교류의 은유를 사용한다. 그는 『사고하는 방법 How We Think』[1910]에서 이렇게 주장한다.

가르침과 배움은 사고파는 관계와 같이 상관관계나 대응 과정이 있다. 아무도 배우지 않았을 때 가르쳤다고 하는 것은 아무도 사지 않았을 때 팔았다고 하는 것과 같다. 거래의 주도권이 사는 사람에게 더 많듯이, 교육적인 교호작용에서 주도권은 학습자에게 있다. 개인이 이미 지닌 힘을 더 경제적으로, 더 효과적으로 이용할 수 있는 힘을 기르는 것을 배운다는 의미에서만 생각하도록 배울 수 있다면 더욱 진실되게 다른 사람이 그들에게 능동적인 힘을 호소하고, 오직 그 힘을 기르는 의미에서 생각하도록 다른 이들을 가르칠 수 있다. 만약 교사가 기존 습관과 경향을 통찰하지 못하고 자기 자신과 결합해야 하는 자연적 자원을 가지고 있지 않다면, 이런 종류의 효과적인 호소는 불가능하다.MW 6: 204

이 은유는 교육적 교호작용이 교류뿐만 아니라 '의도'와도 관계되어 있다는 점을 암시한다. 양 측면에 의도성을 충분히 부여하지 않으면,

그리고 그것을 다른 사람과의 상호교환으로 적절히 이끌어 내지 못하면, 교호작용이라는 뜻과 의미 자체는 사라지고 만다. 경제거래의 사례에서도 상호교환은 "쌍방(참여를 위한 관용적인 명칭)이 모두 변화를 겪는다. 그리고 상품은 적어도 이전에 소유한 '역량'을 획득하거나 잃을 수도 있는 위치의 변화를 겪게 된다".LW 16: 242

그러나 경제 사례는 물론 교육 사례에서도, 교호작용에는 늘 잠재적인 우연성의 국면이 따른다. 안정성은 결코 불안정성 없이 나아갈 수 없다. 불안정성을 초래하는 우선시되는 원천은 교육 영역에서 책임, 불안정성 그리고 교호작용의 의도적 과정에 영향을 미치는 교사와 학습자의 개별성에 있다. 교육적인 과정에서 이런 비결정성의 차원을 고려하는 것은 듀이 시대보다 오늘날 더 긴급한 도전이다. 사회문화적 차이, 정보와 의도의 복수성, 정보 교류와 지구화가 증대되는 배경을 이루는 것과는 반대로 맥락, 방법, 내용에서 학습 그 자체는 더욱 다양화되어 있다. 한편으로 우리는 다양화된 자원에 더 손쉽게 접근할 수 있고, 다른 한편으로 심화되는 비결정성, 불일치, 지향의 양가성에 직면해 있다.

듀이는 후기 저작에서 교호작용을 철학 개념으로 표현하면서 양측을 공평하게 다루려 했다. 그래서 더 추상적이고 일반적인 수준에서 적용 가능하도록 발전시켰다. 예를 들면, 그는 『논리: 탐구 이론*Logic: The Theory of Inquiry*』에서 "사회적 상호작용과 교호작용의 새로운 유형이 새로운 조건을 발생시키고, 새로운 사회적 조건이 새로운 종류의 교호작용을 설정하듯, 사회적 필요를 충족시키기 위해 새로운 형태가 발생한다"LW 12: 371라고 했다. 이 인용문은 모든 사회적 상호작용에서 실천과 그 효과의 순환을 일반화한다. 듀이는 교호작용에 대한 생각을 자신의 철학적 주요 개념에 두면서 왜 경험이 항상 교호작용의 본질인지를 설명한다.

　말하자면, 경험은 개인과 자신의 환경을 구성하는 것 사이에서 일어나는 교호작용이다. 환경은 어떤 화제나 사건을 말하는 사람, 상황의 일부가 된 것에 대해 언급된 주제, 그가 가지고 노는 인형, 그가 읽고 있는 책(영국이나 고대 그리스 혹은 상상의 지역일 수 있는 책), 또는 그가 행하고 있는 경험 관련 자료 등이다. 다시 말하면 환경은 필요, 욕망, 목적은 물론 개인이 얻게 된 경험을 창조하는 역량과 상호작용하는 모든 조건이라고 할 수 있다. 심지어 사상누각을 지을 때조차도 사람은 그가 공상으로 만드는 그 물건들과 상호작용한다.^{LW 13: 25}

가장 성숙한 교호작용은 벤트리Arthur Bentury와 공동 집필한 후기 저작 『아는 것과 알려진 것Knowing and the Known』^{LW 16}에서 발견된다. 여기서 행위의 발전 과정에 나타나는 3단계 교호작용에 대한 논의를 발견할 수 있다. 첫 번째 단계는 모든 교호작용이 행위자와 그들의 행위로부터 나온다는 것을 나타내기 위해 자기작용self-action의 특징을 갖는다. 두 번째 단계는 주체자의 행위와 의도가 다른 사람과의 교류를 가져와야 하기 때문에 상호작용inter-action으로 불린다. 세 번째 단계는 적절한 교호작용trans-action이다. 이것은 항상 고립된 행동을 넘어서며, 반대편과의 단순한 교류도 넘어선다. 오히려 "교호작용"이라는 어휘는 상호관계라는 포괄적인 맥락 속에서 행위자, 행동, 교류의 출현과 과정 자체를 주목한다. 듀이는 과학, 철학, 교육학에서 탐구 이론과 관련한 교호작용을 예로 든다. 다음에서 보듯이 개념이 정의된 목록에서 몇 가지 중요한 요점을 찾아낸다.

- 교호작용은 사건의 단계와 측면을 새롭게 기술하기 위해서 실험적이고 기초적인 것으로만 받아들여졌던 사건들에 대해 존재하는 기술양식을 탐구하는 것이다. 그래서 넓은 것이든 협소한 것이든, 탐구는 어떤 단계든 또는 모든 단계든 자유롭게 만들어질 수 있다.LW 16: 113 교호작용은 "어떤 구성 요소라도 전체 주제에서 다른 구성 요소를 상세화하는 것과는 별개의 사실로 적당히 명시될 수 없다".같은 책
- 교호작용은 관찰과 보고서의 범위 안에서 광범위한 지식의 국면과 체계의 폭을 발달시킨다.같은 책
- 상호작용에서는 사물을 우선 정적靜的으로 본다. 이를 뒷받침하는 토대로 여겨지는 정적인 '사물'에 귀속시켜 현상을 탐구하면, 교호작용은 시간 속에서의 연장을 공간에서의 연장처럼 필수 불가결한 것으로 여긴다. 그래서 관찰이 적절하게 이뤄진다면 '사물'은 행동 속에 있고, '행동'은 사물 속에서 관찰될 수 있다.같은 책
- 교호작용은 사물에 대한 인식과 조정과 연관된 말이나 행동, 기타 재현하는 활동을 하는 사람들이 말하고 쓰는 것을 관찰하는 절차다. 그리고 교호작용은 '내부인'으로 부르든 '외부인'으로 부르든, 진행되는 탐구 방법이 무슨 방식을 필요로 하든, 그 모든 '내용'을 포괄하는 전체 과정의 충분한 대우—기술적이고 기능적이든—를 허용하는 절차다.같은 책: 114
- 결국 "교호작용 수준의 관찰은 고대의 주장과 무관하게 정신적 방법이든 물질적 방법이든 혹은 양자의 어느 것을 대체한 것이든, 합리적인 가정 하에 바람직하게 보이는 것이 무엇이든, 모든 주제를 선택하고 바라볼 수 있는 자유 속에서 진행되는

권리 주장의 결과"이다.^{같은 책: 114-115}

탐구에서는 관찰된 교호작용의 결과가 종종 실제로 요구되었다. 모든 관찰자에게 실제 요구된 사실을 통제할 수 있는 자유와 기회가 있다면, 그리고 사실을 통제하는 과정이 미래에 대한 재적응에 열려 있어야 한다면, 듀이는 이를 적절하다고 생각했다.

'교호작용'은 … 이 세계의 역사적 범주에서 관찰자, 관찰하는, 혹은 관찰되는 것에 관한 것처럼 파손되지 않은 관찰로 이해되어야 한다. 그것은 후에 그러한 태도로 인해 판단될 때 그 당시의 방식으로 그것이 증명될 수 있는 어떤 공로나 결함에 의해서 영향을 받게 되기 때문이다.^{LW 16: 97}

듀이가 정교화한 교호작용 개념은 의사소통과 이것의 교육적 함의에 엄청난 영향을 미쳤다. 위에서 언급한 대로, 협소한 의미에서 교호작용을 상호작용으로 축소할 수 없기 때문에, 교호작용 차원의 의사소통은 단순히 송신자와 수신자 모델을 기반으로 하여 이해될 수 없다. 진화의 맥락에서 의사소통을 폭넓게 이해하고 진전시키려면 상호작용에 터한 복합적이고 순환적인 관점이 필요하다. 간명하게 말하면, 이것이 바로 교호작용이다. 이 맥락에서 교호작용은 참여와 행동은 물론 관찰까지 포함한다. 탐구에서 관찰자는 관찰의 문화적·언어적 맥락이나 타인의 관찰을 고려해야 한다. 교육자와 학습자에게는 교육에서 관찰자·참여자 그리고 행위자로서 자신들의 능력을 충분히 활용할 수 있는 기회가 주어져야 한다. 이는 우리가 오늘날 듀이의 구성주의에 대해 해석하는 것과 같다.^{Neubert & Reich, 2006; Reich, 2007}

사회적·자연적 환경에서 교호작용은 상호작용에 대한 체계적 맥락을 관찰, 참여 그리고 행동을 수반한 관점으로 유도하는 데 도움을 준다. 교호작용은 다른 사회·문화적 실천의 장은 물론 과학에서도 그러한 체계적 조건과 상호관계를 분석하고 상세하게 비판하며 성찰하는 것을 중시한다. 이는 듀이의 실용주의에서 배우는 가장 일반적인 교훈 가운데 하나로, 교육의 이론과 실천을 위해 특히 중요한 경험에서의 양가성兩加性과 불일치에 대한 감수성의 태도를 지적한다.

미드에서 비롯된 상호작용 개념은 사람과 사람 사이에 의사소통하는 어떤 경험과 맞물린 개인의 마음속에 나타나는 긴장, 양가성, 불일치를 더욱 세밀하게 구체화하는 데 도움이 된다. 이렇게 상호작용은 교호작용을 위해 필요한 부분이다.

우리는 듀이가 죽은 지 수십 년 후 부분적으로는 미드와 관련 있는 의사소통에 대한 더 새로운 이론들의 발전을 목격했다. 20세기 후반기 사상에서 의사소통은 핵심적인 관심의 대상이었다. 이런 배경이 있었지만 듀이가 말한 의사소통에 대한 접근은 참고자료로 충분히 이용되지 않았다. 물론 새로운 이론들은 구체적인 의사소통 과정을 더 깊이 이해하고 세부 사항을 명료화하는 데 도움을 주었다. 그렇지만 새로운 이론들은 의사소통과 그것의 맥락에 대한 듀이의 관점보다도 더 협소한 관점을 택하고, 더 제한된 규모로 전체를 조작했다. 그들은 특히 듀이가 매우 중시했던 문화에서의 의사소통과 민주적 참여 사이에 필수 불가결한 연계를 놓치는 경향을 보였다. 오늘날 교육에서도 이 연계는 여전히 중요하다. 3부에서 이 주제로 돌아가 더 자세히 논할 것이다.

핵심 텍스트 선정

1부에서는 다음 자료에 기반을 두고 목표를 삼았다.[29] 듀이 철학의 핵심 개념인 "경험"에 대한 가장 포괄적이고 상세한 논의는 후기 저작인 『경험과 자연Experience and Nature』[1925/29; LW 1] 및 『경험으로서의 예술Art as Experience』[1934; LW 10]에 나타나 있다.[30] 듀이는 "듀이의 형이상학"이라고 이름 붙였던 『경험과 자연』에서 그의 경험에 대한 아이디어와 자연에 대한 이해 사이의 밀접한 관계를 정교화했다. 이것은 그의 저작 제목에서뿐만 아니라 첫 장의 도입 부분에서도 "경험적 자연주의", 혹은 "자연주의적 경험주의"라는 그 자신의 철학적 지위와 방법에 대한 듀이의 특성화에 의해서 기술되는 연결이다.[LW 1: 10]

다만, 이런 서구철학의 전통에서 제시한 자연주의와 경험주의를 관습적으로 보고 축소해서 이해하면 듀이의 두 가지 특징을 잘못 이끌어 갈 수 있다. 듀이는 이들의 개념을 근본적으로 새롭고 확장된 방식으로 재구성해서 사용했다. 그래서 듀이에게 자연주의는 본질적으로 주어진 것, 사물이나 존재, 혹은 종의 주어진 고정된 질서 등으로 자연을 이해하는 것을 말하는 것이 아니다. 그는 다윈의 입장을 따르는데, 자연에 대한 그의 철학적 이해는 진화론적 상호작용의 맥락에서 자연적 가능태의 실현으로 드러나는 정체성과 관계 안에서의 역동적이고 우연적인 과정을 함의한다. 다른 모든 자연의 사물과 같이 인간의 경험 역시 자연적 상호작용에서 출현한다. 그래서 듀이에게 자연과

---

29. 이 부분은 Neubert(2009b)에서 빌려 왔다.

30. 그러나 듀이의 중기 저작(Middle Works)에는 이미 경험에 대한 그의 성숙한 개념을 예시적이고 진보적으로 완성하였던 작은 글이 있다. 예를 들어 MW 3(1903-1906)의 색인에서 "경험"과 "즉시적 경험주의"라는 핵심어가 가리키고 있는 저작들을 , 즉 에세이 「형이상학적 탐구의 주제」(1915; MW 8: 3-13), 『민주주의와 교육』(1916; MW 9: 146-158) 11장, 그리고 『철학에서의 재구성』 4장(1920; MW 12: 124-138)을 비교하라.

경험은 적도 아니고 이방인도 아니다. 철학의 전통에서도 자주 제시되듯이 인간 경험의 특징에는 자연 자체의 점진적인 자기-드러남self-disclosure이 증가하고 있다.LW 1: 5

동시에 듀이의 경험주의에서 말하는 경험의 개념은, 존 로크와 영국의 경험주의 전통 같은 고전적인 용어 이해와 비교하면, 현저한 차이를 보인다. 듀이에게 경험은 '경험을 하는 사람과 경험의 과정이 독립적일 것이라고 상상하는 객관적으로 주어진 실재'에 대해 주관적으로 경험하는 것에 한정되지 않는다. 그것은 처음에 감각적인 인상을 그냥 받아들이는 예와 같은 수동적인 사건도 아니다. 오히려 듀이에게 경험은 계속성과 상호작용이라는 두 가지 준거에 의해 특징지어진다.LW 13: 17ff. 참조 그의 이론에서 경험의 기본 단위는 행위이고, 경험은 "해 보는 것과 당하는 것의 연계로서 행위의 완전한 발달"LW 11: 214이다. 말하자면, 의미가 능동적으로 구성되는 것이다.

인식론에 대한 듀이의 포괄적인 비판과 서구철학이 가진 서로 다른 모델과 전통에 대한 그의 고심은 두 가지 생각을 갖게 했다.[31] 경험과 자연에 대해 듀이는 "모든 종류의 존재에 표출되는 발생론적 특성"LW 1: 308을 다루는 "자연주의적 형의상학"LW 1: 62의 관점에서 비판을 전개한다. 이런 의미에서 형이상학은 "더욱 복잡한 삼각 측량에서 사용되는 기준선을 설정하고 비판의 지도를 제공하는"같은 책: 309 일종의 철학적 메타 비판주의를 구성한다. 듀이의 자연주의적 접근에서 보면, "존재의 발생론적 특성"은 담론의 모든 포괄적 경험과 모든 존재에서 발견되는 특징이다. 일반적으로 말하면, 가치의 상대적 불안정성과 상대적 안정성뿐 아니라 "질적 개별성과 항구적인 관계, 우연과 필요, 운

---

31. 『경험과 자연』에 덧붙여 특히, 듀이의 두 책, 『철학에서의 재구성』(1920; MW 12: 77-201)과 『확실성을 위한 탐구: 지식과 행동의 관계에 대한 한 연구』(1929; LW 4)를 비교하라.

동과 정지와 같은 특성"같은 책: 308을 보인다.

다만 듀이 견해에 따르면, 이런 기본적인 형이상학의 가정조차 오직 인간이라는 존재의 구체적인 삶에서 그 의미가 얻어지고, 새로운 경험에 적용되고 연관되어야 하는 철학적 가정으로 이해되어야 한다.

> 우연성은 자연적인 사건이 가진 한 가지 특성에만 주목하고 기록하는 것으로, 지혜와는 아무 관계가 없다. 하지만 삶의 구체적인 상황과 관련해서 우연성에 주목하는 것은 신을 경외하는 것으로, 이는 적어도 지혜의 출발점이 되기 때문이다.같은 책: 309

그러므로 듀이의 형이상학에서는 "마지막 어휘의 철학philosophy of the final word"이 없으며, 오히려 포괄적인 철학적 실험주의에 통합된 일부라고 여겨진다.

듀이는 특히, 예술과 미학에 대한 책『경험으로서의 예술』1934; LW 10에서 "경험"에 대한 자신의 개념을 더욱 진전시켰다. 경험의 질적이고 미적인 차원에 대한 가장 포괄적인 설명은 이 책의 세 장에 걸쳐 나타난다. "예술 작품"이라는 말이 바로 표현적 대상을 넘어선 것을 의미한다. 말하자면, 예술가나 관람자의 경험에서 이루어지는 대상의 상호작용이다. 듀이는 이런 차원이 예술 작품 자체에서 나타난다고 생각한다. 예술 작품에 대한 인지는 창조적이고 시적인 잠재력을 동반한다. 더불어 그는 예술을 의사소통의 가장 보편적 형태로 간주하기 때문에, 경험으로서의 예술은 의사소통에 대한 듀이의 철학적 이론에서 매우 중요하게 기여하고 있다. 이렇게 듀이는 현대 산업사회에서 예술과 민주주의의 관계에 대한 정치적 함의를 강조하고, 민주적인 삶의 방식을 발전시키기 위해 예술의 비판적 잠재력을 주목한다. "예술은 인간 존재를 분열시키는 장애물을 분쇄할 수 있기 때문이며, 이 장애물은 일상적인 결합에 스며들지 않기 때문이다."LW 10: 249

경험에 대한 듀이의 철학적 개념과 이에 대한 논리 이론은 수십 년간 여러 단계에 걸쳐 발전했다. 여기서 가장 중요한 저서를 언급하고자 한다. 1903년에 시카고대학교의 철학 학부는 듀이의 주도 아래 기능주의와 도구주의로 알려지게 될 『논리 이론에 대한 연구*Studies in Logical Theory*』를 출간했다. 그들의 기본적 접근은 어떤 아이디어에 대한 타당성 검증에서 그것이 "상대적으로 상충되는 경험을 통합적인 것으로 이행하는 데 영향을 미치는 기능적이면서도 도구적인 사용"MW 2: xvii인가에 있다. 이는 모든 전통적인 형태 안에 진리와 지식의 상응 이론에 대한 근본적인 거부를 포함한다. 듀이의 제자이자 동료인 시드니 훅Sidney Hook은 『논리 이론에 대한 연구』에 제시된 입장에 대하여 그의 서론에서 다음과 같이 말했다.

아이디어나 이론에 대한 타당성은 기존에 존재하던 어떤 실재에 동의하는 데 있는 것이 아니라 사고를 유발하는 새로운 상황이 재구성되는 상태가 존재하도록 하는 '실행의 적절성'에 달려 있다.같은 책

듀이는 1916년 공동 발행한 『실험적 논리에 대한 연구*Essays in Experimental Logic*』[32]에서 진리와 지식에 대한 이런저런 아이디어를 다듬었다. 1910년 발행된 『사고하는 방법』과 이후 다시 개정된 1933

---

32. 1903년의 논리 이론에 대한 연구에 대한 듀이 자신의 기여는 MW(2)에서 발견된다. 1916년 공동 저술한 그의 실험적 논리에 대한 에세이는 교정판인 중기 저작 『Middle Works』의 여러 권에 산재해 있다. 교정판 색인의 도움을 받으면 이들을 발견하기 쉽다.

년판MW 6: 177-356; LW 8: 105-352에서 교육이론을 위한 함의에 대한 접근과 초점을 간략하게 요약했다. 90세에 듀이는 벤트리Arthur Bentry와 공동 연구한 그의 마지막 저서 『아는 것과 알려진 것』1949; LW 16: 1-279을 발행했다. 논리와 지식에 대한 가장 포괄적이고 주도면밀했던 듀이의 논리는 1938년 발행된 『논리: 탐구 이론Logic: The Theory of Inquiry』MW 12이다. 오늘날 이 책은 이 분야에 표준이 되는 철학 저작으로 꼽힌다.

듀이가 말하는 인류학과 인간 본성에 대한 개념은 1922년에 발간된 『인간 본성과 행위Human Nature and Conduct』MW 14에 포괄적이고 예리한 분석으로 담겨 있다. 이 책의 부제는 "사회심리학 입문"이다. 이는 제임스와 미드 사상의 영향을 받아 듀이가 진전시킨 것으로, 심리학과 사회심리학 분야에서 중요한 결실을 맺은 저작이다. 이 분야에서 듀이의 또 다른 주요 저작을 거론하면, 1887년의 『심리학Psychology』 EW 2, 1896년의 「심리학에서 반사궁Reflex Arc 개념」EW 5: 96-109[33], 후기인 1930년의 「행위와 경험Conduct and Experience」LW 5: 218-235이 있다. 『인간 본성과 행위』에서 듀이는 사회심리학에 대해 세 가지 중요한 개념인 "습관", "충동", "지성"에 바탕을 두고 접근한다. 이 책에 드러난 핵심 명제 가운데 하나는 인간 행동에서 문화적 환경과 상호작용하며

---

33. [옮긴이 주] 19세기 중반 이후 등장한 '반사궁' 개념은 감각 자극, 핵심 행위나 관념, 반응이나 운동의 발산으로 이루어진 일종의 기제로, 고등동물과 인간이 외부 자극에 어떻게 반작용하는지를 설명하는 이론적 장치다. 듀이는 반사궁의 세 부분을 분절된 것으로 볼 게 아니라 단일하면서도 구체적인 총체로 보면서 노동에서의 분업처럼 하나의 유기적 통일체로 보아야 한다고 주장한다. 가령 촛불에 손을 가까이하면 데게 된다. 이때 손을 잡아당기게 되는데, 이 행위를 설명할 때, 기존 반사궁 이론에서는 촛불을 보는 감각 자극과 불에 데기에 손을 잡아당겨야 한다는 관념, 그리고 손을 잡아당기는 행위가 나뉘어 있어 일련의 순서를 가지고 분절적으로 발생한다고 본다. 이에 대해 듀이는 이런 행위의 시작은 불빛에 대한 감각이 아니라 '보는 행위'라고 파악한다. 여기에 일련의 과정이 서로 연관되면서 작용하여 불에 닿으면 손이 데이므로 손을 잡아당기는 다분히 목적론적인 행위를 하게 된다고 본다. 이 과정을 하나의 행위로 간주한다. 이때 자극은 행위의 시작 단계에 불과하고, 반응은 행위 다음 단계에 지나지 않는다고 파악한다. 이런 행위 이론을 배경으로 하는 듀이 사상은 경험을 행위의 연속이요, 유기체가 환경과 상호 교섭해 가는 끊임없는 성장 과정으로 본다.

습득하고 만들어지는 습관에 비해 2차적 역할을 하는 인간이 가진 타고난 충동을 제안하는 것이다.

2부

경험을 재구성하는 교육: 구성적 전환

듀이는 "교육이 경험을 기초로 지적으로 구성될 수 있기 위해서는 경험 이론이 필요하다"LW 13: 17라고 믿는다. 먼저 그의 경험론이 다른 경험론과 어떻게 다른지 확인해 보자. 구체적으로 '플라톤 및 아리스토텔레스가 제시한 고전 경험론'과 '영국 경험론자들이 제시한 근대 경험론'을 대비해 볼 수 있다.

고전적 경험론은 이른바 근대 심리학자들이 '시행착오를 통한 학습'이라고 지칭하는 것과 대동소이하다. 이는 '관념 학습learning from ideas'과는 정반대되는 입장이다. 오랫동안 우리는 '규칙'이라는 게 많은 시행착오를 통해 터득한 '행동 습관'이라고 생각해 왔다. 다시 말해, 많은 시행착오를 통해 '대상, 관계, 상황에 대한 대강의 관념'을 산출해 왔다. 그렇게 산출된 관념에 따르는 '행동 습관'을 규칙이라고 생각해 온 것이다. 이러한 '경험 학습'에 대한 최적의 예시로 '장인의 기술 숙련 과정'을 들 수 있다. 플라톤과 아리스토텔레스 같은 고대인들은 이 같은 경험 학습이 '순수한 개념적인 사색'에 비해 무언가 결핍된 것으로 보았다. 실제적 경험을 통한 학습은 '순수한 개념적 사색을 통한 학습'과 달리 우연적이고 불확실한 과정을 통해 이루어지기 때문이었다.

근대 경험철학은 경험에 대해 수동적인 관점에서 개별적인 감각자료sense data를 경험할 뿐이라고 생각한다. 이런 낱개의 소시지 같은 개별적인 감각자료를 함께 연결시키려면 '연상association'이라는 심리학적 법칙을 사용하게 된다고 본다. 이 같은 견해는 흄David Hume을 통해 자연스럽게 '급진적 회의론'을 도출시켰다. 흄의 급직전 회의론은 칸트Immanuel Kant를 독단의 잠에서 깨웠을 뿐만 아니라, 이후 경험과 이원적으로 분리되어 있는 합리적인 주관적 관념론−경험과 양분되어 존재하면서 초월적인 선험적 범주를 가진−을 탄생시켰다.

듀이에 따르면, 당시의 역사적 경향에 힘입어 자신의 새로운 경험론, 즉 이성과 경험을 연결시키는 이론을 구축할 수 있었다고 한다. 그 첫 번째 동향은 제임스William James의 철학에서 나왔다. 듀이는 그를 통해 이성과 경험의 이원론을 부정할 수 있게 된다. 영국 경험론자들 같은 경우, 개별적인 감각자료의 존재는 인정하지만, 경험으로 발견되지 않는 합리성이라는 별개의 독립적 능력에 의한 연결이 요청된다고 주장했다. 즉, 개별적 감각자료를 연결하기 위해 합리성이라는, 경험을 넘어서는 영역의 능력이 필요하다는 것이다.

하지만 듀이는 영국 경험론에서 주장하는 이성과 경험의 이원론을 부정한다. 제임스가 말한 "의식의 흐름" 개념에 영향을 받은 듀이는 이렇게 생각한다. 즉, 사물들의 관계는 그 사물들을 경험하는 과정 가운데 나타나는 새로운 경험론을 마련하게 된다. 더불어 듀이는 감각자료라는 개념을 완전히 거부했다. 그에게 합리성이란 오랜 시간 경험을 통해 창발된 것이다. 결과적으로 경험으로부터 구성할 수 있는 다른 의미와 마찬가지로, 합리성은 우연적이고 오류 가능하고 진화하는 것이다. 여기서 알 수 있듯이, 듀이가 새로운 경험론을 마련하고자 의존했던 두 번째 경향은 진화론과 당시 출현한 생물심리학이다. 그 두 번째 동향을 살펴보자.

경험과 교육: 생물학적 매트릭스

유기체는 반드시 환경과의 통합을 유지해야 한다. 그 통합은 역동적이고 교호작용이 이루어지며 평형을 유지하는 일이다. 유기체와 환경이 통합하는 과정, 즉 '조정adjustment'은 두 가지를 포함한다. 하나는 유기체가 환경에 맞추어 스스로를 바꾸는 적응이고, 다른 하나는 유기체가 자신의 환경을 바꾸는 조절이다. 유기체가 생존한다는 것은 환경과 역동적이고 교호적이고 항상적인 통합이나 조정을 이루는 것이다.

듀이의 경험론은 여기에 근간한다. 교육자라면 듀이의 경험론에서 첫 번째 교훈을 도출할 수 있다. 그것은 바로 생명체에게 행동하라고 동기부여를 할 필요가 전혀 없다는 교훈이다. 동기부여는 학습자로 하여금 특정 대상과 목표에 관심을 갖게 하여 적절하게 발달하는 방향으로 나아가게 하는 것이다. 다시 말해 학습자의 지속적인 행동과 학습자의 세계가 협조하게 하는 일임에 틀림없다. 하지만 학습자는 유기체이기 때문에 동기부여를 하지 않아도 자신이 생존하려면 반드시 주변 환경에 협조할 수밖에 없다.

듀이는 경험의 생물학적 기반을 가장 잘 설명해 주는 두 원리로 상호작용과 계속성을 든다. 그에 따르면, 정신이나 자아는 결국 경험에서 창발된 것이며, 그러한 창발성은 생물학적인 상호작용과 계속성을 기반으로 한다. 그렇다면 상호작용과 계속성은 무엇인가? 먼저 상호작용에 대해 논의해 보자. 듀이에게 존재란 상호작용하는 사건들의 결합체다. 그 상호작용이 잠재적인 것이든 현실에서 드러나 있는 것이든, 모든 존재는 상호작용하는 사건들의 결합체인 것이 틀림없다.

듀이에게 "자연 세계에서 고립된 사건이란 결코 있을 수 없다".LW 1: 207 경험 역시 지각이 있는 유기체가 세계와 상호작용할 때 발생하며, 지각이 있는 모든 존재는 기능적인 통합을 이룬다. 듀이는 이와 같은 생물학적 기능론에 입각하여 경험을 이해한다. 그에게 살아 있는 기능이란 "대단히 복잡한 과정으로, 유기체 자체의 생명 유지와 같은 특별한 목표를 이루기 위해 유기체 안에서 일어나는 작은 과정들을 배열하고 협조하는 일을 포함"MW 6: 466한다. 따라서 유기체는 "자기 주위를 둘러싸고 있는 것들과 상호작용하는 가운데 자기 목표에 유용한 방식으로 선별하는 편향적 속성"LW 1: 196을 지닐 수밖에 없다. 그 점에서 학습자에게 관심을 선별하고 집중시키는 교육을 하는 게 중요하다.

또한 살아 있는 기능은 "통합의 이동 평형"MW 13: 377이 이루어진다. 살아 있는 모든 존재는 결핍(비평형)-요구-만족(평형의 회복)의 순환으로 이루어지는 생명의 리듬인 평형-비평형-평형의 회복을 경험한다고 듀이는 믿는다. 이 때문에 모든 살아 있는 기능은 역동적 평형이나 생물학자들이 말하는 항상성을 유지하기 위해 계속 노력해야 한다. 그렇다면 생물학적 성장은 결코 크기가 커지는 발달로만 이해될 수 없다. 그 성장은 유기체로 하여금 이전보다 훨씬 적응력이 뛰어난 방식으로 환경을 선별하고 반응할 수 있도록 기능적으로 더 정교해진 발달로 이해되어야 할 것이다.

듀이는 "조작적 기능이 유기체와 환경을 통상적으로 구분하기도 전에 이루어진다"라고 믿는다. "그것은 가장 일차적인 기능이다. 이 두 가지의 구분은 조작적 기능에 따르는 부수적 사태이거나 파생된 사태"MW 13: 377이다. 사실 유기체와 환경의 구분도 일시적인 것이지 결코 고정된 것은 아니다. 왜냐하면 기능function이라는 것은 언제나 움직이는 평형이므로 "유기체의 기능 유지를 맡고 있는" 요소들은 유기체를 구성해 가는 반면에, 처음에 간섭을 일으키고 평형을 복원하던 요소들은 환경을 구축하기 때문이다. 따라서 기능적 협조라는 좀 더 넓은 수준에서 환경은 무엇이고, 시간에 따라 교체되는 유기체는 무엇인지에 대한 듀이의 반-이원론은 더욱 깊어진다.

이미 1부에서 지적했듯이, 듀이는 환경과 유기체를 둘러싼 세계의 주변을 구분한다. 환경은 유기체가 경험하는 것을 뜻한다. 다른 말로 하면, 환경은 유기체가 자신의 기능으로 통합시키는 것이다. 하지만 교육자들은 학생들이 둘러싸고 있는 주변이 그들의 환경이라고 생각하는 오류를 종종 범한다. 특히 학생들의 주변이 교사의 환경일 때 이러한 경향은 더욱 심화된다. 또 다른 실수는 우리가 항상 무엇이 우리의 기능을 시작하도록 하는지 의식적으로 잘 알고 있다고 가정한다는 것이다. 종종 강력한 학습은 마약과 폭력적인 사람들처럼(그런 일들을 포함하는) 기능적 혹은 역기능적인 우리의 의식을 포함한다.

듀이는 생명 기능의 수행과 관련된 상호작용을 이른바 "일차적 경험"이라고 불렀다.LW 1, 12ff. 참조 그에게 일차적 경험은 실존적이고 질적이며 즉각적인 경험이다.LW 5, 특히 253 참조 듀이는 이 경험이 현실과 일차적인 관계를 맺게 해 주며, 환경에 대한 감수성을 교육시키는 데도 중요하다고 생각했다. 또한 "주지주의자의 오류"라는 문구를 사용하여 존재에 대한 우리의 일차적 관계가 지적인 앎의 관계라고 여기는 관점을 비난했다.LW 4: 232

듀이는 "운동 능력과 원격 수용기를 지닌 동물은 자기 감수성과 흥미를 느낌으로 알고 있다"라고 생각했다. 이 말이 비록 막연한 말이기는 해도 말이다. 시·공간적으로 떨어져 있는 어떤 것을 감지하여 지금 이 자리에서 반응할 수 있는 능력을 지녔다는 것은 "준비된 것이라거나 예상한 것, 그리고 성취된 것이거나 완료된 것"과는 구별되는 활동이다.LW 1:197 이것은 즉각적인 비인지적 경험을 인지적 의미로 매개하면서 탐구의 생물학적 기초를 마련해 준다. 나중에 우리는 어떤 혼란스러운 상황을 해결하는 탐구가 예술적이고 창조적 행동이라는 것을 알게 될 것이다. 이러한 탐구가 일어났을 때, 그 만족감은 즉각 완성되는 미적 경험의 기초를 제공한다.

경험과 교육: 사회적 매트릭스

듀이는 "인간이라는 존재의 사회적 상호작용, 즉 연상은 출발점에서 보면 다른 유형의 상호작용과 다르지 않다"LW 1: 138라고 말한다. 많은 생물종들은 비언어 신호로 의사소통을 하지만 사회적 상호작용을 수월하게 해내고 있다. 영역 표시와 짝짓기 의식은 가장 흔하게 볼 수 있는 예다. 언어적 의사소통은 동물들의 행동을 새로운 방식으로 이용해 온 것이다. 호모 사피엔스든 다른 동물이든 언어를 사용하여 의사소통할 수 있는 존재들은 모두 마찬가지다. 언어를 사용하는 존재들은 자극-대상에 즉각 반응하기보다는 어쩌면 즉각적인 상황과 전혀 관련이 없는 또 다른 자극-대상을 나타내는, 그런 기호에 반응하기 때문이다. 듀이는 이렇게 다원적으로 의사소통이 가능한 민주주의가 가장 뛰어난 형태의 사회 경험이라고 생각했다.

듀이에 따르면, 근본적인 언어에 대한 경험은 대화하는 두 존재가 자신들의 사회적 상호작용에 기능적으로 협조하고자 사용하는 제3의 대상에 반응하면서 상대방의 입장에서 받아들이는 것이다. 그들의 정신과 자아는 이 상호작용 가운데 자극-대상과 함께 창발하게 된다. 언어 생명체는 타자의 몸짓 그 자체에 반응하기보다 상대방이 취하고 있으리라 추정되는 입장에 대한 몸짓에 반응한다. 즉, 언어 생명체는 직접적인 자극-대상이 아닌 자극-대상이 지칭하는 제3의 어떤 것에 반응하는 것이다. 집게손가락으로 지시하는 것은 이에 대한 아주 적절한 사례. 다른 뭔가를 가져다가 시·공간적으로 떨어져 있는 어떤 것을 표현하는 수단으로 사용하는 능력은 언어 생명체가 즉각 감지한 자극-대상에 반응할 수 있을 뿐만 아니라 그 수단이 매개하고 나타내고 보여 주는 의미에도 반응할 수 있음을 말해 준다.

듀이는 사회적 구성주의자social constructivist이다. 잘 알다시피 우리는 정신을 가지고 태어나지 않는다. 대신 우리는 사회언어적 실천에 참여하면서 정신적인 기능을 갖추게 된다.LW 1: 5장 참조 정신 발달에 관한 듀이의 접근 방식은 현대 심리학의 실증연구와 정확하게 일치한다.Tomasello, 1999, 2008 참조 마지막으로 자아의 경험, 즉 자의식 또한 듀이에게 사회적이다. 이 개념을 친구이자 동료 미드에게서 가져온 것이긴 해도 말이다. 1부에서 보았듯이, 미드는 자아에 대한 사회언어적 이론을 훨씬 자세하게 연구한 인물이다. 정신이 있다는 말은 의미를 지닌다는 뜻이며, 의미는 사회언어적 교호작용 가운데 창발된다고 듀이는 생각했다. 마찬가지로 자아를 지닌다는 것은 자신의 행동을 타자의 입장에서 바라보는 태도를 지닌다는 것이다.

경험과 교육: 성장

지금까지 생물학적 상호작용과 사회적 상호작용을 검토해 보았다.

이제부터는 '계속성continuity'이란 주제로 방향을 돌려 보자. 듀이가 가장 많은 관심을 쏟은 주제였던 성장이 일종의 계속성이다. 그는 이렇게 말한다. "교육의 과정은 성장의 계속적인 과정이며, 모든 단계의 목표는 성장 능력을 더해 주는 것이다."MW 9: 59 사실 그에게 교육의 목적은 바로 성장growth이다. "성장은 생명의 특성이고, 교육은 성장과 완전히 동일하다. 교육에는 성장을 넘어서는 또 다른 목적이 존재하지 않는다."같은 책: 58

듀이가 말해 온 성장은 오랫동안 지독하게 오해받아 왔다. 많은 이들은 듀이가 말하는 성장을 모순적 개념이라고 생각해 왔다. 하지만 듀이가 말하는 성장은 생물학자가 이 용어를 통해 의미하는 바와 다르지 않다. 더군다나 성장은 현재의 자아가 더 커진다는 것 이외에 '발달development'을 의미한다. 물론 생물학자들과 달리 듀이는 심리학적, 사회적, 심지어 문화적 성장에도 관심을 가졌다. 듀이 추종자인 철학자 알렉산더Thomas Alexander도 인간의 성장에 깊은 관심을 나타낸 바 있다. 그는 "인간의 욕망the human eros"이라는 문구를 사용하면서, 인간이 성장하면서 의미와 가치를 확장하는 삶을 살려는 본원적인 욕망을 지녔음을 말한 바 있다. 듀이가 말한 바와 같이 발달로서의 성장이 이루어졌다는 것은 환경의 특성을 더 자세히 식별하고 더 적절히 반응할 수 있는 능력을 지니게 되었음을 의미한다.

성장하려면 변화할 수 있는 잠재적 능력, 즉 "발달할 수 있는 능력"MW 9: 46이 있어야 한다. 그에게 "미성숙은 성장을 위한 능동적인 작용의 힘, 즉 성장할 수 있는 힘으로 규정된다"같은 책: 47 그런데 듀이에게 잠재력은 목적론적 개념이 아니다. 예컨대, 도토리가 참나무가 될 수 있는 잠재 능력을 지니고 있어서 참나무가 될 수 있는 것은 아니다. 도토리가 참나무로 되느냐 안 되느냐의 문제는 사실 도토리의 상호작용에 달려 있다. 도토리가 참나무가 되려면 땅속의 영양분과 상호작용해야 할 뿐만 아니라 햇빛에서 에너지를 받아야만 한다. 또한 다람쥐와의 상호작용은 피해야 한다. 물론 다람쥐 또한 이 도토리를 통해 자기 성장을 위한 영양분을 얻지만 말이다.

듀이의 경험론을 재구성하는 데 성장과 성장할 수 있는 힘은 대단히 중요한 아이디어를 제공한다. 듀이는 이렇게 말한다. "우리는 교육을 이렇게 기술적으로 정의할 수 있다. 교육은 경험의 의미를 더해 주고, 경험의 방향을 결정하는 능력을 키워 주는 경험의 재구성 혹은 경험의 재조직이다."MW 9: 82 이러한 재구성은 유기체와 환경의 효과적인 조정을 계속 요청한다. 또한 세계를 조정하고 장래 경험을 조절할 수 있는 능력도 계속 키워 나가야 한다. 즉 경험의 재구성을 위해서는 계속성이 요구된다.

우리는 제대로 된 경험론이 필요하다. "교육적 경험은 물론 비교육적인 경험이나 교육과 무관한 경험을 구분할 수 있는 기준"LW 13: 31을 마련해야 한다. 우리는 어쩌면 뛰어난 마약상이 되는 법을 배울 수도 있다. 하지만 이는 장래의 발달을 가로막거나 망쳐 놓는 일이다. 계속성의 원리는 현재 시행하고 있는 교육과정이 어떤 결과를 가져올지 고려해야 한다는 점을 깨닫게 해 준다. 우리는 종종 특정 내용을 가르치는 데만 지나치게 집중하여 교수 방법이 전혀 의도치 못한 결과를 가져올지도 모른다는 점을 인식하지 못한다. 때로는 교수 방법의 결과 때문에 학생들이 실제로 배우는 것이 학습에 대한 혐오이거나 나쁜 학습 태도일 수 있다. 덧붙이자면, 학생들이 학습하는 특정 내용은 실제로 비교육적인 것이기도 하다. 우리는 1부에서 형식적 교육과 비형식적 교육의 나쁜 영향을 논의했다. 잘못된 교육은 계속적인 성장과 재구성(혹은 재창조)의 노정을 가로막아 버린다. 반면 진정한 교육은 계속적인 성장과 재구성의 가능성을 넓혀 준다.

교육의 계속성과 경험의 재구성이라는 두 개념은 다윈의 진화론에 나타난 계속적 재구성에 대한 듀이의 절대적 확신에서 기인한다. 이와 관련하여 듀이는 이렇게 언급한다.

> 어떤 종(種)이 멸종할 때, 그 종은 단지 자기가 살고자 투쟁했던 장애물을 활용하기 위한 좀 더 나은 형태로 적응해 간다. 따라서 생명의 계속성이란 유기체의 필요에 따라 환경에 계속 재적응해 간다는 것을 의미한다.MW 9: 5

듀이는 이렇게 말한다. "생명은 환경에 어떤 행동을 취해 가며 자기를 갱신하는 과정이다."같은 책: 4 인간에게 그 갱신은 "생물학적인 습관의 재창조"이자 "신념, 이상, 희망, 행복, 비참, 실천의 재창조"같은 책: 5이다. 어쩌면 "재창조re-creation"나 "갱신renewal"이라는 용어가 "재구성 reconstruction"이라는 용어보다 많은 측면에서 듀이의 철학을 훨씬 잘 나타내 준다. 하지만 듀이는 창조라는 용어보다 "재구성"이란 용어를 더 좋아했다. 이 용어가 "허세가 덜하다"LW 5: 127라고 생각했기 때문이다. 인간은 충동과 반응이라는 타고난 재능에 기대어 환경을 조정해 간다. 사실 이 타고난 재능은 매우 느리게 진화해 왔다. 그러나 인간이란 종이 놀라울 만한 성공을 이룩할 수 있었던 것은 습관의 획득과 도구 사용에 기인한다. 인간의 도구는 "도구의 왕"LW 1: 134인 언어뿐만 아니라 문화적 관습과 제도(예컨대 학교)를 포함한다.

이와 같이 진화론에 대한 듀이의 근본적 직관은 바로 '모든 것은 끊임없이 변화하고 바뀌며 우연적이라는 것'이다. 그리하면서도 구성-해체-재구성의 순환 과정 자체는 자기가 속한 생물학적인 종, 자기가 속한 사회, 그리고 자신에 대한 물리적 파괴를 피하려 한다. 듀이는 「철학에 대한 다윈주의의 영향The Influence of Darwinism on Philosophy」 이라는 글에서 유기체적이고 진화론적인 자연론을 주장하게 된 근거 를 이렇게 말한다.

『종의 기원』은 절대적인 영속성이라는 성스러운 노아의 방주 를 잡으면서도 고정불변하고 완벽함의 전형으로 생각되어 왔던 형상形相을 생성과 소멸로 간주했다. 『종의 기원』은 어떤 것이든 결국 지식의 논리로 변환해야 한다는 사유양식을 소개했다. 그로 인해 도덕, 정치학, 종교마저도 지식의 논리로 변환시켜 다뤄야 한다는 것을 알게 되었다.MW 4: 3

하지만 듀이는 위와 같은 언급에다 교육을 덧붙여야 했다. 이후 그 는 이렇게 주장한다. "고정불변보다는 변화가 바로 지금의 '실재reality' 를 나타내는 척도다. … 변화는 어디에나 존재하기 때문이다." 또 이렇 게 말하기도 한다. "자연과학은 그 자체 발달에 의해 고정불변에 대한 가정을 포기하고, 그것이 실제로 보편적 과정이라는 것을 인식하도록 강요받는다."MW 12: 114, 260 이제까지 지구에 살았던 모든 종의 99%가 현재 멸종한 것으로 추정된다.Parker, 1992: 570 하나의 종은 본질essence 이자 형상form이며, 고대 그리스인들이 '에이도스eidos'라 불렀던 것이 다. 하지만 거의 모두 멸종해 버리고 말았다.

듀이의 신다윈주의적 통찰은 생물학적 형태나 본질이 보유하고 있 는 것을 개인의 습관, 마음, 자아, 문화적 관습, 논리적 형식(개념, 관 념 등), 이상(가치)에 대해서도 실현하는 것이다. 자기 자신을 재구성하 지 않는 것은 결국 파괴된다. 듀이의 재구성 이론은 생물학적 명령이라 할 수 있다. 하지만 놀라운 사실은, 많은 교육자들이 다윈의 교훈을 아직도 배우려 하지 않는다는 점이다.

우리는 평생 동안 학습을 통해 자신을 재구성한다. 이런 관점에서 이제 학습의 생물학적 기반에 대해 검토해 보자. 듀이는 이렇게 말한다. "습관은 활동의 연속성을 가져온다. 따라서 습관은 영속적 실 thread과 축axis을 제공한다."LW 7: 185 듀이는 습관이 행동 기술, 즉 행동을 효율적으로 하는 방식이기에 계속 행동하도록 유도한다고 단언한다.

유기체가 갖는 본능이나 충동, 존속이나 습관 형성은 실제 경험에서 부정할 수 없는 요인들이다. 이것들은 유기체가 조직을 구성하고 계속성을 확보할 수 있게 해 준다. 이 요인들로 우리는 유기체의 행동과 자연 대상의 행동의 상관관계(상호작용)를 깨닫는다. 이것들은 경험을 표현하는 데 포함되어야 하는 특별한 요인들이다.MW 10: 14

더 나아가 "습관은 목적을 이루기 위한 수단으로서 자연적인 조건을 활용하는 능력을 의미한다. 이는 유기체의 행동 기관을 통제하면서 환경을 능동적으로 통제하는 능력이다".MW 9: 51 어떤 경험을 했을 때, 우리는 행동의 습관을 수정함으로써 미래의 행동에 영향을 미친다. 듀이는 이렇게 선언한다.

습관의 동력, 즉, 습관이 또 다른 습관과 계속성을 맺고 있는 그 동력은 '인격과 행동의 통합'을 설명해 준다. 좀 더 구체적으로 말하면, 습관의 동력은 '동기(혹은 의지)와 행동의 통합 혹은 의지

와 행위'를 설명해 준다.MW 14: 33

현재 행동은 현재 우리 자신을 표현하는 것으로 생각할 수 있다. 하지만 현재 행동의 결과는 장래 우리 자신에게 영향을 끼치기 때문에, 현재 행동은 장래 우리 자신을 형성할 수 있다.LW 7: 288ff. 참조 듀이는 지성적 성향의 형성도 습관으로 규정할 뿐만 아니라 흥미의 형성, 감정적인 태도의 형성, 감수성의 형성도 습관의 범주에 포함시킨다.

사실 "대상과 목표를 가진 행위에서의 자아의 통합"을 '흥미'라고 부른다.같은 책: 29 실제로 흥미나 동기는 "선택된 대상에 대한 필요한 행동, 자아의 욕망의 통합이다."같은 책: 291 다시 말하면, 우리는 살아 있는 생명체에게 행동하라고 동기를 부여할 필요가 없다. 하지만 생명체의 필요와 욕망뿐 아니라 흥미, 태도, 감수성 나아가 목적과 인지적 성향을 알게 된다면, 그들을 지도하는 최선의 방법이 어떤 것인지 알 수 있을 것이다. 학생 중심 교육student-centered teaching은 이렇게 풍부하게 구체화된 의미에 교과를 학생과 연결시키는 일이다. 다시 말해, 학생 중심 교육은 '학생들이 좋아하는 것은 무엇이든 허용해도 된다'는 식의 교육이 아니다. 듀이의 경험론은 대단히 현실과 밀착된 이론이다. 학습자의 인지적 능력 발달뿐 아니라, 정서적 학습 및 적절한 태도의 계발을 대단히 중시한다.

반사궁 개념

듀이의 반사궁The Reflex Arc 개념에 대한 논문은 현대 기능주의 심리학에 엄청난 영향을 끼쳤던 기능적 "조정co-ordination"이라는 유기체론을 확립하였다. 여기서 듀이는 통상적인 자극-반응 도식에 근본적으로 반대했다. 이 도식은 자극과 반응을 두 개의 분리된 것들로 규정하여 잘못된 이원론을 이끌어 내기 때문이었다. 듀이에게 자극과 반응은 지속적인 조정을 요구하는 기능적 상호작용의 단일한 하위 기능이다.

오늘날까지도 반사궁 개념에 대한 통설은 외부 "자극"이 있어야만 작동하게 된다는 수동적 유기체를 가정한다. 하지만 듀이에게 유기체란 역동적 평형을 유지하기 위해 자신의 환경과 유기적으로 교호작용하는 것이다. 새로운 자극의 출현은 행동을 새롭게 시작하기보다는 행동을 새로운 방향으로 전환시킨다. 물론 그때도 운동 주체는 더 넓게 상황에 반응하면서 그 자극을 다음 행동과 결합시켜 목적에 따라 능동적으로 구성한다. 당장 보면 전혀 가치가 없는 듯해도 여기에는 주목할 만한 두 가지 측면이 있다. 먼저, 생명체에게 행동하라고 동기를 부여할 필요가 조금도 없다. 생명체는 살아 있기 때문에 스스로 행동한다. 동기를 부여하는 자극은 행동을 새로운 방향으로 돌릴 뿐이다. 다음으로, 유기체의 운동 주체는 반응하면서 차후 행동을 통제하는 자극을 '조성constitute'하거나 창조적으로 구성한다. 듀이의 구성주의는 원초적인 사실에서 출발하려는 입장이다. 결론적으로 유기체는 기능적인 협조체이기 때문에, 사실상 반사궁이 조정의 순환 구조라는 것을 인식할 필요가 있다.

듀이는 반사궁에 대한 전통적인 이해방식에 숨어 있는 이원론을 밝히는 것으로 논문을 시작한다. "감각과 관념 사이의 낡은 이원론이 말초적인 중심구조와 기능을 구분하는 요즘의 이원론에서 다시 되풀이된다. 신체와 영혼을 구분하는 낡은 이원론이 자극과 반응을 구분하는 현재의 이원론에서 분명하게 반영되고 있다."LW 5: 96 그의 논문에는 인지심리학의 컴퓨터 모델에 근거한 정신의 입출력을 나타나는 중앙 정보처리와 유사한 언급도 있다. 듀이는 이 방식으로 나머지 이원론에 대해 기술한다. "하나는 감각 자극이요, 두 번째는 관념을 상징하는 중앙처리 행동이요, 세 번째는 적절한 행동, 즉 움직임의 수행이다. 결과적으로 반사궁은 포괄적인 통합이나 유기체적인 통합이 아니다. 그것은 다만 서로 연결되지 않은 조각을 붙인 것이요, 서로 관계없는 과정을 기계적으로 결합시킨 것이다."^{같은 책: 97}

자극(행동-대상)		중앙 정신 기능		구체화된 반응
(지각)	⇨	(정보처리 과정, 인지, 관념 등)	⇨	(반작용, 행동)

[그림 2.1] 전통적인 단선적 반사궁 개념

자극, 인지(즉 관념), 반응은 실제적으로 통합된 더 큰 기능적 조정 안에서 공동으로 발생하는 단계phases이다. [그림 2.1]은 파블로프Ivan Petrovich Pavlov, 손다이크Edward Thorndike, 왓슨John Watson 등이 공유하고 있던 반사궁 개념에 대한 전통적인 해석을 보여 주는 그림이다.

듀이는 전통적인 반사궁 개념을 비판하면서, 과연 그것이 실제로 무엇을 나타내는지 궁금해했다. "감각 → 관념 → 운동이라는 절차에 따르지 않는다면, 우리는 그것을 뭐라고 부를 수 있을까? 감각, 관념, 운동 가운데 어떤 것이 일차적인 것일까? 다시 말해 감각, 관념, 운동이라는 심리기관에서 가장 중추적인 기관은 무엇일까? 생리적 측면으로 보면, 이것의 실재는 '조정'이라고 편리하게 부를 수 있을 것이다."^{LW 5: 97}

무엇보다 일차적인 것은 유기체와 환경의 교호작용에서 이루어지는 기능적인 "조정"이다. 아기가 양초에 가까이 가서 화상을 입게 되는 예를 상상해 보자. 이에 대한 통상적인 설명은 빛에 대한 감각에 따른 반응으로, 아기가 그 초에 다가가도록 자극된다는 것이다. 이로 인한 화상은 일정한 반응 차원에서 손을 빼내도록 하는 자극이 된다. 이 과정은 [그림 2.1]에서 보듯이, 단선적이고 기계적인 순서에 따른다.

하지만 듀이는 이러한 설명에 동의하지 않는다. "분석해 보면, 우리는 감각 자극이 아니라 감각과 운동의 협조, 광각optical과 시각ocular의 조정으로 시작한다는 것을 알게 된다. 그리고 어떤 의미에서 이 조정은 경험의 질을 결정하는 몸, 머리, 눈 근육의 움직임(활동)에 의해 이뤄진다. 다른 말로 하면, 실제 시작은 '보는 행동'으로부터 이루어진다. 즉, 진정한 시작은 보는 것이지, 빛에 대한 감각이 아니다."LW 5: 97

실제 시작은 "감각운동의 조정"이다. 주의집중, 구별, 개별화 행동 같은 능동적 운동 반응은 교호작용을 통해 평형을 회복시키려는 행동과 기능에 대한 사전 조정과는 다르다. 유기체가 어떤 상황적인 국면에 참여하고 선택해 능동적인 반응을 하기 전까지는 그 생물체에게 어떠한 "자극"도 존재하지 않는다. 듀이에게 "자극보다 선행하는 것은 전일체적 행동a whole act, 즉 감각과 운동의 조정이다. … 자극은 이러한 조정에서 나온다".LW 5: 100 여기서 중요한 것은, 자극이 지속적으로 행해지는 활동 과정의 결과라는 것이다.

듀이는 이렇게 주장한다. "자극은 자극 그 자체를 구성하는 운동 반응이나 주의집중이며, 결국 또 다른 행동을 만들어 내는 자극으로 자리 잡는다."LW 5: 101-102 주의집중, 몰입, 흥미, 구별 등은 그 자체로 더 충만한 반응을 이끌어 내기 위한 반응이다. 다시 말해, 그때의 반응은 행위자가 차후 행동을 조정하도록 일시적인 목적을 이루기 위해 자극을 '구성하는' 반응이다. 우리의 활동을 성공적으로 조정하기 위한 투쟁에서, 우리의 목적과는 무관하게 주어지는 상황적 측면을 배재하는 일은 교육자들이 항상 기억해야 할 적절한 어떤 환경을 선택하는 일 만큼이나 중요하다.

자극과 반응과 인지는 하나의 기능적인 조정이 더 넓게 이루어지는 가운데 함께 출현하는 국면으로 볼 수 있다. 이 조정의 영속성은 유사한 상황에서 유사한 자극을 하는 반응에 대한 인지적 습관에 달려 있다. 우리는 바로 그러한 습관을 지니게 될 때를 배운다. 여기서 추구하는 목표는 언제나 "환경 안에서 하나의 전체로 이미 활동적인 유기체"의 계속적인 생존과 성장이다. [그림 2.2]는 기존의 반사궁을 듀이가 새롭게 재구성해 그린 그림이다.

자극(행동-대상)
목적론적인 행동 목표

구체화된 반응

정신 기능, 인지, 관념 , 이상 혹은 목표 달성
[그림 2.2] 반사회로

[그림 2.2]는 듀이가 말하는 경험론 전체의 전형을 보여 준다. 듀이는 이렇게 결론짓는다. "단편적으로 분절된 것으로 이해되는 반사궁 개념은 사실 그 반대로 모두 '하나로 통합되어 있는 조정 관계'로 연결되어 있음을 알려 준다. 그것은 기능적인 국면에서 자극과 반응의 구별을 붕괴시키는 하나의 회로circuit이다."LW 5: 109 더 넓은 상호작용의 차원에서 보면, 자극과 인지(관념 또는 이상)와 반응은 단순한 국면들, 즉 하위 기능들로 볼 수 있다.

필연적으로 현재 진행되는 유기체적이고 순환적이고 계속적인 상호작용을 벗어나서는 개별적인 유기체를 위한 자극과 인지(습관)와 반응이 무엇인지 알아내는 것은 불가능하다. 중요한 것은 자극과 반응과 인지에 대한 전체적인 "조정"이다. 듀이는 이렇게 말한다. "우리가 지니고 있는 것은 회로이지 깨져 버린 원의 일부가 아니다. 이 회로는 감각 자극이 운동을 결정하는 것처럼 운동 반응도 자극을 결정하기 때문에 반사reflex라기보다 유기체라고 해야 진실에 가깝다. 사실상 운동은 자극을 결정하고, 자극을 고정하며, 해석하기 위한 것일 뿐이다."LW 5: 102

이와 같이 기능적 조정에 대한 유기체적인 순환을 활동의 해석학적 순환이라고 부를 수 있을 것이다. [그림 2.2]에서 가장 중요한 부분은 어떠한 하위 과정도 없다는 것이다. 자극과 반응과 인지도 하위 과정이 아닌 서로 다른 두 요소들을 구성하는 데 도움이 된다는 게 중요하다. 근본적인 것은 유기체와 환경의 상호작용에서 지속적인 기능적 조정이 일어난다는 점이다.

반사궁 개념에 대한 듀이의 비판에서 볼 수 있듯이, 우리는 현재 하는 일과 겪게 될 결과의 연속성을 확립할 때에야 비로소 학습한다. 듀이는 이렇게 지적한다.

경험은 능동적인 요소와 수동적인 요소의 독특한 결합으로 이루어져 있음을 주목할 때에야 비로소 그 성격을 이해할 수 있다. 능동적인 측면에서 경험은 '시도하기trying'이다. 이는 경험과 관련된 실험이라는 용어에서 그 의미를 명확히 확인해 볼 수 있다. 수동적인 측면에서 경험은 '겪어 보기undergoing'이다. 어떤 것을 경험할 때, 여기에 조치를 취하거나 그것과 함께 무언가를 한다. 그러고 난 다음에는 그 결과를 겪거나 당하게 된다. 경험을 통해 무언가를 하면 그다음에는 무언가를 되돌려 받는다. 이것이 바로 독특한 결합인 것이다. 경험에 대한 이 두 측면의 연결 정도에 따

라 경험의 성과나 가치가 판정되는 법이다.MW 9: 146

듀이는 실천praxis과 정념pathos이 깊은 연관이 있다고 파악한다. 우리는 이 둘을 연결하면서 학습하게 된다. 이에 대해 듀이는 아이가 손가락을 불 속으로 집어넣는 친숙한 예를 들어 설명한다. 자신의 행동과 그 행동의 차후 결과를 연결했을 때, 아이는 비로소 "불 속으로 손가락을 집어넣는 일은 화상을 입는 것임을 알게 된다."같은 책: 146 어쩌면 화상 입는 일은 "단순한 물리적 변화"일 수도 있다. "그 아이가 화상이 어떤 행동의 결과로 발생된 것인지 알아차리지 못한다면 말이다."같은 책: 146 듀이는 계속해서 말한다. "'경험으로부터 학습한다'는 것은 지금 하는 일과 그 일로 차후 겪게 될 쾌락이나 고통의 선후 관계를 연결한다는 뜻을 담고 있다. 이러한 조건하에 경험한다는 것은 하나의 시도가 된다. 즉, 세계가 어떠한 것인지 알아내고자 하는 세계에 대한 실험이다. '겪어 보기'(경험되는 것)는 사물 사이의 관련성을 발견해 가는 수업이다."같은 책: 147

수단과 결과의 연관을 만들어 낼 수 있다면, 다시 말해, 계속성을 창조해 낼 수만 있다면, 우리의 행동이 무엇을 의미하는지 파악할 수 있을 것이다. 주목할 점은 바로 우리가 그러한 연결을 할 수 있다는 점이다. 우리는 듀이의 구성주의를 문자 그대로 받아들여야 한다. 듀이에 따르면, 인지는 언제나 수단과 결과의 연결을 포함하며, 언어를 사용하는 유기체만이 추상적인 상징화를 가능케 하는 의미심장한 표상적인 의미를 이해할 수 있다.

이상의 논의를 통해 듀이는 두 개의 중요한 결론을 도출한다. 먼저 경험이란 "본질적으로 능동적이며 수동적인 일이기에, 경험은 원래 인지적인 것이 아니라는 것이다." 다음으로 "경험의 가치를 재는 척도는 경험에 들어 있는 관계성이나 경험이 이끌어 내는 계속성에 대한 인식에 놓여 있다"같은 책: 147라는 것이다. 이처럼 듀이는 경험에서의 상호작용과 계속성의 원리가 결코 분리될 수 없다고 믿었다.

듀이는 인간에 대한 이론적 관망자, 즉 "직접적인 지식의 에너지에 의해서 지식을 획득할 수 있는"같은 책: 147 정신적 존재로 규정하는 입장을 거부한다. 대신 그는 지식을 얻을 수 있는 에너지는 신체로부터 나온다고 본다. "학생은 신체를 가지고 있고, 학생은 학교에 정신과 함께 이런 신체를 가지고 온다. 그리고 신체는 에너지의 원천이므로 반드시 무언가를 하도록 되어 있다."같은 책: 147

듀이의 학습이론은 이렇게 강력하게 구체화된 특성을 지닌다. 우리의 신체는 활동에 에너지를 제공하는 자극에 대해 천부적이고 본능적으로 충동하고 반작용한다. 하지만 충동 그 자체만으로는 아무런 의미가 없다. 충동을 감독하는 행동 습관을 지닐 때만 충동이 의미를 지닌다. 충동은 모든 습관의 구성 요소다. 충동은 행동의 동기를 제공하는 반면에 습관은 행동의 형태와 초점을 제공한다. 충동은 제1의 천성이지만 길러진 습관은 제2의 천성이다. 사실 우리는 천부적인 자유 의지, 관념, 합리성 같은 것을 지니고 태어나지는 않았다. 천부적인 충동만을 지니고 태어났을 뿐이다. 상호작용하는 습관을 갖게 될 때, 우리는 경험으로부터 학습하게 된다.

습관, 충동 그리고 지성

듀이는 "습관은 호흡이나 소화와 같이 생리 기능과 비견될 수 있을 것이다. … 습관은 많은 면에서 기능과 닮았다, 특히, 유기체와 환경

간의 협력을 요청한다는 점에서 더욱 그러하다. 호흡은 폐의 일인 동시에 똑같이 공기의 일이며, 소화는 위장 조직의 일인 동시에 똑같이 음식의 일이다"MW 14: 15라고 했다. 뭔가를 안다는 것은 뭔가를 먹는 일과 상당히 비슷하다. 그래서 우리는 존재하지도 않는 이원론을 구성해서는 안 된다. 위장과 음식은 소화라는 단일 기능에 달린 하위 기능이다. 낱말이 가리키는 사물과 연설 같은 습관들에도 이는 똑같이 적용될 수 있다. 이 두 습관 모두 "유기적 구조와 획득된 형질을 통해 환경에 의해 수행된 일들이다."같은 책: 15

듀이는 이렇게 말한다. "습관은 견디는 것이다. 객관적 조건을 자체적으로 통합하기 때문이다."같은 책: 19 이는 바로 "습관은 기능과 습관이 동일하게 환경을 사용하고 받아들이는 방식인 것이다."같은 책: 15 그러므로 자신의 습관을 고친다고 하면, "반드시 객관적인 제도와 장치에서도 변화가 일어나야 한다."같은 책: 19-20 듀이에 따르면, 우리는 학습자가 반응하는 환경을 이용하여 간접적으로 교육할 수 있다. 궁극적으로 학습자는 자신이 참여할 상호작용에서 무언가를 결정해야 한다. 따라서 교사의 임무는 학습자의 필요, 흥미, 능력에 맞는 학습 주제를 제시하며 기능적으로 협조하는 일이다.

듀이는 "습관은 예술"MW 14: 15이라고 말한다. 습관은 행동 수행의 기술을 제공하기 때문이다. 좋은 습관을 머리에 떠올릴 때, 우리는 "습관을 기술적 능력"으로 생각한다. 하지만 나쁜 습관에 대해서는 "습관과 욕망의 통합"으로 여긴다.같은 책: 21 사실 습관은 이 둘 모두에 해당한다. 듀이는 이렇게 단언한다.

모든 습관은 어떤 행동을 요구한다. 그리고 습관은 자아를 구성한다. '의지意志'라는 말이 의미하는 그대로 습관은 의지이다. 습관은 우리의 욕망을 효율적으로 형성하며 작업 능력을 제공한다. 습관은 우리의 생각을 지배한다.같은 책: 21-22

습관은 사실 매우 좋은 수단이다. 습관은 열정적인 충동을 이용하여 충동 자체를 실행하면서 능숙한 수단을 제공한다. 그렇기 때문에 자아는 도구의 도구로서, (물론 도구들은 그보다 훨씬 많지만) 그들(자아들)이 선택할 수 있는 어떤 목적을 위한 수단이다. 더욱이 인격은 "습관이 자아에 스며들거나 습관과 자아가 상호 침투된 상태"이기 때문에 인격은 "그 사람의 행위라는 매개체를 통해 읽힐 수 있다".MW 14: 29. 30 습관은 일관된 개성, 신념, 태도와 자아의 성향까지도 만들어 낸다. 습관은 인격과 미덕 혹은 악덕을 구성하는 내용물이다.

인간이라는 존재에게 습관은 본질적으로 사회적인 것이다. 우리는 행동의 습관을 길들이는 일정한 사회언어학적 구조와 제도를 지닌 사회에서 태어난다. 이와 더불어 문화는 언제나 우리보다 앞서 존재한다. 우리가 문화를 습득하기 전부터 문화는 존재한다. 따라서 사회화는 불가피하다. 다시 말해, 정신과 자아의 사회적 구성은 불가피한 것이다. 사회적으로 기능하기 위해 우리는 반드시 대소변을 가리고, 언어를 배우며, 식탁 예절을 습득해야 하고, 빨간불 앞에서 멈춰야 한다. 우리는 사회의 규칙과 규범을 우리의 몸에 정서적으로 배어 있는 습관으로 통합시켜야 한다.

근대 자유주의 사상은 개인과 사회의 관계를 반대로 이해했다. 이는 바로 홉스가 생각했던 터무니없는 사회계약설이라는 아이디어다. 듀이는 이렇게 선언한다.

우리는 종종 제도나 사회적 관습 혹은 축적된 습관이 사람들의 습관들을 모아 형성된 것이라고 생각한다. 근본적으로 이 가설은 사실에 어긋난다. 같은 상황을 마주할 때면 비슷한 방식으로 반응하기 때문에, 보편적인 관습이나 균일한 습관이 있다고 생각할 수 있다. 하지만 개인의 습관은 그 개인보다 앞서 존재하는 관습에 의해 설정된 조건하에서 형성된다. 그래서 보편적인 관습이 유지되는 것이다.^{MW 14: 43}

문화적 관습, 규범의 권력, 규칙과 법률의 준수 등은 우리의 습관을 조건 지어 줄 뿐 아니라 정신, 자아, 의지와 세계에 대한 예술적 반응마저도 구성한다. 이 사실은 정치, 경제, 학교교육과 같은 문화적 제도를 통제하는 권력들이 너무도 분명하게 증명해 주고 있다. 듀이는 이렇게 말한다.

사회적 권력을 독점하려는 이들은 습관과 생각의 분리, 행동과 정신의 분리를 바람직한 것으로 생각한다. 역사적으로 그랬다. 왜냐하면 이원론은 그들이 생각하고 계획하는 역할을 맡도록 해 주고, 나머지 사람들을 비록 서툴긴 해도 순종적인 도구로 자리에 머물게 하기 때문이다. 이런 구도가 바뀌지 않고서는 민주주의가 정상적으로 실현되기 어렵다. 현재의 학교교육보다 더 광범위한 의미에서 교육제도의 민주주의는 행동하는 사유를 위한 기회가 아니라 모방을 위한 기회만 늘리고 있다.^{MW 14: 52}

억압적 문화 관습과 사회 제도가 너무도 강력하기 때문에, 진정 자유롭고 민주적인 경험이 어떻게 가능할지 궁금할 것이다. 이에 대해 '열정적 충동'과 '지성적 숙의'라는 두 가지로 답하고자 한다.

이미 살펴보았듯이, 본능과 충동은 우리가 행동할 수 있도록 역동적 에너지를 제공한다. 이러한 본능과 충동이 습관과 짝을 이루면 어느 정도 지적인 형태의 행동 동기를 보인다. 하지만 습관은 기껏해야 제2의 천성일 뿐이다. "본래 타고난, 자극에 대한 반응"이 제1의 천성이다. 이것은 다른 사람은커녕 우리 자신도 완전히 통제할 수 없다는 특성이 있다. 그러므로 행동에서 결정적인 역할을 하는 것은 본능과 충동이다. 다시 말하면 다음과 같다.

충동은 행동을 재구성하는 구심점으로 작용한다. 충동은 과거의 습관에 새로운 방향을 제시하고, 그 습관의 속성을 바꾼다는 점에서 이탈시키는 행위다. 결과적으로 우리가 사회적 변천과 변화를 이해하는 데 관심이 있다면, 더불어 개인의 개혁이든 집단의 개혁이든, 어떠한 개혁을 위한 프로젝트에 관심이 있다면, 우리는 타고난 경향성을 분석하는 연구를 해 가야만 한다.MW 14: 67

사회화를 위해서는 충동을 통제하는 습관이 형성되어야 한다. 우리가 사회화를 피하려 한다면 충동을 반드시 해방시켜야 한다. 물론 이는 위험한 일이겠지만, 전체주의적 억압이 이보다 훨씬 위험하다. 젊은 이들은 사회화에 항거하곤 한다. 그들은 노래하고 춤추기도 하며 바보 같은 놀이도 한다. 이런 일들이 허튼 짓이긴 해도, 그런 모습이 없다면 우리는 결코 자유로울 수 없을 것이다. 이 때문에 어른들도 노래하고 춤추며 때로 바보 같은 놀이를 하는데, 이런 것도 바람직한 일이라고 본다. 하지만 성숙한 사람이 되려 한다면, 지성이 충동을 제어하지 않으면 안 된다. 충동은 원하는 모든 것을 즉시 그 자체로 좋다고 생각해 버린다. 충동은 섹스, 마약, 로큰롤이 언제나 선이라고 여길 것이다. 교육의 임무는 욕망eros[34]을 단련하여 바람직한 것을 원하게 하고, 소중한 것을 가치 있는 것으로 여기게 하며, 지적 반성에 참여하게 하여 참된 선을 추구하게 하는 일이다. 그렇지 않으면 우리는 욕망의 노예가 될 뿐이다. 이는 결코 자유가 아니다. 많은 이들이 자기의 쾌락에 지배당한 채 욕구불만으로 살아간다. 교육자들은 모를지라도, 미디어 광고를 만드는 이들은 이 사실을 아주 잘 안다. 그들은 욕망을 도야하여 선을 추구하게 하기는커녕, 물질적인 것을 추구하도록 교육한다. 어쨌건 기존 사회적 통제 양식에서 벗어나는 것은 늘 위험한 일이지만 자유를 얻기 위한 전제 조건이다.

듀이는 "행동이 자유로워지기 위한 관건은 지성에 있다"라고 본다. 그게 어떤 신비한 천부적인 자유의지에 놓여 있는 것이 아니라는 것이다.MW 14: 210 사실 우리가 자유의지를 가지고 태어났다는 잘못된 신념은 억압의 명시적 형태보다도 종종 더 우리를 구속한다. 자유를 획득한 것이 아닌 주어진 것으로, 창조되는 것이 아닌 발견되는 것으로 믿도록 우리를 오도하기 때문이다. 자유는 지성의 궁극적인 산물이다. 여기서 지성은 재구성하는 탐구이다. 다시 말해 기존 습관과 관습을 해체하는 데 요구되는 재구성적인 탐구 말이다. 듀이는 이렇게 말한다. "숙의deliberation를 통해 우리는 현존하는 활동에서 발생하는 복잡한 갈등을 해결할 수 있다. 또한 계속성을 회복할 수 있고, 조화를 되찾을 수 있으며, 고삐 풀린 충동을 다스려 습관으로 되돌릴 수 있다. 현재의 조건을 관찰하고 이전 상황을 기억하는 것은 철저히 숙고라는 목적을 위해서다. 행동이 곤란을 겪을 때 숙의는 시작되고, 이 곤란한 상황을 바로잡아 주는 행동 과정이 무엇인지 선택하는 순간, 숙의는

---

34. [옮긴이 주] 그리스어 ἔρωςe/eros는 'desire/욕망'을 뜻한다.

끝나게 된다."같은 책: 139 그는 숙의에 대해 이와 같이 정의한다.

숙의는 일어날 수 있는 다양한 행동이 어떤 방향으로 전개되는지 (상상 속에서) 해 보는 극적인 예행연습이다. 숙고는 이제껏 참고 지켜 온 습관과 새롭게 해방된 충동 간의 갈등 때문에 곧장 행동으로 표출하는 것을 억제하면서 시작된다. 숙고가 시작되면 습관과 충동은 어떤 행동을 표출해야 할지 일시적인 긴장감과 연결되면서 이를 차례대로 시험해 보게 된다. 이렇게 숙고는 다양한 행동이 실제로 어떠한 방향으로 전개될지 발견하는 실험이다. 숙고는 예행연습 중인 행동이 과연 실제 상황에서 어떻게 될지 알아보기 위해 습관과 충동을 선별하여 다양한 방식으로 결합하는 실험인 것이다. 그러나 그 실험은 상상 속에서 이루어지는 것이지, 결코 실제로 행동으로 표출하는 것은 아니다. 이런 이유로 이 실험은 신체 외부의 물리적 사실에 영향을 미치지 않고, 그 생각 안에서 행해지는 잠정적인 예행연습이다. 생각은 결과보다 앞서서 그 결과를 내다본다. 생각을 통해 실제 발생한 실패와 재앙의 가르침을 기다려야만 하는 사태를 피할 수 있게 된다. 행동으로 표출하여 시험해 보는 것은 돌이킬 수 없으며, 그로 인한 결과도 변경할 수 없다. 하지만 상상 속에서 이루어진 행동은 완결된 것도 결정된 것도 아니다. 상상 속의 행동은 언제든 돌이킬 수 있다.MW 14: 132-133

이를 이해했다면, 우리는 자유의지론이 아닌 지성의 선택론을 받아들여야 한다. "그렇다면 선택이란 무엇인가? 현실로 표출된 행동을 회복하는 데 적절한 자극을 주는 어떤 대상을 상상 속에서 떠올리는 것이다. 어떤 습관 혹은 충동과 습관의 구성 요소들 사이의 어떤 결합이 온전히 열리는 길을 찾자마자 선택은 이루어진다. 그 순간 에너지는 방출된다. 여기서 정신이 만들어지고 구성되며 하나가 된다."같은 책: 134

성찰적이고 반성적이며 지성적인 선택을 위해서는 현실에서 구현된 습관과 함께 충동도 고려해야 한다. 경험에 관한 감각자료 이론을 포기하기만 하면, 경험이 탈맥락화된 추상적 이성에 의해 부과되는 외적 관계가 아니라 사실상 내적 관계와 결합되는 흐름임을 알게 될 것이다. 실제 우리가 경험을 연결하고 조직하는 것은 기능적인 조정에 해당하는 생물학적 습관이다. 이 습관은 추상적인 상징 조작을 포함해 언어 사용을 위한 생물학적인 기반을 제공한다. 이제 현실에서 구현된 열정적인 습관이 합리성을 대신해야 한다. 합리성은 경험과 동떨어진 다른 영역에 존재한다고 여겨지는 추상적이면서 탈맥락적인 범주이기 때문이다. 우리는 이제 더 이상 플라톤이 말하는 초월적인 형상이나 칸트나 칸트 이후의 관념론자들이 제시하는 선험적 범주를 요청할 필요가 없다. 더불어 선천적인 심리적 능력이나 근대 논리학이 말하는 물화物化된 구조reified structures도 요청할 필요가 없다. 생물학적 구조의 습관은 언어 구조와 협력해 경험을 연결하고 이를 의미 있게 조직하기 위해 모든 노력을 다하기 때문이다.

듀이도 "합리성"을 말하지만, 그가 말하는 "합리성"은 냉정하고 단절적이며 열정이 결정된 그 무엇과는 완전히 다르다. 그는 이렇게 적는다.

결론적으로 감정적이고 열정적인 행위들은 냉철한 이성을 위해 소거될 수도 없고, 그렇게 해서도 안 된다. 정답은 '열정'을 더 늘리는 것이지 줄이는 것이 아니다. 증오가 미치는 영향을 검토해 보면 거기에는 틀림없이 동정심이 있었을 것이다. 마찬가지로 동정심을 합리적으로 설명하기 위해서는 타자의 자유에 대한 호기심의 감정, 경계의 감정, 존중의 감정이 요청된다. 합리성은 동정심이 자아내는 감정이 어떠한 목표 아래 균형을 이루게 하는 성향으로, 눈물겨운 감상이나 쓸데없는 간섭으로 변질되지 않도록 한다. 다시 말하면, 합리성이란 충동과 습관에 반하는 힘이 아니다. 그것은 다양한 욕망들의 조화로운 협력을 달성하는 일이다. … 과학이라는 정교한 체계도 처음에는 이성이 아니라 경미하고 하찮게 보이던 충동에 의해 탄생되었다. 예컨대 손으로 다루고 싶은 충동, 돌아다니고 싶은 충동, 사냥하고 싶은 충동, 파헤치고 싶은 충동, 나뉜 것을 합치고 합친 것을 나누고자 하는 충동, 말하고 듣고자 하는 충동에 의해 탄생되었다. 방법은 탐구, 개발, 검사와 같은 연속적인 성향을 효과적으로 조직한다. … 이성, 즉 합리적인 태도는 결과로 야기된 성향이지, 마음대로 불러와서 언제든지 작동시킬 수 있는 이미 만들어진 전례가 있는 것이 아니다. 지성을 지적으로 육성하려는 사람은 자신이 지닌 강력한 충동의 삶을 넓히려 하지 결코 좁히려 하지 않을 것이다. 그 과정에서 충동들이 작동하면서 행복한 우연의 일치를 추구한다.MW 14: 136-137

듀이는 「맥락과 사고Context and Thought」라는 글에서 이렇게 말한다. "철학적 방법으로서 '경험'이 지닌 중요성은 이렇다. 결국 무엇에 대한 인식이 온전해지기 위해 생각을 함에 무엇보다 맥락에 대한 이해가 필수임을 시인하게 하는 것이다."LW 6: 20 그가 가장 먼저 고려해야 할 맥락으로 "생각하는 그 사람 본인이 지닌 경험에 대한 활력과 범위"를 든다.같은 책: 20 예컨대 우리는 탐구에 대한 열정을 습득하는 것은 물론이고, 과거의 습관과 충동을 반성하는 습관도 습득할 수 있다. 듀이는 이렇게 주장한다. "가르침의 과정은 사고라는 좋은 습관을 만드는 데 얼마나 중점을 두느냐와 같은 이야기이다."MW 9: 170 반성적 경험, 즉 지성은 상호작용이라는 계속적인 비판과 창조의 순환 과정에서 작동한다. 이것은 특히 다른 사람들의 환경을 이해하려고 한다. 더불어 정치, 도덕, 종교의 행위 규칙을 포괄하는 사회 관습과 제도와 같은 환경도 이해하려고 한다. 우리는 환경을 이루는 구성물을 해체하고 재구성하여 자아를 재구성하고, 또 자아의 습관을 이루는 구성물을 해체하고 재구성하여 환경을 재구성한다.

지성, 이성, 반성은 습관, 충동, 상상과 결코 분리될 수 없는 능력이다. 지성은 인지적 기능을 수행하는 창발적인 능력이다. 이것은 수단과 목적을 연결시키는 능력이다. 또한 지성은 우리가 구성하고 해체하고 재구성해야 하는 그 무엇이기도 하다. 듀이는 이렇게 표현한다.

굳어진 습관이란 지각, 인식, 상상, 회상, 판단, 구상, 추리 등을 해 오던 대로 계속하는 것이다. '의식'이 분절된 특별한 감각과 이미지이든 아니면 연속된 흐름이든 그 '의식'은 습관의 기능, 습관이 형성되는 과정과 작동 방식, 습관의 중단과 재조직을 분명하게 나타낸다. … 하지만 습관은 의식과 달리 스스로 인식하지 못한다. 잠깐 멈춰서 스스로 생각하고 관찰하고 기억할 수 없기 때문이다. 마찬가지로 충동도 자기반성이나 사색을 하지 못한다. 충동은 그냥 진행되기 때문이다. 습관은 너무도 조직적이고, 너무도 고착되고 확정적이어서 탐구와 상상의 여지가 없다. 충동은 너무도 무질서하고 격정적이고 혼란스러워서 충동을 알려 해도 알 수 없다.MW 14: 124

탐구inquiry는 의식적 이해와 통찰과 지식을 추구하기 위해 경험을 지적으로 반성하고 사색한다. 탐구는 습관 자체만으로는 절대 해낼 수 없는 일을 해낸다. 그래서 탐구는 계속 성장하고 일을 더 잘 처리하게 한다. 우리가 해서는 안 되는 것을 중지시키면서 그 습관을 구성하거나 재구성하는 일을 한다.

탐구의 의미, 반성적 학습, 연구의 다섯 단계

'반성'과 '탐구'의 일반적인 특징을 살펴보자. 이 특징은 듀이가 교육에 대해 제시한 사고의 다섯 단계로 알려져 있다.MW 9: 170 그는 "사고는 교육적 경험의 방법"이라고 주장한다.같은 책: 170 사고와 반성의 목적은 "뭔가를 시도한 것과 결과적으로 일어나는 것의 관계를" 분별하는 데 있다.같은 책: 151 즉, 사고한다는 것은 의미 있는 경험을 인지적인 차원에서 추구하는 것을 의미한다. 듀이는 이렇게 말한다. "사고는 경험 속에서 지적인 요소를 뚜렷하게 표현하는 것과 같다. 이는 예견된 목적 속에 활동을 가능케 한다."같은 책: 152 인지, 지식, 그리고 듀이가 "보장된 언명warranted assertion"이라고 부르기를 좋아했던 것들은 우리가 자연의 연결을 조작하고 변경할 수 있도록 해 주는 탐구 과정의 산물이다.

탐구의 목적은 항상 비결정적인 상황을 재구성한다. "진정 효과가 있는 모든 유효한 진술과 보장된 판단의 본질적인 기반은 실존론적인 구성을 만드는 데 있다."LW 12: 483 실존론적인 상황을 재구성하는 일은 때론 해체를 요구하기도 하고, 많은 개념과 가치를 파괴시키기도 한다. 이것은 종종 탐구자의 신념과 가치이기도 하고, 결국 부분적으로는 상황을 구성하면서 또한 이를 변화시킨다.

관심을 통제하면서 앎의 행위가 적절하게 이루어지는 경우, 문제는 탐구에 참여한 자아를 재구성해 간다. 제재subject-matter의 요구로 만들어진 조건에 따르면, 이런 흐름은 탐구를 추구할 때 발생한다. 또한 탐구자의 마음에 깃든 이론을 포기할 수 있는 의지와 결론에 도달해 갈 수 있는 의지를 요구한다. 다른 한편, 자아를 재구성하는 문제는 현존하는 조건을 재구성하기 위해 탐구가 고려되지 않으면 해결할 수 없다.LW 14: 70-71

재구성으로 이루어진 탐구로 촉진된 발달상의 적응은 종종 열정, 흥미, 아이디어, 목적에 대한 상황 적응은 물론 상황에 대한 열정, 흥미, 아이디어, 목적을 조화시키는 것 모두를 요구한다.

반성적 탐구는 생생한 기능이기 때문에, 이것을 다섯 가지 하위기능이나 단계로 구성된 하나의 유기적인 것으로 간주할 수 있다. 이들은 감정적으로 혼란스럽고 의심 가득한 상황인 "반성 이전"과 기능적으로 조화를 이루고 통합된 상황인 "반성 이후" 사이에 자리한다. 듀이는 이렇게 주장한다. "탐구를 하면 존재는 의심스러운 상황에서 실험적인 재구성을 늘 경험하게 된다."MW 4: 140 이전과 이후의 반성의 상황은 기본적으로 인지적인 것은 아니다.

듀이는 탐구를 이렇게 정의한다. "탐구는 결정짓지 못한 상황을 통제하거나 지시하면서 변형시키는 과정이다. 이는 원초적인 상황의 요소를 통합된 전체로 전환하는 것과 관련되며, 그것의 지속적인 구분을 결정짓는 과정이기도 하다."LW 12: 108 듀이는 이렇게 믿는다. "해결되지 않는 상황에 대한 생물학적인 선행 조건은 유기적인 환경과의 상호작용에 대한 불균형 상황과 밀접하게 관련되어 있다."같은 책: 110 모든 상황은 관찰자가 아니라 참여자인 탐구자를 포함하며, 이 일련의 사건은 수렴적인 상호작용으로 구성된다. 혼란스러운 상황에서, 환경에 대한 반응을 조정하는 자각, 인지, 상상 등의 습관적인 기능은 제 역할을 하지 못하기 마련이다. 우리는 미리 앞서서 생각하고 관찰하고 기억하는 것을 멈춰야 한다.

과학적인 탐구를 포함한 일련의 탐구는 질적인 상황을 결정하는 일련의 기능에 대한 의심에서 출발한다. 우리는 이에 대해 생각하기 전에 이미 그러한 상황을 느낀다. 그리고 그때의 느낌은 사고와 함께 간다. 다시 말해, 문제에서 출발하는 대신 "직관은 개념에 앞서고 더 깊어진다"는 말처럼, 분석이 이뤄지지 않은 전체 관점에서 감정의 상황이 먼저 시작되고 이 점이 더 깊어지게 된다. 여기서 직관은 "질적인 측면이 확산되었다는 것을 현실적으로 의미한다".LW 5: 249

듀이는 이렇게 썼다. "반성과 합리적 정교화는 선험적인 직관에서 비롯하며, 이후 더 명확해진다."같은 책: 249 우리는 우리가 "완벽한 인격이 여전히 결정되지 않은 불완전한 상황에 처해 있다는 사실 때문에 혼란, 혼돈, 의심"MW 9: 157으로 시작한다. 데카르트와 달리, 듀이가 말하는 의심 개념은 존재론적이다. 다시 말해 우리는 의지를 가진 채 진정한 의심에만 머무를 수는 없다. 부분적으로 보면, 기능적인 습관은 신비스러운 마음의 실체가 아닌 의지를 구성하기 때문이다. 그러므로 모든 탐구는 이론 기반이면서 가치 기반일 수밖에 없다. 때로 해체와 재구성을 요구한다는 것은 탐구를 안내하는 도덕적·미적·인식론적 가치와 함께하면서도 이론적인 개념임을 말해 준다. "학교의 문제"가 수없이 잘못 가고 있는 것은 이 때문이다. 다시 말해 그들이 스스로 느끼지 못하기 때문에, 학교의 문제가 실제로 학생들의 문제는 아닌 것이다. 문제는 숙제를 부여하는 교사나 혹은 교과서의 문제이다. 그렇게 되면 학생들의 직관은 그들 스스로 개념화하는 것을 도울 수 없게 된다.

탐구의 재구성 기능을 구성하는 여러 단계를 설명하기 전에 우리는 알아야 할 것이 있다. 우리가 어떤 지점에서 어떤 단계로 들어가고 나올 수 있는지 깨닫는 것은 무엇보다 중요하다. 사실 여기에 고정된 순서가 있는 것은 아니다. 다음 단계를 놓칠 수도 있고, 여러 단계를 하나로 압축할 수도 있다. 이 단계들은 또한 순환적이다.

첫 번째 단계

반성적 사고의 첫 단계는 "문제해결이 가능한 방향으로 마음을 도약시키는 '제안suggestions'의 단계"다.LW 8: 200 "직접적인 행동 대신에 무엇을 할 것인지 생각하는 것. 이는 일종의 드라마 리허설과 같이, 행동을 대리하거나 기대하게 하는 방식이다."같은 책: 200 듀이는 이렇게 썼다. "'제안'은 머릿속에서 튀어 오르는 것과 같다. 왜냐하면 제안은 정신적이면서 물리적인 유기체이기에 논리적으로 움직이지 않기 때문이다."LW 12: 114 정신-물리적인 방식으로 살아가는 우리와 같은 유기체는 이미 했던 다양한 반응의 습관을 활용하여 결론에 이를 것이다. 우리는 이미 가지고 있는 아이디어를 활용하여 가능한 문제해결을 탐색하고, 사실로부터 결정된 사안을 체계적으로 안내하며, 정보를 모은다. 또한 합리적인 정교화에 착수하고, 새로운 아이디어(가설)를 공식화하며, 실험적인 평가에 참여한다.

때때로 이 아이디어들은 너무 애매하고 부정확해서 어디로 갈지 모를 때도 있다. 이 과정은 일종의 시행착오 과정이다. 이것이 성공적이라 할지라도, 그 결과가 누적적인 발달을 제공할 수 있는 일련의 사실과 아이디어를 체계적으로 조직화하는 것은 아니다. 심지어 실수가 있더라도, 여전히 무슨 일이 일어나는지 최소한의 "아이디어"를 가질 때까지 사실을 확인할 수 없고 정보도 모을 수 없다. 모든 탐구는 개념 기반이기 때문에 우리는 어디에선가 시작해야 한다.

두 번째 단계

다음은 "지성화intellectualizatioin" 단계이다.LW 8: 210 이것은 문제를 확정짓는 것과 관련된다. 듀이는 말한다. "이 단계는 우선 전체 상황에 대해 정서적 자질을 지성화하는 과정으로 볼 수 있다."같은 책: 202 우리는 단순한 문제가 아니라 혼란스러운 기능에 대해 불확정적 상황으로부터 지성화를 시작할 수 있다. 듀이는 이렇게 말한다. "진술된 문제가 해결의 길로 잘 가는 것은 흔한 일이다. 왜냐하면 문제의 본질을 진술하는 것은 문제의 바탕을 이루는 자질이 구별과 관계를 결정하는 것으로 전환되었거나 혹은 명백한 사고의 대상이 되었다는 것을 의미하기 때문이다."LW 9: 249

앞서 말한 대로, 불확정적 상황은 무의식적 상태라고 할 수 있다. 여기서 주어진 임무는 인지 차원에서 확정적인 상황으로 바꾸는 것이다. 상황이 불확정적이라 할지라도, "해결할 수 있는 어떤 구성물 같은 게 주어지지 않고, 주어진 상황에 대한 어떤 구성물도 없다면"LW 12: 112, 해결을 향한 진전이 있을 수 없다. 다시 말해 우리는 그것들이 구성될 수 있는 부분이 전체적인 구성 요소라는 것에 대해 의심하지 않는다. 관찰은 "사건 속에서 이루어진 사실"같은 책: 113을 결정한다. 또 상황에 맞는 사실은 "문제의 조건을 구성한다."같은 책: 113 일단 문제를 명명할 수 있기만 한다면, 우리는 그 문제를 인지적으로 파악할 수 있다. 물론 그 문제해결책이 무엇인지 정확히 알 수 없어서 문제가 무엇인지조차 정확히 모를 수도 있지만 말이다.같은 책: 101 우리가 어떤 상황을 어떻게 인식하는가 하는 것은 어떤 제안, 가설, 그리고 해결을 위한 개념적 자원들이 지속적으로 받아들여지도록 하는 데 영향을 미친다. 뿐만 아니라, 우리가 그 상황을 구성하기 위해 결정하는 어떤 사실과, 우리가 선택하거나 배제시키는 데 영향을 주는 자료에도 영향을 미친다. 요구, 충동, 욕망, 관심은 문제를 정의하는 역할을 한다.

교육학적으로 보면, 사고는 결정된 상황이 아니라, 학생들의 진정한 의심 속에 있는 비결정적인 상황에서 시작되며, 이 사실은 교육학적으로 중요한 결과를 갖는다. 지성화 과정도 이와 같다. 서로 다른 사람들은 각기 다른 요구, 욕망, 목적을 같은 맥락에서 시작한다. 그리고 서로 다른 "제안"은 하나의 다른 문제를 구성하는 서로 다른 사실을 매우 잘 확인시킬 수 있다. 우리가 어떤 충동도 없이 단순하게 학생들에게 문제를 부여할 때를 보면, 탐구에 참여하기 위해 내적으로 동기화된 행위의 습관에 어떤 혼란도 주지 못한다. 그래서 "진정한 문제와 모방 혹은 가짜 문제를 구분하는 것은 필수 불가결한 것"MW 9: 161이라고 듀이는 주장한다.

그는 이를 위한 두 가지 기준을 제시한다. 첫째, "거기에 문제를 제외한 무엇이 있는가? 이 문제는 어떤 상황 속에서 개인적인 경험에 대해 제안하는 것인가? 또는 이것은 초연한 문제인가, 아니면 단지 학교에서 수업하려는 목적으로 제시된 문제인가? 학교 밖의 일을 관찰하게 하고 실험에 참여하게 하는, 그런 종류의 문제인가?"같은 책: 161 둘째, "만약 이를 다룰 수 없다면, 기록을 요구할 수도 없고 교사의 허락을 촉진하거나 얻을 수도 없기 때문에, 이것은 단지 학생 자신의 문제인가, 또는 학생을 위해 문제를 만든 교사와 교과서의 문제인가?"같은 책: 161-162 듀이는 이렇게 말한다. "학교에 실험실, 가게, 정원은 어디 두어야 하는가? 진취적인 경험을 하면서 삶의 상황을 다시 만들기 위해, 그리고 정보와 아이디어를 얻고 적용하기 위해 중요한 기회인 드라마, 연극, 게임은 어디 두어야 자유롭게 활용할 수 있을까?"같은 책: 169 거기에 더해 학생들은 이것들을 위한 문제로서 상황을 구성하고 있는 사실들을 확인할 수 있어야 한다.

> 복잡한 상황은 학생들이 충분히 조절한다는 의미에서 통제할 수 있는, 이미 다뤄진 상황과도 같다. 기예로서의 수업에서 가장 큰 부분은 사고에 충분히 도전하고, 새로운 요소에 자연스럽게 참여하면서 느끼게 되는 혼돈을 충분히 줄이면서도 새로운 문제의 난관을 잘 배치하는 일이다. 그러면 그 제안이 등장할 수 있게 돕는 친숙하고도 빛나는 지점이 될 수 있다.같은 책: 163-164

이 학생이 이런 상황을 학교 문제가 아닌 그들 자신의 문제로만 지성화하려고 한다면, "문제의 조건을 구성하는" 사실에 친숙하면서도 이를 구축할 수 있는 더 큰 부분이 있어야 한다.LW 12: 113 이는 학생들이 작업할 수 있는 정보여야 한다는 것이다. 즉, "그것은 반성을 위한 문제를 제공할 때 심리학적인 의미를 무시한다는 것이다. 기억, 관찰, 읽기, 소통은 모두 정보를 제공하는 방법들이다".MW 9: 164

이것이 교실에서 학생들을 느슨하게 만든다고 하는 것이 그들이 심각한 문제를 갖게 된다는 것을 의미하는 것은 아니다. 그들의 상황을 지성화하려는 학생들을 돕는 한, 강의는 이루어져도 된다. 사실 그 자체도 중요하지만, 교육자들은 지식과 이해가 사실의 축적임을 더 많이 생각한다. 우리가 결과의 목표로서만 사실을 다룬다면, 그 결과는 듀이가 말한 "지식의 냉동된 이상cold-storage ideal of knowledge"으로 부를 수밖에 없다. 그는 이를 "교육적인 발달에 해로운 것"으로 생각한다.같은 책: 165 이러한 이상은 프레이리Paulo Freire가 말한 "은행저축식 모델"과도 같다. 이 모델은 교사들이 학생들의 마음에 지식을 저장해 두려는 모델이다. 이런 교육학적 장치는 단순한 명제로 축소될 수 있다. 즉, 학생들은 주어진 것만 하려고 하지, 탐구를 발전시키기 위해 서로 배우거나 일하지 않는다.

세 번째 단계

세 번째 단계는 이어지는 탐구를 체계적으로 안내하고 돕기 위해 가설hypothesis을 창의적으로 구성하는 일과 관련되어 있다. 듀이는 이렇게 진술한다. "관찰에 의해 제기된 아이디어 혹은 문제라는 용어와 같이, 해결 가능한 해법은 그 자체로 드러난다."LW 12: 113 "하나의 아이디어는 무엇보다 어떤 일이 일어날 수 있다는 기대를 말해 준다. 즉 이것은 하나의 가능성을 보여 준다."같은 책: 113 가설이 논리적이라면, 이에 반해 제안은 "심리-물리적 유기체의 작용"이 습관적으로 "머릿속에서 일어나는 것"이다. 가설은 뭔가를 멈추고 생각할 때 일어난다. 유기적인 "제안"이 논리적이지 않다면, "가설은 논리적인 아이디어의 조건과 모든 재료로부터 이루어진다."같은 책: 114 가설은 우리가 어떤 추정을 위해 더 많은 자료를 수집할 수 있도록 활용할 수 있는 아이디어다. 그리고 가설은 추상화된 개념상의 추론을 실행할 수 있는 아이디어다(네 번째 단계). 이는 다른 개념을 가설에 연결시키면서 가능한 일이 되고, 심지어 타당성을 위해 시험하면서도 가능한 일이 된다(다섯 번째 단계). 결국 가설은 통제된 탐구를 촉진시킨다.

듀이는 존재와 본질을 중요하게 나누어 본다. 듀이는 이렇게 단언한다. "모든 존재는 하나의 사건이다."LW 1: 63 상황은 탐구자를 포함한 하나의 사건이 수렴된 것으로 볼 수 있다. 즉각적인 존재가 맞이하는 상황은 탐구 속에서 마주하는 유일한 것이고, 존재에 대한 정보, 사실 등과 같은 나머지는 탐구자에 의해 어떤 상황으로부터 가져온 것이다.LW 12: 127 존재는 탐구의 내용이다. 듀이는 이렇게 확언한다. "사실에 대한 관찰과 제안된 의미나 아이디어는 서로 상응하면서 일어나고 발전한다."같은 책: 113 모든 탐구는 이론을 기반으로 한다. 존재의 변형은 탐구가 진행됨에 따라 우리의 개념을 재구성하도록 한다. 대화도 마찬가지다. 본질은 결국 구성 요소를 만들어 가는 상황을 기능적으로 조화롭게 하는 형식이자 아이디어이고, 개념이나 방법 그리고 그 어떤 것이다. 듀이는 이렇게 지적한다. "존재와 본질 사이의 거리를 좁히는 자연적인 가교가 있다. 그것은 바로 소통, 언어, 담론이다." 의사소통이라는 형식 안에서 자연스러운 상호작용의 영향과 활동을 확인하지 못하는 것은 존재와 본질 사이의 격차는 물론 부자연스러운 것과 불필요한 것 사이의 격차를 만들어 내는 일이다.LW 1: 133

경험은 유기체와 환경의 상호작용이다. 우리가 직접 경험한 것이 바로 존재다. 하지만 주어진 상황이거나 이로부터 가져온 존재의 의미는 사회언어적 구성물이다. 어느 누구도 무無에서 뭔가를 만들 수는 없다. 의미는 존재하는 직접적인 경험에서 만들어지는 것이다. 이에 대한 하나의 비유가 있다. 존재는 포도나무에 열린 포도와 같다. 그 의미와 같이 포도 주스는 인간이 구성한 것이다. 지식은 탐구가 진정으로 구축된 의미와 관련되어 있다(물론 듀이는 "보장된 언명"과 같은 문구를 선호한다). 지식은 바로 그 포도로 만든 와인과 같다. 듀이는 이렇게 언급한다. "본질은 결코 존재하지 않는다. 하지만 증류된 수입품은 존재의 본질이다."같은 책: 144

일종의 의미와 지식은 존재의 직접적인 경험들을 매개하게 하는 존재의 형태를 띤다. 존재에 대한 직접적인 경험을 말로 표현하기는 어렵다. 존재가 언어상으로 경험한 것은 그 의미가 풍부하다. 여기서 제시한 것과 같이, 목소리 제스처(예: 연설)나 상징을 활용해서도 이를 표현할 수 있다. '보장된 언명'의 의미는 존재에 대한 지식을 만들어 낸다. 거기에 주어진 실제, 즉 존재의 직접적인 경험이 있고, 기존 물질로 구성된 실제가 있다. 이것들은 주어진 언어적·논리적 형태를 띤 의미이자 지식이다. 우리는 '기존 존재'와 '인간의 목적을 위해 그것을 의미 있게 구성하는 존재' 사이를 구분하는 이분법을 결코 만들지 말아야 한다.

듀이는 특수에서 보편으로 가는 귀납이나 보편에서 특수로 가는 연역을 전통적인 차원에서 이해하지 않았다. 연역이나 추론이 의미의 논리적 함의로부터 작동되는 것과 달리, 듀이는 사실이라는 선택된 데이터로부터 이뤄진 운동에 의미를 부여하려 했다. 한편 "사실과 의미의 연결은 오로지 일상적인 언어의 자연 감각으로 이뤄진 행위에 의해서만 만들어진다"^{MW 13: 63}라는 점을 강조했다. 실용주의pragmatism는 '행위deed'나 '행동act'이라는 의미인 고대 그리스어 '프래그머πράγμα/pragma'에서 왔다. 지적인 행위(예: 아이디어)는 구체적인 사실에 보편적인 의미를 연결하기 때문에 경험상의 추론은 어떤 확실성을 산출하지 못할 뿐만 아니라 듀이가 말한 "보장된 언명"도 만들어 내지 못한다.^{LW 12 참조}

우리는 이론과 사실을 이원론으로 구성하지 말아야 한다. 대신 기억할 점은, 이론과 사실이 원초적인 상황을 성공적으로 변형시킬 수 있도록 판단을 형성하는 독자적인 기능을 지닌 하위 기능이라는 점이다. 듀이는 이렇게 결론짓는다.

지각이 문제를 자리매김하고 기술하는 역할을 하는 데 반해, 개념은 가능한 한 해결 방법을 드러낸다. 그런 관점에서 보면, 지각과 개념과 관련된 질료는 기능적인 상관관계 속에 구성된다. 이 양자는 확산된 자질로 이들의 규칙과 내용을 통제하는 원초적 문제 상황에 대한 탐구 속에서, 그리고 그 탐구에 의해 결정된다. 양자 모두는 최종적으로는 해소된 통합적인 상황으로 작동시킬 수 있는 이들의 역량에 의해 확인된다. 구별한다는 차원에서 보면, 이들이 하는 일에서 논리적인 부문이 드러난다.^{같은 책: 115}

"관찰하게 하고 관련된 사실을 확인하게 만드는 아이디어가 갖는 기능을" 무시하지 말아야 한다. 개념이 등장하고 진화함에 따라 우리는 우리의 사실들을 재구성해 가야 할지도 모른다. 아이디어를 갖고 일을 하면, 우리가 보는 것을 해석하고 의미를 부여하며 이것들을 활용할 수 있다. 이런 경우 우리는 사물을 그냥 사물로만 볼 수 없다. 다시 말해 그 사물을 중요한 어떤 것으로 간주하게 된다. 우리가 몇 개의 선이나 색을 그대로만 보지 않는 것과 같다. 어떨 때는 이것을 연인의 얼굴로 보게 된다. 모든 탐구는 개념 의존적이고 아이디어나 개념은 등장하는 새로운 사실로부터 재구성될 수 있다. 이런 아이디어와 개념에는 이론으로 불리는 개념 체제도 포함된다. 마찬가지로, 여기서 등장하는 개념과 사실은 사실을 재구성하기 위해 필요할 수 있다.

해결 방법을 가지고 그 재료의 기능적 상관관계를 파악할 수 있다면, 이는 놀라운 교육적 통찰을 제기하는 일이 될 것이다. 교육의 장면에서 보면, 흔히 우리에게는 가르치길 바라는 내용과 교육 방법을 구별하는 나쁜 경향이 있다. 우리 모두가 필요로 하는 것은 좋은 교수 방법이고, 학생이나 과목은 그렇게 크게 관계없다고 생각한다. 하지만 이건 잘못된 것이다. 듀이의 관점에서 보면, 방법의 문제는 수업이라는 목적을 위해 가장 유용한 주제어에 대한 구조적, 기능적 조정일 뿐이다. 그러므로 그는 이렇게 결론짓는다. "방법이라는 것은 교과의 주제를 가장 효과적으로 배열하는 것을 의미한다. 방법은 결코 자료의 밖에 존재하는 어떤 것이 아니다."[같은 책: 172] 더 철저하게 보면, 최선의 교수 방법은 개별 학생들의 요구, 충동, 욕망, 목적, 인지 상태(습관, 기술, 신념, 인식 등)를 연결하기 위해 기능적으로 배열하는 일이다. 이와 유사하게도, 우리는 직접적인 경험에 대한 동일한 주제들의 질료로부터 다른 의미를 구성할 수도 있다.

세 번째 단계에 대한 교육적 중요성을 반성적 관점에서 보면, 듀이는 이렇게 확인한다. "이미 얻어진 사실, 데이터, 지식에 대한 생각 속에서 이루어지는 상관관계는 가설, 추론, 추측성 의미, 가정, 잠정적인 설명, 즉 아이디어들이다."[같은 책: 168] 이렇게 듀이에게 추론은 데이터 사이에서 연관성을 만드는 일이다. 그에게 추론은 타고난 반성을 활용한 구체화된 활동이지만, 더 중요한 점은 이것이 습관에 의존하고 있다는 점이다. 어떤 결론으로의 도약도 "생각이 번뜩 떠오르는" 반응에 대한 습관에 의존한다. 우리가 이렇게 주어진 습관을 깨닫지 못하고 있을 때, 무의식적인 추론이 일어난다. 통제된 탐구는 의식적이면서 통제 가능한 추론의 습관을 가질 수 있도록 제고한다. 그렇지 않으면 그것들이 우리를 통제한다. 한 분야 전문가들은 무의식적 혹은 의식적인 추론을 훨씬 잘 이뤄지도록 한다. 소위 암묵적인 지식은 인식하는 사람이 깨닫지 못하는 추론식의 "노하우"라는 좋은 습관과 관련되어 있다. 교육이론에서 학습 전이는 습관의 역할을 거의 고려하지 못하기 때문에 더 이상 해결되지 못하는 문제로 남아 있다. 체화된 습관은 학습을 하나의 상황에서 다른 상황으로 전이시킨다.

논리적 가설을 형성하는 일은 상상력과 창의력이 넘치는 행위이다. 하나의 아이디어는 실제적인 활동이 아닌 개념적인 가능성과 관련되어 있다. 그렇게 보면 이것도 하나의 예술 활동이다. 탐구자가 새로운 맥락으로 어떤 아이디어를 전송만 했을지라도, 이것은 창의적인 상상과 관련되어 있다. 하지만 탐구자는 이미 가지고 있었던 아이디어들과 연결하든지 끊든지 하면서 새로운 아이디어를 만들어 낸다. 즉, 우리는 은유, 환유, 유비 등 시적인 도구를 활용하면서 아이디어를 만들어 낸다.

(제안은 되지만 드러나지는 않는) 사고는 창의적이다. 이것은 새로움 속에 침투하는 것과 같으며, 상당 부분 창의력과 관련되어 있다. 사실 제안된 것들은 맥락에 친숙해야 한다. 즉, 그것(이미 제안된 것)이 보이는 새로운 측면을 주시하면서 그것의 다른 용도에 대한 참신함과 창의적인 발상을 하는 것이다. 모든 놀라운 과학적 발견, 위대한 발명, 존경받을 만한 예술품은 이와 같다. 어리석은 사람들만이 창의적인 원형을 특별하거나 기발한 것으로 식별한다. 다른 사람들이 그에 대한 평가를 할 때는 일상적으로 다른 사람들에게는 발생하지 않을 용도에 있다고 인식한다. 이러한 작전이 새로운 것이지, 그것이 (완전 새롭게) 만들어진 재료는 아닌 것이다.MW 9: 165-166

예술적이고 창의적이며 창작력이 풍부한 요소를 주의하기만 한다면, 학습의 전이를 더 잘 이해할 수 있을 것이다. 크게 보면, 학습의 전이는 낡은 습관을 새로운 맥락으로 전환하는 시적인 행위와 같다. 이는 종종 충동의 표출과 관련되어 있다. 이에 뒤따르는 교육적인 결론은 다음과 같다. "모든 사고는 이전에 깨닫지 못했던 고려할 사항을 투사하는 근원이다."같은 책: 166 진정성 있는 모든 사고는 창의적이다. 이 것이 발견학습식 접근discovery-learning approaches이 교육학적으로 중요한 이유이다. 학교에서 너무 지배적인 "냉장 상태cold-storage" 방식과 같은 다른 접근들은 실제로 창의성을 차단한다. 즉 그것들이 사고를 가로막는 것이다. 그것들은 보이는 것만큼 어떤 특별한 의미는 없다.

아이들이 자신의 교육적인 상황이 갖는 의미를 창의적으로 발견하기만 한다면, 모든 나이의 아이들은 학습의 즐거움을 배울 수 있다. 듀이가 지적하듯이, 아이들은 실제로 발견학습 속에서 즐거운 경험을 할 수 있는데, 이것은 실제적인 지적 창의성에서 도출된다. 이에 대한 통찰이 중요한데, 흥미롭게도 거기에는 다른 더 중요한 것이 있다. 바로 다음과 같은 것이다. "어떤 생각도, 어떤 아이디어도 한 사람으로부터 다른 사람에게 하나의 아이디어로 온전히 전달될 수 없다. 어떤 사람에게 들은 바를 다시 들었을 때, (그것을 들은 다른 사람에게는) 그것은 주어진 또 다른 사실이지, 어떤 아이디어는 아니다."같은 책: 166 뉴턴의 두 번째 법칙에 따르면 힘은 총 시간에 미친 가속도와 같다(F=ma). 그런데 이런 법칙을 경험하지 못한다면, 이 아이디어를 이해할 수 없다. 단순히 말하면, 이것은 퀴즈쇼나 표준화된 시험에 유용한 하나의 사실이지만, 당신 주변의 물리적인 세계의 문제를 창의적으로 해결할 수 없다면 그때까지는 아이디어가 아니다. 이것을 책 속에서만 문제해결에 활용한다면, 그것은 부분적으로만 이해한 것이다.

앞서의 흐름은 모든 가르침은 간접적인 것이며, 가르친다는 것이 배움을 의미하지는 않는다는 놀라운 결론에 이르게 한다.

학부모나 교사가 학습자의 사고를 자극하는 상황들을 제공하고, 공통의 경험 혹은 결합된 경험으로 시작함으로써 학습자의 활동에 공감적 태도를 취할 때 (당사자가 아닌) 제2자로서 학습을 촉진하기 위해 할 수 있는 모든 것을 다 한 것이다. 그 나머지는 직접 관련된 사람에게 놓여 있다. (고립 속에서의 과정이 아니라 교사와 다른 학생들의 조화 속에서) 자신의 해결 방안을 고안해 낼 수 없다면, 그가 100% 정확히 옳은 답을 인용한다 할지라도 그는 배우지 못할 것이다.

부모나 교사는 학습을 위해 적절하게 조건을 제공하는 것으로 모든 것을 다 한 것일 수 있다. 하지만 배고프고, 학대당하고, 뇌 손상이 있는 아이는 배우지 못할 수도 있다. 이들은 역량이 부족한 것일 뿐이다. 더 나아가, 좋은 교육은 좋은 교수법 이상의 의미와 관련되어 있다. 결국 이것은 사회적 기능인데, 늘 정치적이라는 것을 뜻하기도 한다. 사회는 어린 시절의 배고픔이나 학대를 허용하는가? 학교 시스템은 그 자체로 이러한 실제를 지원하는가?

네 번째 단계

사고의 네 번째 단계는 추론reasoning이다. 추론은 우리가 기능적 조정이 가능한 징조를 보이는 어떤 형태에 도달할 때까지, 그 가설을 상징적으로 발달시키는 것을 포함한다. 즉, 그 가설이 하나의 문제로 정확하게 정의되는 상황으로 결합되는 것이다. 여기서의 관찰, 사실, 데이터는 존재하는 것을 보여 준다. 이것들은 실존적existential이다. 반면에 가설, 개념, 아이디어는 추상적이고 형식적이고 논리적이다. 다시 말해, 이것들은 우리가 이전에 혹은 현재의 탐구를 통해서 추출한 본질이다. 아이디어로 일한다는 것은 대부분의 사람들이 그 단어를 사용할 때 마음속에 가지는 좁고 한정적인 의미에서 "사고하는 것"을 포함한다. 우리는 추상적인 아이디어를 "머릿속에" 떠올리거나, 이것들을 종이와 연필로 만들어 낸다. 우리는 서로 아이디어를 결합시키는 타당한 의미를 논리적으로 실행한다. 수학 문제를 푸는 것이 전형적인 예시에 해당한다. 우리는 의자에서 일어나지 않고서도 아이디어를 전개하고 연결하고 변형시킬 수 있다. 이런 식으로 우리는 현상을 설명하고 예견하기 위해 고군분투한다. 그 결과는 행동 계획, 설명, 예상되는 결과에 대한 예측이다. 추론은 사고를 구성하고 체계화한다. 교육에 대한 측정을 논할 때, 듀이는 동시대 교육자들이 평가해야 하는 하나의 사례를 제시한다. 듀이는 이렇게 지적한다. 오직 "더 다양하고 풍부한 형식 속에서" 추론에 의해 전개될 때에만 양적인 측정은 과학적인 지식(예, 시험 결과, 통계 등)을 양산한다.LW 8: 205 그가 살아갈 당시에 "많은 교육적 평가에서 과학적 지위를 요구하는 것은 치명적"이라는 점을 듀이는 깨달았다.같은 책: 205 이와 같은 관찰은 오늘날 이루어지는 많은 교육연구에서 양적이든 질적이든 너무 자주 확인되었다. 이는 교육연구가 유익한 실천으로 전환하기 어려운 이유를 말해 준다.

　추론이 전적으로 추상 수준으로 드러나고 탈맥락화된다 할지라도, 이것이 옳은 것만이 아니다.「맥락과 사고」, LW 6: 3-21 참조 실제로 할 수 있는 추론 과정은 지식의 축적 정도에 달려 있다. 이런 지식은 사전 경험과 교육뿐만 아니라 이런 문화 안에서 지적인 탐구로 빚어진 문화와 조건에도 의존한다. 추론은 지식을 확장하는 데 도움이 되지만, 이미 알려진 지식뿐만 아니라 그 지식이 공식화되고 소통되는 정도에도 항상 의존한다. 학생들의 배경지식을 알고 연결하는 것이 좋은 가르침이 되는 이유이다. 이렇게 열려 있고 민주적인 사회는 닫혀 있고 독재적인 사회에 비해 늘 인식론적인 우위에 있다고 듀이는 생각했다. 이는 닫힌 마인드인 사람들과 열린 마인드인 사람들의 대비에도 매우 흡사하게 적용된다.

우리는 추론해 가면서 우리의 아이디어가 얼마나 타당한지 탐구한다. 추론이 건강하다면, 우리가 맺은 결론도 참일 수 있다. 추론은 구체화된 속성, 즉 대개는 진리라고 하는 것을 보존하기 위해 설계된다. 이런 속성이 전제 속에 들어 있다면, 이런 추론은 타당할 것이다. 그러면 그것은 전제로부터 도출된 모든 결론 속에 존재하게 된다. 만약 그 추론이 규정된 측면에서 타당하다면, 그리고 모든 전제들이 구체화된 속성들, 즉 진리를 가지고 있다면, 추론의 과정은 건전하다고 말할 수 있다. 이러한 건강성을 결정하는 일이 반성적 사고의 다섯 번째 단계가 갖는 기능이다.

다섯 번째 단계

다섯 번째 단계는 발견 가능한 가설, 추론, 결론이 보여 주는 암시를 검증하는 실제적인 경험 요소로 회귀하는 것과 관련된다. 이는 실험적으로 건전한 것인지를 확인하기 위한 것이다. 직접적인 관찰이 가설에 대한 설명이나 예견에 대해 종종 사실에 입각한 진실을 확증하기에 충분하다.

(하지만) 다른 사례에서는 이론적으로 어떤 결과를 보았을 때, 그 아이디어가 실제로 발생한 것으로 진술된다면, 어떤 조건들은 아이디어와 가설이 요구하는 요건에 맞춰 의도적으로 배열될 것이다. 만약, 실험적 결과들이 이론적이거나 합리적으로 연역된 결론이라고 확인된다면, 그리고 만약 문제 안에 어떤 조건들이 그러한 결과를 산출한다고 믿을 만한 이유가 있다면, 적어도 반대의

사실들도 그것(최초의 결과)을 개정하는 것이 바람직하다고 드러날 때까지는 확증은 결론을 유도할 정도로 강한 것이 될 것이다.LW 8: 205-206

물론 경험을 통한 검증이 때로는 가설을 확증하지 못하기도 하고, 추론상 실수를 하기도 한다. 심지어 이러한 일이 벌어진다 하더라도, 탐구자들은 많은 것을 배우기도 한다. 예견이 빗나가도 이조차 추론적 사고의 연속선상에서 발생했기 때문에, 사람들은 마구 추측하기보다는 자신의 생각을 체계적으로 수정하기도 하고, 다시 시도하기도 한다. 실수를 잘 활용하는 것에 대한 학습은 성공을 잘 활용하는 것을 배우는 것만큼 중요하다. 똑같은 방식으로, 학생들도 추론하는 법을 배울 수 있다. 단, 그들 스스로 실험을 시도할 기회를 가질 때에만 그렇다.

요약

반성적 탐구의 다섯 가지 단계는 "사고 그 자체를 경험으로 만드는 것"으로 일종의 사고에 대한 경험이다.MW 9: 157 이는 행위, 마인드, 자아, 사회, 제도, 문화, 관습이라는 우리의 습관을 재구성하는 경험이다.

탐구는 혼란스러운 상황을 조화롭게 하는 데 있어서 예술적으로 창조적이다. 듀이는 이렇게 선언한다. "다른 예술 작품처럼, 예술 작업의 일환으로서 지식이나 과학은 이전에 소유하지 못한 특징과 잠재가능성을 부여한다."LW 1: 285 사고가 발생할 때, 만족은 완전한 심미적 경험의 토대가 된다. 듀이는 그 이유를 이렇게 진술한다. "과학적 사고는 … 다시 말하면, 전문화된 예술적 형태이다."LW 5: 252 그는 "과학 그 자체는 다른 예술의 일반화와 활용에 대해 핵심적인 예술 보조품에 불과하다"라고 주장한다.LW 10: 33 초기 연구에서 듀이는 이렇게 인식한다. "예술, 그것은 즉각 소유할 수 있는 의미로 채워지는 행위양식이다. 그래서 예술은 자연의 완전한 최고점에 해당한다. 그리고 과학은 이러한 행복에 관한 쟁점에 대해 자연적인 사건을 실행해 간다."LW 1: 269 나아가 듀이는 이렇게 진술한다. "사고는 확실히 예술이다. 즉 사고의 산물인 지식과 명제는 조각상과 교향곡과 같이 예술적인 일이다." 같은 책: 283 「교육 과학의 원천The Sources of a Science of Education」에서 듀이는 이렇게 결론 맺는다. "구체적인 기능으로 보면, 교육이 기계적(기술적)인 예술이건 순수 예술이건 하나의 예술이라는 점은 의심할 바 없다. 과학과 예술 사이에 서로 반대되는 점이 있다면, 교육이 하나의 예술이라고 주장하는 사람들 옆에 내가 서 있지 않을 수 없다. 하지만 거기에는 어떤 구별은 있을 수 있다 할지라도, 어떤 반대되는 점은 없다."LW 5: 6

고대 그리스에서 테크네techne/craft/art는 의미를 만들거나, 창조하고, 혹은 존재하도록 하는 제작poiesis/making과 관련된 지식의 형태였다. 탐구에서 예술적 실천은 미학적으로 즐거운 가공품을 만드는 것을 추구한다. 우리와 상호작용이 분리되어 있는 앞선 존재를 창조적이지 못한 방식으로 파악하는 탐구는 중대한 실수일 수밖에 없다. 이런 사고를 일컬어 듀이는 "철학적 오류"라고 부른다.LW 1: 34 이런 오류는 "궁극적인 기능을 앞선 존재 속으로" 전환하려 할 때 일어나곤 한다.같은 책: 34 이런 일이 발생할 때, 상황, 상상, 추론 속에 있는 자료 선택에서 감성적인 영향을 주는 것을 포함한 지식에 대한 인간의 기여와 추론은 간과되어 버린다.

탐구는 도덕적 탐구를 포함한다. 또한 여기서의 목표는 미적으로 만족스러운 기능적인 조화의 형식을 만드는 것이다. 그리스인들이 균형 잡힌 중용을 지닌 덕이라는 아리스토텔레스 철학과 밀접한 "칼로카가토스Kalokagathos"[35]를 강조하는 것은 이 말이 좋은 행동의 지배적 특징으로 우아함, 리듬, 그리고 조화에 대한 정확한 판단을 나타내기 때문이다. 더군다나 현대적 정신에서는 일반적으로 심미적 가치에 훨씬 덜 민감하고 특히, 행동에서의 이러한 가치에 덜 민감하다.LW 7: 271

칼로카가토스는 선, 미, 조화가 하나라는 그리스의 고전적 개념이다. 그래서 듀이는 『경험으로서의 예술』 첫 장에서 "살아 있는 창조물"이라고 제목을 달고 이렇게 결론을 맺는다. "경험은 사물 세계에서 투쟁하고 성취해야 하는 유기체의 실행이기 때문에, 예술은 근원적일 수밖에 없다. 비록 미숙한 형태라도, 여기에는 미적인 경험에 대한 즐거움의 인식이라는 전망을 포함한다."LW 10: 25 긴 투쟁 후 기능적으로 조화된 최고점의 경험을 하는 동물들의 즐거움은 미학의 토대를 이룬다. 그래서 이 책 2장은 "생명체와 '천상의 사물들'"이다. 듀이는 "천상의 사물들"의 창조와 더불어 생명을 위한 투쟁을 연결하려 한다. 키츠로부터 빌려 온 이 용어는 존재 안에서 불리기 전에는 결코 선정될 수 없다. 이와 관련된 사례들은 원소 주기율표에서 가장 무거운 우누녹튬(원자번호 118, 초악티노이드 원소의 하나)과 「미국 인권 선언」과 반 고흐의 〈별이 빛나는 밤〉에 포함되어 있다. 이것들이 호모사피엔스 없이 존재한 것은 아니다. 인간의 경험은 끝없는 열림의 일부이고, 끊임

---

35. [옮긴이 주] 그리스인들은 최초로 아름다움을 신에게 물은 민족이다. 델포이 신전의 벽에는 "가장 올바른(Agatos) 것이 가장 아름답다(Kalos)"는 신탁이 적혀 있다. 이때 가장 아름답고 선한 것을 의미하는 '칼로카가티아(Kalokagathia)'는 선(Agatos)과 미(Kalos)의 합성어이다. 고대 그리스에서 칼로카가티아의 구현은 '칼로카가토스(Kalokagatos, 신사 또는 기사도 정신)'가 맡았는데, 이들의 직업은 바로 올림픽 출전자였다. 이들은 올곧고 강인한 정신력과 아름다운 육체를 겸비함으로써 당대 그리스인들의 동경과 팬들의 사랑을 한 몸에 받았다. "운동선수가 운동만 잘하면 되지, 잘생긴 게 무슨 소용이냐"라고 묻고 싶어질지도 모른다. 하지만 그전에 미를 절대가치로 숭상하는 서구 특유의 사고방식을 이해할 필요가 있다. 겉모습의 아름다움을 '껍데기'로 천시하고 비본질적인 가치로 여기는 동양 문화와는 다르다.

없이 상호작용하며 계속 진화해 가는 세계 안에서 가능성을 현실화하는 것이다.

구성과 재구성 그리고 해체

듀이식 탐구는 오늘날 구성, 재구성, 심지어 해체라고 부르는 단계를 포함한다. 사실 해체라는 용어는 듀이 시대의 어휘는 아니나, 그는 해체라는 용어를 사용하는 대신, 비판에 대해 말했다. 구성, 재구성, 해체는 세 단계로 보거나 독자적인 비판과 창조의 기능을 하는 하위 기능으로도 볼 수 있다. 이러한 강조는 한 계기에서 다른 한 계기로의 이동을 말해 준다. 하지만 각각은 다른 두 가지를 흡수한다. 그리고 다른 것들과 고립될 때 완전히 이해될 수 있는 것은 어떤 것도 없다.

구성

세계에 의미를 부여하는 사람이 없다면, 거기에는 어떤 의미도 남아 있지 않을 것이다. 인간은 존재 자체의 경험으로부터 자신의 의미를 구성해 간다. 1장에서 보았듯이, 모든 의미는 사회언어적 구성의 산물이다. 이러한 구성은 세대와 세대를 관통하는 문화적 의미의 유산을 제공한다. 그들이 사회화됨에 따라 개인들은 해석과 실천의 공동체에서 일부가 되기 때문에, 그들 자신의 독특한 방식으로 이러한 의미를 통합한다. 개인은 생물학적으로 특히 유전적으로 독창적이고, 각자 자신의 독특한 경험이 있다. 또한 공동 유산이라는 게 너무 커서 개인은 전체에서 작은 부분만 소유할 수 있다. 문화는 동시에 두 사람을 붙잡을 수 없다. 따라서 개인은 더 큰 해석공동체 안에서 스스로를 위해 자신을 어떻게 이해할 수 있는지 구성해 가야 한다. 어느 정도까지는 개인이 배워 가는 활동 속에서 문화적인 의미를 재구성해야 한다.

확실히 의도된 결과를 수행함으로써 밝혀지는 의미들이 진정한 수행을 정의하는 의미이다.^{LW 1: 128 참조} 지금 당장 당신의 발아래 독사가 있다고 누군가 말한다면, 이것은 그 자체로 의미 있는 진술이다. 하지만 희망컨대 당신의 사고 작업을 실행하면 그것이 거짓이라는 것을 알게 될 것이다. 연구와 반성적 학습에 대한 탐구와 이와 관련된 다섯 단계는 구성된 의미가 참인지 거짓인지를 결정한다. 이것은 개인, 탐구 공동체, 문화 전면에서 가능한 일이다. 마찬가지로 사람들은 자신의 가치를 구성해 간다. 물론 사람들은 가치에 대해서도 직접 경험할 수 있다. 하지만 탐구를 통해 잘못된 의미로부터 진실을 구분하기 때문에, 참된 가치로부터 당면한 가치의 대상을 구분할 수도 있다. 보호받지 못한 잘못된 성관계에 대한 직접적인 가치는 명백하다. 하지만 많은 사람이 성과 관련된 전염병과 원치 않는 임신과 같은 결과를 반성한다면, 이것이 가치롭지 못하다는 것을 알게 될 것이다. 가치를 반성하는 게 정말 분명하다면, 이러한 가치들은 인간 행위에 대해 좋은 안내를 해 줄 수 있다.

반성적인 방법은 의미에 대한 적절한 문화적 구성들을 전유할 뿐만 아니라, 그것들을 검증하고, 필요한 경우에는 재구성하도록 개인 학습자와 사회 전체에 허용한다. 진화를 말하는 다원식 세계관을 보아도, 의미 구성은 오류 가능성이 있을 뿐만 아니라 늘 우연성에 머문다. 따라서 이것은 재구성, 해체 그리고 완전한 실존주의적 해체가 있을 수밖에 없다.

재구성

독일어 "Rekonstruction"은 '앞서 구축된 구성에 대한 보다 구체적이고 제한적인 재구성을 의미한다. 듀이가 탐구했던 창조적인 재생이라기보다는 모방과 반복을 언급한 것이다.^{Neubert, 2003 참조} 앞서 말했듯이, 한 개인이 일정한 문화적 구성을 위한 학습에 성공할 때에는 어느 정도 듀이의 재구성이 있는 것이다.

듀이 관점에서 보면, 혼란한 상황에서 자신을 찾고자 할 때 우리는 언제나 재구성에 참여한다. 탐구와 반성적 사고 다섯 단계는 상황을 우리가 재구성할 수 있게 한다. 이러한 상황은 현존하는 문화적 구성이 개인, 탐구 공동체, 심지어 문화 전체에서 실패할 경우 종종 발생한다. 이미 알려져 있듯이, 그것은 탐구자가 탐구를 성공적으로 완료하기 위해 변경해야 하는, 상황에 대해 부분적으로 구성해 나가는 탐구자의 가치이고 의미이다.

문화의 의미는 끊임없는 재구성 과정을 통해 확장하고 발전할 수 있다. 이에 대한 좋은 사례는 바로 '숫자'라는 아이디어다. 음수는 기원전 6세기 인도에서, 그리고 기원전 3세기에 그리스에서 쓰였다. 고대 그리스는 자연수와 유리수를 이해했지만, 기원전 6세기에 이르러 무리수를 발견하면서 모두 충격과 혼동에 빠졌다. 그들은 0에 대해서도 상당히 불편했다. 복잡한 이 숫자들은 16세기까지 잘 알려지지 않았다. 지난 천 년 동안 등장했던 다른 많은 숫자들은 지속적으로 숫자의 의미를 진화시켜 왔다. 예를 들어, 차이틴^{Gregory Chaitin}의 숫자는 무작위로 선정된 프로그램이 결국 멈출 거라는 개연성을 비공식적으로 나타내는 무리수 혹은 실제수이다. 이것은 계산할 수 있는 것이 아니라 단지 정의를 내리는 수이다.

수의 개념을 파악하는 일은 과학, 정치, 경제 개념을 포함한 모든 개념을 파악하는 일이다. 어떤 개념은 지속적인 재구성과 해체를 위해 하면서도 우연히 구성된다.

해체와 파괴

듀이는 우리 인간이 끝없이 진화하고, 미완성적이며 끝날 수 없는, 개방적이고, 또한 다원적 다원식의 우주에 참여하는 존재라고 생각한다. 이런 측면에서 어떤 구성도 결코 완벽하거나 고정되거나 최종적일 수 없다. 그는 이렇게 말한다. "우리가 말할 수 있는 가장 확실한 것들은 다른 것들에 대한 상황으로부터 자유롭지 못하다. … 어떤 사물도 영원성secula seculorum을 지닌 채로 영속할 수는 없다. 이는 확실히 수단을 넘어서는 일이다. 따라서 시간이라는 이빨이 갉아먹기 전에 무너져 내릴 수도 있다."LW 1: 63

파괴destruction는 존재하는 모든 것들에게서 머지않아 이루어진다. 그래서 모든 구성은 무너지게 되어 있다. 반성적 탐구의 과업은 사건의 변덕스러운 흐름 안에서 (우리와 같은 종을 포함해서) 상대적으로 안정되게 만드는 데 도움을 준다. 이러한 연결에서 끊임없이 변화하고 위태로운 이 세상에서 우리가 살아가는 데 필요한 안정을 재구성하고 적응하기 위해서 해체deconstruction의 능력이 필요하다. 이것은 우리를 파멸로부터 구할 수 있다. 이런 세계 속에서 해체는 아마추어 애호가를 위한 것이 아니다. 장난스럽기도 하겠지만 이는 중대한 놀이에 해당한다. 그러나 해체를 이해하고자 하는 목적에서 매우 흥미로운 점은, 가장 안정적인(확실한) 것조차 불안정한 상태에 의존하고 있다는 것이다.

듀이의 말을 떠올려 보자. 모든 것은 실제적이거나 잠재적인 상호작용을 한다. 성장의 관점에서 보면, 우리는 발달을 위해서라도 잠재 가능성을 지니고 있어야 한다. 성장해 감에 따라 우리는 다른 사물들이나 사람들과 상호작용하면서 잠재 가능성을 실제로 발휘한다. 듀이에 따르면, "개인이 실현하지 못한 잠재 가능성을 실현하려면 시간이 필요한 법이다. 그때까지도 여전히 상호작용하지 못한 다른 일들이 존재하기 때문이다".LW 14: 109 듀이의 기능주의를 제대로 이해한다면, 상호작용의 관계를 통해 우리의 정체성을 더 명확하게 구축할 수 있을 것이다. 바로 여기에 존재와 발달을 위한 조건이 내포되어 있다. 또한 우리 스스로든 다른 것이든 다른 사람들과 상호작용이 우리를 성장하게 한다는 아이디어는 다원주의적 민주주의라는 듀이 사상에서 중요하게 받아들여진다. 「창조적 민주주의: 우리 앞에 주어진 임무Creative Democracy—The Task Before Us」1939에서 듀이는 이렇게 주장한다.

평화에 대한 진정한 민주적 신념은 한 집단이 다른 집단에 대해 '폭력적인 억압'으로 지배하는 대신 그 집단에 표현할 기회를 주고 양측이 '협력적인 약속'으로 분쟁, 논쟁, 갈등을 지휘할 수 있게 하는 가능성에 대한 신념이다. 억압이란 감금되거나 수용소에 들어가는 대신 조롱, 욕설, 협박이라는 심리적인 수단으로 대체된다고 해도 이는 명백하게 폭력의 일부이다. 차이를 표현한다는 것은 상대방의 권리일 뿐 아니라 자신의 삶의 경험을 풍요롭게 하기 때문에 그들 자신을 보여 줄 기회를 주는 것으로 서로 협력하는 것은 민주적인 개인의 삶의 방식으로 내재되어 있다.같은 책: 228

여기서 듀이가 물리적인 폭력뿐만 아니라 상징적인 폭력에도 관심이 있음을 알 수 있다. 또한 다름과 다양성이 다원주의적 민주주의의 삶을 향상시키고, 개인과 사회의 성장을 지속적으로 가능케 한다는 점에도 듀이는 관심을 둔다. "해체"라는 말은 불가피하게 데리다가 쓴 글과 깊게 연관된다. 그는 이렇게 주장한다.

해체는 단언한 그 순간을 동반한다. 이미 알려져 있든 그렇지 않든 어떤 확언이라도 절대 동기화되지 않을 급진적인 비판을 내가 상상할 수는 없다. 해체는 항상 긍정affirmation을 전제한다.Kearney, 1984, 118 참조

데리다는 해체의 긍정이 무엇인지 매우 선명하게 제시한다. 그에게 해체는 "다른 것에 대해 여는 것"이다.같은 책: 124 참조 해체는 결핍과 다름에서 지속적으로 벗어나는 것이기 때문에, 그 자체로 문제라 할 만하다. 해체가 앞서서 다른 것들을 배제한다는 점에서 보면 환영할 만하다. 해체에서 말하는 확언에 대해 데리다는 이렇게 진술한다.

해체는 그 자체로 요청에 대한 응답, 즉 소명이다. 자아 정체성에 반대되는, 자기 외의 다른 것으로서의 어떤 것도 철학적 공간 안에서 감지되고 밝힐 수 있는 것은 없다.Derrida, 1984: 168

해체는 다른, 배제된, 또는 기이한queer 것에 대해 인정과 존중을 촉구한다. 해체는 타자에게, 다른 사람들에게, 그리고 '규범'과는 다른 사람들과 상황에 긍정적인 반응을 보인다. 이 책을 위해 글을 쓰면서도 우리가 교육 공동체가 촉진되기를 간절히 바라는 것처럼 말이다. 우리는 이렇게 전망할 수 있어야 한다. 우리는 우리 자신과 다를 수밖에 없는 다른 것들과 상호작용을 통해 지속적으로 가능성을 지켜 가

야 한다. 이를 통해 해체를 창조적 인간의 성장을 위한 구성적 잠재 가능성을 확대하고 표출하는 것으로 보아야 한다.

재구성과 관련된 듀이 철학의 위대한 힘은 탐구에 대한 반성적인 방법의 힘을 넘어선다. "다원주의, 진정한 비결정성, 실제적이고 본질적인 변화를 추구하는 이 철학만이 개인의 개별성에 중대한 의미를 부여한다. 이것은 창조적 행동의 투쟁을 정당화하고 진정으로 새로운 창발을 위한 기회를 제공한다."LW 14: 101 재구성을 바라보는 듀이의 철학은 비판적이고 반성적인 지성뿐만 아니라 창조적 지성을 발휘할 수 있게 한다. 유사점이 과장되게 서술되어서는 안 되겠으나, 어떤 면에서, 듀이의 생각은 다름에 대한 열림과 다양성이라는 데리다의 해체와 닮았다.

듀이에게 지성은 앞서 논의한 대로 다섯 단계로 불리는 지성에 대한 반성적 활용을 포함한다. 지성은 그 자체로 우연한 구성물이어서 재구성과 해체의 대상이 된다. 듀이는 초월적(예: 플라톤)이거나 선험적(예: 칸트)인 것처럼, 합리성이라는 고귀한 형태에 호소하지 않는다. 사회문화적 구성 바깥에 존재하는 어떤 것도 없기 때문에, 듀이에게 이 모든 비판은 문화적 의미, 신념, 아는 것, 규범, 가치에 대한 내재적 비판이고 창조적 재구성이다. 그리고 여기에는 지속적인 자기 성장과 미래 세대의 교육에 긍정적인 감동을 주는 일종의 희망이 포함되어 있다. 3부에서는 듀이가 말하는 내재적 비판에 대해 논의하고자 한다.

해체는 많은 사람들에게 불확실하게 보이는 의미, 인식, 가치를 문제화한다. 비난을 넘어서서 이와 같은 것들이 풀리고 닫힐 수 있도록 다른 사람들이 생각하는 것을 묻고 비판하고 다시 열어 본다. 그러면서 기존 사물을 움직였던 습관과 관습의 방식을 무너뜨린다. 이는 인간의 욕망human eros을 새롭게 하는 일이다. 듀이는 이 같은 방식을 취하면서 철학을 '재구성'으로 이해한다.

듀이가 말하는 재구성으로서의 철학은 "비판에 대한 비판"이라는 일반론에 대한 비판을 담고 있다.LW 1: 298 듀이는 "시는 삶에 대한 비판"이라고 한 아놀드Matthew Arnold의 격언을 지지한다. "실현되어지고, 실현될지도 모르는 가능성이란 실제적 조건과 반대되는 곳에 놓일 때 의미를 지닌다. 이는 후자의 반대되는 조건이 만들어 낼 수 있는 가장 날카로운 비판이다"라고 그는 말한다.LW 10: 349 듀이에게 시는 모든 종류의 창조적이고 예술적인 행위를 의미한다. 예술은 실제 이상의 이상적인 가능성을 파악함으로써 도덕을 돕는다. 듀이는 관습적으로 규정되어 온 선과 악의 경계를 넘어서 경험 안에서 이루어지는 이상의 가능성을 해방시키기 위한 시적 어구의 힘을 활용하기를 기대한다. 그는 이렇게 생각한다. "도덕성의 이상적인 요소는 언제 어디서나 선과 악의 경계를 넘어선다."같은 책: 351 또한 듀이는 시가 창조한 의미를 탐색하기 위해 문학이 가진 힘의 방향으로 전환하려 한다.

하지만 이와 동시에 듀이는 과학의 힘으로부터도 동력을 얻고자 한다. 우리는 문학에서 의미를 탐색하는 반면, 과학에서는 진정한 의미를 찾을 수 있다. 문학은 유쾌하게 의미를 소개하고 탐색하며 강력한 대리 경험을 제공하지만, 실제적이고 구체적이고 존재론적인 전거가 필요한 것은 아니다. 여기서는 여전히 탐구를 위해 상상력이 중요하다. 듀이는 이렇게 공표한다. "철학적 담론은 과학적 담론과 문학적 담론 모두와 함께한다."같은 책: 304 우리는 의미를 구성하면서 가능성도 탐색해야 한다. 현실 세계에서 이런 가능성을 만들어 내기 위해 노력할 수 있어야 한다. 때로는 단순한 가능성으로서 어떤 것을 가지고 출발해야 할지가 결국 사실적인 진리가 될 수 있다. 이것은 문학(시와 실천적 텍스트를 포함한)과 과학 사이의 이원론을 만들지 말아야 하는 이유이기도 하다. 하지만 이런 구분을 유지하는 것은 중요한 일이다. 시와 문학과 더불어 과학과 논리는 끝없는 비판과 창조의 구성, 해체, 재구성이라는 순환 속에서 협력이 가능하기 때문이다.

핵심 텍스트 선정

2부는 듀이 연구에서 통찰할 수 있는 세 가지 부분에 특별히 초점을 맞추고 있다. 첫 번째는 『철학의 재건Reconstruction and Philosophy』 1919 4장 "경험과 이성의 변화된 개념들"에 기반을 둔 것으로, 이는 로티Richard Rorty에게 가장 큰 영향을 미친 연구 가운데 하나다. 경험과 이성은 교육과정에서 너무 중요해서 교육자들에게 매우 중요한 개념이다. 경험적 자연주의자가 되려고 한 듀이의 입장에서 보면, 그는 우리가 이성을 가지고 태어났다고 생각하지 않는다. 게다가 그는 오히려 감정, 상상, 체화된 습관들을 포함하는, 그리고 동정을 포함한 사회적 지성을 포함하는 "지성"에 대해 우리가 이야기할 수 있도록 하기 위해 교육적이고 철학적인 대화를 완전히 바꾸려 한다. 듀이에게 경험이란 지각 있는 유기체가 환경과 상호작용하는 것으로, 어떤 한 곳 혹은 모든 곳에서 일어날 수 있는 일이다. 대체로 교육자로서 우리는 인간의 경험에 매우 큰 관심을 갖는다. 모든 경험은 환경과의 교호작용transaction과 관련되기에, 듀이는 심지어 무미건조한 강의를 들을 때라도 환경을 통해 간접적으로만 교육할 수 있다고 생각했다. 마음은 컴퓨터가 아니다. 궁극적으로 학생들은 주의를 기울이고, 이해하고, 반성하려는 것을 스스로 결정한다. 교사들이 보상과 처벌을 제시할 수 있지만, 학생들 입장에서 거부할 수도 있다. 그래서 실제로 많은 학생이 거부하기도 하고 낙오하기도 한다.

두 번째 부분은 그의 고전『경험과 교육Experience and Education』[1938]에서 제시된다. 이 책은 이른바 "진보주의자들"에 의해서 너무도 잘못 읽히고 있는 흐름을 바로잡기 위해 쓰였다. 이는『경험과 교육』3장 제목인 "경험의 준거"에서 가져왔다. 여기서 듀이는 비교육적인 것 대신, 진정으로 교육적인 경험이 무엇이고 이를 위해 요구되는 것이 무엇인지 논한다. 물론 듀이가 제시한 통찰을 뒷받침하는 심오한 경험 철학을 이해하지 못해 많은 사람은 이 장을 여전히 오해한다.

특히 듀이는 반성적인 경험을 부각하는 데 큰 관심이 있었다. 이것은 인간이 삶에서 극복할 수 없는 장애물을 우연히 마주했을 때, 관습, 습관, 지식, 가치에 대해 검토하고 비판하기를 바랐을 때 일어나는 지성인 탐구를 의미하는 것이다. 이와 관련해 마지막으로 제시된 핵심 자료는, 제목이 "반성적 사고의 분석"인『사고하는 방법』[1910/1933]의 7장이다. 이 부분은 그 자체로 "반성적인 행위의 본질적인 기능"으로 불린다. 이 기능에는 제안(추측), 초기 경험으로부터의 문제 형성, 가설의 구성, 사고, 실험을 포함한다. 이 기능은 복잡한 그물 모양이며 회귀 가능한 많은 하위 기능을 구조로 지닌다. 이것들은 정말 단선형의 형태로는 작동하기 어렵다. 하지만 너무 많은 교육자들이 듀이의 반성적 사고 분석에서 회귀적이고 비선형적인 특징을 인식하지 못해 왔다.

John Dewey

3부

교육, 의사소통, 민주주의:
의사소통적 전환

앞 장에서는 듀이가 교육적 성장을 경험의 계속적인 재조직이나 재구성으로 보고 있음을 살펴봤다. "학교교육의 가치에 대한 기준은 그것이 지속적인 성장에 대한 열망을 조성하고, 그 욕망을 실제로 효과적으로 만들기 위한 수단을 제공하는 데 있다."MW 9: 58 결국 성장은 습관을 만들어 내는 능력에 달려 있다. 습관은 경험에 계속성을 부여하고, 그것을 신체에 고착시킨다.Kestenbaum, 1977; Alexander, 1987; Garrison, 1998 참조

습관의 범위는 상대적으로, 수동적 '타성'에서부터 '능동적 습관'까지 아주 넓다.MW 9: 58 참조 '타성'은 생활환경에 적응해 일상의 실천에서 당연한 것으로 여겨지고, 반성의 수준을 거의 향상시키지 못한다. '능동적 습관'은 의도적으로 조절 가능하며 역동적이고 유연한 힘이다. 특히 실제적 조작, 지성적 파악, 건설적 조직의 힘과 같은 것으로 환경을 조정하기 위해 필요에 따라 의존하는 힘이다. 경험이라는 습관적 맥락을 완전히 초월할 수 없다 할지라도, 계속적 성장 과정으로서 교육은 변화하는 특정 상황에서 습관을 유연하게 만드는 수단을 사용하는 능력에 의존한다. 환경의 요구에 맞춰 습관을 변형시키는 능력에도 어느 정도 의존한다. 여기에 새로운 습관의 창조는 물론 낡은 습관

의 재조직이나 확장도 포함한다.

교육적 성장은 경험 안에서부터 발전해 가는 구성적 과정이다. 이는 자연 환경뿐만 아니라 사회문화 환경까지 타인과의 상호작용을 통해 이뤄진다. 교육적 성장은 타인에 의해 발전할 수는 있지만 밖으로부터 강요할 수는 없다. 경험으로부터 배운다는 것은 기본적으로 자기 자신의 활동("해 보는 것")을 통해서, 그리고 다른 사람들의 활동에 의해서, 즉 학습 공동체나 교실 내에서 생겨나는 효과를 관찰하는 것과 관련된 활동("겪어지는 것")을 통해서 배운다는 것을 의미한다. 그것은 "경험에 의미를 더할" 정도로 성공적이고 "이후 이어지는 경험의 과정을 지시하는" 능력을 증가시킨다.MW 9: 82 듀이는 "1온스 경험이 1톤의 이론보다 낫다"라고 했다.같은 책: 151 학습자의 경험과 생생히 연결되지 않는다면, 학습은 그냥 상징적인 절차로 전락할 수밖에 없다. 어떤 이론이든 경험에 적용될 때만 비로소 그 의의는 물론 진정한 의미를 얻기 때문이다. "매우 시시한 경험"일지라도 "많은 이론을 창출하고 전달할 수" 있는 데 반해 "경험과 동떨어진 이론은 이론조차 명백하게 파악할 수 없다".같은 책

교육과 의사소통

듀이는 교육에서 학습자의 경험을 능동적으로 재구성할 수 있도록 충분한 기회와 자원을 제공하는 것과 영감을 주는 학습 환경을 마련하는 일을 중시한다.MW 9: 82 참조 타인을 위해 경험을 대신할 수 없기 때문에, 우리가 직접 배워 줄 수는 없다.[36] 그들 스스로 자신의 세계와 실험하는 기회를 가져야 한다.같은 책: 147 참조 우리는 우리가 만들어 놓

은 환경을 통해 간접적으로 교육할 뿐이다.같은 책: 23 참조 따라서 의사소통이 이와 같은 학습 환경의 기본 요소임을 이해하는 것이 중요하다. 즉, 우리는 교육자와 학습자로서 상호관계에 놓인 환경의 일부이다.

교육의 실제를 이해하고 지적으로 이끌어 주기 위해, 듀이는 의사소통 이론이 필요하다고 보았다. 의사소통은 교육적인 과정 가운데에서도 중심에 있다. 1장에서 듀이는 의사소통을 '모든 일 가운데' 가장 경이로운 일이라고 칭송했는데, 의사소통이 참여를 가능하게 하기 때문이라고 보았다.

의사소통은 참여를 만들어 내는 과정이자, 고립되고 독자적인 것을 공동으로 연결해 주는 과정이다. 의사소통에서 이루어지는 의미 전달은 발언하는 사람의 경험뿐만 아니라 듣는 사람의 경험까지 그 실체와 확신을 가져다준다. 이는 의사소통이 이루어 내는 기적의 일부다.LW 10: 248-249

의사소통을 통해 사건은 외재적인 흐름의 밀고 당기는 수준에서 명료하게 밝혀지는 의미 수준으로 전환된다. 이는 담론 세계에서 하나의 요소가 되는 일이다. 사고에 반영되고 조작될 수 있게 되며, 더 다양하고 새로운 방식으로 꼼꼼히 조사되고 맥락화된다. 이는 이해 공동체에 의해 공유된 새롭고 다양한 관점으로 바라볼 수 있게 된다. 의사소통을 통한 자연적 사건은 "공적인 강연이든, '사유'라고 일컫는 예비 수준의 토론이든, 대화의 요구를 충족시키기 위해서 재조정된다. 사건은 대상, 즉 의미를 지닌 사물로 전환된다".LW 1: 132 그때부터는 사건이

---

36. Donald Finkel(2000)은 그가 "입을 다물고 가르치기"라고 부른 것에서 이러한 사유를 연상시키는 결론들을 발전시킨다.

보이지 않거나 존재하지 않을 때도 언급된다. 자연적 사건들은 "새로운 매개체 안에서 대리 현존하면서 시·공간적으로 먼 사물들 사이에 영향을 미치게 된다".같은 책

참여와 공유의 의미가 관련되어 있는 한, 듀이에게 모든 의사소통은 "교육적"MW 9: 8이다. 이런 의사소통은 "교육적인 힘"같은 책: 9이 있다. 왜냐하면 의사소통은 서로 공유하는 관계에 참여한 사람들에게 타인의 경험으로부터 배울 수 있는 기회를 제공할 뿐 아니라, 자신의 행위와 경험에 관해 타인의 관점을 받아들이게 해 주기 때문이다. 이는 사실이다. 소박한 것이든 광범위한 것이든 타인의 입장에서 상상적 투영은 자신의 경험 지평을 넓힌다.

듀이는 의사소통이 정보 전달의 수단만이 아니라는 점을 강조한다. 의사소통은 그 자체가 목적인 경험에 들어 있는 하나의 특질이기도 하고, 경험의 특질이기도 하다. 의사소통은 도구적 차원뿐만 아니라 그 자체로 완전한, 즉 즉각 충족시키는 차원을 지닌다. 후자에 대해 듀이는 "최종"이란 용어를 사용하는데, 이와 관련하여 가장 정교한 철학적 논의는 『경험과 자연』 5장에 등장한다.

의사소통은 도구적이면서도 최종적이다. 불가항력의 사건들이 주는 압력에서 우리를 해방시키고 의미를 지닌 사물의 세계에서 살 수 있게 해 준다는 점에서 의사소통은 도구적이다. 또한 공동체에 귀중한 사물과 기술의 공유라는 점에서 의사소통은 최종적이다. 이러한 공유로 인해 의미는 고양되고 심화되고 강화된다. … 의사소통과 그 대상은 수단으로서 가치를 지닌다. 의사소통이 삶을 풍요롭게 하고 다채로운 의미를 부여하는 유일한 수단이기 때문이다. 목적으로도 가치가 있다. 이런 목적 안에서 인간은 당

면한 고립에서 벗어나 의미 있는 교감을 공유하기 때문이다.LW 1:
159

의사소통은 기호signs[37]의 사용에 의존한다. 듀이는 기호이론, 즉 기
호학semiotics[38]을 체계적으로 연구하지는 않았지만, 자신의 스승 퍼스
Charles Sanders Peirce의 연구를 늘 높이 평가했다. 퍼스는 기호, 해석작
용, 지시 대상으로 구성되고 잠재적으로 무한하게 늘어나는 삼항기호
학three-part semiotics을 받아들였다. 퍼스는 기호를 이렇게 정의한다.

기호는 하나의 대상을 지시하기 위해 다른 어떤 것인 해석작
용을 규정하며, 그 자체는 같은 방식으로 이 지시 대상을 지시한
다. 이때 해석작용은 기호가 되고, 이와 같은 과정은 무한 반복
된다.CP 2: 303: 데리다 1974: 50에서 인용

퍼스의 실용주의 기호학은 이 분야의 선구자인 구조주의자 소쉬르
Ferdinand Saussure가 주창한 이항기호학two-part semiotics과 극적인 차
이를 보인다. 소쉬르 이론에서 기호는 형식적 기표(음성 형태)와 기의
(개념)로 구성된다.

듀이 철학에서 의사소통의 중요성이 다루어지는 배경과는 반대로,

---

37. [옮긴이 주] '기호'는 어떤 사물을 대신해서 보여 주는 징후나 신호, 암호, 부호, 문자 등을
가리킨다. 기호에는 자연기호와 인공기호가 있다.
38. [옮긴이 주] 기호학(記號學, semiotics, semiotic studies, semiology)은 기호, 즉 어떠한 의
미가 만들어지고 소비되는 것에 대한 학문이다. 사람들이 사용하는 기호의 기능, 본성, 법칙,
관계, 표현을 규명하고, 이를 활용한 의미의 생산과 해석, 공유, 소통을 연구하는 학문이다. 이
를 위해 기호학자들은 기호가 발생하는 과정(기호 생성), 기호의 작용과정(기호작용), 기표화,
소통 등의 개념을 가지고 연구한다. 기호학은 언어의 구조와 그 의미를 연구한다는 의미에서
일반적으로 언어학 분야와 맞닿아 있지만, 언어학과 다르게 기호학은 비언어 기호 체계도 연
구 대상으로 삼는다.

다른 많은 해석자들은 이에 대해 사실상 거의 모르고 있다. 듀이가 퍼스 기호학에 거듭 주의를 기울인 것이 독자를 놀라게 하지 않을 수도 있다. 퍼스는 구체적인 행위, 즉 구조화된 작용의 우수성을 강조했다. 이 행위는 기호 작용의 이동을 만들어 내고, 일반성에 관련된 기호의 지시 대상과 구현된 습관의 역할을 구성하기 위한 것이다. 듀이는 퍼스를 따라 "언어 기호는 의사소통의 방법이거나 형태이기에 본질적으로 '사회적'인 것"LW 15: 151; 강조 변화임을 상기시킨다. 듀이나 미드, 퍼스를 포함한 다른 실용주의자들과 달리 거의 모든 구조주의자와 후기구조주의자들은 언어의 사회적 습득을 과소평가한다.

의사소통에 대한 듀이의 풍부하고 깊은 이해는 그의 교육적 사유에서 필수적이다. 그에 따르면, 우리는 교육과 학습의 근본적인 의미의 원리이기도 한 공유된 활동의 원리MW 9: 18ff. 참조에 대해 말할 수 있다. 이 원리에 따르면 교육은 타인과 공유된 활동의 부산물로, 세속적인 일상의 실천에서 생겨난다. 이런 활동들은 공동 수행되면서 생생한 관심을 불러일으킨다. 그 활동은 당장에도 중요하고 가치가 크기에 학습자의 관심을 끌기 때문이다. 그 결과로 생긴 행위 공동체는 모든 진정한 사회생활의 전제 조건이 된다. 이것이 생활 경험으로서의 민주주의를 위한 구성 요소가 된다. 이 책 1부에서 살펴본 것처럼, 듀이는 '공동의', '공동체', '의사소통'이라는 단어들의 언어적 연관성이 우연이 아니라는 점에 주목했다. 공동체의 참여자들은 의사소통 때문에 많은 '것들things'을 공동으로 갖는다. 의사소통을 통해 그들은 공유된 의미의 소유에 참여하게 된다.MW 9: 7 참조

공동 목표, 신념, 희망, 지식, 이해와 같은 '것들'은 한 사람에게서 다른 사람에게 직접적·물리적으로 전달될 수 없다. 이것들은 공유된 활동에 능동적으로 참여하는 교육과정으로서의 의사소통에 달려 있다.

이는 여기 참여하는 사람들의 감정적·지적·실제적인 습관과 같은 것을 필요로 한다. 이렇게 의사소통은 인간 활동을 조정하고 생존을 보호하는 데 필수적이다. 언어는 그 도구다. 의사소통의 결실이 바로 교육이다. 교육을 통해 사회문화적인 삶이 전수되고, 삶을 영위하는 데 필요한 모든 기회를 얻게 된다. 의사소통은 학교 밖에서와 마찬가지로 학교 안에서도 교육적이기 위해 상호적이어야 한다. 개인들이 의사소통과 협력 속에서 자신의 능동적인 역할을 해낼 수 없다면, 타인의 재능과 의지에만 종속되어 있다면 어떠한 행위 공동체도 출현하지 못할 것이다. 의사소통과 협력은 자신의 관점을 분명히 표명하고 책임지는 것을 의미한다.

듀이는 고도로 복잡한 사회에서도 개인이 한 문화의 사회생활에 직접적인 형태로 참여하면서 많은 기초적인 학습 경험이 생겨난다고 본다. 그는 경험이 타인의 경험과 소통을 통해 깊이 뿌리내려 뒤얽혀 있는 과정임을 설명하기 위해 "간접적이고 부수적인 교육"MW 9: 21을 언급한다. 심지어 다른 곳에서 그는 "사회화"같은 책: 88라는, 더 현대적인 단어를 사용하기도 한다.

타인과의 능동적인 연관성은 우리 자신의 관심사를 내밀하고 필수적으로 만드는 부분이다. 따라서 예를 들자면, '여기까지가 나의 경험이고, 저기부터는 너의 경험이다'라고 확연히 구분하여 말하는 것은 불가능하다.같은 책: 194

학교나 다른 교육기관이 하는 형식 교육은 의사소통과 같은 교육적 잠재력과 연결되어야 한다. 교사와 교육자는 넓고 풍부한 생활 경험이 있기 때문에, 학습자의 경험을 성장시키는 데 필요한 자원을 공급할 책임이 있다. 이 덕분에 학습자들은 문화적으로 적절한 학습을 할 수 있는 방향으로 자신의 활동을 계발할 수 있다. 정보, 지식, 기술, 가치와 같은 자원의 실행 가능성은 학습자가 그들 자신의 건설적인 학습 과정에 활용할 수 있는 정도에 따라 평가된다.

개인의 실천 맥락에서 의사소통은 학교 내 정보와 자료의 가치를 추정하는 기준을 제공한다. 과연 학교에서는 학생이 관심을 갖는 질문들이 자연스럽게 싹트고 있는가? 능률을 높이고 의미를 심화시키기 위해 학생을 더욱 직접적인 지식에 맞추어 변화시키고 있는가?^{같은 책}

이 두 가지 요건을 충족시킨다면, 그 정보는 교육적이다. 의사소통은 학교 안이든 밖이든 교육적이기 위해 상호적이어야 한다. 이는 역할 전환의 가능성을 의미하기도 한다. 공유된 활동 안에서 교사는 학습자가 되고, 학습자는 '그것을 알지 못한 채' 교사가 된다.^{같은 책: 167}

학습과 공동 활동

듀이의 전반적인 경험 개념에 따르면, 교육에 대한 듀이의 실용주의적 기본가정은 다음과 같다. "모든 교육적인 과정은 뭔가를 해 보는 것으로 시작해야 한다. 그리고 이와 관련된 감각인식, 기억, 상상, 판단에 필요한 훈련은 이것들이 행해지고 있는 조건과 필요에 의해 발전하고 커져야 한다."^{MW 4: 185} 학습의 출발점은 독단적으로 부과된 과제가 아니라 본질적으로 중요하고 가치 있는 것으로 호소되는, 다른 학습자와 소통하는 공동 활동이어야 한다. 이것은 특정한 수업과 학교교육이 만들어지기 전에도 이미 있었던 그 자체(공동 활동과 의사소통)에서 배우는 방식이다. 학교에서의 형식 교육은 학생들의 자연스러운 삶의 기능에 호소하고 적극적이고 건설적인 학습 경험을 위한 다양한 기회를 제공하는 "축소된 사회"와 같은 학습 환경을 제공함으로써 비형식 학습과정과 연결되어야 한다. 교육의 지적인 측면도 공동 활동의 요구와 잠재력으로부터 발달되어야 한다. 숙고와 반성이라는 필수적인 습관들뿐만 아니라 학습의 주요 내용, 이념과 원칙, 정보와 지식의 축적은 학습자의 활동과 유기적으로 연결되어야 한다. 초기의 모든 사고는 그것의 가장 경제적이고 성공적인 실현을 위해서 계획하고, 예측하며, 목적을 형성하고 선택과 정리하는 수단이다.MW 4: 187

교육적인 의사소통은 듀이가 말한 "일occupation"[39]을 중심으로 모아져야 한다. 이 교훈법적 개념은 학교교육의 맥락을 초월하는 의미를 지닌 활동이다. 여기에 주된 목적은 활동 그 자체 안에 들어 있으며 동기, 대상, 목표, 조건 안에도 들어 있다. "정보가 학생에게 들어가도록"같은 책: 187-188 참조 하고, 학교교육의 목적만을 위해 고립되어 축적되는 대신에, 학습은 부작용으로 나타난다. 왜냐하면 이러한 활동들은 학습자의 경험과 지식의 지평을 넓히지 않고서는 성공적으로 이루어질 수 없기 때문이다.

이런 흐름은 실제적으로 관련된 문제를 해결하는 데 따른 부산물이다. 따라서 다양하고 계속적인 경험을 성장시키려면 "일"이 충분히 사회적이고 복잡하며, 포괄적이고 자극적이며 암시적이어야 한다. 시카고대학교 연구소1896-1904는 듀이 자신이 그 유명한 실험학교 경험을

---

39. 듀이의 '일' 용어는 이후 크게 '프로젝트'로 바뀐다. 이 용어는 듀이의 제자와 동료 킬패트릭의 저작을 통해 크게 인기가 있었다.

토대로 중요한 사례를 보여 주었다.^{MW 1: 1-109 참조} 그는 조경, 원예, 요리, 직조 그리고 다양한 재료를 다루는 작업장의 실천을 보여 주면서, 이런 활동이 경험의 감정적·미적·예술적 차원은 물론 과학·지리·역사·경제·사회학습을 위해서도 여러 기회를 제공한다고 강조한다. 마찬가지로 우리는 연극 프로젝트, 학교자치 참여 방법, 인근 지역과 생산 현장 탐사, 학교생활의 재구성이나 학생을 위한 클럽 회관 구축에 관련된 활동도 생각해 볼 수 있다.^{나열한 사례는 MW 8: 205-404 참조} 오늘날에는 학생들이 자신들의 TV 뉴스 프로그램을 만들면서 현대의 매스미디어를 통한 뉴스의 사회적 생산과 확산에 대해 건설적이며 비판적으로 참여하는 것을 배우는 학습 프로젝트를 덧붙일 수 있겠다.^{Reich, 2005: 118-145 참조}

듀이는 이와 같은 "일"의 교육적 의미는 다른 학습자들과 의사소통을 하면서 자신의 연구, 발명, 건설, 응용을 통해 학습을 고무시키고, 따라서 자신의 배움에 대해 실험적인 태도를 취하도록 교육한다는 사실에 있다고 생각한다. 그러면서 우리는 이념, 이론, 원리를 더 높은 권위로부터 아무 질문 없이 수용되는 완전히 굳어진 고정되고 독단적인 진리로서가 아니라 문제해결을 위한 살아 있는 가설로서 다루는 법을 배운다.

> 실용주의 개념을 토대로 한 교육은 관념과 신념을 실제에 적용하면서 지속적으로 그것들을 검증하고 그러한 적용의 결과를 근거로 자신의 신념을 수정할 필요성을 위해 살아가는 사람들을 필연적으로 밝혀낸다.^{MW4: 188}

나아가 듀이는 일에 기반을 둔 교육이 학교의 도덕적 삶을 변화시키는 잠재력을 지닌 교수적 의사소통pedagogical communication의 형태를 제시한다고 주장한다. 학교가 "고립되면, 학교 특성이 되어야 할 … 특별한 윤리 규범도 잃어버린다." 일에 기반을 둔 교육은 "이기주의, 사회계층화, 적대감"이 아닌 협력, 연대, 사회적 공감 그리고 분업의 조정과 같은 힘을 길러 줄 것이다.MW 4: 191

민주적 비전

의사소통에 관한 듀이의 철학은 자연스럽게 자신의 정치사상과 밀접하게 관련되어 있다. 그의 주장은 교육과정은 학습자가 지속적으로 경험을 재구성하는 것으로 이루어진다는 것이다. "교육은 성장"이며, "그 이상의 어떤 목적도 없다"MW 9: 58라는 것이다. 그리고 "교육의 목적"은 "개인이 자신의 교육을 계속할 수 있게 하는 것"같은 책: 107이라는 것이다. 이런 듀이의 주장은 궁극적으로 민주주의와 자치self-governance에 대한 신념을 드러낸 것이다. 듀이는 오늘날 20세기 급진적 민주주의radical democracy 담론의 가장 중요한 사상가 중 한 명으로 간주된다. 그에 따르면, 민주주의는 특정 정부나 헌법, 국가 형태 혹은 그 이상의 것이다. 그 의미는 특별한 사회제도나 정치사상에 의해 고갈되지 않는다. 오히려 민주주의는 삶의 방식이다. 오히려 민주주의는 함께하는 사람들의 삶에 대한 기본적이고 실제적인 태도인 민주적 의사소통에 참여한 사람 모두에게 "개인적인 삶의 방식"이어야 한다고 말한다.LW 14: 226

평등에 대한 민주주의의 신념은 모든 인간이 그가 지닌 자질의 양이나 범위와 무관하게 그 재능이 무엇이든 이를 발전시키기 위해 다른 모든 사람과 더불어 동등한 기회의 권리를 가질 수 있다는 것이다.같은 책: 226-227

이 말은, 적절한 환경만 갖춰지면 인간은 자신을 위해 판단하고 행동한다는, 지성에 대한 믿음을 암시한다.같은 책: 227 여기에는 삶과 소통의 경험이라는 영역 외에 존재하는 어떤 최고 권위에 호소하는 정치 신조나 관행에 대한 거부를 포함한다. "따라서 민주주의는 질서정연한 가운데 성장할 추가적 경험에 의해 그 목표와 방법을 생성해 내기 위한 인간 경험의 능력에 대한 믿음이다."같은 책: 229 이런 사고방식과 신념은 '사회개량주의meliorism'라고 불린다. 이 사상이 갖는 신념은 순진한 낙관주의와 운명론적 비관주의 사이에서 비판적이면서도 건설적인 균형을 유지하고자 한다. 그리고 민주주의 재건의 필요성과 기회를 지향한다.

사회개량주의는 하나의 신념이다. 어떤 순간에 존재하는 특정 환경은 나쁠 수도 있고 좋을 수도 있다. 어떤 사건을 통해 개선될 수도 있다. 여기서는 긍정적인 개선의 수단은 물론 실현에 방해가 되는 것을 연구하고, 조건을 개선시키기 위해 노력하도록 지성을 자극한다.LW 11: 417

더 구체적으로 말해서 민주주의는, 모든 개인이 자신이 될 수 있는 사람이 되도록 하기 위해서, "힘 대신 상호적이고 자유로운 협의"가 주를 이루고, "잔인한 경쟁 대신에 협력이 삶의 법칙이 되는" 등 함께 살아가는 방식을 나타낸다. 누군가 자신이 "될 수 있는 그 어떤 것"이 이뤄지도록 하기 위해서다.LW 11: 417 '무엇이 되어 가는 일becoming'은 개인 성장의 의미에서 민주주의에 본질적일 뿐만 아니라 사회 재건 차원에서도 중요하다. 민주적 신념은 우리가 근본적으로 개방되어 있으며 완결되지 않은 세계에 살고 있음을 뜻한다. 그 세계 속에서 인간의 결정은 실제로 차이를 만들어 내고 서로 다름을 구성해 간다.

> 세계는 불확실성과 우발성이 넘친다. 이 모든 것이 그 속에 들어 있지도 않고 그럴 수도 없는 세계다. 어떤 점에서는 불완전하고 여전히 만들어지고 있는 세계다. 이런 측면에서 인간이 판단하고 소중히 여기고 사랑하고 노동하며 만들어지는 세계이다.MW 11: 50

듀이는 민주주의와 관련해 경험의 과정이야말로 어떤 성취 결과보다 중요하고 주된 것임을 계속 강조한다. 이렇게 특별한 성취 결과는 "계속 진행 중인 과정을 풍요롭게 만들고, 풍요롭게 만드는 방향으로 사용될 때만 궁극적인 가치를 지닌다. 경험의 과정이 교육적이기 때문에, 민주주의에 대한 신념은 경험과 교육에 대한 신념과 같다".LW 14: 229

1부에서 살펴본 것처럼, 듀이는 집단, 단체, 사회가 갖는 민주주의의 질을 가늠하기 위해 두 개의 일반 기준을 제시한다.『민주주의와 교육』(1916) 7장 첫 번째 기준은 내적인 것으로, "의식적으로 공유된 관심이 얼마나 많으며 얼마나 다양한가?"이다.MW 9: 89 이는 민주적인 집단이나 단체 안에서 관심의 다양성을 위해 필요한 다원성과 열린 마음을 가리킨다. 다시 말해 "사회적인 통제 안에 있는 요소로서 상호 간에 관심을 인정하고 신뢰하는 것"을 뜻한다.같은 책: 92

두 번째 기준은 외적인 것이다. 이 기준은 "다른 형태를 지닌 단체와의 교섭이 얼마나 충만하고 자유로운가?"라고 묻는다.같은 책: 89 이 질문은 서로 다른 집단이나 단체 사이에 이루어지는 상호작용과 의사소통의 정도를 주시하는 것이고, "다양한 교류에 의해 생성된 새로운 상황과의 만남을 통해"같은 책: 92 사회적 습관을 지속적으로 재조정할 필요성을 보여 준다.

첫 번째 기준이 민주주의에 대해 다원적이고 참여적인 관점에서 함께 사는 방식으로 해석한다면, 두 번째 기준은 개방되고 발전된 사회로서의 민주주의를 가리킨다. 첫 번째는 전체주의에 대한 획일성과 위험에 반대하는 반면, 두 번째는 고립주의와 일방적인 권력을 거부한다.

민주주의가 행위와 참여에 달려 있다면, 이는 특히 젊은이들에게 교육과 필수적으로 연관된다. "민주주의의 이상이 전체 교육제도 안에서 실현될 때, 그것은 시민의 삶 안에서 또다시 실현될 것이다."LW 6: 98 교육의 잠재력에 대한 믿음은 민주적 신념의 필수 요소다. 공동체 구성원들이 갖는 생활 경험의 실현을 통해서만 민주주의는 번창할 수 있고, 개인의 다양한 기여로 풍요로워질 수 있기 때문이다. "민주주의와 교육의 관계는 상호적reciprocal이고 호혜적mutual이다. 정말 그러하다"라고 듀이는 강조한다.LW 13: 294 그는 민주주의를 '그 자체로 교육적 원리이며 척도이자 정책'이라고 말한다.같은 책

『공중과 그 문제들The Public and Its Problems』의 마지막 장에서 듀이는 지역공동체의 번영과 성장은 민주주의 전체 번영을 위한 필수 조건임을 강조한다. 일상에서 민주적인 의사소통에 대한 이런 상향적 관점은 다음과 같은 믿음에 근거한다. 즉, 민주주의에서 교육의 잠재력은 공통 문제를 협력적으로 해결하는 공동체의 공유된 관심에 직접 참여하는 형태를 통해 경험될 때만 충분히 실현될 수 있다는 믿음이

다. 이웃, 학교, 사회단체, 네트워크, 사회정치적 운동 등과 같은 지역 공동체는 직접적인 민주적 참여의 기회를 제공할 수 있다. 이런 공동체들은 민주주의가 활성화됨으로써 맥락화된 경험의 다양성을 명료하게 나타낼 수 있다. 이것이 시민사회의 중추가 된다. 그러한 공동체들은 기껏해야 민주주의를, 참여하는 모든 사람들의 삶의 방식으로서 그 장점을 보여 주는 학습과 교육적 성장에 대한 직접 경험으로 전환시킨다.

듀이는 현대 교육이 "개인이 자신을 온전히 소유하거나 다른 사람의 사회적 안녕에 기여할 수 없지 않는 한" 하나의 교육과정으로서 민주주의의 관련성을 보다 더 전적으로 인식할 필요가 있다고 생각한다.^{LW} ^{13: 296} 이어서 듀이는 이렇게 말한다. "심지어 교실에서도 그렇다. 인간은 오직 자신의 경험으로부터 뭔가에 기여할 기회가 있을 때 교육받게 된다. 주어진 시기에 경험의 배경이 빈약하거나 보잘것없는 것일지라도, 깨달음은 경험과 생각의 교류, 주고받는 것에서 비롯된다."^{같은 책}

학습자의 경험이 갖는 필연적 진가는 교육이 자치를 위한 민주적 요구를 진지하게 받아들인다는 것을 의미한다. "민주주의가 가능하다면, 모든 인간이 스스로 지배하고 일상의 일 속에서 자유로운 힘을 갖기 때문이다."^{LW 6: 431} 듀이는 오직 '환경'이 허락하는 만큼만 민주적일 수 있다는 사실에 반대하는 모든 사람에게 이런 중요한 답변을 제시한다. 민주주의에 대한 희망을 완전히 포기하지 않는다면, 자치의 잠재력은 우리가 전제해야 하는 그 무엇이다. 하지만 잠재력이 실현되고 그것을 이용하기까지는 얼마나 먼 길인가? 특히 그 실현을 지지하거나 반대하는 것과 같이 주어진 구조적 맥락에서 이는 먼 이야기가 될 수밖에 없다.

듀이가 주창한 실용주의는 이미 이와 같은 맥락의 일부이다. 우리가 이미 그 맥락의 구성과 재생산에 참여하고 있기 때문이다. 이 맥락은 일상생활뿐만 아니라 교육에도 내재되어 있다. 민주적 잠재력을 실현하는 교육, 이것을 위한 유일한 길은 세심하게 살펴지는 경험과 맥락으로부터 오는 내적인 비판과 자기비판을 통해 만들어진다. 우리는 다양한 방식과 입장으로 구성된 경험과 행위의 공간을 한정시키는 '시스템'이나 '구조' 안에 산다. 경제 불평등, 개인과 집단의 소외, 억압적인 노동, 실업, 빈곤, 문화적 헤게모니를 통한 배제 등과 같은 뚜렷한 구조적 조건은 민주주의 교육이 간과할 수 없는 중요한 맥락이다.

그렇다고 이 조건들이 경험과 행위를 완전히 결정하지 못한다. 듀이는 민주주의와 교육에서 중요한 것은 실제적인 것들이 결코 그 잠재력을 소진시키지 않는다는 점을 이해하는 것이라고 믿는다. 민주주의와 경험, 그리고 교육에 대한 신념은 필연적으로 변화를 위한 기회가 있다는 것을 뜻한다. 열려 있으며 완결되지 않은 세계에 사는 한 이는 사실이다. 이는 실용주의자와 구성주의자 모두 지지하는 관점이다. 이들은 민주주의의 힘으로 간주되는 교육에 매우 큰 관심을 갖는다. "교육은 민주주의의 핵심이므로 진정 민주적이어야 한다."LW 9: 393 교육이 처음부터 민주적인 학습과정을 시작하고(구성), 더 나은 민주주의를 위한 기회를 늘리는 단계로 민주주의의 결점을 밝히고 말하는 것(비판)이 필수적이다.

사회적으로 소외되고 혜택을 받지 못한 자들을 포함시키고, 사회생활에 진정으로 참여할 수 있도록 필요한 교육 지원을 하는 일은 실제로 살아 있는 민주적인 참여를 통해서만 가능하다. 우리는 교육의 평등equality에 이르지 못할 수도 있겠지만, 공평equity을 위해 늘 싸워야 한다. 이 싸움에서 거둔 모든 성공은 참여한 사람들에게 민주주의 시대를 살아가는 의미 있는 경험을 만들어 줄 것이다. 교육 곧 가르침과 배움에는 민주적 참여와 포용 같은 가치뿐 아니라 다양한 모범 사례와 민주적 학습문화에 대한 구체적인 사례도 필요하다. 이것이 바로 민주사회가 교육과 관련 제도를 끊임없이 실험해야 한다고 그가 강조한 이유다. 시카고대학교 부설 실험학교에 대한 설명이나[MW 1: 1-111 참조], 1915년에 발행한 저서 『내일의 학교Schools of To-Morrow』[MW 8: 205-404]에서 그가 언급했던 진보적인 학교 실험은 바로 듀이 자신의 시대와 공간에서 나온 사례다.

충만하고, 구속되지 않은 의사소통 생활에 대해 듀이가 꿈꾼 민주적 이상은 자신의 시대에 목격한 교육, 사회, 경제, 정치는 물론 제국주의의 실제에 담긴 반민주주의 경향을 관통하는 비판이었다. 의사소통과 참여는 사회에서 지키고 발전시켜야 하는 민주적 권리와 본질적으로 연결된다. 이 권리들 가운데 "표현의 자유, 의사소통과 교류의 자유, 대중 집회의 자유, 사상 및 언론·출판의 자유는 물론 흔히 양심의 자유라고 일컫는 종교 및 지적 신념의 자유, 예배의 자유, 그리고 … 교육권이나 정신적 양육에 대한 권리"가 있다.[MW 5: 399]

이런 권리들은 오직 의사소통 안에서 그리고 의사소통을 통해 존재한다. 그것들(권리들)은 효과적으로 소통되어야 한다. 이는 전 세계적인 흐름에서 나타나는 민주주의 상황에 관해 어떤 실상도 놓치지 않았다는 중요한 통찰력과 밀접하게 관련이 있다. "모두를 위한 자유와 개성이라는 목적은 오직 그 목적과 일치하는 수단에 의해 이룰 수 있다는 것이 민주주의의 근본 원리이다."[LW 11: 298]

듀이는 민주주의에 대한 프로젝트가 최종적으로 이겨야 하는 투쟁이라기보다 끊임없이 지속되는 작업임을 매우 분명히 한다. 물론 과거 투쟁에서 얻은 민주주의의 업적이 없는 건 아니다. 이 업적은 민주주의를 한층 더 발전시키기 위해 발판으로 삼을 수 있는 것들이다. 하지만 민주주의 그 자체는 언제나 생성 과정이다. 모든 세대는 "혼자 힘으로 민주주의를 다시 한 번 이루어 내야 한다. … 그 본성이나 본질은 한 사람이나 세대에서 또 다른 사람이나 세대로 전해 줄 수 없지만, 우리가 속해 있는 (변화하는) 사회생활의 요구와 문제, 조건의 관점에서 이끌어 내야 하는 무엇이다".LW 13: 298ff.

부정적인 측면에서 민주주의를 개방 과정으로 보는 이 관점은 우리가 민주주의 쇠퇴라는 위험과 되풀이되는 도전에 늘 맞설 준비가 되어 있어야 함을 암시한다. 그것의 쇠퇴와 붕괴의 위험은 듀이 시대만큼이나 현시대에도 우리 사회에 덫이 될 수 있다. 민주주의가 소통과 참여를 통해 활발하게 살아나지 않는다면 그것은 인간에게는 물론 사회 전체에 그저 표면적인 절차로 전락하고 만다. 형식적인 대의제에 머물고 일상 속에서 실천되지 않는다면 민주적인 질서는 강제되고 쇠퇴할 것이다. 이는 민주주의가 공언한 선언에 일치하지 않기 때문이다. 예를 들어 1930년대 초반 듀이는 민주주의와 자본주의의 긴장에 관해 이렇게 적었다.

중요한 사실은 민주주의와 자본주의 양쪽 모두가 시험 중이지만, 실제로 시험 중인 것은 우리의 집단지성이라는 점이다. 우리는 과학기술에 대한 새롭고 강력한 도구를 만들어 내는 물리적 분야에서 지성을 충분히 펼쳐 보였다. 그러나 그 사회적 기능과 결과를 통제하기 위해 이 도구를 신중하고 체계적으로 사용하는 지성은 아직까지 갖추지 못했다.LW 6: 60

듀이 시대에 민주주의가 자본주의의 희생양이 되지 않도록 더 민주적인 방식으로 경제적 관계를 재구성하는 일이 민주주의의 중요한 도전이라는 점은 그에게 분명했다. "민주주의를 회복시키려면 한 가지, 오직 한 가지만 중요하다. 대중이 권력을 가졌을 때 그들이 통치할 것이고, 토지와 은행, 전국에 생산하고 공급하는 기관을 소유하고 통제하는 정도에 따라 권력을 갖게 될 것이다."LW 9: 76 이러한 쟁점 가운데 다수는 현재까지 불안정하게 유지되고 있고, 다수는 세계를 무대로 이 시대에 상당히 더 복잡한 양상을 띠고 있다. 확실히, 20세기 초기에 나타난 사회주의의 꿈과 희망에 비하면 많은 환멸과 각성이 있었다. 그러나 실용주의와 구성주의는 급진적 민주주의radical democracy를 위한 싸움에 사활을 거는데, 결국 그것 자체가 민주적 조건에서만 행해질 수 있기 때문이다.

참여와 다양성

최근 서구 민주주의의 발전 양상을 보면, 듀이의 민주주의 이론은 물론 그의 비판이 지닌 타당성과 통찰력을 엿볼 수 있다. 실제 민주주의는 약화된 것처럼 보인다. 민주적인 권리와 원칙이라는 게 약속한 것처럼 삶의 모든 영역에서 완전하게 소통할 수 없기 때문이다. 특히 공적인 결정이나 사회적인 문제해결에 모든 사람이 참여하기란 불가능하기 때문이다. 그래서 점점 많은 사람들이 정치에 등을 돌린다. 진정한 참여의 기회가 거의 없기 때문이다.

듀이는 지금과 같이 다원적이고 복잡한 세상에서 인간이 경험한 다양성이 얼마나 중요한지 지각하고 이해하는 게 얼마나 어려운지 철저하게 인식할 필요가 있다고 주장한다. 이는 차이를 가로질러 소통하려는 의지와 소통할 수 있는 능력을 요구한다.

차이를 유지하면서 협력하려면 차이에서 나타나는 표현이 오로지 다른 인간의 권리라는 점을 알아야 한다. 그뿐만 아니라 이는 자신의 생활 경험을 풍부하게 하는 수단이라는 믿음이기에 자기 자신을 보여 주는 기회이고, 이는 모든 민주적인 개인의 생활 방식에 내재되어 있다.LW 14: 228

차이를 가로질러 소통하는 일에는 항상 위험이 따른다. 하지만 이는 교육적인 성장을 위한 유일한 기회를 제공하고, 배움의 건설적인 힘을 풍부하게 한다.Garrison & Neubert, 2005 참조 『민주주의와 교육』1916에서 듀이는, 민주주의의 근본 원리가 "성장하는 모든 경험의 본래적 의미"를 이해하는 데 있다고 제안한다. 교육적인 성장은 민주주의의 시금석일 뿐 아니라 필요조건이다.

듀이에 따르면, 무엇보다도, 민주적인 의사소통과 교육은 특히 학습자들의 상상력을 발산시켜야 한다. 그리고 변화하는 사회와 인간 생활의 도전을 위한, 경험에서의 새로운 관찰과 참여, 행위의 가능성을 깨닫기 위한 건설적이고 비판적인 방법을 고안해 내야 한다. 듀이는 셸리Percy Bysshe Shelley[40]를 언급하면서 "상상력은 선을 추구하는 최고의 도구"라고 했다.LW 10: 350 오직 상상적 비전만이 "실제적인 것의 맥락 texture 속에 짜여 있는 가능성을 이끌어 낼 수 있기" 때문이다.같은 책: 348

듀이는 소규모 집단 및 지역공동체와 직접 대면하는 교류로 시작하는 의사소통을 매우 긍정적인 관점으로 보았다. "모든 의사소통은 예술과 같다. 생생하도록 사회적이면서 공유되는 어떤 사회적 조정은 거

---

40. 셸리는 영국 시인이다. 바이런, 키츠와 함께 영국 낭만주의의 3대 시인으로 꼽힌다.

기에 참여한 사람들에게 교육적이다."MW 9: 9

그러나 듀이는 현대 생활의 특성인 더 광범위하고 익명성을 띤 의사소통 분야를 검토하고 비판적으로 분석했다. 그는 대중매체를 통한 의사소통의 초기 시대를 목격하고 이론적으로 반영했다.LW 2: 235-372 참조 그래서 그가 "공적 소통의 수단인 출판, 라디오, 연극은 교육 등에 강력한 영향력을 갖는 도구"LW 11: 538라고 했을 때 듀이는 이미 현대 대중매체는 그 교육적인 영향력 아래 전례 없는 조작의 힘을 포함한다는 양면성에 대해 통찰했다. 물론 듀이는 현대 사회처럼 곧장 참여하고 활동하는 완벽한 가상 세계를 세우리라고 예견할 수 없었을 것이다. 블로그를 포함한 인터넷 같은 최신 미디어가 그렇다. 특히 페이스북, 트위터 같은 소셜 미디어와 미래에 무엇이든 가능하게 만들어 주는 것들, 이런 세계는 교육과 조작, 참여와 고립에 관해 완전히 새로운 기회를 제공하는 세계이고, 대면 중심의 의사소통 영역에 대항하는 세계이다. 하지만 "대중은 대개 자신의 힘이 성장을 요구해야 한다는 것을 알지 못한다"라는 그의 경고는 이러한 배경에 반대하는 새로운 시사점과 시급성을 부여한다.

우리는 다음과 같은 듀이의 교훈을 배우는 것이 무엇보다 중요하다. 오늘날 우리는 참여와 소통이 결합되는 것이다. 민주주의에 대한 듀이의 또 다른 중요한 전망은 그것은 공개적이고 미완성적인 과정으로서 상상력을 위한 의지 속에 놓여 있다는 것이다. "민주주의에 대해 할 수 있는 가장 큰 실수는 그것을 고정된 것, 관념에 고정되고 피상적인 표현에 고정된 그 무엇으로 여기는 것이다."LW 11: 182

이는 민주주의가 그 자체로 민주적인 수단에 의해서만 달성될 수 있다는 결정적인 통찰력과도 관련이 있다. 그러한 전망은 오늘날 여전히 민주주의에 대한 희망을 줄 뿐 아니라, 발전적으로 나아가는 방향과 행동의 목적을 규정하는 방법에 대한 방향 감각도 제공한다. 상상력과 마찬가지로 민주적인 수단은 이상적이고 전형적이다. 그것이 적용될 수 있는, 그 잠재적인 내용이 경험될 수 있는 구체적인 상황들이 많이 있다는 점에서, 그리고 그것들 자체가 결코 고갈되거나 채워질 수 없다는 점에서 그렇다. 결국 민주적 수단들은 민주적인 문화를 구성하는 생생한 요소가 되기 위한 상상력과 습관은 물론 흥미, 감수성, 비전을 요구한다.Eldridge, 1998; Campbell, 1992; Caspary, 2000 참조

듀이가 이미 명확히 이해했던 것처럼, 자본주의는 실제로 민주주의를 반복해서 위태롭게 하는 경향이 있었다. 1930년대 초, 그는 "미국 교육의 과거와 미래"라디오 연설 초고에서 이렇게 적었다. 이전 시대에 "정치적 측면에서 민주주의의 목표는 쉽게 이해되었다. 토지나 직업의 조건과 조화를 이뤘기 때문이다. 지금은 막대하게 집중된 부유층이 있다. 또한 권력 독점, 대규모 실업, 기회 차단, 빈부 격차가 있다. 아무것도 가진 것 없는 사람들이 이민갈 수 있는 나라는 없다".LW 6: 95-96

자본주의의 발전은 물론 자본주의와 민주주의의 관계를 보면, 북미와 유럽 간에 상당한 역사적 차이가 있다. 이 차이는 어느 정도 서로 다른 민주주의 전통을 만들었다. 유럽에서 민주주의 운동은 대체로 훨씬 힘든 것이었다. 계속된 좌절이나 일시적인 패배로 위태로웠다. 불안정한 상황은 아시아, 중동, 아프리카, 남미가 더 심했다. 도덕적인 이상으로서 민주주의가 '역사 속에서 종종 적대적으로 작동했던 두 관념-한편으로는 개인의 해방, 다른 한편으로는 공동선의 증진-의 결합'LW 7: 349이라고 본다면, '공동선의 증진'은 당시 미국보다 유럽에서, 특히 더 논쟁을 불러일으킨 이슈였다.

사회적이고 민주적인 권리를 위한 투쟁과 경제 개발 사이의 모순이 논란이 되고, 자본주의 생산 자체에 대한 논란이 더해지면서 불균등

한 발전을 초래했다. 이와 관련해 '공동선의 증진'은 역사적으로 언제나 정치적 영향력을 두고 경쟁하는 별개의 이익집단으로 분열되어 왔다. 그 결과, 민주화 과정에서 대의민주주의를 통한 갈등 해결 과정에 부과되는 비교적 많은 할증료가 있었다. 하지만 민주적인 직접 참여의 전통이나 오늘날 '심층 민주주의deep democracy'라고 부르는 지점은 더 약해지거나, 적어도 미국보다 더 분산된 것처럼 보인다.

듀이는 이러한 배경의 설명에 동의하지 않으면서 지역공동체local community의 번영이 전체적으로 민주주의의 번영을 위한 필요조건이라고 주장한다. 듀이의 주장은 여러 이유로 오늘날 여전히 이슈가 되는 문제를 핵심적으로 제기한다. 이 시대는 경제, 사회, 정치가 점점 더 세계화되어 가며 그 위험은 더 커지고 있다. 사람들은 정치를 지나치게 형식적이거나 멀리 떨어진 것으로 보고, 복잡하거나 불가해한 것이라고도 생각한다. 심지어 자신들의 투표가 현실적인 제약 때문에 결정에 큰 영향을 미치지 못한다고 느낀다. 만약 민주주의가 그저 형식화된 대의정치제도로만 이해된다면, 그 원리는 쉽게 그 본질을 잃고 공허해질 것이다.

우리는 영감을 부여하고 살아 있는 힘을 유지해야 한다. 그러려면 민주주의 원리들이 작동해야 한다. 일상에서 민주적인 참여가 이뤄져야 하고, 이와 연관된 모든 사회생활 영역에서 인간적인 상호작용을 통한 경험도 이뤄져야 한다. 오직 그때만이 민주주의를 '개인의 생활 방식personal way of life'으로, 그리고 공동체와 사회의 번영은 물론 인간 성장을 촉진하는 교육의 과정으로 인식할 수 있다. 또한 그 조건에서만 정치적 영향력이 있는 비형식적이고 다양하고 분명하고 비판적인 공적 영역의 기회가 열릴 수 있다.

현재 이웃, 학교, 사회운동, 시민협의회, NGO 등 새롭게 확장된 형태의 직접적이고 자발적인 민주적인 참여가 늘고 있다. 이것들은 다양한 형태를 띠면서 상향적 공동체 조직을 통해 민주적인 문화를 활성화하는 상당히 기대되는 사례를 제시한다. 특히 이들은 개인적 교류나 교제를 기반으로 교호작용하면서 공동체의 의미를 갖는 직접 참여가 이뤄지는 '지역적' 공동체들을 구성한다. 인터넷이 오늘날 많은 경우 세계화에 도전하면서도 점차 세계화된 공동체와 지역공동체를 서로 연결하는 수단으로 사용되기도 한다. 하지만 개인의 직접적 접촉과 교류 수준은 그렇게 세계적이고 지역적인 공동체들의 결정적인 힘으로 남아 있다. 이 공동체들은 공동의 흥미를 계발하고 협력하며 문제를 해결하는 학습 공동체가 될 수 있다. 공동체가 참여와 협력, 소통과 다양성의 기회를 증진시키는 방식으로 육성된다면, 민주주의 이상에 실체를 부여하고 그 이상을 경험 속에 정착시킬 수 있을 것이다.

요컨대, 개인의 이해와 판단을 확장하고 강화하는 것은 지역공동체 안의 인간적인 교류관계에서만 실현될 수 있다. 이는 공동체에 전수되고 축적된 지적인 자원에 의해 이루어진다. 이것이 실현되면 대중의 무지와 편견, 경솔함에 기초하여 나온 민주주의에 대한 비난은 아무것도 아닌 것이 된다. 시력은 관객이고, 청력은 참여자다. … 에머슨이 말한 것처럼, 우리는 거대한 지성의 보호를 받고 있다. 그런데 그 지성은 매개자로서 지역공동체가 갖추어질 때까지 잠자고 있으며, 그리고 그 의사소통은 깨져서 분명치 않은 채 희미해지고 있다.LW 2: 371ff.

직접민주주의는 물론 대의민주주의와 반대되는 것이 아니다. "내가 믿고 있는 민주주의는 공정한 대의제의 원칙이라고 믿는다"라고 듀이는 말한다. "특히 소수에게 온전한 목소리를 내도록 하는 비례대표제가 뒷받침될 때"LW 9: 318,[41] 그렇다고 말한다. 이 인용문은 그가 민주주의를 단순한 다수결의 원칙으로 간주하지 않고 소수의 권리를 인정하고 보호하려 한다는 점을 보여 준다.

"공정한 대의제just representation"에 대한 듀이의 이해는 개인의 고유성과 개별적인 문화집단 또는 공동체의 풍부한 기량에 기반을 둔 통찰과 직접 연관된다. 철학과 민주주의의 관계에 대한 성찰에서 듀이는 민주주의의 평등 원리는 "인간 존재는 다른 무엇에 따라 평균화하거나 전환할 수 있는 어떤 것으로서가 아니라, 자신의 존재 그 자체로 판단되는" 세계에서 "같은 표준으로 잴 수 없는 것the incommensurable", 즉 타인에 대한 타자성otherness의 인정을 요구한다고 썼다.MW 11: 53 민주적 의사소통은 모든 인간이나 단체, 공동체가 자기 생각을 말할 권리와 기회를 갖고 그들의 입장에서 고려할 것을 요구한다.

이러한 견해는 자신의 생활 경험을 풍부하게 하는 수단으로 차이를 인식하고 인정해야 할 민주주의의 필요성을 강조한 것과도 연결된다.LW 14: 228 참조 심지어 이는 잘못된 것이라고 생각하는 믿음이나 확신을 가진 사람들에 대한 존중도 포함된다. 1933년 교원노조소청위원회 회원들과 함께 작성한 보고서에 듀이는 이렇게 적었다. "민주주의 구조는 공동체가 어디에 관심이 있는지 구성원이 명확히 이해할 때 작동한다. 이와 마찬가지로 서로의 약점과 단점은 물론 실수하는 경향에 대해서도 깊게 공감하고 이해하고 있어야 작동할 수 있다."LW 9: 344 결국 듀이에 따르면, 이와 다른 유사한 원리들도 결국 우리가 민주적

---

41. 이 구절은 듀이가 1933년 교원노조에서 했던 연설의 속기록에서 따왔다.

으로 함께 살아가는 데 성공하느냐 마느냐를 결정하게 될 사회적 지성의 출현을 위한 필수 조건임을 말해 준다. 듀이는 이 문제가 특히, 교육에 근본적인 도전을 제기한다고 생각한다. 즉, 이 문제는 바로 사회적 지성을 계발하고, 모든 학습자가 배움을 위해 자신의 민주적 권리를 건설적으로 사용하도록 충분한 기회를 제공하는 것이다.

사회적 지성과 민주적 재건

거대한 현대 사회 속에서 민주적인 의사소통과 참여 기회를 마련하기 위해 필요한 조건은 민주적 공중의 출현과 이에 대한 명시화이다. 1927년 출판된『공중과 그 문제들』[42]에서 듀이는 당시 민주적 공론장/영역democratic public sphere이 갖는 기회와 어려움을 논의했다. 공중the public이란 무엇인가에 대해 듀이는 이렇게 정의한다.

우리는 다음과 같은 객관적인 사실에 출발점을 둔다. 인간 행위가 다른 사람들에게 영향을 미치고, 그 영향의 일부가 지각되며, 그 지각은 어떤 결과로 유지되고, 어떤 결과는 피하기 위해 후속 행위를 통제하는 노력으로 이어진다. 이런 단서에 따르면 우리는 두 종류의 결과를 인정하게 된다. 하나는 교호작용에 직접 관여하고 있는 사람들에게 영향을 미치는 결과이고, 다른 하나는 즉시 연관된 사람들을 넘어서 타자들에게 영향을 미치는 결과이다. 이러한 구분 속에 우리는 사적인 것과 공적인 것을 구분하는

---

42. [옮긴이 주]『공중과 그 문제들』(1927)은 도시화와 산업화, 소비사회의 출현에 의해 공중이 대중으로 바뀌고, 민주주의가 위기에 빠지는 상황을 극복하기 위해 저술한 것이다.

기원을 발견한다.LW 2: 243ff.

따라서 민주적 공론장은 정치적인 영역이다. 민주적 공론장은 직접 관여하지 않은 사람들에게 간접적인 결과를 가져다주는 사회 내 절차와 교호작용이 이루어지는 곳이다. "간접적이고 광범위하고 지속적이며 진지한 연대와 상호작용은 대중에게 결과를 민주적으로 통제하면서 공동 관심사를 갖는 존재가 될 것을 요청한다."LW 2: 314 하지만 현대 사회에서 민주적 공론장이 출현하고 활약하게 하는 방식을 보면 실제적인 어려움과 문제가 있다.

듀이는 사회적 의존성이 증가하고 더불어 일, 사회조직, 행정, 정부 내에 있는 사회적 관계의 비인간적인 구조가 형성되는 "기계 시대"는 "간접적인 영향의 범위를 엄청나게 확장시키고 다양화시키고 강화시키며 복잡하게 만든다"같은 책라고 보았다. 고용주, 노동조합, 투자자, 시장 같은 이익집단들은 자신들의 한정된 목표에만 집중한다. 그러면서 "행동하는 통합 노조"를 결성했다. 그래서 그들은 서로에 대한 투쟁 과정에서 종종 민주적인 복지와 이익이라는 더욱 관대한 가치를 차단하곤 한다.

그리하여 민주적 공중democratic public은 쉽게 식별될 수 없으며, 그것 자체를 구분할 수 없게 되었다. 하지만 "이러한 발견은 명백히 그와 관련된 모든 효과적인 조직화를 위한 선행조건이다."같은 책 대중은 특정한 관심사를 가진 너무 많은 붕괴된 대중으로서, 너무 산발적이고 단절된 모습으로 나타난다. 그리고 "기존의 자원으로 대처하기에 이전 시대의 정치적 사건들과 어떤 유사성도 없는 한, 민주적으로 조직된 대중의 문제는 무엇보다도 그리고 본질적으로 지성의 문제이다."같은 책: 314

듀이는 민주적 공론장과 민주적 국가 사이에는 긴장관계가 있음을 관찰한다. 이런 긴장은 민주적 절차를 위한 구성 요소가 되기도 한다. 모든 민주주의 사회는 한편으로 국가기관과 같은 기존 제도적 구조와 다른 한편으로 대중의 현재 관심사와 요구 사이를 주기적으로 중재해야 한다. 어떤 시대라도 정치제도에 의해 수립된 기관에 의해 대중의 관심사와 문제가 완전하고도 결정적으로 표명되지는 않는 법이다. 대중의 관심사와 쟁점이 발현되고 발전됨에 따라 정치의 개념은 물론 제도도 주기적인 재구성이 필요하다.Campbell 1992: 46ff. 참조 "본래 국가는 자세히 검토하고 연구하고 조사하는 곳이다. 그 형태가 안정되자마자 거의 대부분은 다시 만들어질 필요가 있다."LW 2: 255

듀이가 살아 있는 동안 산업화 과정에서 사회생활의 큰 변화가 일어났고, 이러한 변화는 인간사에 완전히 새로운 결과를 가져왔으며, 본질적으로 새로운 공적 관심사와 흥미를 만들어 냈다. 이 변화는 앞선 시기에 이미 세워진 정치 형태 및 제도와는 근본적으로 관계가 없었다.

> 이렇게 생성된 새로운 공중은 오랫동안 불완전하고 비조직적인 상태로 남아 있게 된다. 그들은 물려받은 정치기관을 사용할 수 없었기 때문이다. 이들 기관이 정교해지고 제도화가 많이 진척되었다면, 새로운 공중의 조직화를 방해할 것이다.같은 책: 254ff.

공중public은 자기를 형성하고 표명하기 위해 이미 수립된 정치 형태를 부분적으로 무너뜨려야 한다. "이는 이행하기 어려운 일인데, 왜냐하면 이런 형태는 그 자체로 제도적 변화의 표준적인 수단이기 때문이다."같은 책: 255 따라서 현대 민주주의는 제도화된 정치의 대의적 구조와 공중의 흥미 및 관심사에 대한 직접적인 표명 사이에 놓여 있는 불가피한 양면성으로 특징지어진다.

현대 사회에서 민주적 공론장이 효과적으로 실현되는 일은 사회적 지성을 구축하는 데 중요한 도전이 된다. 듀이는 사회적 지성이 무엇인지 성찰하도록 이렇게 안내한다.

(나는) 궁극적인 진리를 얻기 위한 가장 고차적인 기관이나 '능력faculty'으로서, 소위 전통철학에서 말하는 이성 개념을 포기한다. 그 대신, 이미 만들어진 무엇으로서가 아닌 위대하게 발전하는 관찰, 실험, 반성적 추론의 방식을 가리키는 약칭으로 더 현대적 단어인 '지성intelligence'을 사용하려 한다.MW 12: 258

듀이는 IQ나 표준화된 지능검사 같은 개념을 통해 공통의식은 물론, 20세기 영향력 있는 주류심리학이 되어 버린 지능의 극단적인 개인주의적 관념을 거부한다. 그는 지성을 개인적인 소유물이라기보다, 사회문화적 환경에의 참여와 의사소통 과정의 산물로 보았기 때문에 이를 가리키기 위해 "사회적 지성"이라는 용어를 사용했다. 지성은 개인적 성취만큼 문화적인 맥락과 자원에 따라 결정되는 사회적 실천의 한 요소다. 그것은 문화적 역사의 오랜 과정에서 인간의 경험으로부터 발전시켜 온 것이다.[43] 듀이에 따르면 그것은 본래 개인적인 소유를 가리키지 않으며, 오히려 해석자의 공동체에 의해 행해진 인간적 탐구의 특질을 가리킨다. 듀이는 이론을 도구적으로 다루지, 그 자체를 목

---

43. 비록 그가 "'근대적'이라고 불리는 것은 아직 형성되지 않았으며, 이제 막 시작된 것"(MW 12: 273)이라고 경고함에도, 그의 관점에서 이 발전은 '근대성'에 대한 "과학적"이고 "산업적"이며 "정치적인 혁명"에 의해 매우 진척되었다(같은 책: 257).

적으로 다루지 않았다. 위에서 살펴본 것처럼, 그는 이론적인 공식과 심지어 진리 주장까지도, 이론을 실험적으로 검증하는 관찰에 기초하여 둔 더 나은 탐구로 나아가기 위한 작동하는 가설로 간주해야 한다고 생각한다. 지식이나 진리를 주장하며 더 나은 혹은 궁극적 접근법이 있다는 모든 요청을 거부하는 실험주의experimentalism의 우선성은 지성에 대한 듀이 개념의 본질적인 특성이다. 듀이는 실험적 방법이란 "요약하면 민주주의의 방법이며, 비록 그들의 관점이 우리와 반대되더라도, 타자의 지성과 인격에 공감하는 시선에 이르게 하는 적극적 관용positive tolerance의 방법이고, 사실과 아이디어를 검증하는 과학적 탐구의 방법"이라고 생각한다.LW 7: 329

민주적 공론장을 재건하는 과업은 그것이 사회화된 지성, 말하자면 사회의 복지와 번영을 위한 도구로 사용되는 지성에 달려 있는 한 "지성적 문제"가 된다. "아마도 지성의 효과적인 사회화를 성취하는 문제는 오늘날 민주주의에서 가장 큰 문제일 것이다."LW 7: 365-366[44] 사회적 지성의 결과와 마찬가지로 중요한 전제 조건은 협소한 사회적 제약으로부터 그것을 해방시키는 데 있다.

지성은 실제로 행위를 통해 미래 경험의 질을 결정하는 도구이다. 그런데 지성에 대한 관심이 미래에, 즉 아직 실현되지 않은 것-실현되지 않았다는 것은 실현 가능성의 조건으로서만 주어지고 설정된 것-과 관계가 있다는 사실은 곧 관대하고 자유로운 행위인 정신의 자유를 만들어 내기도 한다. 지성을 확장시키고 승인하는 바로 그 행위는 도구적인 것으로서 그 자체가 내재적인

---

44. 이 인용문은 듀이와 제임스 헤이든 터프츠(James Hayden Tufts)가 공동 저술한 『윤리학』(1932)의 제2판본에서 가져왔다.

가치를 지닌다. 지성을 충만케 하고 자신의 내재적 가치를 갖는 방법을 통해 지성은 진정 자유로운 것이 된다. 이것이 삶을 풍요롭게 하는 길이다. 아는 것은 인간의 과업이지, 학자나 철학자 같은 소수의 학식 있는 전문가들의 자본주의적 소유나 세련된 계급에 의해 행해진 미적 평가가 아니다.LW 10: 45

이런 흐름과 관련하여 지식인의 역할이 중요하지만, 제한된 역할을 해야 한다고 듀이는 생각한다. 그는 민주주의가 전문가에 의해 통치될 수 있다거나 통치되어야 한다고 주장하는 모든 제안을 강하게 거부한다.

전문가 계급은 불가피하게 공동의 이익으로부터 벗어나 사익 및 사적 지식을 가진 계급이 되어 갈 수밖에 없다. 그 안에서 사회문제는 전혀 지식이 되지 않는다.LW 2: 364

민주사회에 참여하는 모든 다중multitude은 정치적 의사결정과 통치 과정에 가능한 한 광범위하게 관여해야 한다. 그들은 정부 안에서 효과적으로 공유해 가야 한다. 결국 오직 민民, people 자신이 고통의 원인을 알고 있다.

전문가가 다스리는 모든 정부는 아무것도 아니며, 소수 이익에 의해 운영되는 과두정치가 될 뿐이다. 이곳에서 대중은 자신들의 요구를 전문가에게 알릴 기회를 갖지 못한다. … 세상은 대중이 아닌 지도자와 권위로부터 더 고통을 받아 왔다.같은 책: 365

듀이의 『민주주의와 교육』 서문에서 훅Sidney Hook은 이렇게 말한다.

어떤 영역에서 전문성을 따지지 않는다면, 듀이는 전문가의 통치에 대해 "전문가의 권고를 평가하기 위해 우리 모두가 전문가가 될 필요는 없다"라고 지적한다. 그렇지 않으면 민주적 정부는 불가능할 것이다.MW 9: xvii

민주적 공론장을 구축하는 중요한 일과 관련해 토론·자문·설득을 통해 여론을 명료화하는 과정에서 다중에게 상당한 무게를 두고 있다. 여기서 다수결 원칙의 수립도 중요한 목표지만 듀이가 상기시키는 점은 이것이다. 어떤 다수보다 중요한 것은 "사전 토론과 소수 의견에 부합하기 위한 관점의 수정이다. 그것은 이번에 기회가 주어졌으며, 다음에는 다수가 될 수 있다는 사실 때문에 소수에게 주어지는 상대적 만족감을 가져온다".LW 2: 365 "새롭고도 가치 있는 모든 아이디어는 소수와 함께 시작"된다. 그 아이디어가 "다중의 공동 소유"같은 책가 되고 발전될 수 있는 기회가 그들에게 부여되어야 한다.

그러나 모든 사람이 현대 사회에서 복잡한 생활문제 해결을 위해 필요한 고도의 전문화된 정보와 지식에 접근할 수는 없다. 그러므로 민주적 공공성은 필수적인 자원과 도구를 제공하는 전문가를 필요로 한다. 1927년 발간한 『공중과 그 문제들』에 실린 듀이의 논고를 해석해 보자. 여기서 우리는 특히 과학, 철학, 교육, 예술, 문학, 저널리즘 등과 같은 영역에서 공적 지성인들public intellectuals이 행한 네 가지 중요한 기능을 감지할 수 있다. 그것은 (1) 사회적 사건들에 대해 실험적 태도를 촉진하는 기능, (2) 사회적이고 인간적인 일에 대한 체계적이고 지속적인 탐구를 고려하는 기능, (3) 대중에게 영향을 미치는 사건과 관련해 정보에 한층 더 자유롭게 접근하는 기능, (4) 공적 의미에 대한 지식의 다층적 표현(예: 예술적인 표현 등)은 물론 자유롭고 충만한 상호 의사소통의 형태를 배양하는 기능이다.LW 2: 339-350 참조

이것들이 민주적 공론장을 회복시키기 위해 충분한 조건이라고 주장하지는 않지만 적어도 필수 불가결한 것이라고 듀이는 단언한다. 물론 민주적 공론장이라는 듀이의 비판의식은 당시 "기계 시대"라는 사회적 구성체와 대개 "포디즘Fordism"[45]이라는 이름에 포섭된 자본주의적 형태의 생산과 조직을 가리킨다. 여기에는 바우만Zygmunt Bauman[1997, 1998, 2000]처럼, 인간의 사건이나 함께 사는 사회적 삶의 변화에 대해 묘사하고 해석하는 후기-포디즘이나 탈근대, 포스트모더니즘 등의 최근 발전에 대한 관점을 포함하지는 않는다. 많은 세부 사항으로 이뤄진 듀이의 설명은 바우만과 같은 사회사상가의 의견과 결합

---

45. [옮긴이 주] 포드자동차회사는 20세기의 대량생산, 대량소비 시대를 열었다. 첫째, 생산방식으로서의 포디즘은 컨베이어벨트를 활용하여 반자동화된 조립 라인에서 제품을 생산하는 방법이다. 그것은 이동하는 컨베이어벨트 주위에 노동자와 기계를 배치하여, 노동자의 이동시간을 제거하고 작업 리듬을 완전히 기계의 리듬에 종속시켜 높은 생산성을 성취하기 위한 작업방식이다. 기술적으로 작업을 단순화, 표준화, 전문화시킴으로써, 노동자는 이틀이면 숙달할 수 있는 단순반복 작업만 담당하였다. 그로 인해 생산량은 비약적으로 증가하였지만, 또한 노동자의 소외 또한 증가하였다. 브레이버만은 테일러리즘과 포디즘의 도입으로 작업현장에서 구상과 실행이 분리되었고, 그 결과 정신노동과 육체노동의 분리가 일어났으며, 작업의 세분화가 진행되어, 노동자들은 일에 대한 자기 통제력을 상실하였다고 주장하였다. 작업과정에서 노동자들의 자율성은 완벽히 제거되었고, 그들의 숙련은 해체되었다는 것이다. 둘째, 이탈리아의 그람시는 포디즘을 가치관, 관습, 습속, 일상생활 등과 같은 문화적 현상 내지 생활양식으로 파악하였다. 그는 포디즘은 전례 없는 속도와 목적의식을 갖고 새로운 노동자와 인간형을 만들어 내는 문화적 흐름으로 이해하였다. 그에 따르면, 포디즘은 노동자의 지성, 상상력, 창의성을 파괴하였고, 생산적 활동을 기계적, 신체적 측면으로 환원시켰다. 그러한 태도는 작업장뿐 아니라 일상생활에서도 조장되었다. 즉, 작업장에서의 규율이 사회 전체로 확산되어 주류 판매 금지, 성적 타락 금지 등의 규율로 나타났으며, 사람들의 일상생활을 지배하는 규범체계로 자리 잡았다는 것이다. 셋째, 프랑스 조절학파 경제학자들은 포디즘을 표준화된 제품의 대량생산, 대량소비의 축적체계를 일컫는 말로 사용하였다. 1926~1929년 세계 대공황으로 표출된 유효 수요의 한계는 테일러리즘. 포디즘에 의한 대량생산체계의 위기를 가속화하였다. 케인스는 그 위기 탈출의 대안으로 유효수요 확보를 강조하였고 미국 정부는 뉴딜 정책을 실시하였으며, 포드자동차회사에서는 노동자의 고임금 정책을 채택하였다. 포디즘은 노사 협조 체계의 구축을 의미하는 것이고, 미국 의회에서는 상원의원 와그너가 발의한 전국노사관계법의 통과로 호응하였다. 와그너법은 뉴딜 정책의 일환으로 제정된 미국의 노동조합보호법으로, 그 법에서는 노동자의 단결권와 단체교섭권을 보호하기 위하여 부당노동행위제도와 교섭단위제도를 설정하였다.

되면서 더 비판적으로 발전될 뿐 아니라 재건될 수 있고 재건되어야 한다.Neubert & Reich, 2011 참조 하지만 대체로 민주적인 대중의 번영과 관련해 이를 함축하고 있는 비판과 도전이 있다. 아래에서 언급된 네 가지 과업은 현재 상황에서도 적절성을 잃지 않는 것들이다. 하나씩 간략하게 설명해 보자.

1. 듀이에 따르면, 과거의 특정 법률이나 정치적인 규제가 극복된 것을 근거로 하여 현재의 사고와 의사소통이 진정한 자유를 확보할 수 있으리라 생각하는 것은 환상이다.LW 2: 340 그의 관점에서 사고의 자유란 모든 맥락의 전통, 문화적 관습, 신념, 규약으로부터 완전하게 독립하고 분리된 것이라기보다는 주어진 사회·역사적 맥락의 한계에서 벗어나는 상대적인 해방을 의미한다. 특히 그것은 사람들의 생활 경험 내용에 대한 실험적이고 비판적인 태도를 갖는 것과 밀접하게 관련되어 있다. 이런 태도는 보증된 개념, 도구 등을 통해 검증하고 수정하고 나아가 적용하면서 가능해진다. 적용을 통해 발전할 수 있는 사고와 탐구 방법은 미래 시기의 성장과 우연에 대해 제한 없는 개방성을 수반한다.

    이 책 서문과 1, 2장에서 논의된 구성, 해체, 재구성의 순환은 철학적인 실험주의에 대한 근본적인 단계이자 필연적으로 서로 연결된 세 단계의 특징을 오늘날의 언어로 보여 준다. 그러나 현대 민주주의의 사회적 지성의 필요성과 관련하여, 듀이가 관찰한 것은 다음과 같다. 즉, 사고 및 탐구 도구의 개발이 학문적 논쟁의 특정 분야에만 국한되는 한, 대중매체들은 광고, 진부한 표현, 선전, 선동 등으로 대표되는 홍보 수준에 머무를 수 있으나, 지적 자유에 대한 신념은 너무나 쉽게 자기기만, 자기만족, 피상성을 초래할 수 있다. 이런 사태에서 문제가 되는 것은 다수의 인원들이 자신들의 요구에 따라 공적 의견을 조작할 수 있는 충분한 수완을 가지고서 경제적이고 강력한 이익을 위해 대중들을 쉽게 착취할 수 있게 된다는 점이다. 듀이 관점에서 보면, 착취 가능성과 실제 정치적인 이해를 표명하는 데 대중의 힘은 상대적으로 낮고 개발되지 못한 상태다. 현대 산업사회는 강력한 감정과 지적인 습관이 여전히 지배적이다. 그래서 사회나 정치 쟁점과 관련된 인간사에서 실험에 대한 뿌리 깊은 두려움이 연결되어 있다. "인간은 물리적이고 기술적인 문제에 대해서는 실험적 방법에 익숙해져 있다. 하지만 인간적인 관심사에 관한 실험은 여전히 두려워한다. 이 두려움은 꽤나 효력이 있는 편이다. 뿌리 깊게 박힌 모든 공포와 마찬가지로 이는 모든 종류의 합리화로 은폐되고 위장되기 때문이다." 그래서 "현대의 정치적 삶"의 차원에서는 사회제도와 조건에 대한 효과적인 질문에 강력하게 반대하는 작업에 대해 생각하기를 꺼린다.^{LW 2: 341} 그런 꺼림은 현실을 회피하게 한다. 이는 "불평불만 없음", "무기력한 표류", "오락에 대한 내키지 않는 몰두", "오래 확립된 것에 대한 이상화", "안이한 낙관주의", "'지금 그대로의' 것들에 대한 요란한 칭송", "모든 반대자에 대한 협박" 등의 방식으로 드러난다. 이런 방식은 교묘하게도 무의식적으로 침투하고 작용하므로 더 현실을 약화시키고 분산시킨다.^{같은 책: 341ff.} 이와 같은 경향은 공적인 탐구와 의사소통을 좌절시키고, 구성적이며 비판적인 잠재력을 제한하면서 강력한 사회적 권력을 형성한다. 그들은 민주주의에 중대한 도전을 제기하고, 사회적인 사건에 대한 실험적인 태도에 기반을 둔 공익 증진을 인간사에 대한 사회적 지성을 촉진시키기 위한 불가피한 전제 조건으로 만든다.

2. 나아가 사회적 탐구 방법과 절차가 여론 형성에 효과적으로 기여하려면 일정한 요구 사항과 기준을 만족시켜야 한다고 듀이는 주장한다. 이런 연결에서 특히 중요한 것은 '계속성 continuity'과 '현실성actuality'이다.LW 2: 346ff. 끊임없이 작동하는 탐구와 의사소통 방법의 결과가 아닌 한 여론은 변하기 쉬운 것이라고 듀이는 경고한다. "꾸준한 탐구만이 공적인 사안에 대해 지속적인 의견과 관련된 재료를 제공할 수 있다."같은 책: 346 이러한 관찰은 연구와 기록에 대한 체계적이고 철두철미하게 잘 갖춰진 프로그램을 요청한다. 더욱이 이 같은 탐구는 공적인 기능을 충분히 유지하고, 공공 서비스를 수행하기 위해 현행 문제에 대해 가능한 한 적시에 대응해야 한다고 듀이는 강조한다. 이렇게 1920년대에 이루어진 그의 진단은 지금도 여전히 유효하다. "기존 사회과학의 한계는 너무나 두드러진다. 이들 자료는 당면한 공적인 관심사와 그에 대한 대처 여론을 효과적으로 형성하기에는 사건이 지난 후 너무 늦게, 너무 멀리서 온다."같은 책: 347

3. 듀이에 따르면, 현대 산업사회는 문제 이면에 있는 "뉴스" 정책의 딜레마도 안고 있어 그 긴급성을 더하고 있다. 현대 사회에서 대중매체는 이전에는 상상도 할 수 없는 정도까지 정보를 증대시키고 유포시킬 수 있게 되었다. 듀이 시대에는 전보, 전화, 라디오, 속달우편, 인쇄매체 정도였다면, 오늘날은 텔레비전, 이메일, 인터넷 등을 추가할 수 있다. 하지만 듀이가 관찰한

바에 따르면, 보급되는 자료들, 즉 새로운 미디어로 유통되는 '뉴스'는 대체로 너무 분산되어 있고 지나치게 고립되어 있다. 그래서 툭하면 시시하게 끝나 버리거나 그 순간의 흥분을 넘어서는 것을 제공하지 못한다. 이런 흐름들은 단어 그대로 '의미 meanings'라는 온전한 뜻을 지닌 '사회적 의미'를 전달하지 않는다. 왜냐하면 그것들은 사회적 과정들과 문제들에 대한 차별화된 통찰력이 따르는 사건들 간의 연결과 그 관계에 대한 관심을 이끌어 내지 못하기 때문이다. 많은 경우 "뉴스들"은 단순히 단절된 사건으로 제시된다. 그것들은 다음에 보이는 단절된 "뉴스"의 장면이 시작되자마자 쉽게 사라지는 선풍적인 효과를 일으키는 계기가 되는 어떤 실제적인 발생 사건이다. "비극적인 일들, 다시 말해 범죄, 사고, 가족 논란, 개인의 갈등이나 대립 같은 일들은 계속성을 침해하는 가장 명백한 형태라고 할 수 있다. 이것들은 감각의 가장 엄격한 의미인 충격적인 요소를 제공한다. 이 사건들이 작년에 일어났든 올해 일어났든 신문은 날짜만 알려 주지만, 이 사건들은 유독 빼어나게 '새로운 것'이 되어 버린다. 결국 이것들은 그들이 맺고 있는 관계로부터 완벽하게 고립되고 만다."LW 2: 347

하지만 우리가 놓치고 있는 것은 사회적 실제를 더 논리적이고 체계적으로 파악하기 위해 고립된 정보 조각들을 건설적이고 비판적으로 통합하는 상징적인 의미와 자원에 대한 충분한 의사소통이다. 듀이는 특별히 사회과학이 기여해야 할 일종의 언론적 책임이 있다고 시사한다. 즉, "진정한 사회과학은 학술적인 저서와 기사에서 탐구의 도구를 제공하고 다듬는 동시에 일간신문에서도 그 실제를 명시해야 한다"라는 것이다.같은

책: 348 왜냐하면 사회과학은 민주적 형성과 공적 여론의 표현과 관련하여 그들의 기능을 공정하게 할 수 있는 "일간지와 지속적인 취합, 그리고 뉴스들의 해석"에 적용되어 있기 때문이다. 그리고 동시에 사회과학은 현행 사건들의 요구에 대응하는 사회적 탐구의 도구와 방법을 고안하고 발달시킬 수 있기 때문이다. 듀이에게 "지식은 이해일 뿐만 아니라 의사소통이다. 또한 사회 현상에 대한 지식은 특히 정보의 보급에 의지한다. 보급을 통해서만 그런 지식을 입수하거나 시험할 수 있기 때문이다"같은 책: 345 그는 자본주의라는 여건 하에서 그런 정보 보급이 포괄적이고 민주적인 여론 형성의 기회나 도전이 되기보다 특정 이해 관계자들의 이익을 위해 능숙한 경영 사안으로 실행된다는 사실 때문에 상당히 방해받고 있다고 한다. 따라서 모든 홍보는 너무 쉽게 선동과 선전몰이, 조작, 제약, 여론 통제 등의 형태를 취한다.같은 책: 348 이 과정에서 민주주의 프로젝트는 위험에 처하게 된다. 다양한 사회적 쟁점과 관심사에 적절히 대응할 수 있는 정보에 기반을 둔 민주적인 대중 형성을 약화시키기 때문이다. "사회적 탐구 결과에 대한 의사소통은 여론 형성과 같다. 이것은 정치적 민주주의 성장에 초점을 맞춘 최초 아이디어들 가운데 하나지만, 마지막으로 실현될 아이디어들 중 하나가 되기도 한다."같은 책: 345

4. 듀이 입장에서 공적인 정보, 지식, '뉴스'의 충분한 표명과 보급 문제는 또 다른 측면이 있다. 민주적인 의사소통에 대한 포괄적인 과정의 일부가 되려면 공적인 표현과 보급이 겉으로 드러나는 문제와 관련된 추가적인 조건을 충족시켜야 한다. 뉴스가 다양한 수준의 민주적인 공론 영역에 효과적으로 유포되고

대중에게 전달되어야 한다면, 공적 지식의 표현은 학문적인 담론의 표명에 국한되어서는 안 된다. "지식인에게 알맞은 기술적 표현은 기술적으로 높은 수준의 사람들에게만 어필한다. 이는 대중에게 뉴스거리가 되지 않는다."LW 2: 349

듀이는 공적 표현과 관련된 쟁점이 본질적으로 예술의 문제라고 주장한다. 듀이는 민주적 공공성democratic publics의 번영을 위한 필요조건으로 예술의 자유를 전제한다. "문학적 표현에서 예술가의 자유로움이란 달리 말하면 사회적 탐구에 대한 자유로움이다. 이런 자유는 바로 공적 문제를 적절한 의견으로 바람직하게 창조해 내는 필수 조건이기 때문이다."같은 책 민주적 대중이 스스로 공동 관심사를 만들고 해체하고 다시 만들어 그 의미와 지식에 대한 시적 표현을 제공한다면, 예술가는 공적인 일the public에 참여하는 사람들의 생활 경험에 더 깊고 감성적이며 창의적인 수준으로 침투하는 지식과 의미의 기반을 닦게 될 것이다. 이런 방법으로 예술가들이 말하는 은유는 사회적인 의미와 의사소통에 대해 새로운 통찰력과 고양된 형태의 공유를 제공할 것이다. 예술의 역할이 늘 "인습적이고 상투적인 의식의 표면을 돌파하는 것"이었다고 했을 때, 듀이는 은유적 차원에 대한 시적인 힘을 고려한 것이다.같은 책 그는 시와 드라마, 소설 등을 통한 공적인 표현의 문제가 해결 불가능한 것은 아니라는 긍정적인 증거를 제시하고 있다고 생각한다. "예술가는 항상 뉴스의 진정한 전달자였다. 예술은 그 자체로 새로운 외적인 해프닝이 아니라 감정과 지각, 감상에 불을 붙이는 것이기 때문이다."같은 책: 350 이런 의미에서 듀이는 민주주의가 필연적으로 "시적 문화poetic culture"라고 한 최근의 신실용주의 철학자인 로티Richard Rorty, 1989[46]와 의견을 같이했을 것이다. 시적 문화 안에서 공유된 가치와 성과는 스토리텔링과 다른 형태의 예술적 표현을 통해 순환되고, 그로 인해 공동체는 자기만의 고유한 자기 관념을 상상하고 이야기한다. 이를 위해 공동체는 통찰력 있는 은유와 이미지, 내러티브를 만들어 내는 "대담한 시인strong poets"으로서 대중적 지식인이 필요하다.

우리는 듀이가 『공중과 그 문제들』에서 서술한 긴 인용문으로 본 장의 논의를 마무리하려 한다. 이 인용문에서 듀이는 공적인 의사소통, 사회적 지성 그리고 시적인 문화의 힘에 관한 자신의 민주적 비전을 요약 제시한다. 이는 한 사회에 대한 비전이기도 하다.

사회에서 끝없이 펼쳐지고 복잡하게 분기하는 연합 활동의 결과는 이 단어의 의미 그대로 알려지게 될 것이다. 그 결과 조직화되고 논리 정연한 공중public이 탄생할 것이다. 가장 높은 차원이면서 동시에 가장 어려운 종류의 탐구와 섬세하고 미묘하고 생동감 넘치며 잘 반응하는 의사소통 기술은 구체적인 전달과 유통이라는 물리적 장치를 소유하고 여기에 생명을 불어넣어야 한다.

---

46. 로티는 자유주의 사회란 각자가 고결한 희망을 담아 가슴에 품은 이 '마지막 어휘들'이 경합하는 사회이며, 그 안에서 누구의 말씀이 더 설득력 있는지를 보여 주며 동의를 얻어 가는 사회라고 주장한다. 자유주의자가 바라는 사회는 잔인성이 최소화한 사회, 인간의 고통과 굴욕이 최소화한 사회이다. 이런 사회를 만들어 가는 것을 자유주의자는 공적 영역에서 가장 중요한 과제라고 생각한다. 그러나 자유주의자는 이런 신념을 다른 사람에게 일방적으로 강요하지 않으며, 초월적인 원리에 입각해 명령하지도 않는다. 자유주의자가 쓸 수 있는 인간의 모습을 가능한 한 생생히 알려 주는 작업을 통해 다른 사람들을 설득하는 것뿐이다. 그런데 로티의 자유주의 철학은 인간과 세계의 근원적 진리를 추구하는 사람에게는 너무나 얄팍한 철학으로 비칠 수 있다. 또 급진적인 변화를 추구하는 사람에게는 너무 온건한 철학으로 보일 수 있다. 그러나 세상에는 절대적 기준이 없어서 불완전한 인간들끼리 조금씩 사회를 개선해 나갈 수밖에 믿는 사람이라면, 로티가 그리는 '자유주의 아이러니스트(liberal ironist)'의 초상에서 자신과 가까운 모습을 발견할 수 있을 것이다.

이와 같이 기계 시대가 그것의 기계성을 완성시켰을 때, 기계는 전제적 주인이 아니라 삶의 수단이 될 것이다. 이처럼 민주주의가 자유롭고 풍요로운 의사소통으로 가득한 삶을 위한 이름일 때, 그 진가가 발휘될 것이다. … 자유로운 사회적 탐구가 온전하고 감동적 의사소통의 예술과 확고하게 결합될 때 민주주의는 완성될 것이다.LW 2: 350

핵심 텍스트 선정

이 장 3부는 다음과 같은 텍스트에 맞춰졌다.[47] 의사소통에 관한 듀이의 가장 중요한 설명은 "모든 사건 가운데 의사소통은 가장 놀라운 것"LW 1: 132이라고 한, 감상적이고 간결한 발언으로 시작하는 『경험과 자연』 5장에서 찾을 수 있다. 여기서 독자는 듀이 교육이론에서 매우 중요한 의미를 갖는 의사소통에 관한 그의 철학과 이론을 발견하게 될 것이다. 듀이는 이미 『민주주의와 교육』1916: MW 9 첫 장에서 그 주제를 발전시켰다. 여기서 듀이는 성숙한 사고 속에서 획득한 "의사소통"이 중심적인 위치를 차지할 거라고 예고한다. 『경험과 자연』에서 그는 이와 같은 초기 생각을 근본적인 인간 경험의 의사소통 구조를 포괄적으로 이해하고, 그 구조를 실용주의 차원에서 분석하면서 이행한 매우 확장된 규모로 논의한다. 듀이는 사회적 상호작용의 조정을 위해 의미를 소통하는 수단이라는 도구적 국면 말고도, 그는 특히 공유된 의미 구성에 참여하는 질적 성취의 차원을 보여 준다. 이처럼 그

---

47. 이 부분은 주로 Neubert(2009b)에서 발췌했다.

에게 의사소통이란 수단인 동시에 목적이다. 아이디어나 정보를 전달하는 수단으로 기능할 뿐 아니라 무엇보다 거기 참여하는 사람들에게 당면한 경험의 질을 높이며 공유된 의미의 세계를 구성하는 과정 자체이기 때문이다. 따라서 듀이에게 모든 진정한 의사소통은 인간 경험의 교육의 잠재력뿐 아니라 창조적 잠재력을 표출한다.

실용주의에 기반을 둔 윤리와 도덕이론에 대한 듀이의 가장 포괄적인 설명은 1908년 터프츠James Hayden Tufts와 공동 저술한 책에 나와 있다. 이 책은 완전히 개정된 후인 1932년 재출판되었다.LW 7 두 판본 사이에 『민주주의와 교육』MW 9, 『철학에서의 재구성Reconstruction in Philosophy』MW 12: 77-201, 『인간 본성과 행위』LW 14와 같은 많은 저술들이 있다. 여기서 듀이는 자신의 윤리적 입지를 세우고 단계적으로 발전시킨다.[48]

윤리에 대한 듀이적 접근의 특징은 절대적 초월주의자 접근과 상대적 주관주의자 접근 사이에서 중도적 입장을 찾는 데 있다. 듀이는 구체적 경험을 선행시키거나 말하자면, 외부로부터 강요된 선험적이고 보편적인 규범 및 원칙을 수립하려는 어떤 시도도 거부한다. 하지만 그는 윤리적 규범을 결국 규범적 힘이 결여된 순전히 자의적인 결정으로 간주하는 입장도 똑같이 거부한다.

듀이에게 도덕적 성찰은 모든 성찰과 마찬가지로, 즉각적으로 겪게 되는 일차적 경험의 맥락에서 출발한다. 즉, 특정의 유일한 맥락에서, 그리고 처음에는 분석되지 않은 상황에서 도덕적 문제가 발생한다. 예를 들어 두 개의 모순되는 주장 사이에서 결정을 강요하는 상황이 있

---

48. 수단과 목적의 관계에 대한 듀이의 비범하고 정교한 논의 - 예를 들어 Theory of Evaluation (1939; LW 13: 189-251과 특히 226ff.: "The Continuum of Ends-Means") - 와 에세이 "Three Independent Factors in Morals" 참조. 여기서 듀이는 자신의 실용주의를 협소한 공리주의로 보는 기존의 오해를 완벽하게 논구한다.

을 수 있다. 도덕적 삶의 활력과 다양성을 소홀히 하지 않도록 상황 맥락은 항상 고려되어야 한다. 우리는 완벽하게 준비되지도 갖춰지지도 않은 모든 도덕적 상황에 직면할 필요는 없다. 실로 다양한 도덕적 문제들을 구체적으로 경험하는 것으로부터 세대를 넘어서는 과정에서 군건한 도덕의 원칙과 규범이 출현한다. 이러한 원칙 및 규범이 우리에게는 방향을 제시한다. 이것들은 도덕성과 관련해 살아 있는 문화적 실천으로 '기능적인' 역할을 한다. 자신으로부터가 아니라 과거의 성공적인 경험을 적용하는 것으로부터 규범적인 힘을 이끌어 내는 도덕관념이 일반화된다. 우리는 새로운 상황에서 이를 되풀이해서 자신을 증명해야 하고, 규칙으로부터 나오는 예외적인 것들을 항상 감안해야 한다. 결국 적용과 재조정 그리고 전승된 원칙을 수정하면서 어느 정도 도덕적 유연성을 요청한다. "왜냐하면 삶은 유동적이라서 그 안에서 낡은 도덕적 진리는 적용되지 않기 때문이다."MW 14: 164

한마디로 듀이에게 도덕철학은 도덕적 삶의 기능이다. 인간 경험의 다양성과 가변성을 정당하게 다루려 한다면, 도덕성을 보편적이고 영원한 진리의 적용으로만 간주해서는 안 된다. 오히려 안으로부터 그 자체의 기준을 발전시키는 사회적이고 경험적인 구성이나 실천으로 간주해야 한다. 다른 여러 접근법과 반대로 듀이의 윤리이론은 살아 있는 인간관계에 놓인 감정, 상상, 창조의 차원을 강조한다.[49] 또한 종종 상반되는 주장들을 완벽하게 해소하는 것이 불가능하고, 구체적인 도덕적 상황에 놓인 모호성과 양면성에 주의를 기울인다.

듀이의 사회철학의 중심에는 그가 강조하는 민주주의에 대한 개념이 있다. 그는 『민주주의와 교육』1916: MW 9에서 민주주의의 개념을 체

---

49. 또한 듀이의 *Art as Experience*(e.g., LW 10: 49-50)에 나오는 사례를 참고하라.

계적이고 광범위하게 설명한다. 나아가 삶을 마감하는 순간까지 정치 관련 저작에서 자신의 관점을 발전시키고 확대시킨다. 듀이가 말하는 민주주의의 관점은 두 가지 측면으로 특징지을 수 있다. 첫째, 참여민주주의participatory democracy의 이념을 함축한다. 그가 말하는 민주주의는 단지 정부 형태나 일련의 제도가 아니다. 오히려 사회의 선, 가치, 이해관계와 관련된 가능한 한 광범위한 참여에 의지하는 개념이다. 이런 흐름은 삶의 동일한 조건과 모든 영역에 의지하는 생활방식을 상징하기도 한다.[50] 둘째, 다원적 민주주의pluralistic democracy의 이념을 내포한다. 상이한 집단, 지역사회, 문화, 단체가 갖는 다양성은 위협이나 손실이 아니라 다양한 형태로 연합된 삶을 가능케 하고, 그 사이에서 가능한 한 자유롭고 광범위한 교류가 이뤄진다. 이를 위한 제도적 필요조건이 확보되면 민주주의를 위한 이익이 나타난다.MW 9: 87-106 참조 이 두 가지 측면에서 보면, 듀이에게 '민주주의'는 단순히 사회 현실에 관한 설명이나 묘사를 뜻하지 않고, 하나의 사회 개량을 위한 프로젝트a meliorist project를 의미한다.

1920~1930년대에 발간된 듀이의 정치 저작들은 당대의 공적인 논의에 상당한 영향을 미쳤으며, 여전히 20세기의 급진적 민주주의radical democracy에 대한 가장 고무적인 작품들로 간주된다. 『공중과 그 문제들』1927: LW 2: 235-372에서 듀이는 공적 차원의 의미를 결정하는 데 효과적이고 지속적인 영향력을 행사할 수 있는 길을 찾고자 한다. 특히 산업시대의 "위대한 사회Great Society"라는 여건에서 민주적 공중이 어떻게 가능할지 근본적이고도 중요한 문제를 논의한다. 『오래된 그리고 새로운 개인주의Individualism, Old and New』1930; LW 5: 41-123에

---

50. 이는 대의제에 대한 거부라기보다 직접민주주의와 대의민주주의의 형식과 방법이 결합된 것을 뜻한다.

서 그는 전통적인 정치 관념에 따른 개인주의 개념에 근본적인 재구성이 필요함을 언급한다. 『자유주의와 사회적 행위Liberalism and Social Action』1935; LW 11:1-65에서는 자유주의의 전통적인 개념에 대해 이와 유사하게 개념 재구성을 위한 도전적 과제를 탐구한다. 『자유와 문화 Freedom and Culture』1939; LW 13: 63-188에서는 다른 나라의 파시스트와 스탈린 체제에만 비판의 초점을 맞추는 것이 아니라, 미국 내 여러 반민주적 경향에 맞춰 민주주의를 위협하는 전체주의를 상술한다. 여기서 우리는 마르크시즘 정치철학에 대한 그의 가장 포괄적인 논의를 찾아볼 수 있다.

1~3장까지 했던 것과 마찬가지로 듀이 교육론의 핵심 텍스트를 이렇게 선정하려 한다. 『학교와 사회』MW 1: 1-109라는 소책자초판 1899년에서 듀이는 1896년 시카고대학교에 설립된 "실험학교"의 교육적 작업을 설명했다.[51] 학교 이론에 대한 첫 번째 체계적인 해석을 제시한 이 책은 학교를 개혁하고 재건하고자 분투했던 당대 교육학자들 사이에 신속하고 광범위한 영향력을 미쳤다. 듀이는 19세기 후반 산업혁명과 그에 따르는 도시화로 인해 근본적이고 지속적인 사회변화에 직면한 학교와 사회의 관계에 대해 이론과 실천 모두에서 다시 생각하기 시작했다. 그의 관점에서 보면, 우리에게 필요한 것은 학교를 아동의 삶에 맞춰 재조정하고 불필요한 에너지 낭비를 피하는 일이다. 이 연장선상에서 학교에 대한 듀이의 전망으로 논의되는 "축소된 공동체miniature community"나 "맹아적 사회embryonic society" 개념은 유명하다. 같은 텍스트에서 그는 "아동의 서식지the child's habitat"라는 말을 사용했다.같은 책: 12 다른 곳에서는 학교와 교실에서의 실천에 필요한 변화에

---

51. 흔히 '듀이 학교'라고 불리던 시카고의 실험학교는 그가 뉴욕의 컬럼비아대학교로 옮겨 가던 해인 1904년까지 존속했다.

대해 기술하면서 천문학의 코페르니쿠스적 전환에 비견되는 중력의 중심 전환, 즉 교육혁명을 주장했다.

> 이런 경우 아동은 태양이 되고, 교육적 장치는 그의 주변을 공전한다. 즉, 아동이 중심이고 그를 중심으로 그 장치들이 조직된다.같은 책: 23

이는 순진무구한 일방적인 아동 중심 교육을 호소하는 게 아니다. 듀이의 상호작용적 접근은 물론 학습자와 환경의 상호작용이 갖는 우위성에 대한 강조는 애초부터 발생할 수 있는 오해를 차단했다. 이는 자연적이고 사회문화적인 상호작용이며, 「아동과 교육과정The Child and the Curriculum」1902; MW 2: 271-291에서 두 관계를 이해하는 데도 적용된다. 듀이에게 학습은 언제나 사물 가운데서 시작된다. 이것이 다른 무엇보다도, 학교가 학습의 장이 되기 위해 삶에 열려 있어야만 하는 이유다. 이상적 학교the ideal school는 이렇다.

> 아동의 삶은 우선적인 목표가 된다. … 그렇다면 학습은? 물론 그것도 목표다. 하지만 삶이 우선이고, 학습은 이 삶 속에서, 삶을 통해 이루어진다.MW 1: 24

학교는 학생의 생활 세계와 더 넓은 사회 환경에 열려 있어야 한다.같은 책 39-56 참조 배움의 장소로서 그곳은 '실험실laboratory' 모델-매우 광의적 은유를 하자면-을 따라 조직된다. 그곳에서는 다른 학습자들과 협력하면서 능동적 실험, 관찰, 구성, 검증, 토의, 예술적 표현을 통한 배움의 기회가 주어진다.

『내일의 학교』1915; MW 8: 205-404는 듀이가 딸 에블린과 공동 저술한 책으로, 교육의 역사에 대해서만이 아니라 학교 및 교실 개혁에 대해서도 썼다. 이는 오늘날 토론을 위해서도 대단히 흥미로운 작품이다. 듀이 부녀는 이 책에서 미국 여러 지역에서 몇몇 진보주의 학교를 선별한 후, 이론적인 설명(듀이가 작성)과 학교와 교실의 실천에 대한 보고(주로 에블린이 관찰)를 종합하여 제시하고 조명한다. 그렇게 이들은 교육적 재구성의 이론과 실천 사이의 균형을 멋지게 유지시킨다.

1년 후, 듀이는 교육철학에 대한 주저 『민주주의와 교육』1916; MW 9을 출판한다. 이 책에서 그는 민주주의 개념의 교육적 함의를 포괄적이고 체계적으로 이끌어 낸 과업을 이야기한다. 그는 민주주의에 대한 급진적 개념으로부터 등장한 관점을 가지고 공교육의 구성적 목표와 방법에 대해 논의를 시작한다. 그리고 지식과 윤리에 대한 전통적 이론을 비판한다. 이 이론들이 민주적인 이상의 실현을 방해하는 방향으로 교육에 영향을 미치기 때문이다. 듀이는 민주주의의 번영, 학문에서 실험적 방법의 발달, 진화론과 산업혁명의 관계에 관심을 갖고, 이러한 갖가지 변화의 과정이 교육에 가져오는 결과를 검토하자고 주장한다.MW 9: 3 참조

가장 일반적 수준에서 듀이가 교육의 개념이 그 자체를 넘는 목적을 아무것도 갖지 않은 계속적 성장의 과정이라고 생각한 것은 위에서 설명한 '경험'에 대한 철학적 개념과 인간 본성에 대한 그의 개념과 일치한다.같은 책 46-58 참조 듀이에 따르면, 교육의 가장 포괄적 목표는 오로지 더 교육적이 되는 것이다. 변화와 다양성을 특징으로 하는 세계 속에서 학습자들이 상호작용하면서 평생에 걸쳐 경험의 계속적 재구성은 일어난다고 할 수 있다.같은 책 82ff. 참조 그런 의미에서 "실제로 보다 많은 성장을 제외하고는 상대적인 성장은 아무것도 없기 때문에, 더

많은 교육을 제외하고 종속되는 것은 아무것도 없다".같은 책: 56

> 학교교육이 계속적인 성장 욕구를 얼마만큼 불러일으키는지,
> 그 욕망을 실제로 효과적으로 만드는 수단을 얼마만큼 제공하는
> 지가 학교교육의 가치를 나타내는 기준이다.같은 책: 58

듀이의 후속 저작 중 두 편의 글을 간략하게 더 소개하자면 아래와
같다. 먼저, 『교육학의 근원*The Sources of a Science of Education*』1929/30;
LW 5: 1-40이라는 논문은 교육학의 성격과 교육적인 주제를 탐구하기
위한 적절한 방법론의 문제를 다룬다. 특히 듀이는 "탐구자로서의 교
사"가 교육 연구과정에 더 직접적으로 참여할 것을 요청한다.

두 번째로, 소책자인 『경험과 교육』1938; LW 13: 1-62은 원숙한 철학연
구의 배경과 함께 상당히 확장된 경험이론에 근거하여 듀이의 철학적
사유를 상세히 밝혀 준다. 그는 진보주의 교육운동Progressive Education
Movement의 맥락에서 자신의 교육학이 잘못 이해되고 해석되고 있는
점에 대해서도 응답한다.

John Dewey

4부

비판과 우려:
이 시대를 위한 듀이 사상의
재구성

여전히 많은 측면에서 불완전하지만, 민주주의와 교육이라는 주제로 듀이의 문화적·구성적·의사소통적 접근을 소개하는 이 일은 이젠 전환점에 다다른 듯하다. 이런 생각은 여전히 가치 있는 방향과 지침을 제공한다. 듀이 같은 철학자들이 그랬던 것처럼, 이는 교육의 필수 불가결한 문화적·역사적·사회적 맥락을 강조하는 일이다. 동시에 이는 듀이의 실용주의가 우리 삶의 변화에 조응하는 최근의 이론적 발전과 결합하는 실제적 조치에 해당한다.

이 책 전반부 세 장에서 제시한 설명을 떠올려 보자. 우리에게 필요한 재구성은 듀이의 교육철학에서 이미 다루어 온 것들이다. 이는 문화적이고 구성적이며 소통적인 전환과 마주하여 생산적인 측면뿐만 아니라 비판적인 측면으로도 연결되어야 한다. 이 세 측면은 20세기 철학, 인문학, 사회과학, 교육학에서 본질적으로 중요했으며 오늘날에도 여전히 관련이 깊다. 오늘날 이런 학문 영역에서 일반적인 사조는 거대 담론을 상당히 냉소적으로 취급하거나 비꼬고 있다. 그렇지만 그런 거대 이론은 여전히 중요하고 가치 있게 남아 있다. 특히 듀이에게 이런 지적은 잘 들어맞는다. 듀이는 결코 통찰 수준에서 끝내 버리거나 다른 거대 담론을 설명하려는 철학적 입장을 개발하지 않았다. 그는 늘 자신의 관찰과 성찰을 삶의 역동적이고 다양한 맥락 속에 있는 경험과 연결해 왔다. (다른 모든 것들 중에서) 이런 태도는 우리가 오늘날까지 움켜쥐고 우리 시대를 위해 더 생산적으로 만들어 내려 했던 것이다.

앞으로 우리는 보다 최근에 출현한 몇 가지 이론과 듀이 사상을 결합시키면서 이를 구성적이고 비판적인 대화 위에 자리매김하고자 한다. 이런 이론들은 앞서 언급했던 세 가지 전환의 맥락에서 새롭게 발전한 모습을 보여 준다. 가장 먼저 '상호작용적 구성주의'에 대해 우리가 제시한 해석의 틀을 가지고 몇몇 핵심 관점을 소개하면서 시작해 보고자 한다. 우리의 의도는 오로지 듀이 사상을 재구성하는 것이다. 독자들은 이 차이를 분명히 인식해야 한다. 즉, 듀이 자체를 이해하고 싶다면, 오히려 듀이 저작을 살펴보는 것이 우선적인 일일 것이다. 앞선 세 장 도입부에서 이야기한 것을 읽는다면 이런 흐름을 이해하는 데 도움이 될 것이다.

이런 노력은 듀이 같은 고전 사상가들을 이해할 때 가치가 증대한다. 그렇다고 해서 독자들이 듀이 저작을 자신의 맥락에 따라 해석해야 하는 것은 아니다. 이는 필요에 따라 해석할 수 있다. 우리는 앞선 세 장에서 이런 해석을 보여 주었다. 물론 엄청나게 많고 특별한 그의 저작들을 공정하게 대하려면 상당한 노력이 따른다. 이 장에서는 이 시대를 위해 가능한 한 형식에 구애받지 않고 자유롭게 듀이 유산들을 재구성하는 방법을 개발하려 한다. 재구성의 철학자 듀이도 우리가 그렇게 하기를 기대할 것이다. 그러나 우리가 택하는 방법과 재구성의 동기에 대해 비판적으로 세밀하게 볼 수 있는 기회를 독자에게 제공하기 위해서는 우리의 입장을 분명히 해야 할 필요가 있다.

우리는 실용주의에 대한 구성주의적 전환의 입장을 분명히 해 왔다. 앞선 세 가지 전환에 대한 우리의 입장이 소위 실용주의로 불리는지, 아니면 구성주의로 불리는지에 대해 그다지 신경 쓰지 않을 것이다. 이 두 가지가 별개라기보다는 서로 연결된다고 보기 때문이다. 사실 실용주의에서 제일 중요한 계승자로 인정받는 짐 개리슨Jim Garrison은 구성주의적 실용주의 지지자로 널리 알려져 있다. 더불어 슈테판 노이베르트Stefan Neubert와 케르스텐 라이히Kersten Reich는 구성주의의 가장 중요한 모태로 여겨지는 상호작용적 구성주의를 주창하는 쾰른 프로그램을 지지한다. 따라서 이 장은 상호작용적 구성주의에서 도출된 핵심 가정과 구체적인 입장과 관심사에 기반을 두면서 구성주의자들을 다시 고찰하고 듀이를 재맥락화할 것이다. 우리는 상호작용적 구성주의가 던지는 통찰이 상당히 가치 있는 것으로 밝혀지리라 믿는다. 더 나아가 재구성은 아주 다른 형태를 추구할지를 결정하는 것까지 포함할 것이다.

일반적으로 구성주의자들은 실재의 산물이 우연적인 것이고, 점진적으로 변화하며 언제나 잘못될 수도 있는 일종의 구성 과정이라 생각한다. 그 산물은 아는 것과 알려진 것, 이 모두의 감각 속에서 생동감 있는 방법으로 세계를 만들어 가는 산물이다. 그래서 상호작용적 구성주의는 구성주의의 의미를 구체적인 문화 맥락에서 관찰자, 참여자, 행위자 역할에 초점을 둠으로써 더욱 구체적으로 분명히 한다. 오늘날 실용주의와 구성주의는 다양한 접근으로 존재한다. 흥미롭게도 이들은 하나의 쟁점에 대해 매우 다른 입장을 취하기도 한다. 그렇다면 우리가 보기에, 교육이론가와 실천가뿐만 아니라 철학자들도 듀이가 제시한 실용주의 관점 안에서 상당한 이득을 거둘 수도 있다. 하지만 여전히 시대가 바뀌어 가면서 등장하는 새로운 도전에 응해야 한다. 상호작용적 구성주의를 중시하는 쾰른 프로그램은 이러한 도전에 초점을 맞추려 해 왔다. 동시에 실용주의의 철학적 성찰을 높은 수준으로 유지하고 새로운 구성체에서 생산해 왔다.

상호작용적 구성주의 관점에서 관찰자들은 흔히 격리된 관망자detached spectators로 여기는데, 사실 이뿐만 아니라 문화 참여자와 행위자로도 이해해야 한다. 이들이 뭔가를 관찰하고, 관찰한 것에 대해 논평을 서술할 수 있기 전에 이들은 문화적 실천, 일상 그리고 제도에 참여한다. 관찰 자체는 생활세계 맥락에서 시작하고 끝난다. 듀이는 이를 두고 이른바 '삶의 경험life-experience'이라 부른다.

관찰자로서 우리는 세계를 보고 듣고 느끼고 인지하고 해석한다. 우리는 신념과 기대, 관심사, 습관 그리고 반성에 기초해 우리만의 실재를 구성한다. 참여자로서 우리는 문화세계에서 기본적인 이해를 제공하는 다양하면서도 종종 이질적인 해석자의 공동체라는 보다 큰 맥락에 참여한다. 우리는 모든 종류의 사회적 집단, 공동체, 네트워크 그리고 제도에 참여한다. 우리의 참여는 없어서는 안 되는 문화적 자원이지만 동시에 헌신, 책임감, 충성 그리고 특정 대안의 배제를 의미하기도 한다. 행위자로서 우리는 행동하고 경험한다. 타인과 의사소통하고 협력하기도 하지만 싸우기도 한다. 우리는 의도한 바를 행하기 위한 계획과 프로젝트를 고안한다. 우리는 우리 자신을 표현하기도 하고, 다른 사람들의 표현에 반응하기도 한다.Neubert 2008: 108

더 나아가 우리는 문화 속에서 '관찰자-참여자-행위자'로서 스스로 관찰하는 사람의 위치self-observer positions와 거리를 두고 관찰하는 사람의 위치distant-observer position를 구별해야 한다. 자기 관찰자는 "공동체 내부에서" 자기 자신과 타인들을 관찰하면서 순간순간 자신들이 직접 참여하는 실천과 상호작용을 관찰한다. 거리를 둔 관찰자는 다른 사람들을 관찰하고, 그 사람들과 다른 공동체와의 상호작용을 관찰한다. 모든 자기 관찰자들에게 (잠재적) 거리를 둔 관찰자라는 존재는 완전히 외부적/이질적 관점을 취함으로써 자기 자신의 관찰을 상대화하는 끊임없는 도전 요소들, 즉 생소한 내용 요소들을 함의한다.

이 책 1부와 3부에서 다룬 것처럼, 우리는 독자들이 듀이의 관점을 내재적 관점과 해석으로 바라보게 하면서 이러한 차이들이 어떤 관련성이 있는지 찾아보게 하려 한다. 특히 이 장에서는 듀이를 다른 입장과 연계해 보면서 토론의 장을 확대하고자 한다. 그래서 듀이 연구를 거리를 둔 관찰자 위치와 결합하여 실용주의적 전통을 재맥락화하도록 돕고자 한다.

예를 들면, 바우만Zigmunt Bauman은 액체적 근대liquid modernity[52] 개념을 통해 차이와 다름에 관한 우리 시대의 철학적 담론을 그려 낸다. 그는 이러한 맥락화의 중요성을 다원주의 문화의 필수 구성 요소로 강조한다. 상호작용적 구성주의를 강조하는 쾰른 프로그램은 이를 현대 사상에서 최근 벌어진 '문화적 전환'의 일부라고 이해한다. 상호작용적 구성주의에서 관찰자들은 항상 구체적인 문화 맥락 안에서 교호작용에 개입하는 주체로 자리 잡는다. 그러면서 동시에 이들은 문화

---

52. [옮긴이 주] 바우만은 『액체 근대』(2000)에서 안정적이고 견고한 '고체'와 달리 끊임없이 변화하는 성질을 가진 '액체' 개념에 기초하여, 우리가 어떻게 '무겁고', '고체적이고', '예측/통제가 가능한' 근대에서 '가볍고', '액체적이고', '불안정성이 지배하는' 근대로 이동해 왔는지 탐구한다. '고체 근대'를 벗어나는 '액체 근대'의 도래는 인간 조건의 모든 측면에 심오한 변화를 불러왔다. 그 변화는 인간 조건을 해명해 주던 낡은 개념들을 재고하도록 요청하고 있다. '액체 근대'에 대한 일련의 작업의 출발점이며 가장 핵심적인 통찰을 담고 있는 이 책에서 바우만은 그 요청에 응해 해방, 개인성, 시/공간, 일, 공동체 이 다섯 가지 인간 조건을 둘러싼 주요 개념을 전면적으로 재검토하고 있다.

안에서 행위자이자 참여자가 된다.

구성주의적 관찰자 이론을 유지하려는 목적은 지식 주장을 가능케 하는 관찰자-참여자-행위자 관점 때문이다. 지식에 대한 모든 주장이 관찰자-참여자-행위자의 생동감 있고 임시적인 문화 구성으로 보여야 한다. 이는 원칙적으로 다른 관찰자-참여자-행위자에 의한 구성-재구성-해체를 위해 늘 열려 있어야 한다. 그러나 이 말이 곧바로 모든 지식이 본질적으로 어느 시대건 모든 관찰자에게 상대적인 것이 되어야 한다는 것을 의미하진 않는다. 그것은 분명하다. 오히려, 그것은 모든 관찰자의 동의를 바탕으로 어떤 상대주의에 대한 가능성을 피할 수 있는 참된 지식에 대한 어떤 주장도 제대로 이루어지지 않았다는 것을 의미한다. 이것이 바로 지식 비판에 관한 탈근대postmodern 혹은 액체적 근대 담론의 다양성에서 도출되는 구성주의적 결론이다. 지식 비판은 진리를 추구하는 분야에서 절대적이고 상대적인 것에 관한 내재적 역설을 보여 준다.Reich, 1998, vol. 1 참조

상호작용적 구성주의가 제안하는 스스로 관찰하는 사람의 위치와 거리를 두고 관찰하는 사람의 위치의 차이는 유동성으로 특징지을 수 있고, 이는 우리 시대 철학적 성찰에서 점차 더 중요해지고 있다. 이는 오늘날 담론에서 두드러진 특징이다. 즉, 오늘날 담론의 특징은 제한된 범위에서조차 자기 관찰자는 접근의 다양성을 간과할 수 없다는 것이다. "거대 프로젝트"나 "거대 서사"의 종말을 선언하면서, 지식에 대한 포스트모던적 비판은 되도록 다수의 진실 주장에 대하여 어떻게 하면 단일하고 포괄적인 접근이 가능한가에 초점을 두고 있다. 진실은 점차 다른 사람들에 의해 상대화되는 일부 사람들에 의해서 주장된다. 지식 담론은 모든 관찰자들에게 오랫동안 잃어버린 과학의 통일성에 대한 환상으로밖에 보이지 않을 만큼 '하나의' 당위적 진리

는 증식하고 분화되어 왔기에 다양한 접근 방식들을 병렬로 늘어놓으면, 다원적 지식은 그 자체로 상대화되고 해체된다.

이런 상황은 오늘날 '스스로 관찰하는 사람'의 위치와 '거리를 두고 관찰하는 사람'의 위치 사이에서 관점을 변화하기 위한 꾸준한 준비는 지식에 요청되는 최소한의 요건으로 간주되어야 한다는 점을 시사한다. 우리는 탈근대적 이론 운동뿐만 아니라 근대적 담론에도 우호적이다.Reich, 1998, vol. 2 참조; Neubert & Reich, 2002[53] 이런 관점에서의 담론들은 결코 완전히 성취되었고, 결점이 없으며, 모호하지 않은 총체적인 것으로 보이지 않는다. 오히려 이 담론들은 확립되는 동안 이미 거의 다른 것으로 변환해 가는 개방적 봉합과 함께 불완전한 구조로 나타나고 있다.

담론에 관한 이런 시각은 첫째, 대체로 담론을 지나친 의미론적 결정으로 특성화하는 (후기)구조주의 사상을 떠올리게 한다.Hall, 1997; Laclau & Mouffe, 1991: 144ff. 참조 즉, 담론은 항상 다양하고, 심지어 적대적 절합antagonistic articulation[54]조차도 허용하는 다층적 의미의 형태라고들 말한다. 기표와 기의 사이에 유동적인, 절대적으로 거의 안정되지 않는 관계는 의미의 응축condensations[55]과 치환displacement[56]을 가능케

---

53. 상호작용적 구성주의는 담론의 현대적 분석에서 중요하게 고려되는 "권력", "지식", "살아진 관계" 그리고 "무의식" 등 네 가지 관점을 서로 구분하거나 결합하는 담론 이론으로 발전해 왔다.

54. [옮긴이 주] '절합'이란 마디와 마디가 관절처럼 맞붙어 둘이면서도 하나로 작동하는 상태 또는 구성체제로 정의할 수 있다. 절합은 '분명하게 표현한다'는 뜻과 함께 상이한 요소들을 하나의 통합체로 만드는 의미도 있다. 한마디로 단절과 계승이 혼재하는 분절적 절합을 가리킨다. 기표는 구체적인 실체를 가진 것이 아닌 '어떤 것'으로 모호하게 표현된 기의와 절합한다. 이러한 기의는 실체가 없는 모호한 것이지만 제시된 기표와 절합을 통해 진실의 효과를 강력하게 나타낸다. 그람시는 문화주의와 구조주의의 한계를 폭로하면서 이 둘을 절합하는 전략을 선택한다. 접합은 권력이 사회의 다양한 요소들을 범주화하여 장악하는 전략이다.

55. [옮긴이 주] '응축'이란 여러 대상이 하나의 사물로 압축되어 나타나는 것이다. 가령 꿈에 나온 어떤 여자가 있는데 그녀가 자기의 여자 친구인지, 혹은 여자 친구의 여동생인지 혼란스럽다면 그 꿈에 나온 여자는 여자 친구와 여자 친구의 여동생이 압축된 존재이다. 즉 그 꿈은 여자 친구와 그 여자 친구의 여동생을 동시에 성적으로 욕망하는 남자의 무의식이 표출된 것이다.

한다. 이는 결코 끝날 것 같지 않은 '차이 게임'으로 이어진다. 따라서 어떤 주어진 절합節合은 기껏해야 잠시 지연되는 것이 가능한 재-절합 re-articulations과 탈-절합de-articulations을 허용한다.

둘째, 담론은 항상 권력관계를 동반한다. 그렇다고 권력을 뭔가 통일된 힘이나 실체로 여겨서는 안 된다. 오히려 담론을 통해 확산되는 관계적인 것으로 보아야 한다. 푸코를 인용하면, 권력은 개인을 통과하는 사슬처럼 작동한다.Foucault, 1978 참조 따라서 권력을 초월한 담론 내의 관찰자 위치도 없지만, 권력의 효과가 총체적으로 발현되는 관찰자 위치도 없다. 과잉결정과 권력이라는 두 주장은 밀접하게 연관되어 있다. 종합해서 말하면, 이것들은 후기구조주의자 및 구성주의자가 주장하는 주체가 담론으로 '구성된' 것이라는 명제는, 주체가 온전히 담론에 의해 '결정된' 것이라고 말하는 것과 결코 같은 것이 아님을 설명해 준다.

한편으로, 어떤 구체적 담론의 형성은 주체들이 자기 관찰자 및 거리를 둔 관찰자로서 적극적으로 차지할 수 있는 제한된 주체 위치의

---

56. [옮긴이 주] '치환'이란 하나의 대상을 다른 대상으로 바꾸는 것이다. 심리학에서 어떤 대상에 대한 충동이나 감정 등이 방향을 바꿔 엉뚱한 다른 대상에 표출되는 것을 말한다. 방어기제의 하나로서 직접 표현될 수 없는 동기를 더 받아들이기 쉬운 형태로 바꾸어 나타내는 것이다. 강하고 위협적인 대상에 의해 촉발된 충동이나 감정을 그보다 덜 위협적인 대상에게 돌림으로써 우리의 자아는 대상의 보복, 대상의 상실에 대한 두려움, 욕망에 압도당할 것 같은 불안감 등을 다룰 수 있다. 라캉은 프로이트가 말한 응축과 치환 대신 은유(metaphor)와 환유(metonymy)를 들어 무의식의 세계를 설명한다. 은유란 압축과 같고 환유란 치환과 같다. 사회과학에서는 개발로 인한 이주, 경제 개발을 위한 인구 이주로 젠트리피케이션(gentrification: 19세기 영국 사회학자 Ruth Glass가 창안한 개념으로 고급주택화에 의한 원주민의 내몰림/둥지 내몰림) 중에 전위가 발생할 수 있다. 젠트리피케이션은 기존 저소득층 중심이었던 도심의 낙후 지역이 활성화되면서 중산층 이상의 계층들이 유입되고, 그들의 영향으로 임대료가 상승하여 기존 주민들(원주민)이 해당 지역에서 밀려나는 현상을 뜻한다. 그런데 젠트리피케이션의 본질적 의미는 낙후된 지역에 상류층들이 유입되면서 고급 시설들이 새로 만들어지는 것을 뜻한다. 따라서 젠트리피케이션 자체는 이웃 낙후 지역을 재개발하여 질을 향상시키며, 인구의 이동 및 지역의 평균 소득 상향 평준화의 효과가 있다. 하지만, 젠트리피케이션은 긍정적으로 해석할 수 있는 만큼, 반대로 부정적으로도 해석이 되며, 실제로 긍정적인 의미보다는 부정적인 의미로 많이 사용된다. 도시가 발전하고 생활수준이 높아지는 장점도 있지만, 토착민들의 이주로 인해 기존의 사회가 붕괴되고 지역 정체성이 파괴되기도 한다.

집합을 뜻한다. 이러한 위치는 그들의 있을 수 있는 관찰과 설명의 한계를 규정한다. 그러나 다른 한편으로, 심지어 주류 담론의 과도하게 결정되는 성격은 항상 치환에 의한 패권적 해석을 부분적으로 회피하려는 새로운 절합의 가능성을 지니고 있다. 따라서 늘 권력에 의해 눌려 있어도, 종국적으로는 어떤 담론도 기존 헤게모니를 전복시키는 대항적 전략의 가능성을 차단하지 못한다. 분명하게 말하면 이것은 담론 형성 과정에서 주체적 행위자를 허용하는 절합, 재-절합, 탈-절합을 광범위하게 중지시키는 것과도 같다.

이때 상호작용적 구성주의는 문화적 실천, 일상생활, 그리고 제도 속에서의 관찰자-행위자-참여자에 의해 사회적으로 구성되는 실재로서 교육을 바라본다. 여기서 핵심은 교육과 학습이 무엇보다 학습자 스스로 참여하고, 이들에 의해 행해지는 협동적이고 구성적인 과정이라는 점이다. 듀이와 마찬가지로, 상호작용적 구성주의도 교육과 학습이 늘 어떤 것들 속에서 시작한다고 주장한다. 학습은 생활세계나 사회적 삶의 경험에서 관찰자이자 행위자이고, 그리고 참여자인 아이들, 학생, 학습자, 그리고 교사의 구성적 활동이라고 할 수 있다. 자신을 발견하는 구체적인 상황 속에서 문제를 해결하고 의미를 창조하기 위해 학습자들이 구성적 주체성constructive agencies을 사용하고 확장할 때 학습은 시작된다.

그러므로 실용주의나 구성주의 교육에서 교사의 역할은 학생들의 학습과정에 촉진자나 조력자 역할로 변한다. 이는 예를 들어, 협력이 필요한 문제해결 과정의 맥락에서 자극하고, 정보를 제공하고, 조정해 주는 간접적인 형태의 일을 의미한다. '입을 다물고 가르치는'Finkel, 2000 방식은 교수학습을 직접 하는 것보다 더 효과적일 수 있다. 듀이는 일찍이 1915년에 이를 관찰했다.

교사의 기능은 안내자와 독재자에서 관찰자와 조력자로 바뀌어야 한다. 교사가 개별 학생들이 마음껏 생각하고 따져볼 수 있는 힘을 개발할 수 있도록 허용하는 시각으로 바라볼 때, 아이들의 역할도 필연적으로 변화할 것이다. 아이들은 수동적이기보다는 적극적으로 변할 것이고, 질문을 던지며 실험적으로 바뀔 것이다.MW 8: 318

듀이의 경우와 같이 상호작용적 구성주의Campbell, 1992 참조에서는 개별 학습자 수준의 질문하기와 실험하기에 대한 정보는 해석 공동체 모임에 의해 늘 알려진다. 이는 공유된 문화적 선-이해pre-understanding에 근거하고 있다. 우리 언어로 표현하면, 이것은 학습자의 실험이 개인 학습자가 얻게 되는 구성된 해결 방안일 뿐만 아니라, 문화적 실행 가능성의 표현이기도 하다는 것을 의미한다. 문화적 생동감이란 이러한 실험들과 그 해결책이 주어진 해석 공동체의 틀 속에서 "딱 들어맞고" 의미 있게 된다는 것을 의미한다. 그렇다고 이것이 또 다른 해석 공동체에 있는 여타 학습자들이 아주 다른 학습 경험을 하고, 아주 다른 해결책과 해석을 구성할 수 있다는 점을 부정하는 것은 아니다.

따라서 문화적 생동감에 대한 구성주의적 개념은 분명히 오늘날 교육에서 중요한 전제를 강조한다. 지금의 (탈)근대적이고 다문화적인 세계에서 학습은 다양한 문화적 맥락에서 발생한다. 따라서 교사들이 모든 문화들보다 어느 한 가지 선취된 문화적 관점을 특정하는 것은 바람직하지 않다. 이러한 다원주의로의 근본적인 이행은 교육에서 실천적이고 구성적인 윤리로 구축된다. 다시 말하지만 이는 듀이와 공유해야 하는 민주주의에 대한 한결같은 근원적 약속이다. 오늘날 교육도 민주주의에 대한 신념을 바탕으로 개방적 다원주의 세계를 향한 교육이 되어야 한다.

물론 현대 교육에서 민주주의를 향한 듀이 철학의 연관성은 결코 과대평가될 수 없다.Campbell, 1992; Eldridge, 1998; Garrison, 1998 참조 오늘날 많은 비평가들이 진심으로 다음과 같이 믿고 있다는 사실은 결코 축소되지 않는다. 즉, 그 믿음은 듀이의 민주주의에 대한 비전을 겉으로 드러내고 때로는 종합하는 일(예를 들어, "위대한 공동체를 찾아서"LW, 2: 325ff. 참조)을 완성하고 비판적으로 확대하기 위한 가능성과 적절성에 대한 믿음이다. 이는 권력관계, 항의, 적대, 헤게모니 투쟁 등에 대한 질문을 보다 더 비판적으로 강조하고 다르게 접근하는 최근의 방식에 의해 가능하다.Laclau, 1990; Fraser, 1994; 1998; Mouffe, 1996; Neubert, 2002 참조; 또한 실용주의적 페미니즘 비평은 Seigfried, 2002 참조

담론적인 문화적 실천을 이해하려면 의사소통 이론이 필요하다. 상호작용적 구성주의는 상징계the symbolic, 상상계the imaginative, 그리고 실재계the real,[57] 이 세 가지를 개념적 장치와 이론적 틀로 사용한다.[58] 이러한 개념과 이론은 더 광범위한 문화적 맥락과 사회적 조건, 그리

---

57. 이 세 가지 목록은 프랑스 (포스트)모던 철학에 흔히 나타난다. 특별히 라캉(Jaques Marie-Emile Lacan) 저작에 나타나는 (후기)구조주의자들이 하는 접근이다. 라캉은 심리분석(Reich 1991, Vol. 1 참조)에서 존재론적 함의를 거부한다. 이렇게 상호작용적 구성주의는 결정적으로 구성주의자들의 방식을 갖고서 이론적 관점들을 변혁해 왔다.

58. [옮긴이 주] 라캉은 우리의 현실이 상상계(the Imaginary), 상징계(the Symbolic), 실재계(the Real)라는 3개 차원으로 구성된다고 설파했다. 생후 6개월에서 18개월 사이의 아기는 거울을 보고 '아, 바로 제게 나구나'라는 것을 깨닫게 된다. 이것을 '거울 단계'라고 한다. 이때 비로소 아기는 '자아'라는 것을 가지게 된다. 거울은 진짜 물리적인 거울일 수도 있고, 자아의 존재를 비추는 다른 무엇일 수도 있다. 거울 단계에서 아기는 자신과 엄마밖에 없다고 생각한다. '상상계'는 자아가 형성되는 이미지들의 장이라 말할 수 있다. '상징계'에서는 마음대로 상상할 수 있었던 상상계 속에 있던 아기의 눈앞에 법과 규칙이 나타난다. '상상계'에서 아기는 자기 마음대로 상상을 했지만, '상징계'에서 아기는 자기 마음대로 상상할 수 없다. '상상계'는 이미지의 세계이고 '상징계'는 언어의 세계이다. 그런데 실재계는 상상계와 상징계를 넘어선다. 실재하는 대상은 이미지로도 언어로도 포착되지 않는다. 언어의 표상과 이미지를 넘어서 있으면서도, 언어와 표상과 이미지를 가능하게 해 주는 것이 바로 '실재계'이다. 가상의 반대편에는 실제가 아니라 현실이 있다. '가상적인 것'은 '실제'가 아니라 '현실적인 것'에 대립할 뿐이다. 가상적인 것은 가상적인 한 충분히 실제적이다. 가능한 것은 실제에 대립하기에 가능한 것에 의해 수행되는 과정은 실제화(realization)이다. 가상적인 것에 의해 수행되는 과정은 현실화(actualization)이다.

고 교육적 의사소통에 관심을 둔다.^{Reich, 2010 4장 참조} 앞으로 살펴보겠지만, 세 관점은 서로 매우 높은 상관관계가 있다. 이는 절대로 분리될 수 없다.

상징적 재현

언어, 기호 및 담론을 다루는 데 문화이론은 후기구조주의자들의 이론에 부분적으로 영향을 받아 왔다. 그래서 문화이론의 최근 많은 접근들은 상징적 표현과 실천을 기호화함으로써 문화를 개념화하는 데 초점을 두고 있다.^{e.g. Hall, 1997 참조} 그들은 살아 있는 문화의 상징적 질서를 분석하고 이론적으로 해석한다. 이와 유사하게, 문화는 상호작용적 구성주의에서 상징적 실천의 담론적 영역을 구성한다. 여기서 의미는 참여자들 사이에서 구성되고, 절합되고, 소통된다. 이러한 범위 내에서, 문화적 실재를 만들어 내는 일은 담론 영역 내에서 분명히 상징을 구성, 재구성, 해체하는 문제다. 확실히, 다른 관찰자-참여자-행위자들은 문화적 실행 가능성의 문제를 아주 다른 방식으로 이해할 수 있다.

이런 현상은 최근 점차 늘고 있는데, 이는 후기 근대적 다원주의자 사회에서 대표적인 사례로 보인다.^{Bauman, 1997 참조} 즉, 이런 사회에서는 문화에 참여하는 데 공통된 특징이 대개 눈에 보이지 않는다. 타당한 문화적 규준과 표준에 대해 여전히 남아 있는 요청은 전 세계적으로 실행 가능성에 대한 이질적이고 심지어 부분적으로 모순적인 다양한 요청들에 의해 덧씌워지고 있다. 그러나 담론에 어느 정도 실천과 참여가 가능하려면 거기에는 문화집단 혹은 해석적 공동체의 평범한 구성원들에게 적어도 최소한의 상징적인 의미와 자원이 있어야 한다.

위에서 설명한 이러한 관계 속에서 후기구조주의자들의 "과잉결정 over-determination" 개념은 아주 중요한 역할을 한다. 문화적 실천, 일상생활, 제도에서의 상징적 의미와 표현을 실용적으로 사용한다는 것은 원래 모호성과 의미를 과대화하는 것으로 특징지어져야 한다는 것이 요구된다. 예를 들어, 스튜어트 홀Stuart Hall의 개론적 글에서 따온 다음 문장들은 상징적 "과잉결정"이 언어에서의 의미의 사용에 대해 무엇을 시사하는지를 예시한다.

> 역사적으로 의미가 변화한다면, 그리고 결코 그 의미가 완전히 고정되지 않는다면, "의미를 갖는다는 말"은 왕성한 해석 과정을 늘 동반해야 한다고 본다. … 결과적으로, 언어에 관하여 필수적이자 피할 수 없는 부정확함이 있다. 읽고, 보고, 듣는 당사자로서 우리가 취하는 의미는 화자나 저자에 의해 또는 다른 목격자에 의해 주어진 정확한 의미가 결코 아니다. 그리고 뭔가 의미 있다고 하려면 앞서 있었던 오래된 모든 종류의 의미들이 이전 시기부터 저장되어 있는 '언어로 들어선' 이래, 우리는 다른 모든 것들, 즉 우리가 말하고 싶어 하는 것을 수정하거나 왜곡시키는 다른 모든 숨겨진 의미들을 골라내 버림으로써 결코 언어를 완전히 없애 버릴 수는 없다.Hall, 1997: 32-33

상상적 욕망

상호작용적 구성주의는 문화에서 상상력의 역할을 고려함으로써 생동감 있는 문화 분석을 확장한다. 상상적 욕망을 표현하는 데 문화적 재현은 상징적 과잉결정이 이루어지는 역동성의 기저를 이루는 의미론적 치환과 응축의 과정을 동반한다.Reich, 1998, Vol. 2 "예를 들어, 가정은 상징적으로 이름 붙여지고 객체화된 장소 이상이다. 이는 어떤 감정, 욕망, 아마도 비전을 표현하는 소망이다. 특정한 음식에 대한 강한 거부는 상징적으로 말할 수 있는 태도 이상이다. 이는 감정과 욕망에 근거하는 상상의 과정이다"Neubert & Reich, 2001: 7. 상호작용적 구성주의에 따르면, 상상적인 욕망은 늘 자아와 타인들 사이에 서로 거울이 되는 경험을 동반한다.Neubert & Reich, 2006; Reich, 2010 이러한 거울 경험들mirror experiences은 부분적으로 무의식적인 방식으로 발생하는데, 이들은 인정, 감사, 사랑 혹은 상징적 방법들로 충분히 표현할 수 없는 것들에 대한 욕망을 표현한다.

따라서 상상적인 것은 상징적 의사소통의 극한으로 나타난다. 상상의 욕망과 관련하여 항상 남아 있는 것이 있다. 의사소통적인 상호관계에서 참여자들이 상징적인 것들의 방법을 통하여 자주 상대방의 상상에 직접 도달할 수 있기를 갈망하거나 상상한다 하더라도, 이 두 가지는 결코 완전하게 일치하지 않는다. 왜냐하면 상상적 거울 경험은 상징적 결합과 직접적 언어 교환과 비교해 볼 때 대개 즉각적이고 잠재의식 수준에서 일어나기 때문이다. 즉, 예측하지 않았던 행동 또는 특징적 어조는 가끔 천 마디 말보다 더 많은 것을 뭔가 더 '말'해 줄 수 있다.

실재적인 것의 균열과 간격

우리는 예측하기 어려운 신기한 경험으로부터 실재를 상상적이고, 그리고 상징적으로 구성하는 것을 완전히 감출 수는 없다. 경험된 사건에 의해 (우리 마음의) 봉인이 뜯겨질 때마다, 상호작용적 구성주의는 '실재의 침입'을 말한다. 이런 관점에서 "사건으로서의 실재적인 것 the real은 구성된 실재reality와 구분되어야 한다. 실재적인 것the real은 찢김 혹은 불연속, 즉 감각과 의미가 결여된 경험에 해당한다. 우리는 '실재적인 것'이라는 말을 '실재'의 구성 뒤에 숨어 잠복해 있으면서 아직 상징적으로 기록되지 않았거나 혹은 상상적으로 기대되지 않은 우발적인 것으로 사용한다".Neubert & Reich, 2001: 8 우리를 놀라게 하고 예기치 않은 경험과 지각을 하게 함으로써, 실제 사건들은 반복적으로 의미와 정체성을 향한 우리의 상징적이고 상상적인 탐색의 경계를 정한다. "이러한 사건들은 '맞아떨어지지' 않는다. 그것들은, 문화적으로 실행 가능한 이해의 요소들 속으로 쉽게 통합되거나 변혁될 수 없는 완고한 중대 사건들 속에 있는 실제이다. 그것들은 우리를 놀라게 한다. 거기에는 예측될 수 없는 어떤 것들과 뭔가 이질적이고, 이상하고 이해할 수 없는 것들이 있다. 그것들은 우리의 상징적 생각 및 상상적 지평을 바꾸게 한다."같은 책

'실재하는 것'의 균열과 간격은 '실재'의 문화적 구성의 중요한 제한 조건을 나타낸다. 그러나 상호작용적 구성주의자들은 '실재적인 것'의 존재론을 궁리하는 어떤 시도도 거부한다. 이들은 관찰자로서 우리의 구성적 역량의 한계를 함의하는 공허한 기표라는 의미에서 '실재적인 것'에 대해 엄격하게 말한다. 상호작용적 구성주의에서 전체적인 관점이란 것은 없다. '실재적인 것'에 대한 최고, 또는 최종의 관찰자라는 것도 없다. 즉, '실재'에 대한 우리의 상징적이고 상상적인 구성으로 통합하거나 동화시키지 못하면, 우리는 진짜 '실재적인 것'이 무엇인지 알 수 없다. 우리가 실재를 구성하는 것은 '실재적인 것'의 침입처럼 문화적 자원의 재현이나 다름없다. '실재적real' 사건으로서 경험과 관찰

에 들어갈 수 있는 것은 문화와 문화에 따라, 사람과 사람에 따라, 그리고 심지어 상황과 상황에 따라 아주 다를 수 있다.

다시 말해서 "실재적인 것"은 우리의 구성과 무관하게 존재하는 사건들의 세계가 있다는 것을 우리에게 상기시키기 위하여 고안해 낸 하나의 구조이다. '실재적인 것'에 대한 우리의 상대적 개방성은 우리가 살고 있는 세계에 상당히 민감하고 상처받기 쉬운 우리의 '존재함 being'에 관한 질문이다. '실재적인 것'의 침입은 종종 아무런 설명 없이 우리가 사랑하는 어떤 사람의 예기치 않은 죽음이나 우리 몸에서 갑작스런 통증을 경험하는 것과 같이 혼란스러움, 아연실색, 황당한 상실, 결핍, 또는 실패의 사건들로 나타난다. 이런 예들이 강조하는 것은 '실재적' 사건이 우리로 하여금 눈치채지 못하게 하거나 아무 말도 하지 못하게 할 만큼 극적인 것이라는 점이다. 그러나 보는 이를 사로잡는 경관의 아름다움이나 예술 작품 앞에서 얼어붙게 하는 숭고한 느낌은 분명 우리의 '존재함'이 우리의 삶에서 '실재적인 것'에 열려 있다고 볼 수 있는 유력한 사례들이다.

이 세 가지 목록은 구성주의적 교육이론에 필요한 다수의 중요한 시사점을 제공한다. 이를 간단하게 제시해 본다.[59]

발달과 상징적 실재의 구성적 전유[60]

상징적 표현의 수준에서 구성주의적 교육가들은 현대 다문화에서

---

59. 좀 더 상세한 논의를 위하여 Reich(2010, Ch.4) 참조할 것.

60. [옮긴이 주] '전유(appropriation)'란 자신의 육체, 자신의 욕망, 자신의 시간을 타인에게 맡기는 게 아니라, 그것을 스스로 장악하고 주체적으로 관리한다는 의미이다. 결국 소외되지 않은 인간, 자기 존재를 자기가 소유하고 있는 인간을 말한다. 즉, 단지 외부 자극의 내재화가 아니라 전환적이면서 상호적인 구성 과정에 해당된다고 할 수 있다. 이런 관점을 취하면 지식에 대한 생각은 인간의 행동과 그들이 행동하는 사회적이고 문화적인 환경 간의 상호성에 강조점을 두게 된다. 즉 지식은 상호 구성적 성격을 띠는 것이다.

상징적 의미들의 풍부함, 다양성, 모호함에 주의를 기울여야 한다. 그들은 학생들이 그들의 생활세계가 갖는 상징적 자원들에 가능한 한 폭넓고 다양하게 접근할 수 있도록 전력투구해야 한다. 그들은 학습을 학습자 자신의 구성적 해석과 적용을 통해 상징적 자원들이 전유되는 하나의 문화적 협상 과정으로 본다. 그리고 그들은 문화의 의미들이 갖는 모호함, 변화, 헤게모니적 효과에 대응해야 한다. 실재 realities에 대한 상징적 구성은 결코 무無에서 시작하지 않는다.

그러나 실재의 상징적 구성은 복잡하고, 부분적으로는 모순적이기까지 한 의미와 헤게모니적 해석을 전제로 한다. 이러한 의미와 해석들은 언어와 문화의 상징적 질서에 담겨 있다. 구성주의 교육자들은 다양한 그리고 흔히 적대적인 이해관계를 지닌 사회에서 표현의 상징적 체계에 내재한 권력 효과를 진지하게 고심할 준비가 되어 있어야한다. 그러한 재현representation 체계는 반드시 역사적인 맥락에서 보여져야 한다.Popkewitz, Franklin & Pereyra, 2001 참조 역사적 맥락에서는 기존 관계들, 예를 들어 계급, 인종, 성 등 - 언어 게임, 문화적 신화, 그리고 담론적 형성에서와 마찬가지로 - 모든 수준의 재현에 기입되어 있다. 이는 구성주의 교육이 구성과 더불어 비판을 동반하는 일이라는 점을 시사한다. 여기서 우리는 구성, 재구성, 해체라는 끝없는 순환의 관점에서 생각하기를 원한다. 듀이는 이러한 도전을 일찍부터 잘 알고 있었다.

누구도 종교적·정치적·예술적·경제적 신념의 준비를 정직하고 용감하게 직면하도록 요청받지 않은 사람은 없다. 이러한 신념들은 각자에게 간접적이고 순응적인 방식으로 나타나며, 또한 그것이 현재의 필요, 가치, 그리고 적용에 얼마나 가치 있고 검증될 수 있는 것인지를 탐색하게 한다. 이러한 탐색에서 개인들은 많은 것들이 쓸데없는 고물과 같은 것이고, 억압적인 부담이라는 것을 알게 된다. 그러나 우리는 그 고물 저장소를 제공하고, 부담을 짊어질 것이라는 제약을 가정한다.^{LW, 5: 142}

상상적 실재의 발달과 육성

구성주의 교육가들은 자신의 학생들과 학습자들이 지닌 상상적 힘의 구성과 육성을 위한 감각을 키워 줘야 한다. 그들은 상상의 욕망을 개발할 수 있는 교육적 맥락과 환경을 제공해야 한다. 욕망은 가르쳐 전달할 수 있는 힘이 아니다. 그러나 욕망이 자라고, 지적으로 형성될 수 있는 교육적 환경을 제공하는 것은 가능하다. 예를 들어 우리 아이들이 거울 경험 안에서, 그리고 거울 경험에 의해서 자라나도록 주체를 개발하게 하는 방식으로 말이다.^{Garrison, 1997 참조} 교육자와 학습자의 상상적 만남은 그들이 협력적 구성주의 학습 프로젝트에 임할 때 모든 참가자 편에서 자기존중, 진취적 기상, 자율성, 책임감을 위한 동기적 자원이 될 수 있다. 이것이 교육가들에게 절대 쉬운 일이라 할 수 없으며, 성공을 보장할 수 있게 하기 위하여 누군가 따를 수 있는 잘 준비된 결과물 혹은 상징적 규칙이란 것도 있을 수 없다. 왜냐하면 학습자들과 교육자들은 항상 자신들의 특수한 상상적 욕망을 미리 촘촘하게 짜 놓은 교육적 기대와 상징적 틀에 끼워 맞추지 않기 때문이다. 그러나 상호작용적 구성주의의 관점에서, 구성주의 교육자들이 상상적 만남으로서 교육에 성공적으로 관여한다면, 우리는 충분하다고 하기는 어렵지만 필요한 조건으로서 적어도 중요한 전제 조건들을 확인할 수 있다.[61] 다음에서 이러한 조건들을 볼 수 있다.

- 구성주의 교육가들은 학생들에게 새로운 교육계획을 전달하기 위해서, 그리고 자신도 진정한 구성주의적 참여자가 될 수 있도록 하기 위하여 공유된 학습 과정에 대한 자신의 상상적 욕망을 개발하고 육성해야 한다.
- 그들은 다른 사람들의 상상적 욕망의 차이에 대해 진정한 존경과 존중의 태도를 길러야 한다. 그리고 상징적 이해에 실패하거나 열악한 상황에서도 이러한 차이를 받아들이고 인정할 준비가 되어 있어야 한다.
- 결과적으로 그들은 자신의 학습자들이 실재에 관한 그들의 상상적 구성의 방법에 의해 놀라움에 기꺼이 사로잡히도록 해야 한다. 즉, 그들은 상상적 타자의 독특함이 허용되는 곳에서만 상상적 만남의 신선함과 참신함의 감각을 육성해야 한다.
- 위에서 언급한 의미에서 상상적 거울 경험의 복잡성과 불확정성을 성찰할 수 있어야 한다. 그들은 기꺼이 상징적 의사소통과 자신의 인식 수준, 그리고 교육적 상황의 해석이 갖는 한계들을 알려고 해야 한다. 이러한 인식은 교육자들이 모든 것과 모든 이를 완전하고 정확하게 이해해야 한다는 너무도 일반적으로 느끼는 의무감을 덜어 줄 것이다. 상징적 이해에 관한 가능성에 대한 과장된 기대감들은 교육적 소명을 탈진해 버리는 경험의 빈번한 근원으로 보일 수 있다.

---

61. 상상적 만남으로 인간의 관계성은 의식적인 지시와 통제의 한계를 결정하면서 항상 무의식적인 국면을 갖는다(Reich, 1998, Vol. 2를 볼 것; Neubert & Reich, 2002). 물론 교육적인 관계에서 상상적 측면을 의식적으로 돌아볼 가능성은 구성주의 교육가들에게 매우 중요하다.

실재적 사건에 대한 감수성과 실재 구성의 한계

상징적이고 상상적인 실재들realities을 상호작용적으로 공동 구성하면서 배우는 학습은 앞에서 이야기한 것처럼, 늘 "실재적인 것"의 언저리에서 일어난다. 계속 배우기 위해서는, 미래의 실제 사건의 가능성으로서 우리의 (포괄적이고 정교한) 실재 구조는 어느 것도 완벽할 수 없다는 것을 인정한다는 측면에서 우리가 사는 세상에 대해 매우 유연해야 한다. 따라서 구성주의 교육가들은 자신이 도모하고 있는 협력적 학습과정에서 자기 자신뿐만 아니라 학생들을 놀라게 할 정도로 개방적이고 호기심 가득한 감각을 길러야 한다. 여기서 개방성이란 내용과 관계성 모두의 수준을 의미한다. 무엇을 배워야 할지, 그리고 그것을 함께 어떻게 배워야 할 것인지에 관한 최선의, 그리고 최종적인 관찰자적 관점이 없다는 것을 인정한다면, 우리는 종국적으로 교육 내용과 학습의 관계에서 끊임없는 실험을 해야만 한다. 이 실험은 특정 시공간의 교육적 실재를 구성하고 지속하게 하는 기존 교육이론들, 실천, 그리고 제도들이 지닌 가치를 평가절하하려는 것이 아니다. 교육 문제의 해결책을 향한 생동감 있는 근원으로서, 그들이 지닌 상대적 가치는 변화하는 사회적·교육적 상황에서 몇 번이고 거듭 평가되어야 한다. 그러나 그들의 실행 가능성을 아무리 긍정적으로 평가한다 하더라도 이들 이론, 실천, 그리고 제도는 늘 제한된 실재 구성이며, 따라서 실제 사건들로부터 배울 수 있는 가능성을 절대 고갈시킬 수 없다.

구성주의 교육자들은 자신의 이론적 확실함, 실천적 일상성, 그리고 제도적 배치가 자기 학습자들과의 구체적인 상호작용에서 만들어가는 실제 경험에 의해 도전받게 된다는 것을 알고 있어야 한다. 그리고 교사들은 학생들이 실제 교육 상황의 문화적 장치를 구성하는 이론적이고 실제적이며 제도적인 기대의 틀 속에서, 그리고 그 이상으로 자신들의 실제 경험을 가질 수 있도록 기꺼이 허용해야 한다. 실재에 대해 갖게 되는 이러한 상대적 개방성은 구성주의 교육이 교육가들과 학습자 모두에게 개념적이고 실천적이며 제도적인 구성, 재구성, 그리고 해체의 쉼 없는 과정으로 보인다는 것을 제안한다.

　구성주의 퀼른 프로그램에 관한 이상의 기초적 논의를 통해 듀이의 실용주의를 혁신적으로 전환하는 데 우리가 꼽았던 몇몇 이론적 접근들을 시작하고자 한다. 이것들은 최근의 철학 및 사회사상에서 매우 두드러지고 영향력 있는 접근들이다. 그러나 우리의 선택은 물론 어느 정도 임의적인 것이다. 우리는 다른 사상가 혹은 더 많은 대화 상대를 선정할 수도 있었다. 게다가 우리는 당신 스스로 다른 사람을 선택해 보기를 바라고 있다.

　여전히 우리는 우리의 선택이 실용주의를 재구성하는 데 상당히 기대되는 관점을 제공한다고 생각한다. 왜냐하면 그들은 (최근의 이론적 접근들은) 그 핵심 개념과 관점들 간에 충분한 관계성을 보이고 있고, 또한 아주 본질적인 측면에서는 차이점을 가지고 있기 때문이다. 그들은 듀이의 교육철학을 우리 시대에 관련된 철학으로 다시 소개하는 일을 도울 수 있다. 그러나 이러한 프로젝트가 어떻게 성공할 수 있을까? 우리가 제안하는 바는, 저자로서 우리가 몇 걸음 먼저 발걸음을 떼고, 그 자체로 일어나는 도전 과제와 질문들을 통해 독자들이 생각할 여지를 남겨 두는 것이다. 우리의 역할은 상호작용적 구성주의의 배경에 반대하는 몇몇 중요한 교육적 함의들을 정리하고 간략하게 검토하는 것이다. 그리고 이러한 관점을 독자들 스스로 향후 자신들의 교육연구 주제와 연결하도록 남겨 두는 것이다. 어찌 되었든, 오늘날 듀이를 연구한다는 것의 의미는 우리가 어떤 입장에서 그를 대하든 시대와 맥락의 도전을 직시하면서 듀이를 재구성한다는 것이다.[62]

이후의 논의에 포함시킬 6명의 사상가는 지그문트 바우만, 미셸 푸코, 피에르 부르디외, 자크 데리다, 에마뉘엘 레비나스, 그리고 리처드 로티이다. 이들은 최근의 철학, 인문학, 사회과학, 그리고 교육학의 발전에서 뚜렷한 발전적인 국면들을 보여 주고 있다. 또한 오늘날 그들을 따르는 다른 많은 연구자들과 접근법들이 활기를 띠고 있다. 그들의 전통을 드러내고 발전시켜 온 것들을 다룬 기본 문헌들의 제목만 여기서 나열하는 것도 불가능할 것이다. 우리가 바라는 바는 독자들이 다른 현대적 접근들과 듀이를 연계할 수 있는 가능성을 생각할 수 있도록 권유하는 것이다. 그럼에도 우리는 적어도 우리의 선택이 현대 논쟁에 거대한 파급력으로 영향력을 미친 반성의 범위를 포함하는 것이라고 주장한다. 우리는 열린 질문들을 던지고 향후 성찰을 위한 제안을 함으로써 일정한 방향과 자원을 가리키고자 한다.

동시대에서 듀이를 재맥락화하려는 이후의 시도에서, 세 가지 서로 다른 수준의 주요 긴장이 논의에 담겨 있다. 첫째, 듀이의 시대와 우리 시대 사이의 긴장이 있다. 둘째, 듀이가 쓴 글들과 다른 6명의 사상가가 쓴 글들 간의 긴장이 있다. 마지막으로는, 우리의 해석과 실용주의자들 혹은 상호작용적 구성주의자들에 의한 비평 사이의 긴장이 있다. 우리는 이러한 긴장들이 합쳐져서 위태로운 상태에 놓여 있는 진정한 도전의식을 강화하는 데 도움이 되기를 바라고, 또한 우리가 이 글을 쓰는 일에 매우 만족을 느꼈듯이 독자들에게 보답하고자 하는 4장에서 많은 시사점을 얻기를 바란다.

---

62. 듀이는 스스로 이러한 통찰을 '맥락과 생각'에서 예상했다(LW, 6: 3-21).

지그문트 바우만

듀이는 1948년 재발간된 『철학에서의 재구성*Reconstruction in Philosophy*』[MW, 12: 256-277]의 새로운 서문에서, 초판이 나온 지 25년 후인 지금, '철학의 재구성Reconstruction of Philosophy'[63]이라는 제목이라면 더 좋았을 것이라고 말한다. 그가 지적하듯이, 철학은 계속적인 재구성이 요청된다. 왜냐하면 "철학의 독특한 임무, 문제, 주제는 철학의 특정 형식이 일어나는 공동체 생활의 스트레스와 긴장 속에서 자라나기 때문이다." "구체적인 문제들은 늘 진행 중이고, 때로 인류사에서 위기와 전환점을 만들어 낸다."[같은 책: 256] 그래서 듀이는 지난 몇 세기 동안 과학, 산업, 정치 혁명이라는 역사적 전환점을 수놓은 중대한 변화의 사례를 인용한다.

듀이에게 철학을 재구성하는 데 있어 거대한 도전은 그가 보았듯이, '형성되지 않았거나' '불완전'하고[같은 책: 273] "결코 어울리기 어려운 새로운 것과 오래된 것"의 모순, 불확실, 혼돈 그리고 모호함에 사로잡혀 있는 근대성이라는 사실이다.[같은 책] 그렇다고 이렇게 실타래처럼 꼬여 있는 상황을 해결하기 위한 방안을 찾는 작업이 철학자나 다른 전문가 집단에 의해 성취될 수 있는 일이라고도 보지 않았다. 오히려 이는 "인간 존재human beings"에 의해 이루어져야 하는 실천적인 작업이라고 보았다.[같은 책: 277]

물론 듀이의 이러한 신념은 사회발전 과정에서 일어나는 문제에 요청되는 반응으로서, 민주주의와 민주적인 문제해결에 그가 보여 온 깊은 헌신을 반영한다. 그의 헌신은 그의 신념과 밀접하게 관련되어 있

---

63. 이 부분은 부분적으로 Neubert & Reich(2011)에 의존하고 있다.

다. 즉, 그의 신념은 모든 사람이 관여하면서 자유롭고 통합적인 참여의 여건 아래 다양한 실험, 협력, 논의를 하면서 갈등을 조정하고 문제를 해결하는 이상적인 방법에 대한 약칭으로서 '사회적 지성'의 잠재적 가능성에 대한 것이다. 듀이는 '지성'이라는 용어의 사용에 대해 "관찰, 실험, 그리고 반성적 추론이 훌륭하고 끊임없이 성장하는 방법"을 나타낸다고 하였다. 그에 의하면, 지성은 인간 삶의 물리적, 생리적 조건에 혁명을 일으켰지만, "그 자체는 아직 뚜렷하고 기본적으로 인간에게 적용을 위한 것으로 해결되지는 못했다."같은 책: 258 듀이에 따르면, 이러한 부분은 또한 더욱 전문화된 과학 감각을 탐구하는 데에도 적용된다. 듀이는 이렇게 불만을 말한다. "일상에서 벌어지는 사건에 대해 지금까지 깊게 그리고 폭넓게 자신의 길을 닦아 온 과학은 부분에 지나지 않을 뿐만 아니라 불완전하다."같은 책: 269

이런 상황에서 듀이에게 필요한 지점은 더 지적이고 협동적인 방식으로 "사람에게 최고로 중요한 것"을 탐구하는 일이다. 이른바 '사회적 연구'나 '인간의 일에 관한 연구'다. 듀이는 이런 상황에서 철학의 재구성을 위해 핵심적으로 할 수 있는 하나의 도전은 흔히 지적 환경이나 "지성적 분위기"에 기여하고 촉진하는 일이라고 믿는다. 이런 "지성적 분위기"는, 사회문제와 인간의 일에 대한 지적이고 실험적인 연구에서 더 앞서 나간 방법과 실천을 발전시키는 것을 적극적으로 돕는다.

> 여기에는 철학이 수행해야 할 재구성 작업이 있다. 그것은 인간 생활의 물리적이고 생리적인 조건과 면면에 대해 과학 연구의 증진에만 놓여 있었던 인간의 문제에 대한 탐구를 개발하는 일에 착수하는 일이다.같은 책: 266

다른 많은 것들 가운데 듀이는 당시 사회학 연구에 대해 언급하면서 실증주의적 환원주의를 강하게 비판했다.

> '사회학적' 이론이 기본 관심사, 걱정거리, 활발히 움직이는 목표를 고려하지 않을 때, 그리고 '가치'가 개입되는데도 '과학' 연구가 가치와 아무런 관련 없이 그 토대가 되는 인간문화에 대한 고려가 이루어지지 않을 때, 인간 영역의 연구 자체는 피상적인 것이 되어 버리고, 상대적으로 아주 쓸데없는 것으로 제한되어 버린다.같은 책: 268

듀이는 이어서 이렇게 주장한다. "인간에 대한 연구를 완전한 의미에서 비판적 방식으로 하고자 한다면" 그것은 필연적으로 전통, 제도적 관습, 그리고 편견에 대한 현재의 영향에 맞서야 한다. 그리고 근대성에 만연한 깊은 모순과 양면성에 대해서도 대응해야 한다.같은 책

문화이론과 사회이론은 늘 당대 맥락에서 벗어나 구성된다. 듀이의 실용주의에 따르면, 우리가 참여하는 사회적이고 문화적인 발전을 개방적으로 해석할 필요가 있으며, 그것을 지속적으로 재구성할 필요가 있다. 이런 배경을 기반으로 해서 보면, 듀이의 실용주의와 바우만 Zigmunt Bauman의 탈근대적 사회학 사이의 대화는 오늘날 철학적 재구성을 위해 기대되는 관점을 열어 줄 수 있다. 물론 우리는 엄격하게 듀이와 바우만을 비교하려는 것은 아니다. 처음부터 이러한 비교가 가능해 보이지 않기 때문이다. 이들의 접근은 방법론의 틀, 개념의 토대 그리고 지향하는 맥락이 너무 다르다. 듀이와 달리 바우만은 종합적이고 체계적인 철학적 접근을 제시하진 않았다.

탈근대성post-modernity 사회학자로서 바우만의 관심은 최근 저작

『액체적 근대』에서 볼 수 있듯이, 사회적 실재와 인간사를 비판적으로 기술하고 진단하는 데 있다. 우리는 바우만이 기여한 바를 오늘날 듀이의 실용주의적 방식으로 새롭게 재구성하고, 영감을 불어넣는 데 활용할 수 있다. 동시에 우리는 듀이가 광범위하면서도 관련성 깊은 철학 이론과 관점을 제공한다고 제안한다. 실제 그의 이론과 관점은 이 시대의 비판적 사회연구의 토대를 총체적이고 체계적으로 성찰할 수 있게 한다. 따라서 우리가 의도하는 바는, 두 이론에 대한 단순 비교라기보다는 서로 상호적인 생산적 대화이다.

우선 근대성modernity을 들여다보자. 바우만에 의하면, 근대성의 가장 핵심적인 특징 가운데 하나는 근대성이 질서를 추구한다는 점이다. 좀 더 구체적으로 이야기하면, 근대성이 애써 만든 질서라는 것은 의도적으로 일어나야 하는 어떤 것, 즉 인간의 노력에 의해 만들어져서 세계에 부가되는 어떤 것이다. 그래서 질서를 추구하는 것은 지속적이고 진보적인 프로젝트 형태를 취한다. 바우만에 따르면, 근대성은 자연적 질서가 아닌 '발견discovery'으로 특징지어진다. 근대는 질서가 반영되면서 숙고의 과업이 전개되는 시대이다.Bauman, 1993b: 4-6 질서는 분류에 의해 이루어지는 것인데, 분류는 종종 대립된 이분법적 코드를 수반한 포섭과 배제의 행위를 포함한다. 포섭이나 배제의 작동은 세계를 관통하는 폭력적인 행위이며, 어느 정도 강제적 지원을 필요로 한다.같은 책: 2

질서는 명료성, 투명성, 확실한 예측, 통제를 약속한다. 그러나 역설적이게도 이것은 분류 작업을 명령하면서 불가피하게도 모호함을 부추겨 '부작용'을 야기한다. 바우만은 이럴 수밖에 없다고 말한다. "질서를 구성하는 데 쓰이는 이분법적 분류가 본질적으로 분별하기 어렵고, 연속적인 실재의 경험과는 어쩔 수 없이 중복되기 때문이다. 모호함이라는 혐오로부터 발생한 대립은 역설적이게도 양가성의 주요 근원이 된다. 특정한 분류를 강제하는 것은 불가피하게 변칙을 양산한다는 것을 의미한다."같은 책: 61 따라서 양가성은 "근대성의 쓰레기이자 … 근대의 가장 근본적인 걱정거리이며 근심거리다. 왜냐하면 패배하여 노예가 된 다른 적들과 달리, 양가성은 근대적 모든 힘과 함께 성공하여 힘을 키우기 때문이다. 깔끔하고 가지런하게 하는 활동을 양가성으로 해석하는 것은 그 자체의 실패가 된다."같은 책: 15 필수적인 근대 질서를 위한 탐구는 불명확성과의 투쟁, 즉 어중간한 것, 모호함, 미결정 상태, 잉여적 의미 그리고 기타 등등의 것들을 없애 버리기 위한 열정적인 노력과 항상 함께 이루어진다. 바우만에 의하면, 이런 일은 그 자체로 불가능하기 때문에, 근대성은 쉼 없이 질서를 구축하고 모호함을 제거하며 쉬지 않고 새로운 시도를 한다.

듀이 관점에서 보면, 질서에 대한 근대적 탐구와 확실성에 대한 보다 일반적인 지적인 탐구는 둘 다 동일한 병을 앓고 있는 것이기에 그의 철학적 비판의 표적이 되었다. 이들은 어두움과 밝음, 모호함과 분명함, 혼란함과 정돈됨 등의 다양한 특징에서 인간의 경험을 충분히 인지하거나 받아들이는 데 실패했다. 듀이가 볼 때, 열려 있으면서 끝이 없는 우주에서의 경험은 어쩔 수 없이 질서와 함께 우연성이라는 특징을 갖는다. 두 가지 모두 절대 제거할 수 없는 자연적 존재의 특징이다.LW. 1: LW. 4 그러나 질서, 합리성, 진보의 추구에 대한 근대 사상은 종종 정반대의 것들을 소홀히 여기는 경향이 있다.

세계의 불분명한 특성에 대한 우리의 마력적 보호는 보편적이며 필수적 법칙, 원인과 결과의 편재성, 자연의 통일성, 보편적 진보, 그리고 우주의 내재적 합리성이 무엇인지 대충 얼버무리는

기회를 부정하는 것이다.LW. 1: 45

　바우만이 그랬듯이, 듀이 또한 근대 사상에서 이런 소홀함에 대한 강력한 보호 장치로 과학적·기술공학적 진보가 있었다고 보았다. "과학을 통해 우리는 예측하고 통제할 수 있는 힘을 보증해 왔다. 도구와 기계, 그리고 관련 기술을 통해 우리는 이 세계를 우리의 필요를 위해 좀 더 안락하고 안전한 거주지로 만들어 왔다."같은 책 그런 합리성과 진보의 결과는 새로운 해결책과 함께 새로운 문제점을 만들어 냈고, 그런 점에서 결과는 여전히 모호한 채로 남아 있다. 그들이 추구하는 질서는 인간의 경험 속에 있는 불안정한 국면을 소거할 수 없다. 그들의 해결책은 늘 부분적이고 선택적이기 때문이다. "반성적인 성찰이 일어날 때마다 선택적인 강조나 이로 인한 선택은 불가피하다."같은 책: 34 그것들은 구성되고 적용된 해결책의 가능한 결과로서 어쩔 수 없이 누락을 수반한다. "우리가 아무리 열심히 생각한다고 해도, 모든 결과들이 다 예측될 수도 없고, 하나의 표현으로 정리되거나 혹은 성찰과 판단의 부분으로 알려질 수 있는 것은 아니다."같은 책: 28 그러므로 "모든 것이 해결되었을 때, 이 세계의 근본적이고 위험한 특성은 그다지 진지하게 고쳐지지도 아예 없어지지도 않는다."같은 책: 45 듀이는 전쟁과 미래 전쟁에의 준비와 같은 근대적 삶의 파괴적 과잉 현상을 지적하면서, 이러한 것에 대한 인식이 불가피함을 강조한다.

　근대적 문화에 대한 바우만의 분석과 비판은 이러한 실용주의자들의 문화이론 및 비판에 밀접하게 관련되어 있다. 예를 들어, 바우만이 근대성과 근대성이 지닌 미완성된 주장들과 그 모순에 관하여 글을 쓴 부분은 실용주의자들의 주장과 매우 유사하다.

분류하기 기능의 이상은 세계가 담고 있는 모든 종류의 항목들을 차곡차곡 담을, 그러나 각각 분리된 장소에서 각자의 파일과 항목을 보관하는, 일종의 넓고 편리한 파일 캐비닛을 만드는 일이다. … 그러한 캐비닛의 양가성을 피할 수 없게 하는 것은 바로 그 캐비닛의 비-생동성non-viability이다. 그리고 캐비닛이 추구하는 그러한 구성은 언제나 새로운 양가적 의미를 불러온 인내성이다.Bauman, 1993b: 2

이러한 관련성 속에서, 바우만은 근대성이 "세계의 분절화"를 근대성의 가장 중요한 성취와 강점 중 하나로 간주한다고 주장한다.같은 책: 12 참조 이는 다음에 기술할 듀이의 『경험으로서의 예술』과 유사하다.

인간의 제도적 삶은 비조직화로 특징지어진다. 이러한 장애는 종종 계층의 안정적인 구분이라는 형태를 취한다는 사실로 감추어진다. 이러한 안정적 분리는 고정적인 한 질서의 근본이라고 수용되며, 대중적 갈등을 일으키지 않는 조건에서 수용된다. 삶은 구획화되고 그리고 제도화된 구획들은 높게 혹은 낮게 분류된다. 즉, 그 분류는 세속적인 가치와 영적인 가치, 혹은 물질적인 가치와 이념적인 가치로 양분된다. 관심들은 점검 및 균형 시스템을 통해 외부적으로, 그리고 기계적으로 서로서로 관련지어진다. … 직업과 관심의 분류화는 통찰력으로부터 보통 우리가 "실천practice"이라고 부르는 활동을 분리해 내고, 수행 행동으로부터 상상력을 분리해 내며, 일로부터 그 일의 의미 있는 목적을 분리하기도 한다. 그래서 행위로부터 감정을 분리해 버리는 결과를 가져온다. 이때 경험의 해부학을 활용하는 사람들은 이러한 구분이 인간성을 구성하는 데 고유한 것이라고 여긴다.LW, 10: 26ff.

친화력은 연구의 몇몇 상세한 부분에 국한되지 않는다. 오히려 두 저자가 사용한 핵심적 개념에 적용된다. 두 사람 모두 개방적이고 모순적인 프로젝트의 일환으로 근대성의 어떤 기초적 특성을 향한 공통된 태도를 제안한다. 듀이와 마찬가지로 바우만은 비록 듀이와 비교할 수 있는 경험이라는 개념을 철학적으로 명료화하지는 않았지만, 자신의 논의를 당대의 남녀가 살아가는 것처럼 구체적인 경험에서 시작한다. 사회학자로서 바우만은 글을 쓰면서 사회의 변화하는 맥락 속에서 생활-경험을 기술하고 해석하는 데 더 집중한다. 그 때문에, 바우만은 근대성이 세우려 했던 공고한 토대들이 고유한 모순을 전면으로 가져오는 삶의 유동성이 커짐으로써 파괴되어 왔다는 것을 보여준다. 여기서 바우만은 불확실한 경험을 이야기한다. 이는 오늘날 사회적 삶에 불만족을 가져오는 주요한 원천이 되어 왔다.Bauman, 1997 참조

근대 문화에 관한 그의 이론에서, 듀이는 인간 삶의 경험이 지닌 혼란스러운 측면과 안정적인 측면 사이의 긴장에 대해 폭넓게 성찰하고 있다. 듀이에 따르면, 이러한 긴장은 많은 면에서 철학적 성찰을 위해 아주 중요하다. 그래서 그는 "혼란스러움과 안정됨"을 문화, 의사소통, 교육과 모든 종류의 실천, 일상적인 일들, 그리고 제도에서 사회적일 뿐만 아니라 개인적인 발전에 관한 철학적 관점을 위한 중요한 개념적 도구로 간주하였다. 듀이와 비교하면, 바우만은 경험의 계속성에 대한 이론적인 성찰을 동일하게 강조하지는 않았다.

왜냐하면 바우만은 듀이와 비교할 만한 사회적 행동 이론을 전혀 제시하지 않았기 때문이다. 오히려 그의 강점은 근대성에서 탈근대적으로 전환하는 과정에서 우연성contingency이 사회적 삶에 미치는 역

할을 정교하고 상세하게 기술했다는 데 있다. 우연적이고 모순적인 것들 속에서 일어나는 사회적 실재와 인간 일들에 관해 평생에 걸쳐 지속적으로 듀이가 문제제기해 왔음을 떠올려 본다면, 아주 많은 측면에서 바우만은 듀이가 자신의 시대에 했음직한 일을 지금 우리 시대에서 행하고 있다. 그러나 바우만의 담론은 듀이보다 더 기술적이고, 리처드 로티에 의해 제시된 개념에 따르면 일종의 "치료적" 기능을 충족하는 듯하다. 그는 (포스트)모던 삶에서 종종 간과할 만한, 숨겨지고 감추어진 면에 대한 우리의 안목을 트게 한다. 바우만은 근대성의 발전과 근대적 개별화 형식을 단순한 깨달음과 자유주의적 담론의 결과라기보다는 사회적 관계 및 구조의 변화가 가져온 결과로 해석한다.^{Bauman, 1993b: 6} 근대성은 그 계획이 완성되었다고 선언할 수 있는 지점에는 결코 이를 수 없다. 탈근대적 윤리학^{Postmodern Ethics}에서 바우만이 주장한 바와 같이, 근대성은 모든 합리적인 사람들이 최선의 기회로 선택할 수 있는 "양가적이지도 않고, 회의적이지도 않은 윤리적 코드"조차 획득하지 못할 것이다.^{같은 책: 9} 하지만 이러한 꿈은 늘 근대적 사고 아래 움직이는 힘이 되어 왔다. 바우만에게 이 사고의 포기는 탈근대성^{postmodernity}의 핵심적 원칙 중 하나이다. 이것이 듀이와 듀이의 시대를 넘어 바우만이 분명히 생각한 지점이다.

그러나 상호작용적 구성주의의 관점에서 듀이와 바우만은 진보에 대한 모호함과 모순에 상당히 민감하다는 점을 기억해야 한다. 그러나 그들의 전혀 다른 역사적 맥락에서 이야기하자면, 그들은 이 사안들에 대해 조금 다른 강조점을 두며, 조금은 다른 층위에 대항하여 이들을 조명한다. 예를 들어, 탈근대성의 모호함에 대한 글에서 바우만은, 진보를 이해득실의 게임으로 보여 준다. "당신이 뭔가 얻는다, 그러나 당신은 그 대신 늘 뭔가 잃는다."^{Bauman, 1997: 1} 그는 프로이트가

『문명과 그것의 불만』이라는 제목으로 출간한 근대 문화에 관한 유명한 비판의 중심적 메시지 중 하나를 인용한다. 그것은 근대 문화가 성취한 안정과 질서가 인간의 자유와 행복이라는 대가를 치르고 주어졌다는 회의적인 진단과 관련된 것이다. 바우만에 따르면, 이와 똑같은 메시지가 탈근대성에도 유효하다. 근대성에서 탈근대성으로의 전환에서 "얻는 것들과 잃는 것들은 장소를 바꿔 왔을 뿐이다. 탈근대적 남자와 여자는 자신들의 안전 가능성의 부분을 행복의 부분과 바꿔치기하였다. 근대성의 불만은 개인의 행복 추구에서 자유가 허용되지 않는 것을 견뎌 내는, 즉 일종의 '안전'에서 생겨났다. 반대로 탈근대성의 불만은 개인의 안전에 신경 쓰지 않는 것을 견뎌 내는, 즉 일종의 쾌락을 위한 자유에서 생겨난다."^{같은 책: 3. 원문에서 강조}

듀이 또한 사회적 발전이라는 맥락에서 득실을 이야기한다. 미국 문명에 대해 그가 쓴 글을 예로 들 수 있다.

> 그래서 다소 정확하게 표현하여 미국적인 생활에서 무엇을 얻고, 무엇을 잃는지 목록화할 수 있다. 그러나 우리 사회의 번영에서 그들이 무엇을 받아들이는지는 알 수가 없다. 내 말은 양쪽으로 나란히 얻은 것과 잃은 것의 목록을 적어 두었을 때, 우리는 특별한 범주와 깊이의 역설 및 모순을 발견하게 된다. 이런 모순들은 현재 우리의 상태가 지닌 가장 독특한 특성, 즉 내면의 긴장과 갈등으로 보이는 것의 증거들이다. 지금까지 내부와 외부를 구분하는 문명의 집이 있었다면, 그것은 바로 우리 자신이다. 누군가 어떤 증상만 취하고 다른 증상들은 무시한다면, 그는 아주 우울하거나 혹은 빛나는 보고들 중 하나를 만들 수 있을 것이다. 그것이 평등한 정의로 쓰일 수 있는 한에서 그렇다.^{LW, 3: 133ff.}

비교해 보면, 탈근대성으로 확장되는 근대성의 상실과 실패에 관한 바우만의 관점은 듀이가 민주주의로의 생산적인 해결책과 발전을 위한 희망이라는 관점에서 근대성의 손실을 다소 경시하는 경향을 보이는 것에 비해서 더 종합적이고, 좀 더 차분하고 더 구체적이다.『액체적 근대』에서 바우만은 근대성의 주요한 다섯 가지 특성을 밝힌다. 이는 근대적 삶의 어두운 측면을 증거할 수 있다.

근대성이 갖는 아이콘의 주요 특징은 포드주의식의 공장이라는 것이다. 이것은 인간 활동의 단순하고 틀에 박힌, 그리고 미리 계획된 움직임을 감소시키고, 그리고 아무런 정신계의 활동 없이, 기계적으로 복종하며 따라야 한다는 것을 의미한다. 그리고 이는 모든 자발성과 개인적 행동을 보류한다는 것이다. 이러한 관료주의는 막스 베버의 이념적 모델과 적어도 내재적 경향성이라는 점에서 아주 유사하다. 관료주의에서 정체성과 사회적 유대감은 마치 옷 보관소에 들어설 때 모자, 우산, 코트 등과 함께 맡기듯 명령과 법률만이 내부에 머무는 것처럼 그 내부자의 행동을 아무런 저항 없이 주도할 수 있다. 감시탑과 그곳의 수감자를 둔 팬옵티콘panopticon(원형감옥에 의한 일망[64] 감시 체제)은 수감자의 감

---

64. [옮긴이 주] '일망'이란 '한눈에 바라보다'를 뜻한다. 원형감옥(일망 감시 장치)은 19세기 감옥의 형태에서 절정을 이루었다. 이 감옥의 구조는 둥근 형태로 가운데 감시탑이 높이 서 있으며, 각방은 독방이다. 중앙 감시탑에서 각방을 쳐다보면 사람들의 움직임이 아주 잘 보이게 되어 있다. 수감자가 감시자를 볼 수는 없게 설계되어 있다. 이러한 원형감옥은 공리주의자로 유명한 벤담이 고안한 것이다. 이러한 구조적인 장치를 통해 죄수들에게 엄청난 규칙들을 주지시킨 뒤, 감시자가 죄수들의 움직임을 하나하나 감시하여 일일이 기록으로 남기고, 이를 근거로 감옥 내에서의 처우를 달리했다. 아무도 감시하지 않아도 감시의 효과를 발휘하였다. 그런데 푸코는 기묘하게도 이를 오늘날의 우리 사회에 대해 적용한다. 즉, 아무도 감시하는 자가 없는데, 우리 모두가 철저히 감시받고 있는 것처럼 행동한다는 사실이다. 처벌과 보상의 개념이 실질적으로 형성되고, 그것이 사회 전반에 적용되면서 학교·병원·공장·군대 등으로 확산된다는 것이다. 그래서 권력은 규율하는 권력으로 자리를 잡게 되고, 몸은 길들여진 몸으로 자리 잡으면서 이른바 '근대식 신체'라는 특수한 몸이 생겨난다는 것이다.

시자들이 순간적인 경계 소홀을 절대 허용하지 않는다. 절대 졸지 않는 독재자는 항상 눈을 부릅뜨고 있으며, 충직한 사람들에게 보상하고 배신하는 사람들을 벌주는 데 재빠르다. 마지막 근대상으로 콘츠라게르Konzlager(소련의 강제노동수용소에 의해 근대적 악마의 대립적 신들pantheon로 나중에 추가된), 그곳은 인간 적응성의 한계를 실험 조건에서 시험받았던 곳이다. 여기서 충분히 적응하기 어렵다고 여겨졌거나 알려지지 않으리라고 추정된 모든 사람들은 극도의 소진 상태로 사라져 갔거나 가스실 혹은 화장장으로 보내져 소멸해 버렸다.Bauman, 2000: 25-26; 강조는 원문 그대로

이러한 해석에 따르면 포드주의적 공장, 관료제, 원형감옥, 빅 브라더, 홀로코스트는 단순히 근대성을 대표하는 사건이 아니라 여전히 또 발생할 수 있는 잠재적인 것들이다. 처음 제시한 네 가지는 오늘날까지 근대적 발전을 가져오는 데 필수적이던 요소들이다. 홀로코스트는 근대성 가운데 성장한 최악의 재앙으로 여겨진다.Bauman, 1989 회고적 사고를 하는 바우만은 분명히 진보에 대한 전망에서 전향적 사고를 하는 듀이보다 훨씬 회의적이었다. 듀이는 더 적극적으로 민주적 재구성의 기회와 더 나은 삶의 조건으로의 연속적인 단계를 강구해 왔기 때문이다.

상호작용적 구성주의의 관점에서, 인간사를 관찰하는 것이 참여와 행동의 맥락에 달려 있으며, 듀이와 바우만이 분명히 말하는 주제는 그러한 맥락들에서 상당히 다르다는 점을 우리는 처음부터 예견해야 한다. 둘 모두의 설명은 각자의 맥락에서 생동감 있는 방법으로 대응하는 실재의 구성이다. 관찰의 실행 가능성은 구성주의에서 핵심적 기준이다. 그러나 상호작용적 구성주의에서 우리는 생동감의 문화적 개

넘을 선호한다. 이는 관찰에만 초점을 두는 것이 아니라, 문화적 맥락에서 참여와 행동을 고려하는 것이다. 듀이와 바우만의 입장을 비교해 보면, 듀이가 근대성 안에서 전통적 참가자 입장에 훨씬 가깝다고할 수 있다. 이러한 입장에서, 그는 참여자이며 행위자이자 관찰자로서, 민주주의적 재구성의 관점으로 당대의 모순과 모호함을 지적한다. 바우만과 비교하면, 그의 이론은 관찰자이자 행위자로서 자기반성과관찰을 제시하는 탈근대적 담론으로부터의 회상을 이야기하는 바우만의 역설적 거리를 일부 결여하고 있다.

상호작용적 구성주의자로서, 우리는 리처드 로티가 지닌 아이러니와 마찬가지로 바우만의 아이러니는 우리로 하여금 오늘날 충족되지않은 기대와 20세기의 위대한 꿈과 함께 살도록 도와줄 수 있다고 생각한다. 그럼에도 듀이가 대표했던 민주적 희망과 비전의 강한 의식, 살아 있는 민주주의에 필수적인 토대로서의 참여라는 예민한 감각, 그리고 행동과 선택의 관련성에 대한 그의 끈질긴 주장은 이러한 모든 아이러니한 관계성에도 불구하고 여전히 우리 시대에도 중요해 보인다.

바우만의 최근 영향력은 엄청난 출판물뿐만 아니라, 다방면에서 대체로 이해하기 쉬운 언어를 통하여 사회적 삶의 조건을 그려 내고 설명하는 뛰어난 능력에서 비롯된다. 바우만은 "탈근대성"을 이야기하면서 근대성의 종말 혹은 근대성의 포기를 요구하지 않는다. 그는 '탈근대적'이라는 개념은 더 적극적인 명칭을 결여한 조건에서 부여된, 그 자체로 전환적인 명칭이라 생각한다. 2002년 인터뷰에서 그는 이렇게 관찰한다.

'탈근대적'이라는 개념은 초기에 잠정적인 선택에 불과했으며,

조사를 위한 경로 보고의 하나였다. '탈근대적'은 예비적인 현장 검색 작업을 잘 하였다. 그것은 경계를 가져왔고, 바른 방향으로의 탐구를 불러일으켰다. 그것은 더 많은 일을 할 수 없었고, 그래서 그것은 곧 그것의 유용성보다 오래 지속되었다. 우리가 살고 있는 세계의 질에 대해, 우리는 예전의 익숙한 세계와 달리 지금은 그것보다 더 많은 것을 말할 수 있다. 그래서 우리는 새로움에 대한 긍정적 이론을 가질 수 있을-위험을 감수할 수 있을-정도로 성숙해졌다.Bauman and Yakimova, 2002: 2; 강조는 원문 그대로

바우만은 처음부터 '탈근대적'이라는 말을 사용하는 데 특정한 약점이 있다고 믿었다. 그것은 근대성이 종식되어 멀리 사라졌다는 잠재적 오해를 불러일으키는 것이었다. 리오타르Lyotard나 바우만처럼 탈근대성을 가장 강하게 옹호했던 사람들은 그런 오해에 늘 맞서려 했다. 그러나 이러한 항의는 "그다지 도움이 되지 않았다. 심지어 '탈근대성은 근대성에서 그 환상을 뺀 것이다'라는 나의 주장은 물론이고 '우리는 초기 근대 없이 탈근대화될 수 없다'고 했던 리오타르만큼 강한 주장들도 그러했다. 만약 용어가 어떤 것을 담고 있다면, 그때 그 용어는 어떤 도움이 될 수 없다. 즉, 'post X'는 늘 X 뒤에 남겨져 있는 사안의 상태를 의미한다."같은 책: 2

후기 근대성late modernity 혹은 성찰적 근대성reflective modernity 같은 이름들을 사용함으로써 현대적 삶의 조건과 배치를 특징지으려는 여러 시도들이 있었다. 바우만은 최근 저서들에서 액체 근대라는 표현을 선호한다. 위에서 본 바와 같이, 근대성은 지속적인 움직임과 변화를 필요로 하는 시대이다. 바우만은 이렇게 주장한다.

모든 근대성은 끊임없는 강박적 근대화를 의미한다. 근대성이란 상태는 없다. 하나의 과정일 뿐이다. 근대성은 그 과정이 정지되는 순간 근대성이 되는 것을 멈출 것이다. 모든 근대화는 "얽혀 있지 않은 것", "붙박여 있지 않은 것", "단단한 것을 녹여 버리는 것" 등으로 이루어진다. 즉 기존 구조를 해체함으로써, 혹은 적어도 그들의 통제를 약화시키는 방식으로 이루어진다. 처음부터 근대성은 과거로부터 이어져 온 거미줄처럼 복잡한 인간 관계성을 강압적으로 빼앗았다. "떨어뜨려 놓고" 느슨하게 풀어놓음으로써 인간은 새로운 토대를 찾고, 그 속에서 자신의 손과 삽을 이용하여 스스로 땅을 팔 것이라 기대되었다. 비록 자신이 생겨난(태어난) 땅에 그대로 남아 있기를 선택할지라도 말이다.^{같은 책: 4: 강조는 원문 그대로}

과거와 현재의 근대성 형식들 간에는 연속성이 존재한다. 액체 근대의 시대를 살아가는 오늘날 새롭다고 할 수 있는 것은 그 자체로 높은 수준이 아니라 그것의 사회적 구속의 맥락이 완전히 바뀌었다는 사실에 있다. "'얽혀 있지 않은 것'이 줄어들지 않는 반면에, '다시 얽혀진 것들'의 전망은 어디에도 보이지 않고, 나타날 것 같지도 않다"라는 것이다.^{같은 책: 4} 액체적 근대에서 사회적 관계와 헌신은 쉽고 빠르게 변화할 뿐만 아니라, 새로운 기회들을 위해서 포기된다. 이는 그들에게 너무 길고도 집요하게 달라붙어 있는 덫으로 판명날 수도 있다. 이러한 조건하에 개인들에게 새로운 압력이 점점 더 가해지고 있다. 즉, 그것은 빠르게 바뀌는 사회적 유대와 사회적 게임이 지속되는 동안 늘 바뀌는 새로운 규칙에 각자를 적응하도록 하는 것이다.

바우만에 의하면, 듀이가 살던 시대의 무겁고/단단하고/응축되어 있고/체계적인 근대성과 오늘날의 좀 더 가볍고/유동적이고/퍼져 있고/네트워크처럼 연계되어 있는 근대성의 형식 사이에 중요한 변화가 있음을 관찰할 수 있다.^{Bauman, 2000: 25 참조} 다른 무엇보다도 이러한 변화는 민주주의와 교육에 중요한 시사점을 준다. 예를 들어, 바우만은 개인화와 해방의 조건, 도전, 위험, 그리고 기회가 상당히 변화해 왔다는 점을 관찰했다.

> 비판이론의 시대가 갖는 무겁고/단단하고/응축되어 있고/체계적인 근대성은 태생적으로 전체주의적 경향이 가득 차 있었다. 모든 것을 움켜쥐고 의무와 강압적인 단일성으로 특징지어지는 전체주의적 사회는 지평선 위로 어렴풋이 그러나 지속적이고 위협적으로 떠올랐다. … 이러한 근대성은 우연성, 다양성, 모호성, 임의성, 독특성의 공공연한 적이었다. 즉, 그것이 모든 이러한 "파격적이고 변칙적인 것들"을 상대로 성스러운 소모전을 선언했기 때문이다. 그리고 일반적으로 이 개혁의 주된 희생양으로 예상되었던 것은 개인의 자유와 자율성이었다.^{Bauman, 2000: 25}

이런 배경을 바탕으로, 견고한 근대성 내에서 해방의 프로젝트가 갖는 주요한 초점은 감시, 훈육, 통제, 억압 등의 전체주의적 힘들에 맞서 개체성을 해방시키고, 보호하고, 강화하는 것이었다. 감시, 훈육, 통제, 억압 등의 전체주의적 힘들은 "우연성, 다양성, 모호성, 임의성, 독특함" 등을 강요되고 견고한 질서에 따라 구성 요소들로 한정하거나 상쇄시킴으로써 이들을 정상적으로 보이게 하는 데 위협을 가했다.

그럼에도 액체적 근대성에서 개인성과 사회적 질서 간의 배치는 몇몇 중요한 면에서 변화해 왔다. 점차 늘어나는 개인성과 개인화 요청은 오늘날 점점 더 유동적으로 되어 가는 사회질서에 필수적인 요소로 보인다. 바우만에 의하면, 지금은 개인성과 사회질서의 전통적인 대립적 반목 대신, "법률상 개인성individuality de jure"이라고 부르는 것, 즉 남자와 여자들이 사회적으로 스스로 책임지기를 요청받는 개인화의 과제들과 "사실상의 개성individuality de facto"이라고 부르는 것, 즉 자기들이 진짜 하고자 하는 일을 선택하고, 결합하고, 이를 깨닫는 데 필요한 능력, 기질, 기회, 그리고 자원 사이의 간격이 점차 커지고 있다. "법률상의 개인이 된다는 것은 자신의 불행에 대해 누구도 질책하지 않는다는 것을 의미한다. 즉, 자신의 실패 원인을 자신의 게으름과 나태함으로만 돌린다는 점, 그리고 이러한 실패를 막는 최선의 방책은 바로 더 열심히 노력하는 것 그 이상이 없다는 점을 확인하는 것이다."^{Bauman, 2000: 38} 이런 상황에 맞닥뜨려서 바우만은 "작금의 단계에서 해방은 개인의 법률적 자율성을 사실적 자율성으로 변환시키는 작업으로 묘사될 수밖에 없다."^{앞의 책: 51} 그래서 개인은 "자신의 운명을 통제하고, 진정으로 원하는 것을 선택할 수 있어야 한다고 본다."^{같은 책: 39}

분명히 바우만은 이런 과제가 오늘날 민주주의에 상당히 중요한 도전이라는 것을 알고 있다. 문화적 맥락에서 관찰자, 행위자, 참여자에 관한 상호작용적 구성주의 관점을 배경으로, 우리는 이런 사회변화가 근본적으로 교육에의 도전적 과제라고 말할 수 있다. 이러한 사회적 도전은 액체 근대의 시대에 관여하는 한계와 위험일 뿐만 아니라, 기회에 대해서도 구성, 재구성, 해체의 방식으로 대응해야 하는 일이다. 듀이와 함께 우리는 바우만 자신이 제기한 것보다 훨씬 강력하게 이것이 우리 시대의 교육을 위한 중요한 과제라는 점을 확인할 수 있다. 듀이의 렌즈로 바우만을 해석해 본다면, 법률적 개인성과 사실적 개인성에 관한 주장은 오늘날 교육이론을 위한 중요한 시사점과 관련하여 팽팽한 긴장을 야기한다고 할 수 있다. 교육의 경험에 초점을 둔 듀이의 방식은 바우만이 제기했던 법률적 개인성과 사실적 개인성 사이의 격차를 극복하는 데 필요한 방식임을 보여 준다.

실제로 바우만의 설명은 위에서 언급했던 문화적이고, 구성적이며, 의사소통적인 전환에 기초하여 교육에의 듀이식 접근이 듀이가 살았던 시대에 그러했던 것만큼, 적어도 오늘날 왜 중요한지를 설명하는 데 적절한 증거를 제공한다. 바우만이 우리 시대에 이 둘의 차이가 점차 커진다고 생각한다면, 우리는 이러한 차이를 좁히는 일이 교육 없이는 불가능한 사회적 과업이라는 듀이에 동의한다. 상호작용적 구성주의의 관점에서 듀이의 철학과 바우만의 현대적 분석을 대화로 이어 주었을 때, 우리는 새로운 관점으로 등장하는 교육에서 중요한 함의와 여전히 존재하는 다른 긴장관계들을 발견할 수 있다.

지금의 조건하에 사회적 삶에서 안정과 변화의 관계를 고려해 보라. 듀이와 바우만 모두에게 이 쟁점은 민주주의와 자본주의의 모호한 관계와 본질적으로 연결되어 있다. 한편으로, 자유의 새로운 방식과 형태를 구성하고 경험하는 데 필수적인 선행조건으로 부와 번영을 생산하게 하는 자원과 발판을 제공한다는 점에서, 자본주의는 부분적으로는 해방을 유지하고 지원하는 사회구조와 조건을 생산해 왔다. 이런 과정은 민주주의의 근대적 재구성을 향한 활력이 되어 왔다. 그러나 다른 한편으로 자본주의는 반복적으로 민주적 프로젝트를 위험에 처하게 한다. 듀이와 바우만은 이러한 모호함을 분명하게 인식하고 있다. 자본주의 조건 아래서 해방의 모순성에 대해 듀이가 관찰한 바를 다룬 다음 글을 예로 들 수 있다.

개인 능력의 해방과 함께 사회 전체적 질서 및 운동에서 각 개인에게 효능적인 권리를 확보하려는 민주적 운동(즉 공동선)은 다른 사람들보다도 더 유리한 위치에 있는 많은 권력과 지위를 확보할 정도로 너무 멀리 가 버렸다. 이러한 노력이 불평등에 기초한 특권적인 개인의 자유와 권리를 침해할 것이라는 이유로, 기회의 평등을 보장하고자 하는 노력에 반대하는 상황은 조금은 아이러니하다.^{MW, 5: 430}

더 넓은 의미에서 듀이는 일의 노동으로 축소, 사회적 삶의 구획화, 경험의 분절화, 사고와 행동, 이념과 실제 조건의 구분과 같이 자본주의가 야기하는 반민주주의적인 효과들을 비판한다.^{LW, 10: 27-34} 실제 자본주의의 "견고한 사실" 중 하나는 경쟁이다. 듀이가 보기에, 당대에 사회적 삶과 경제적 관계는 정돈되지 않고 광범위하게 남아 있는 것들로 특징지어진다. 산업화 과정과 함께 일어난 엄청난 변화는 "자신의 존재 조건을 통제하는 데 필요한 최소한의 것만 가진 수백만 명의 사람들이라는 문제를 야기했다."^{같은 책: 300}

다시 말해, 그는 자신의 비판적 분석을 가능하고 좀 더 민주적인 해결책을 향한 구성주의적 방향과 결합한다. 그에게 근본적인 문제는, 참여와 더 나은 삶을 위해 모든 가능성을 확대하려는 민주주의를 재구성하는 데 새롭고 확장된 방식을 찾아내기 위하여 사회적 지성, 창의성, 상상력을 촉진하는 것이었다. 그는 방임주의적 방식과 관련된 혹은 우리가 신자유주의라고 부르는 경쟁적 개인주의 및 사회적 위험을 넘어서는 곳에 민주적 비전이 있다고 믿었다. 예를 들어, 당대 금융 및 경제위기에 관하여 이렇게 보고한다. "경제 행위 과정에서 유일한 통제 장치로 경쟁을 두고 있는 자유방임주의의 극단적 개인주의는 현재 조건들을 더 이상 견뎌 내기 어려울 것으로 보인다."LW, 7: 428 자본주의가 약속했던 안전함을 심각하게 훼손시켜 온 요즘의 전 지구적 위기를 생각해 보면, 이 말은 신기할 정도로 친숙하게 들린다.

바우만 또한 글로벌한 규모로 신자유주의적 경쟁이 빚어내는 불안정함의 측면과 차원을 이렇게 보여 준다. "불안정함은 다른 모든 것들, 즉 생계, 특히 먹고사는 데 가장 공통된 것들, 다시 말해 일work과 고용의 토대로 요청되는 것들의 기본 조건을 표시한다."Bauman, 2000: 160 탈근대적 시대 혹은 유동적 시대에 생계는 더 부서지기 쉽고 신뢰할 수 없는 것이다. 유동성은 핵심 요청이다. 유동적 삶은 새로운 시작들, 혁신, 재구성이 연속해서 이어지는 것이다. 시장은 더 유동적이고 광범위해졌다. 지나치게 안정적인 것은 좀처럼 거래되지 않는다. 점점 더 많은 사람들이 자신들의 삶을 이런 것에 맞추어야 한다. 그들의 세계는 점차 유동적이 된다. 장막 뒤에서 자본주의는 변하고 있다. "오늘날 '액화되는', '흐르는', 그리고 '퍼져 있는', '여기저기 떨어져 있는', '통제되지 않는' 근대성의 유형은 분리와 의사소통의 궁극적 단절을 막아 내지 못할 수도 있다. 그러나 이것들은 자본과 노동을 연결하는 매듭을 분리하고 느슨하게 하는 것을 특징으로 하는 가볍고 자유롭게 떠다니는 자본주의의 출현을 촉진한다."Bauman, 2000: 149

오늘날 경제의 세계화에서 자본의 새로운 형태들이 등장했고, 이들 중 대부분은 이전 것들보다 더 가벼운 특성을 띤다. "부피가 큰 기계류와 거대한 회사 승무원들의 수하물 짐을 줄임으로써, 자본은 비행기 내 휴대용 짐-서류가방, 노트북, 핸드폰-만 지닌 채 가볍게 여행한다."같은 책: 150 동시에 증가하는 자본의 이탈과 일시성은 노동에 의존하고 있어서 가벼운 여행자에 비해 덜 유동적인 모든 사람들의 삶을 더욱 불안정하게 한다.

막스 베버Max Weber와 노르베르트 엘리아스Norbert Elias 같은 현대 사회학자들은 자본주의에서 노동의 근원적 덕목으로서 포괄적 프로젝트를 대신하여 거시적 관점에서 행동하는 능력과 만족과 기쁨을 유예하는 역량을 제시하였다. 액체적 자본주의는 이러한 전통적 덕목들을 훼손하는 경향이 있는데, 개인에게서 정향의 지속가능하고 안정적인 형태를 빼앗고, 그들을 새로운 위험과 걱정거리에 놓이게 한다. "그러한 삶을 무섭게 떨게 하는 가장 강력하고 집요한 걱정거리는 나태해진다는 두려움, 빠르게 이동하는 사건들을 따라가지 못하리라는 두려움, 뒤처지게 되리라는 두려움, '유효 기간'을 간과할까 하는 두려움, 회귀 불가능한 지점을 넘기 전에 궤도의 변화를 요구하는 순간을 놓칠까 하는 두려움들이다."Bauman, 2005: 2

비교해서 말하자면, 이러한 걱정과 시름의 특수한 형태들은 상대적으로 새로운 현상이고 자본주의의 결과들이다. 바우만에 의하면, 이것들은 오늘날 근대적 삶의 불안정한 측면들과 안정적인 측면들 사이에 빚어지는 긴장관계가 나타나는 새로운 배치의 증거가 된다. 우리 관점에서 이 새로운 배치는 우리 시대의 민주주의와 교육에 대한 기회와 전망들을 재고하는 데 막중한 도전 과제를 제기한다.

민주주의와 교육을 위한 중요한 시사점에서 좀 더 진전된 긴장 관계, 즉 다양성과 연대감의 관계를 간단히 살펴보자. 바우만과 듀이는 민주주의를 위한 공동체의 필요성과 이들이 잠재적으로 지닌 양가성을 인식한다. 자유와 공동체는 필수적으로 상관성과 함께 긴장 관계속에서 이해된다. 바우만은 민족주의, 애국주의, 공동체주의를 예로들어 공동체를 구성하는 집합적 행위자로서 "우리"를 구성해야 할 필요성과 함께 잠재적인 함정을 보여 준다. 바우만이 심도 있게 비판했던 공동체주의의 사례에서 자주 볼 수 있는 것처럼 이런 공동체들은 상당히 제한적이고, 구성원들을 균질화하는 효과가 있다. 그런 형태의 공동체들과는 반대로, 그는 민주적 방식의 장점을 주장한다.

그것은 "자기 정체성을 추구하는 데 참여하는 행위자들의 공동 성과로 생겨나는 단합이고, 어떤 선결조건이 아닌 공유된 삶의 결과로 만들어지는 단합이며, 차이를 부정하고 억압하거나 억누르는 대신에 협의와 조화를 통해 하나가 되는 단합unity"으로 이해될 수 있다. 이는 "자기정체성 추구, 선험적으로 주어진 조건이 아닌 공유된 삶의 결과물인 화합, 차이의 거부, 억압이나 질식이 아닌 협상과 중재에 의해 모아지는 화합에 관여하는 행위자들을 공동으로 이루어 내는 시급한 화합으로 이해될 수 있다".Bauman, 2000: 178

듀이뿐만 아니라 바우만에게도 민주주의를 위한 투쟁은 민주적인 환경에서 살려는 모두가 싸워야 하는 투쟁이다. 이 투쟁은 특정한 계층, 집단, 예를 들어 전문가들이나 엘리트들에 의해 독자적으로 성공할 수 없다. 듀이를 따르는 실용주의자들과 마찬가지로, 바우만은 자유의 실현이 사회적 관계 안에서, 그리고 이를 통해서만 가능하다고 믿는다. 또한 바우만은 민주주의를 위한 자본주의의 결함 중 하나는 인간관계를 위험에 처하게 하는 것이라고 믿는다. 만약 자본주의라는 조건 아래 민주주의를 개발하고 강화하고자 한다면, 거기에는 참여자들의 불공평한 기회와 연대의 필요성이라는 어려운 문제가 반드시 뒤따를 것이다. 바우만은 탈근대성과 액체 근대성의 사회적 삶을 비판적으로 진단하며, 빈곤과 대항하여 싸우는 데 연대가 무엇보다 중요하다고 주장한다. 가지고 있으면서도 더 가지려는 자와 아무것도 없고 그나마 가진 것 모두를 잃을 위험에 처한 자들 사이의 격차가 위험한 수준을 넘어선다면, 민주주의는 살아남지 못할 것이다. 이런 맥락에서 바우만은 특히 우리에게 "확실성과 안전성의 주요한 – 아마도 더욱 독점적인－공급자로서의 역할을 하는 모든 주요 장치의 상태를 단계적으로 폐지하거나, 또는 매각하는 폐기"에 대해 경고한다.Bauman, 2000: 184

민주적 연대democratic solidarity는 모든 사람에게 사회적·문화적 생활에 적극적 참여하는 것이 지속가능한 수준의 기본적인 수입을 의미한다. 연대에 대해 본질적 내용을 제공하는 차원에서, 상호작용적 구성주의는 불평등한 사회에서 반민주적 경향들에 저항하게 하도록 하는 교육의 형평성equity을 강하게 요청한다.Hutmacher, Cochrane, Bottani, 2001 참조 민주주의와 교육에 대한 듀이적 전통은 오늘날에조차도 이러한 과업을 완수하는 데 없어서는 안 되는 자원과 방법들을 제공한다.

요약

바우만은 액체적 근대성과 가벼운 자본주의light capitalism의 시대에 민주주의와 교육이 당면한 도전적 과제의 중요한 함의를 이해하게 한다. 그는 오늘날 해방과 개인주의의 프로젝트에 깊이 스며들어 있는 새로운 형태의 양가성을 보여 준다. 바우만의 논의를 해석하면서 우리는 특별히 교육과 관련되어 나타나는 세 가지 긴장관계를 강조했다. 세 가지 모두는 이미 듀이에게 초점이 맞추어졌던 주제들에 응답하는 것이기는 했지만, 더 현대적인 맥락에서 이런 주제들을 전달하고 공식화했다. 우리의 기본적인 요구사항이기도 한데, 오늘날 교육이론과 철학을 이야기하려는 사람들은 우리가 바우만과 듀이와 논의했던 역설과 양가성을 다루어야 한다.

논의를 위한 질문

• 우리 시대를 향한 당신의 태도는 무엇인가? 낙관론자, 염세주의자, 역설주의자, 혹은 다른 어떤 것인가?

- 현대 생활에서 모호함은 얼마나 깊은가? 모든 사회적 진보와 발전은 으레 모호한가? 진정한, 그리고 모호하지 않은 진보는 가능한가?
- 오늘날 해방의 비판적 이상을 유지할 수 있을까? 해방에 대해 어떻게 이해하고 있는가? 이 점에서 듀이와 바우만의 관점과 결합할 수 있는가?
- 현대적 삶의 환경에서 혼돈의 측면들이나 사례들을 구체적으로 밝힐 수 있는가? 교육은 이에 대응할 수 있는가? 어떻게 할 수 있나?
- 빈곤과 불공평한 기회의 문제는 민주주의 프로젝트를 위험에 빠뜨린다고 생각하는가? 그렇다면 현대 사회는 이러한 과제들에 어떻게 대응해야 하는가?
- 오늘날 국민국가의 쇠퇴에 대해 보완할 수 있는 제도적 변화와 재건은 무엇인가?
- 민주적 연대를 세계화할 수 있을 것인가?

미셸 푸코

민주주의와 권력의 관계에 대하여 듀이는 "민주주의를 위한 논변이 함의하는 바는 주도적이고 구성적인 권력을 만들어 내는 최선의 방법은 그것을 행사하는 것이라는 점이다.[65] 흥미도 그렇듯이 권력도 그 힘을 사용하고 실천하는 데에서 온다"[LW 11: 224]라고 보았다. 여기서 권력

---

65. 이 장은 주로 Reich(2011)에 근거하여 작성된 것이다.

은 행함의 힘이다. 이는 미셸 푸코Michel Foucault의 권력관계 이론[66]과 놀랍게 근접해 있다. 푸코 역시 행위자의 행위와 실천으로 권력을 재구성한다. 그리하여 그는 권력의 측면에 대한 놀라운 차이를 발견한다. 그러나 이러한 차이는 종종 단순화된 용어로 암시되어 온 것처럼 푸코가 모든 것을 오직 권력으로만 결말지으려 했다는 의미가 아니다. 그는 오히려 권력을 담론discourse이라는 차원에 초점을 두고 고찰했다. 그는 모든 것을 억지로 권력에 새롭게 초점을 맞추지 않고 새로운 관점을 추가했다. 다른 측면에서 권력은 과학적 담론의 중요한 부분으로 여겨진다.[67]

푸코의 매우 복잡한 권력 이론은 듀이의 민주주의 이해[68]를 재구성하는 데 다음과 같은 도전적 문제를 제기한다.

- 푸코의 분석은 바로 그 미묘하고 변화무쌍하고 복잡하고 경우에 따라 폭력적인-고문에서부터 심리적 압박까지-권력의 효과와 영향력을 역사적으로 분석하는 데 도움을 주고, 모든 실

---

66. [옮긴이 주] 푸코에게 '권력'은 한 사회의 복잡한 전략적 상황에 대한 이름이다. 매 순간 모든 지점에서 그 모든 지점의 상호 관계에서 생산된다. 권력은 제도도 구조도 어떤 권한도 아니다. 권력관계는 경제적 과정, 사람들의 관계, 성관계 등의 바깥에 위치하는 것이 아니라, 그 관계들 속에 내재한다. 권력은 밑에서부터 올라온다. 다스리는 자와 다스림을 받는 자 사이의 이원적인 대립이 생산 기구나 가족, 혹은 제한된 집단이나 제도들 안으로 수직적으로 내려오는 것이 아니라, 오히려 이것들에서 형성되는 역학 관계가 그러한 뚜렷한 이원적 대립을 떠받치고 있다. 권력은 하나의 망을 형성해서 지배계급, 국가 통치 기구, 정책 결정 담당자들 그 외 모든 일상적 개인들을 포함한다. 권력이 있는 곳에는 반항이 있게 마련이며, 반항 역시 권력 밖에 있는 것이 아니다. 반항이 없는 곳에는 권력관계가 존재하지 않는다. 권력관계의 망이 제도와 기구 속에 어떤 자리를 차지하는 것이 아니라 그것들 전체를 뒤덮는 것과 마찬가지로 반항의 수많은 거점도 사회의 여러 층과 개인들의 통합체를 뒤덮는다.
67. [옮긴이 주] 푸코는 담론과 과학과 과학을 구분하면서 담론은 권력과 결합된 지식임을 분명히 했다. 그는 지식과 권력이 어떻게 연계되고 결합되어 있는지를 밝히는 데 주력했다. 그런데 푸코의 이러한 사회철학적 관점, 즉 몸과 권력, 그리고 권력과 지식을 연계시키면서 탈합리적인 동시다발적 투쟁을 제시하는 사회철학적 기획을 어떻게 비판적으로 활용할 것인지는 우리의 몫으로 남아 있다.
68. 더 넓은 관점에서 해석한 것은, 케르스텐 라이히가 Reich(1998)에서 더 세세하게 푸코에 대해 논하였다.

천과 일상과 제도에서 그것의 지속적인 중요성을 보여 주는 것이다. 이와 같이 푸코는 권력관계를 관찰하고 해석하기 위한 기준을 제공한다. 그 결과 그는 권력 효과에 대한 비판적 성찰의 관점과 헤게모니를 가진 권력을 제어하기 위한 민주적 투쟁의 조건을 보여 준다.[69]

- 동시에 푸코는 우리가 비강제적이고 권력으로부터 자유로운 공간 또는 지배가 없는 담론에 대한 환상을 갖는 것에서 벗어나는 데 도움을 준다. 그는 모든 관행, 상투적인 일, 그리고 기관들이 그들의 문화적, 역사적 표현이 다양할지라도 권력의 측면을 내포하고 있음을 보여 준다. 관찰, 상호작용, 참여는 늘 기존 권력과 마주치는 일일 뿐 아니라 스스로의 권력을 생산하는 일이기도 하다.[70]

- 푸코는 행사된 권력이 잠재적으로 거침없는 효과를 행사한다는 것을 결코 부정하지는 않았지만, 범죄자와 희생자, 혹은 힘 있는 자와 힘없는 자 같이 일반적 이원론으로 단순히 분류하는 것에는 반대했다. 또한 예를 들어, 주권자의 직접적 폭력을 다스림을 받는 자에게 집행하는, 가장 조잡하게 표현된 규율 권력이 있다고 설명한다. 하지만 역사적 발전 과정에서 그러한 규율 권력은 비인간적 관계의 네트워크와 보이지 않는 권력의 응시가 이루어진 원형감옥으로 발전되었다.[71]

- 규율 권력의 힘은 행동에만 영향을 미치는 것이 아니라, 모든 학문(과학을 포함한)과 질서(지식체계와 같이)에 비가시적으로,

---

69. 예를 들어 Foucault(1979, 1980, 1988) 참조.
70. 입문서로 특히 Foucault(1980)와 Rabinow(1985) 참조.
71. 고전적인 메타이론에 관한 것으로 Foucault (1970, 1972, 1981) 참조.

그리고 구조적으로 연결되어 있다.[72] 규율 권력이란 우리가 스스로 복종하거나 다른 사람을 예속하는 형태로 암묵적 권력의 양상을 관찰하지 않고, 일상과 제도들을 당연한 일로 통상적으로 인식한다는 것을 암시한다. 규율 권력은 권력의 원천이 가시화되는 것을 제약한다. 그러므로 비가시적인 부분을 벗겨 내려면 성찰적이고 비판적인 저항이 필요하다. 푸코에게는 그런 적절한 저항이나 비판적 사고가 늘 권력 투쟁의 한 부분이 되는 것이다.

- 푸코는 후기 저작에서 자아the self의 기술에 대해 논하였다. 그는 자아가 권력의 측면과 저항 사이에서 어떻게 자리 잡는지 명확하게 보여 주었다.[73] 우리는 우리 자신이 무력해지지 않은 채, 우리를 둘러싼 권력들을 받아들이는 법을 배워야 한다. 정복당한 사람들은 예속에 대한 탈근대적 전략에서 자신의 자유로운 의사결정으로 권력 효과를 받아들인다는 것이 중요해진다. 이리하여 예속시키려는 권력은 저항의 출현을 피한다. 그럼으로써 권력은 패권적 형태를 띤다. 이것은 우리 시대의 민주적 기회에 대한 주요한 위협을 나타낸다. 패권적 세력에 맞서 민주적 가능성을 구하고자 한다면, 헤게모니를 제한하는 패권 투쟁의 맥락에서 우리 자신의 힘을 발전시켜 가야 한다.[74] 하지만 새로운 딜레마는 "우리"에게 속한 사람과 대상을 결정하는 일이다. 푸코는 이런 문제가 일상적 투쟁 자체를 통해 드러난다

---

72. 푸코는 『성의 역사』에서 약한 차별화된 방식으로 해석의 질서 및 유형을 탐구한다. Foucault(1978, 1985, 1986) 참조.
73. 이것은 푸코 후기 저작의 필수적 관찰이었다. Martin(1988) 참조.
74. 이러한 방향에서 하나의 해체된 마르크스주의의 분석이다. 예를 들어 Laclau(1990), Mouffe(1994, 1996, 2000) 그리고 Laclau and Mouffe(2001) 참조.

고 본다.[75]

만약 우리가 푸코의 권력 이론을 받아들인다면, 어느 정도로 실재에 대한 해석 및 설명 자체가 권력에 물들어 있고, 얼마나 권력에 대한 우리 자신의 요구를 구체화시키는지를 결정할 수 있을 것이다. 그들의 문화적 맥락에서 우리의 주장을 덜 반영할수록 우리는 과학적 접근 방식과 그것의 문화적 조건을 이해하는 데는 더 순진무구하게 될 것이다. 푸코는 질서, 동일시, 규율 행위, 그리고 통제 체계가 복잡한 사회발전의 효율성을 높이기 위해 어떻게 규율적인 틀을 설정하는지를 세밀하게 설명한다. 이런 틀은 항상 패권주의의 위험과 민주적 구조의 퇴보를 그냥 한쪽의 권력 과잉으로 몰아간다.

그런데 하버마스가 '반사실적 이상counter-factual ideal'[76]을 여전히 꿈꾼, 지배로부터 자유로운 의사소통의 의미에서 볼 때는 푸코의 방안은 아무런 대안이 되지 않을 수 있다.[77] 기본적으로 듀이와 푸코의 견해도 이와 크게 다르지 않다.[78] 듀이 또한 민주주의에 위협이 되는 권력의 비대칭성asymmetries이 가진 특별한 의미를 알고 있다.[79] 삶의 민주적 조건과 관련된 듀이의 권력에 대한 이해를 푸코의 방식으로 재

---

75. 예를 들어 Foucault(1988) 참조.

76. [옮긴이 주] '반사실적 이상'이란 '사실과는 반대되는 이상', '실제로 일어난 일과 상반되는 이상'이라는 사전적 의미를 갖고 있다. 동일한 사람이 동시에 노출되거나 노출되지 않는 것은 불가능할 때, 이를 '반사실적 이상'이라고 말한다. 이미 발생한 삶의 사건에 대해 가능한 대안을 창조하려는 인간의 경향을 말한다. '반사실적 이상'은 언제나 현실적으로는 관찰할 수 없는 가상의 상황이 된다. '반사실적 이상'은 부정적인 감정을 낳는 것으로 보이지만, 그것들은 또한 기능적이거나 유익한 효과를 낼 수도 있다.

77. 이에 대해 특히 Habermas(1984, 1987a, 1987b) 참조.

78. 많은 흥미로운 생각들을 예를 들어 Auxier(2002)와 Stuhr(2002)에서 볼 수 있다.

79. 많은 사례 중 하나로, "우리는 어느 때보다도 민주적인 통제 과정에 참여하기 위한 많은 시민 교육을 하고 있다. 그러나 민주주의가 산업과 금융으로 확장되는 것을 막기 위해 정치 민주주의조차 쉽게 포기하게 하는 영향력 있는 힘들이 있다. 미국인들은 시민적 자유와 교육의 자유가 점점 더 침해당하고 있음에도 몇몇 전체주의 국가들과 비교하여 미국의 위대한 자유를 높이 평가한다"(LW 11: 536).

구성할 경우 다음과 같은 질문을 제기할 수 있다.

　한 공동체의 다양하고 수많은 이해관계 안에서 얼마나 많은 권력을 서로에게 행사하고 있는가? 그리고 그러한 사회의 어떤 구성원에게 패권적 권력이 일방적으로 작동하는 것을 어떻게 저지할 수 있는가?

이 지점에서, 예를 들면 푸코의 생각이 젠더나 문화 연구에 미치는 영향과 소외된 소수자에 대한 논의는 서로 공유된 이익을 바라는 것처럼 가장하여 종종 숨겨지는 매우 포착하기 어려운 억압 기제가 작동한다는 점을 보여 준다. 이 기제들은 사회운동에서 늘 과소평가된다. 그들의 행동은 종종 공통의 이익이 어떻게 비가시적으로 몇 개의 하위 그룹에 불평등하게 나누어진 결과로 용해되는지를 보여 준다. 이런 것은 대체로 현실 권력관계의 실질적 결과들에 거의 관심을 기울이지 않으면서 공통의 이익을 추구하는 부르주아 자유주의 경우에 해당된다. 그 결과 새로운 불평등은 드러나지 않고 감춰진다.

　오늘날 한 사회 내의 다른 사회집단이나 사회들 사이의 상호교류는 세계화라는 맥락에서 종종 논의된다. 그러나 이 세계화된 세계는 대체로 지구적 자본주의의 이익을 대표하며, 그것의 수요를 공급하는 데 필요한 국가와 법적 조건들을 제공한다. 그러나 이러한 이면에는 지역적 또는 국가적 이익뿐 아니라 민족적, 종교적 이해관계가 서로 강력하게 맞서고 있고, 또다시 우리가 믿고자 하는 상호 공유된 이익을 훼손하고 있다. 그 내부에서조차 이러한 이해관계는 늘 심각하게 충돌한다. 헌팅턴Samuel Huntington의 『문명의 충돌과 세계 질서의 재구축』1996이 오히려 일방적이고 종종 분화되지 않는 문화를 말하는 것이라면, 그의 생각이 미치는 영향은 문화가 점점 정치적 투쟁의 장이 되었음을 분명히 보여 준다. 헌팅턴은 스튜어트 홀Stuart Hall이 역설적으로 말한 "서양과 기타 세계"1992라는 입장, 즉 편협한 서방의 관점에서 주장한 것일 뿐이다. 글로벌 권력의 관점에서 보면 그러한 문화의 단면에 대한 강조는 늘 권력관계 및 갈등의 표피만 다루는 것이다. 여기서 푸코의 분석은 사회의 서로 다른 주장과 이를 뒷받침하는 권력관계 사이의 진통에 대해 더 깊이 성찰할 수 있게 한다. 권력은 문화에만 국한되지 않으며, 사회의 모든 측면에 스며들어 있다. 푸코와 함께 우리는 보편적 형태로 나타나는 것뿐만 아니라, 상식이라고 표현되는 모든 패권적 주장에 의문을 갖게 된다.

권력에 대한 듀이의 주장은 제한적이다. "듀이의 일에 대한 가장 큰 난점은 … 그가 인종, 계급 그리고 성 등의 문제에는 거의 주목하지 않으면서 우리의 문제를 해결하기 위해 과학적 사고의 힘을 아주 크게 강조했다"Noddings, 1995: 38[80]라는 점이다. 따라서 푸코를 통해 듀이의 권력과 민주주의에 대한 관점을 더 명확하게 설명할 수 있을 것이다. 결정적으로 중요한 점은 듀이가 제시한[81] 민주주의에 대한 담론조차도 권력 투쟁의 하나라는 것이다. 이처럼 권력 투쟁은 사회적 맥락의 변화와 함께 민주주의의 규범을 재구성하기 위해 비판적으로 검토해야 할 조건들을 담고 있다.

그러나 푸코와 듀이에게는 중요한 공통점이 하나 있다. 푸코가 듀이보다 권력관계에 대해 더 비판적이고 냉정하게 돌아보았더라도 둘 다 패권적 권력을 제한하는 유일한 방법은 자발적 참여participation of the self의 권한을 강화하는 것이라고 주장했다는 점이다. 민주주의는 사

---

80. 듀이와 권력에 대한 또 다른 관점들에 대해서는 Hewitt(2007) 참조.
81. Reich(2008) 참조.

람들에게 그들 자신의 자원을 행사할 수 있는 여건을 만들기 위해 투쟁하는 것이다. 여기서 듀이는 공동체의 필요성을 강조한 반면, 푸코는 공동체 내의 그리고 공동체 사이의 권력관계의 어려움을 더 강조했다. 따라서 민주적으로 산다는 것은 민주주의를 위해 기꺼이 싸울 준비가 되어 있다는 것을 의미한다. 민주주의를 고차적 권위로부터 부여받는 것으로 생각한다면, 결국 좌절하고 예상보다 훨씬 빨리 민주주의를 위해 싸우지 않게 될 것이다.

푸코가 역사적 분석에서 교육 제도와 그를 둘러싼 권력 게임에 대해 누누이 언급했지만, 그는 교육이론가도 아니고 교육에 대해 체계적으로 연구하지도 않았다. 그러나 그의 분석이 오늘의 교육에 진지하게 다루어진다면, 상호작용적 구성주의의 관점, 교육에서 권력에 대한 관점이 매우 중요하다는 점을 제안할 수 있다. 교육철학에서 이 점이 너무 간과되어 왔다.

무엇보다도 한 가지 중요한 측면에 주목해야 한다. 이 책 1~3부에 걸쳐 보았듯이 듀이의 교육이론은 민주주의와 교육이라는 맥락에서 의사소통과 공동체를 특히 중시하고 정교화한 관점을 보여 주고 있다. 푸코는 공동체[82]의 구성에 대해 더 냉정하고 비판적 관점을 취했다. 그에 의하면 모든 "우리"의 절합은 우연적 요인이 아니라, 반드시 구성하는 권력을 함의한다. 이는 모든 민주적 상호작용에서 공동체와 공통적인 것을 해체할 필요가 있음을 매우 강조하는 것이다. 예를 들어 우리는 우리의 교육 실천이 이루어지는 맥락에 늘 의문을 제기해야 한다.

---

82. [옮긴이 주] 에릭 홉스봄이 지적하고 있듯이, 사회학적 의미에서의 공동체들을 실제 삶에서 찾아보기 힘들게 된 최근 수십 년 동안처럼 '공동체'라는 말이 무분별하고도 공허하게 남발된 적은 없을 것이다. 바우만의 '액체적 근대'에서 공동체주의가 다시 고개를 드는 것은, 인간적 가치의 필수 불가결한 한 쌍, 즉 '자유'와 '안정' 가운데 안정에서 너무 멀리 떨어진 방향으로 급격하게 변화하고 있는 추세에 대한 응답이라고 할 수 있다.

교육하는 사람들은 권력의 차원을 소홀히 하고, 자신의 이론적·실천적 또는 제도적 맥락만을 고려하는 경향이 있다. 교육적 노력이 해방의 실현을 지향하는 경우조차도 그것들이 담론과 소통에 퍼져 있는 권력을 동시에 포함하고 있다는 점을 알아야 한다. 교육을 바라보는 관점에 따라 공동체와 그것을 이루는 "우리"를 구성할 필요가 있다는 것을 알게 될 뿐만 아니라, 권력 게임을 해체하고 우리가 걸려들 수 있는 덫을 해체할 필요가 있다. 해체가 가진 한계와 양가성을 받아들여야 할 필요성은 바우만이 '액체적 근대liquid modernity'[83]라고 불렀던 위대한 사상적 도전에서 찾을 수 있다. 우리가 처한 맥락 속에서는 한계가 있을 수 있지만, 그렇더라도 우리의 모든 맥락은 해체되어 비판적으로 검토되어야 할 가치가 있다.

우리가 교육에서 해방적 목적을 추구한다고 하더라도, 우리의 관심사와 권력 게임 안에서 불가피한 참여가 있을 수밖에 없다는 것이 중요한 한계임을 푸코를 통해 배울 수 있다. 이는 우리 시대의 필연적인 역설에 해당한다. 푸코는 이러한 역설 속에서 저술뿐 아니라 비판적인 공적 지성인으로서의 삶을 통해 생산적인 삶을 산다는 것이, 특히 사회의 주류적 삶을 살 기회를 충분히 보장받지 못한 사람들의 권한 강화empowerment를 증진시키는 전략을 함축하는 것임을 보여 주었다. 이러한 해체를 위한 도전은 우리에게 학습에서 자율성은 모두 자유와 해방에 관한 것이며, 동시에 규율과 배제에 관한 것이 아니라고 주장하는 교육의 '순진무구한' 구성주의를 비판적으로 바라보게 하는 데

---

83. 바우만은 안정적이고 견고한 '고체'와 달리 끊임없이 변화하는 성질을 가진 '액체' 개념에 기초하여, 우리가 어떻게 무겁고, 고체적이고, 예측/통제가 가능한 근대에서 가볍고, 액체적이고, 불안정성이 지배하는 근대로 이동해 왔는지 탐구한다. '액체적 근대'의 도래는 인간 조건의 모든 측면에 심오한 변화를 불러왔다. 그 변화는 인간 조건을 해명해 주던 낡은 개념들을 재고하도록 요청하고 있다.

도움을 줄 수 있다. 민주적 교육은 권력관계를 균형 잡는, 불안정하고 항상 양가적인 것을 의미하지, 권력을 완전히 극복할 수 있다는 환상은 아니다.

이런 생각은 듀이의 관점에서 볼 때 별로 낯설거나 공격적인 것이 아니라 더 힘 있게 강조되고 정교화되어야 한다. 예를 들어 이런 관점은 우리가 실용주의적이거나 구성주의적인 교실, 촉진하는 교사, 자율적이고 자기 조직적인 학습자, 이기심 없는 균형 잡힌 그룹 등의 근시안적인 이상화를 피하는 데 도움이 될 것이다. 교육 및 학습 과정에 대한 이러한 모든, 또 다른 입장과 관련하여, 우리 스스로가 권력관계에 연루된 방식에 대해 비판적으로 성찰해야 함을 인식하지 않으면 안 된다. 그렇다고 해서 초연한 메타 관점이 있는 것은 아니며, 자기 비판적 관찰은 늘 우리가 참여하는 바의 일부분일 뿐이다. 우리는 교육자로서 권력 게임에 적극 참여해야 한다. 부적절한 권력의 비대칭성을 극복하려는 우리의 열정과 민주적 교육을 위한 이상적 성좌를 찾으려는 희망이 있다고 하더라도, 우리는 이해관계의 맥락에서 그리고 문화적으로 매몰된 관찰자이자 참여자이며 행위자로 남아 있다. 그러나 푸코가 강조하듯 권력이란 어디에나 산재해 있다고 하여 개인과 공동체의 공평성과 다양성 그리고 성장이 증대된 보다 민주적인 형태의 삶과 교육을 허용하는 투쟁이 쓸모없거나 불가능하다고 말하는 것은 아니다. 교육자들은 그들이 가르치는 학습자들의 권한을 더욱 강화하기 위해 보살필 책임이 있고, 따라서 그들이 학습자들의 숨겨진 맥락과 인간관계에서 당연시되는 맥락의 권력관계를 함께 다룬다면, 교육은 가장 잘 이루어질 것이다. 그렇게 하지 않으면, 사회는 물론이고 교육에서의 진보 운동조차도 자신들의 주장과 행위에서 권력관계를 망각한 결과로 인해 경직된 새로운 형태의 위계와 억압이 확립될 위험을 너무 쉽게 떠안게 될 것이다.

요약

푸코는 권력과 권력관계에 대해 더욱 명확한 분석을 내놓았다. 이런 관점은 사회를 지나치게 균형 잡힌 것처럼 보는 듀이의 견해에 문제를 제기하고 비판하게 한다. 그러함에도 분명 교육에서는 푸코보다 듀이에게서 현존 권력관계를 민주주의의 측면으로 활용하는 데 반드시 필요한 자원을 찾아볼 수 있게 됨을 알 수 있다.

논의를 위한 질문

- 권력이 도처에 존재한다는 푸코의 주장은 옳은가?
- 우리 시대 민주주의와 교육의 이론에서 고려해야 할 권력의 종류와 특징은 무엇인가?
- 과학의 담론이 민주적인 공생과 성장의 번영을 충분히 보장하도록 강력하게 사회적이고 정치적인 영향을 미친다고 보는가?
- 오늘날 더 나은, 그리고 더 많은 민주교육을 위한 투쟁에서 필요한 방법은 무엇인가?
- 더 공평한 교육을 위해 투쟁하는 교육자들은 권력 게임에 참여해야 한다고 생각하는가? 그러한 권력 게임의 좋은 결과와 나쁜 결과를 구분할 수 있는가? 그렇게 하여 억압적 권력과 권한 강화를 분명하게 구별할 수 있는가?
- 교육이 세상을 바꿀 수 있는 힘이 있다고 믿는가? 그러한 교육적인 힘의 가능성과 한계, 그리고 우려되는 점은 무엇인가?

피에르 부르디외

듀이의 민주주의 개념은 우리의 사회적 지성이 이해관계의 다양성을 이해하고 민주주의 자체의 발전을 위한 실제적인 방법을 열어 두기 위해서는 현존하는 관행들 또는 제도들을 언제든지 비판해야 하고 또 비판할 수 있어야 한다는 낙관주의에 근거하고 있다.[84] "핵심적인 사실은 만약 민주주의와 자본주의 모두가 시행 중이라면, 우리의 집단 지성도 실제로 작동하고 있다는 것이다. 과학과 기술의 새롭고 강력한 도구를 만들기 위해 물질적 분야에서 충분한 지성을 발휘해 왔지만, 우리는 아직 이러한 도구를 의도적이고 체계적으로 사용하여 사회적 운영과 결과를 통제할 수 있을 만큼 충분한 지성은 갖고 있지 않다."LW 6: 60 이렇게 듀이는 인간의 문제를 해결하기 위해 필요한 도구로서 "지적 자본intellectual capital"LW 5: 294의 중요성을 분명히 알고 있었다.

피에르 부르디외Pierre Bourdieu는 사회적 관계에서 "자본capital"이란 개념을 사용한 것으로 우리 시대에 널리 알려졌다. 그는 여러 형태의 서로 다른 자본을 구별했다. 그는 자본을-물질적·비물질적 가치를 가진-사람의 부富를 결정하는 생산과 상품을 교환하는 장場으로 한정하지 않았다. 대신 사회의 구조와 기능을 이해하려면 자본을 다른 방식으로 이해해야 한다. 따라서 부르디외가 말하는 자본의 다른 형태는 민주주의의 발전을 논하기 위해 필수적이다.[85]

듀이와 매우 유사하게 부르디외는 사회적 환경과 교육의 장, 특히

---

84. 이 장은 주로 Reich(2011)에 근거한 것이다. 자본의 형태 및 그것이 민주주의와 교육에 미치는 영향에 대해 더 자세히 논한 것으로 Reich(2013) 참조.
85. 이 지점에서 브루디외의 몇 개의 관점을 간단히 고려해 볼 수 있다. 그의 이론과 민주주의 이론의 관계에 대해 소개하는 것으로 특히 Wacquant(2005) 참조.

가정과 학교는 사회적 지위를 할당하는 데 필수적인 역할을 한다고 보았다.[Bourdieu, 1988] 그러나 듀이가 서로 다른 사회적 출발점을 어떻게 바람직하게 교육적으로 상쇄하고 보완할지에 초점을 맞춘 반면, 부르디외는 경제적 자본과 문화적 자본의 차이를 처음으로 제시하였다.[86] 경제적 자본은 재산을 소유하고 있는 사람들의 부와 그에 대한 행동 가능성을 나타내는 것이다. 그것은 현대 사회에서 항상 문화적 자본에 의해 보완된다.

> 문화적 자본은 세 가지 형태로 존재할 수 있다. 첫째, *체화된* embodied 상태이다. 즉 몸과 마음에 오래 지속되는 기질의 형태이다. 둘째, *객관화된* 상태이다. 즉 그림, 책, 사전, 도구, 기계 등으로서, 이론이나 이론과 논의에 대한 비평 등이 실제화된 것이거나 고안된 문화적 상품의 형태이다. 그리고 셋째, *제도화된* 상태이다. 즉 제도가 보증하는 문화적 자본에 대해 전적으로 독자적 자격을 부여하기 때문에 별도로 설정되거나 교육적 자격으로 보이기도 하는 객관화된 형태다.[강조는 원문][87]

경제적 자산의 경우와 마찬가지로 문화적 자본의 소유는 삶의 전망이 어떨지를 보여 주는 하나의 척도다. 그것은 권력의 지위에 접근하기 위한 발판이다. 특히 그것은 가정과 선발적 학교체제의 문화적 유산을 통해 사회적으로 상승할지 쇠퇴할지를 결정하기도 한다. "미세한 구별 짓기fine distinction"[88]는 원시적인 계급적 차이를 대체했다.[89] 특히 전문성 및 관료주의와 함께 문화적 자본은 권력의 지위와 연결되

---

86. 이에 대한 소개로 특히 Bourdieu(1986) 참조.
87. http://www.viet-studies.org/Bourdieu_capital.htm.

고, 경제적 이익과 연결된 사회적·정치적 권위와도 연결된다.

부르디외에게 사회적 자본은 관계망을 나타내는 자원이다. 그것은 대체로 제도화된 관계의 사회적 맥락에서 누적된 문화적이고 경제적인 총체적 효과다. 서로 알고지내는 것과 인정은 사회적 자본에 중요하다. 이와 함께 이러한 관계망은 쉽게 자원으로 사용하기 위해 지속적으로 유지되고 길러져야 한다.

모든 종류의 자본은 물질적으로뿐 아니라 상징적으로도 존재한다. "상징적 자본, 어떤 형태로든지 자본이라고 말해지는 것들 … 즉 상징적으로 파악되는 것들은 지식에서, 또는 좀 더 정확히 말해 인정 recognition과 잘못된 인정misrecognition의 관계에서 사회적으로 인지 능력을 구성하는 취향habitus[90]의 개입을 전제로 한다."Bourdieu, 1986: 주석 3. 강조는 원문

부르디외를 통해 우리는 사회적 인식과 지식을 만들어 내는 취향의 역할에 대한 관점을 얻는다. 상징적 자본은 새로운 불평등과 권력관계를 만들어 내기 위한 복잡한 규제의 대상이 된다.[91] 이런 관점에서 사회를 바라보는 중립적 입장이라는 자유롭고 독립적인 지적 지위는 환상이다. 경제적·문화적 자본은 사회적 자본, 즉 취향을 형성하는 의존 및 관계망을 만들어 내는 결정적 조건이다. 이는 다른 모든 사람들처럼 상징의 전문가인 지식인에게도 해당된다. 그리고 지난 수십 년간

---

88. 타인과 '구별 짓기(distinction)'는 인간이 가진 모든 것, 즉 인간과 사물 그리고 인간이 다른 사람들에게 의미할 수 있는 모든 것의 기준이다. 이를 통해 사람들은 스스로를 구분하며, 다른 사람들에 의해 구분된다. 구별은 사회구조에 영향을 받아 무의식적으로 일어날 수도 있고, 개인의 의지에 따라 의식적으로 행해질 수도 있다. 학습된 취향은 사회적 위치, 교육환경, 계급 위상에 따라 후천적으로 길러진 성향을 의미한다. 개인의 문화적 취향과 소비의 근간이 되는 성향 모두를 가리킨다.

89. 특히 Bourdieu(1984) 참조.

90. [옮긴이 주] '아비투스'는 사회화되고 구조화된, 학습된 '취향'을 말한다. '취향'은 단순히 개인적인 것이 아니라 그 개인이 놓여 있는 사회적 위치의 반영이기도 하다.

91. 특히 부르디외(1990, 1991, 1993) 참조.

사회과학을 통해 누구이 보았듯이 이러한 연결망은 실제로 사회적 불평등을 제한하기보다는 실제로 확대시키는 경향이 있다. 중립적인 것처럼 보이는 국가가 지배관계를 형성하고 어떤 이해 집단을 위한 혜택을 선정한다. 학교체계가 널리 퍼지고 발전하면서 학위 소지자가 늘어났다. 그러나 세상 거의 모든 곳, 특히 산업 국가에서 엘리트의 힘과 영향력도 증가하고 있다.

사회적 지성에 대한 듀이의 소망과 민주적 공중을 지배하는 엘리트에 대한 그의 우려에 비추어 보면, 이러한 상황의 결과에 놀라지 않을 수 없다. 사회적 지성은 권력의 이기적인 이익 추구 및 타자를 배려하지 않으면서 경제적이고 사회적인 혜택을 열망함으로써 매우 자주 실패한다.[92]

듀이가 '습관habit'을 말한 반면 부르디외는 '취향habitus'이라는 용어를 사용한다. 일반적으로 습관은 개인들의 행함으로 나타나는 문화적 자원이다. 듀이와 다른 방식으로 부르디외는 이해관계의 사회적 장이나 권력관계에 대한 이러한 자원들의 의존성을 강조한다. 습관과 같이 '취향'은 어떤 성향의 체계이며, 오래 동안 습득한 어떤 실천의 장을 지향하는 지각, 사고, 행동의 체계다. 그것은 사회적 맥락의 변화에 따라 강화되거나 약화될 수 있다. 부르디외는 사회적·문화적·경제적 장이 변하더라도 한번 습득한 취향은 지속된다는 것을 듀이보다 더 단호하게 강조했다. 그러나 중요한 차이점은 부르디외가 취향과 자본의 형태가 다르다는 점을 설명한다는 데 있다. 이런 관점에서 보면, 우리는 권력이 미세한 차이의 절합으로 모든 사회적 관계에 묘하게 함축되

---

92. 프랑스의 학교제도와 관련하여 부르디외(1988) 참조. 브루디외에게 교육을 통한 기회의 평등은 환상이다. Bourdieu and Passeron(1977) 참조. 학교제도에서 평등과 형평성에 대한 실질적 논의는 Hutmacher, Cochrane, and Bottani(2001) 참조.

어 있음을 알 수 있다. 부르디외에게 취향은 사회적으로나 개인적으로 문화가 재생산되는 것을 이해하는 중심적 개념이다. 그것은 다소 지속적인 방식으로 관행을 조절하고, 특정 규칙에 따라 자본을 다양한 형태로 조직하고 배치하는 것을 말한다.

민주적 발전과 관련하여 부르디외의 관점은 민주적 삶의 조건을 정의하는 해석적 공동체에 묵시적으로 포함된 전제 조건들을 더 철저하고 비판적으로 조사할 것을 제안한다. 듀이의 민주적 준거들을 받아들인다면, 사회집단이나 공동체에서 의식적으로 공유하는 많은 다양한 이해관계는 이미 특정 취향을 내포하는 것이다. 듀이는 민주적 공동체가 갖는 필수적인 두 가지 기준을 제시한다.MW 9: 89ff.

- 그는 어떤 사회집단에서나 "공통적인 어느 정도의 이해관계들이 있음"같은 책: 89을 지적했다. 그러나 우리는 민주주의를 살펴보려면 중요한 질문을 해야 한다. 공동체 안에 의식적으로 공유된 이해관계가 얼마나 많고 다양한가? 민주적 성장은 다양한 이해관계를 전제로 한다.
- 듀이는 어떤 사회집단에서나 우리는 "다른 집단과의 상당한 상호작용과 협동적 교류를 발견한다"라고 주장한다.같은 책: 89 그리고 이것은 민주주의의 발전을 위한 하나의 중요한 질문을 포함한다. 다른 공동체들과의 교류가 어떻게 온전하고 원만하게 이루어지는가? 공통적인 이해를 가진 사회집단 사이나 한 국가, 또는 하나의 특별한 사회에서뿐만 아니라 다른 해석 공동체, 가족들, 국가들 또는 사회들과의 다른 상호작용을 통해 사회변화의 틀에 대한 새로운 도전을 끊임없이 창조하고 지속적으로 재구성해 나가는 상호작용이 일어난다면 민주주의는

국가와 마찬가지로 가정에서도 더욱 효율적으로 성장할 수 있다.

다른 집단 사이에서 관점과 이해를 자유롭고 관대하게 교류하는 것 역시 특별히 취향을 전제로 한 것이다. 듀이가 말한 준거의 배경에는 자유롭고 개방적이며 공적인 지식인에 대한 이상이 담겨 있다. 부르디외의 관점에서 이러한 이상은 서방의 학문 세계에서조차도 오히려 유토피아적으로 여겨질 것이 분명하다. 민주적 준거를 설정하려면 상징적 이상이 자본의 경제적·사회적·문화적 조건과 어느 정도로 조화를 이룰 수 있는지를 동시에 경험적으로 조사해 보아야 한다. 그리고 이러한 조건들로 누가 이익을 보는지 알아봐야 한다. 준거가 하나의 이상이 아니라 경험적 분석을 위한 관점이라면, 공동체 안에서 그리고 공동체 사이에서 사람들의 관계 및 숨겨진 불평등을 통해 누가 경제적 이익, 사회적 인정, 그리고 문화적 혜택을 얻는지를 따져야 한다. 이러한 관점의 변화를 통해 우리는 민주적 비전이나 유토피아로부터 시작하여 경쟁, 자기 이익, 그리고 잉여가치를 위한 자본의 투자라는 냉정하고 실제적인 현실로 파고 들어간다.

이와 같이 자본의 배분이라는 관점에서 부르디외가 민주주의의 조건과 자원이 무엇인지에 대해 더욱 비판적이고 명확하게 보았지만, 듀이는 민주주의적 해결 방안에 대해 더 건설적인 관점을 제시했다. 그는 만약 민주주의 프로젝트가 전혀 성공하지 못하고 있다면, 교육에서 참여를 발전시켜야 한다고 주장한다. 예를 들어,

자연도태설은 가장 잘 준비된 사람들이 권위의 위치에 자리한 짐을 운반하도록 작동한다는 그 부수적인 신념과 더불어, 교사

들이 참여의 책임을 질 수 있는 준비가 되어 있지 않다는 주장은 주목할 만하다. 이 주장의 진실이 무엇이든, 정책을 형성하는 데 있어 목소리를 낼 책임을 맡을 능력이 없음은 그 책임이 거부된 조건에 의해 자라나고 증대한다는 점 또한 여전히 사실이다. 나는 크던 작든, 독재자가 언제나 피치자들이 정책에 참여하기에는 부적당하다고 하면서 자신의 행위를 정당화해 왔다고 본다.LW 11: 223-224

이와 관련하여 부르디외의 비판적 관점은 이 두 개의 준거를 적용하는 맥락에 대한 특별한 관점을 세우는 데 유용하다.

듀이의 해결 전망을 더 발전시키려면, 그의 접근 방식에 함축된 세 번째 준거, 즉 민주주의와 교육의 불가피한 결합을 상정해야 한다. 필요한 것은 한 사회의 모든 구성원에게 교육을 평등하게 제공하는 것이다. 그러한 교육은 모든 학습자에게 충분한 지원을 해야 하고, 불평등한 자원을 보충해 주어야 한다. 모든 학습자가 학습 내용과 관계에 능동적으로 참여할 수 있어야 한다. 이와 같이 하나의 공동체 안에서 다양하고 수많은 이해관계에 참여하는 것과 공동체 사이의 활력 있고 끊임없는 교류가 교육의 기본 원리로 인정되어야 한다. 모든 교육적 실천, 일상 그리고 제도에서 교육 공동체가 두 준거를 실현하는 것을 보장하는 것이 민주주의 교육의 요구로 받아들여져야 한다. 일방적인 엘리트 권력, 자원의 불평등한 배분, 공립학교와 사립학교의 분리, 사회적 연결망의 이기적이거나 편파적인 이용, 생활세계의 차단, 그리고 소외된 자들과의 연대 결여는 다양성의 교육적 원칙에 반하는 입장이다. 여기서 자유(혹은 다양성)와 연대 사이의 민주적 역설[93]은 교육적 역설로 드러난다. 모든 학습자가 다양성을 실현하기 위해 공동체 안에서나 공동체들 사이에서 개인의 성장을 위한 적절한 여건과 자원이 필요하다면, 이는 특히 사회적으로 박탈되고 소외된 자들이 연대와 보상적 지원을 받아야 함을 의미한다. 민주주의가 살아남고 번성하려면 다양성과 연대성의 조화를 이루어 내는 것이 중요하다. 전 세계에서 더 유리한 집단과 공동체들이 민주주의를 전적으로 기꺼이 지지할 의사가 있다면 이러한 주장을 제대로 다루어야 한다.[94]

한마디로 부르디외는 우리로 하여금 현재와 같은 배열을 가진 자본주의 사회에서는 기회의 평등이란 어디까지나 환상이라는 것을 알게 해 준다. 상호작용적 구성주의의 관점에서 이것은 우리가 현시대의 교육에서 고려해야 할 중요한 비판적 통찰이다. 자본주의 경제를 기반으로 한 사회에서 학습의 출발점은 불평등하다. 불평등과 다양성이 특징인 사회에서 우리는 다양한 학습자들 사이에서 일어나는 관찰, 참여, 행동의 맥락이 중요하고 그 맥락은 상황마다 다르다는 출발점을 가정해야 한다. 부르디외로부터 우리는 참여와 행위 주체를 중대한 학습의 조건으로 삼는 구성주의적 요청을 주의 깊게 관찰해야 하며, 항상 구체적으로 명시해야 함을 알 수 있다. 그는 사회가 불평등으로 얼룩졌다는 일반적인 방식으로 말하고 비판하는 것만으로는 충분하지 않다는 것을 보여 준다. 특히 교육에서 필요한 것은 이러한 불평등이 매우 복잡한 사회 형태와 배열로 나타나고 있고, 그리고 다양한 형태의 자본에 대한 그의 이론은 이러한 형태와 배열이 생생하고 삶에 영향을 미치는 중요한 방식을 밝히고 있음을 인식하는 것이다. 이런 면에서

---

93. Bauman(1997)과 Mouffe(2000) 참조.
94. 독일 삼원 학교 제도, 특히 조기 선택과 다른 트랙 사이의 자격의 엄격한 분리는 교육에서의 민주주의와 대립하는 것이다. Reich(2008) 참조. 다양성과 통합 교육을 위한 목적과 자원은 전 세계 국가들이 매우 다르다. "Education at a Glance 2010: OECD Indicators," 참조. URL:http://www.oecd.org/document/52/0,3746,en_2649_39263238_45897844_1_1_1_1,00.html(August 8, 2011).

부르디외의 접근 방식은 사회적 연구에서 세계적으로 강력한 영향을 미치고 있다. 예를 들어 오늘날 가난, 공평 그리고 사회발전 등에 관한 많은 연구가 그의 작업에 의존하고 있다. 그래서 이는 여러 사회들이 매우 다른 방식으로 불평등이라는 도전에 어떻게 대응하고 있는지에 대한 중요한 성과를 제공한다.

사회에서, 특히 교육에서 공평성을 증진하기 위한 의도적 프로그램으로 불평등에 얼마나 더 제한을 가하는지의 문제는 그 사회의 사회적·민주적 질의 척도가 된다. 이는 기본적으로 듀이의 의도이다. 부르디외는 현재의 조건에서 그것을 더 확실한 방식으로 밝혀 주고 있다. 여러 형태의 자본에 대한 그의 구분은 현존하는 사회적 불평등의 형태를 분석하고, 더 공평한 교육적 요구를 정당화하는 데 필요한 이론적 틀뿐 아니라 개념적 도구를 제공한다. 사회학자로서 부르디외는 기술하고 분석하는 차원에 주로 초점을 맞추었다. 듀이를 따르는 교육자들에게 부르디외의 주장은 구체적인 질문을 제기하고, 우리 시대의 민주주의와 교육에 대한 난해하고 견고한 문제를 밝히는 출발점으로 기여하고 있다. 구체적으로 권한 강화empowerment는 경제적·문화적 그리고 사회적 자본의 배분 및 재구성적 사용을 의미한다. 이런 세 중요한 장에서 교육은 항상 불평등과 맞닥뜨린다. 듀이를 따르는 교육자들은 이런 사실을 무시할 수 없지만, 그것과 관련하여 민주주의와 교육이 무엇을 의미하는지에 대한 건설적인 반응을 제시해야 한다. 지난 10년에 걸쳐 점점 더 세계적인 규모로 우리가 찾는 포괄적인 교육에 대한 이 시대의 논의는 이런 측면에서 재구성된 듀이의 교육을 위해 가능한 연결점을 제공한다. 예를 들어 "형평성 재단 성명Equity Foundation Statement"에서 토론토 교육위원회가 제기한 윤리적 요구는 이러한 필요에 매우 잘 부합한다.[95]

요약

부르디외는 여러 형태의 자본 및 취향의 효과에 대해 분석했다. 취향은 자본의 형태와 그것에 나타난 이해관계와 늘 얽혀 있다. 부르디외를 통해 우리는 중립적인 전문가의 역할과 중립적 과학에 대한 이상적 기대를 비판적으로 반대할 수 있다. 이런 관점은 듀이의 습관이라는 개념을 재구성하게 도와준다. 부르디외는 푸코처럼 실천, 일상 그리고 제도에 대해 기술하였으나, 교육적 모델을 제시하지는 않았다. 그럼에도 그의 저작은 평등과 공평에 관한 투쟁에서 방향을 제시하는 많은 자원을 제공한다.

논의를 위한 질문

- 부르디외의 자본 형태가 사회에 참여하거나 사회에서 소외되게 하는 사회적·문화적 기회, 자원 그리고 제한을 적절히 다루고 있다고 생각하는가?
- 기회의 평등이 가능하다고 생각하는가?
- 평등과 공평의 차이가 무엇인가? 자신의 경험과 관련하여 구체적인 예를 제시할 수 있는가?
- 자유와 연대의 역설에 대한 구체적인 예와 징후에 대해 생각해 보라. 이런 문제를 풀어낼 수 있는가?
- 듀이의 습관과 부르디외의 아비투스는 어떻게 다른가?

---

95. http://www.tdsb.on.ca/_site/viewitem.asp?siteid=15&menuid=682&pageid=546(September 16, 2011).

자크 데리다

듀이는 재구성reconstruction 개념과 밀접한 관련이 있는 반면, 데리다Jacques Derrida는 해체deconstruction 개념과 더 밀접하게 연관되어 있다. 두 사람 모두 구성, 재구성, 해체에서 강조하는 순환의 부분이 서로 다르긴 하지만, '끝없는 순환endless cycle'의 단계를 강조하는 부분은 모두 동의한다. 영원하고 정해진 궁극적 구성물은 없다고 하는 그들의 일치는 중요하지만, 강조점에서는 똑같이 심한 불일치를 보인다. 우연히도 끊임없이 변하는 의미의 구성 과정에 대해 그들이 공유하는 놀라운 통찰로부터 논의를 시작해 보자. 이 통찰은 서로에게뿐만 아니라, 그들의 중심 관점과 결합된 이론적인 틀을 제공하는 상호작용적 구성주의를 공유한다.

데리다는 절대적이면서도 변할 수 없는 궁극적 구조에 대한 관념이라는 불변하는 현전現前/바로앞/presence[96]의 형이상학을 거부한다.

> 구조라는 개념의 전반적인 역사는 … 중심을 결정하는 연결고리가 그 중심을 계속 다른 것으로 대체하는 것으로 생각해야 한

---

96. [옮긴이 주] '현전(現前)'은 '바로앞/현재전(現在前)'을 말한다. 현재 눈앞에 나타나는 것, 또는 눈앞에 존재하는 것이다. "무엇엔가 혹은 누구에겐가 그 어떤 것이 지금 당장 눈앞에 주어져 있다"라는 구도를 갖는다. 현전은 말(speech)/음성/로고스(logos)이다. 하이데거는 존재가 스스로 '현전(presence)'함에도 불구하고 그렇게 '현전하는 것(the present)'에서 스스로 온전하게 드러낼 수 없다고 말한다. 존재는 '현전하는 작용'이지만, '현전하는 것'과는 같지 않다. 이런 비-은폐성은 인간의 사유 앞에서는 온전히 나타내지 않으며, 존재 자체는 단지 존재자들로 나타날 뿐이다. 존재자들을 현존하게 해 주는 원초적인 움직임을 말한다. 그런데 데리다의 작업은 앞서 설명한 하이데거의 생각에 많이 기대면서도 그 한계를 넘어서는 시도를 한다. 데리다의 '해체'는 소크라테스 이래 지금까지 내려오는 서유럽의 전통적 형이상학을 비판하면서 그 철학체계를 처음부터 다시 쌓아 올릴 것을 주장하는 방법적 실천의 이름이다. 그에 의하면 서구의 형이상학은 전통적으로 문자 언어를 폄하하고 음성언어에 특권을 부여함으로써 폭력적인 이성중심주의(로고스 중심주의)로 흘렀다는 것이다. 그러니까 '해체'란 서구철학의 전통적인 형이상학을 부정하고 그 개념에서 벗어나려는 철학적 시도이지 철학 자체를 완전히 파괴하여 말살하겠다는 것은 아니다.

다. … (우리는) 기초, 원리 또는 중심과 연결된 모든 이름이 항상 불변의 현전을 명명하고 있음을 목도하고 있다.Derrida, 1978: 279-280

이런 구조에 대해 듀이는 구조적으로 고정된 중심이라는 개념을 해소해 버렸다.

지구나 태양이 단일한 우주나 필요한 준거틀의 절대적인 중심이 아니듯, 자아건 세계이건 영혼이건 자연이건 중심이 아니다. 그건 고립된 그 무엇이고, 그 고립 속에서 소멸되었다는 의미에서 보면 그렇다. 상호작용하는 부분들이 움직여 만드는 전체라는 게 있다. 그 부분들을 특정 방향으로 변화시키려는 곳에 중심이 출현한다. … 마음은 이제 방관자가 아니다. … 마음은 세계 자체가 진행하고 있는 과정의 한 부분으로서 그 속에 있다.LW 1: 232

듀이는 이렇게 늘 일시적 구조의 중심에 대한 '재구성'을 강조한 반면, 데리다는 그것들의 '해체'를 강조한다. 데리다는 서구의 전통적 형이상학[97]이 주장하는 자명하고 의심할 여지 없는 '현전'을 결코 만들어 내지 못한다는 것을 보여 줌으로써 그것을 해체하려 했다.[98]

데리다는 자신이 유사-선험적quasi-transcendental 접근을 추구했다. 그의 철학은 확실히 하이데거가 제기한 서구 형이상학의 "파괴destruction"[99]에서 부분적으로 영감을 받았다.[100] 그의 작업은 텍스트

---

97. [옮긴이 주] '형이상학적 전통'이란 신성불가침한 토대, 제일원인, 혹은 절대적인 기원들을 가정하여 다른 의미의 체계가 그것에 의존해서 구성된다고 생각하는 사유체계를 일컫는다. 서구의 전통적 형이상학은 존재(Sein)를 사건(Ereignis)의 차원에서 사고하지 않고 그 결과의 차원에서 또는 실체의 차원에서 사고해 왔다. 말하자면 음성/말 중심 로고스주의라는 것이다. 저서 없이 육성으로만 철학을 논했던 소크라테스는 문자(ecriture, writing) 불신이 대단했다.

분석을 통해 경험적 틀의 해체를 강구한다는 의미에서 하나의 선험

적先驗的, transcendental 움직임을 목표로 한다. 데리다 자신이 처음부터

선험적 운동이 경험의 토대가 될 수 있는 최종적 또는 절대적 위치에

도달할 어떤 가능성도 부정한다는 점에서 유사-선험적이다. 그래서 그

는 유명한 개념인 '차연差延, différance'[101]을 도입했다. 그 개념을 통하

여 그는 동일성과 차이의 상징적 절연이 늘 필요하고 회피할 수 없는

'보충supplement'[102] 게임을 포함한다는 자신의 중요한 통찰에 주목한

다. 이 게임은 절대성-우리가 필요하고 당연한 생각의 출발점으로 받

아들여지는-을 확립하려는 것과 그 지점을 넘어서 생각하는 과정에

---

98. [옮긴이 주] 태초에 로고스/말씀이 있었다고 하는 신약성서의 경우처럼, 모든 것의 기원으로
서의 로고스/말은 완전한 존재를 보증하는 것으로 여겨져 왔다. 모든 것은 유일한 원인에서 생
기는 결과이다. 다시 말해 '로고스 중심주의'란 말이나 이성적 진리를 중심으로 이루어진 체계
를 의미한다. 플라톤 이래로 지속되어 온 로고스 중심주의는 결국 어떤 절대적인 체계나 진리
를 중심으로 놓고 그것을 기준으로 쌓아 올린 것이다. 하지만 그러한 중심이라는 것 혹은 절대
적인 진리는 그와 반대되는 것을 추출하여 만들어진 허구에 불과하다는 것이다. 데리다는 '해
체'라는 것이 바로 이러한 중심을 허물어뜨리는 것이라 생각한다. 그는 해체란 어떠한 중심도
없고, 비록 중심이 있다 하더라도 그 중심은 고정된 위치가 아니라 하나의 기능, 즉 무한한 기
호의 대치만이 적용되는 일종의 비-위치만 있는 상태를 가리킨다.

99. [옮긴이 주] 데리다가 주목하는 것은 메타 구조가 아니라 구조를 전복시키는 미시적 차이
와 차이들 간의 관계다. 주체와 대상의 관계를 총체적으로 파악하려던 태도에서 벗어나 안정
과 질서라는 이름의 경계를 넘어 일탈하는 작은 변화들이 인간의 삶에 어떠한 질적 변화를 가
져다주는지를 묻는다. 데리다에게 후기구조주의는 전통적인 사유 방식을 해체하는 것뿐만 아
니라, 해체된 빈 공간 위에 아무것도 다시 구축하지 않으려는 탈-구성이라는 이중적인 의미가
담겨 있다.

100. [옮긴이 주] 데리다에게 '해체'란 부수고 무너뜨리는 과격한 파괴 운동(destruction)이
아니라 이를 넘어서 어떠한 위계적 지배 질서의 출현도 용인하지 않으려는 탈구조화(de-
construction)에 대한 지향성을 포괄적으로 지칭하는 것이다.

101. [옮긴이 주] 차이(difference)와 연기(defer)를 합쳐 만든 'différance'는 우리말로 '차연(差
延)' 또는 '차이'라 번역되고 있다. 차이남(differing: 각각의 기호가 다른 그것과 구별됨)과 연
기됨(differing: 끝없는 기호의 연쇄가 몇몇 원래의 소기에서 연쇄의 끝을 연기함)으로써 이중
적 글쓰기 기능을 한다. '나무'가 스스로 의미를 지닌 것이 아니라 '풀'과의 차이를 통해 의미
를 가지듯 세계는 실체를 가진 것이 아니라 차이의 체계일 뿐이다. 그리고 '나무'의 의미는 고
정된 것이 아니라 '자연'→'인간과 인간의 중개자' 등으로 의미를 끊임없이 연기한다. 또 '나
무'를 '쇠'와 대비시키면 이의 의미는 '자연'→'부드러운' 등의 뜻을 드러내는 것처럼 한 기호에
는 배척했던 다른 낱말의 의미가 '흔적'으로 남아 있어 서로 '대리보충'의 관계를 갖는다. 이렇
게 공간적인 차이와 시간적인 지연을 합친 것이 바로 '차연/차이'이다. 모든 요소들의 끊임없는
미끄러짐과 겹침이라는 차연/차이의 논리는 결국 양면성이나 양가성의 논리로 이어지고, 양면
긍정의 사유를 끌어낸다. 약이자 동시에 독인 결정불가 혹은 비-확정성의 논리가 작동한다. 현
상 세계가 불과 물, 더위와 추위, 여름과 겨울의 반복과 교차이듯이 세계의 있음과 없음, 현전
이나 부재도 고정된 실체가 아니라 차연/차이에 의해 만들어진다.

서 그것을 해체하려는 것 사이의 긴장을 가지고 이루어진다. 해체는 항상 절대성을 확립하는 것임과 동시에 우리가 그것을 넘어 생각하도록 도전하는, 그리고 한계들을 만들어 내는 구성의 과정이라는 점을 전제로 한다. 여기서 "차이"는 한계와 그것이 우리에게 하고자 하는 바를 드러내기 위해 "차연"으로 명료화할 수 있다. 하지만 이러한 해체의 유사-선험적quasi-transcendental 전략을 선험적 토대transcendental foundation라는 전통적 전략과 혼동하지 않도록 주의해야 한다.

듀이는 경험이 갖는 가능성의 조건이나 경험의 내용을 미리 만들려고 한다는 이유로 모든 선험적 논의를 거부했다. 즉, 듀이와 데리다는 토대foundation의 유사-선험성에 대한 비판을 취하는 태도에서 매우 유사하다. 하지만 듀이는 경험적 자연주의를 선호했다. 이것이 기호학의 존속을 위해 가능한 내재적 조건을 제공한다고 믿었기 때문이다. 데리다 관점에서 볼 때 경험적 자연주의는 겉보기에는 자명한 출발점으로 보이지만, 명료하지 않은 이론적 전제라고 의문을 갖지 않을 수 없다. 달리 말하면 여전히 또 다른 절대성을 확립하려는 위험을 안고 있다.

데리다는 『문법학Of Grammatology』[103]에서 이렇게 천명했다.

---

102. [옮긴이 주] 프랑스어 supplément은 영어의 supplement와 마찬가지로 일반적으로는 '보충'이나 '추가'를 뜻한다. 요컨대 어떤 본체나 중심이 먼저 존재하고, 그것에 부족하거나 결여되어 있는 것을 채우기 위해 덧붙여지는 것이 바로 '쉬플레망'이나 '서플먼트'의 일반적인 의미다. 하지만 데리다는 쉬플레망의 일반적 의미에 담겨 있는 본체와 보충물, 중심과 부가물 또는 기원적인 것과 사후에 덧붙여진 것 사이의 위계 관계를 뒤집어 본체와 중심, 기원적인 것이야말로 보충물이나 부가물 또는 사후적인 것에 존재론적으로 의존하고 있다는 점을 보여 준다. 더 나아가 데리다는 우리가 '정상적인' 것으로 나타나는 본체와 보충물, 중심과 부가물 사이의 관계가 사실은 폭력적인 억압과 전위(轉位)를 통해 사후에 정상적인 관계로 구성된 것이라는 점을 밝혀 준다. 이쪽에 있으면서 저쪽에도 있는 양가성(兩價性), 이쪽의 것이 저쪽의 것을 보충하고 대리해 주는 '보충적' 성격, 이쪽의 성질이 저쪽의 성질 속에 박혀 들어가 있는 상감(象嵌) 작용 등은 모두 이중적 가치를 선호하는 데리다의 철학의 적절한 성질들이다. 마치 파르마콘(pharmakon) 속에서 치료약과 독약은 상호 보충 대리의 역할을 하면서 치료약이 독약이고 독약이 치료약이 되는 가역적 반복을 계속하고 있는 것이다.

글쓰기writing[104]는 과학과 아마도 그 대상에 봉사하는 보조적인 수단일 뿐만 아니라 … 우선 이상적 대상의 가능성, 따라서 과학적 객관성의 조건을 위한 수단이다.Derrida, 1974: 27

데리다에게 '이상적 대상ideal objects'은 생각이나 지각에 존재하는 바로 그 현전을 통해 즉각적이고 직관적이며 의심할 수 없는 지식을 제공하는, 지식의 대상을 의미한다. 노리스Christopher Norris는 이렇게 제시했다. "데리다의 이러한 칸트의 '선험적transcendental'[105] 논변의 버전이 글쓰기를 하도록 만든다. … 이것은 모든 가능한 지식의 전제 조건이다. … 그래서 급진적인 칸트적 의미에서 그의 주장은 선험적a priori이다. … 이것 없이는 일반적으로 문화나 역사 또는 지식의 가능성 그리고 글쓰기에 필요한 것을 미리 생각할 수 없다."Norris, 1988, 95

칸트에서 시작하여 후설과 하이데거에 이르는 전형적인 선험적 주장들과 마찬가지로, 데리다도 모든 경험의 가능성이 지닌 가능성의 선험적 조건들을 주제로 삼고자 하였다. 이와 동시에 보충적 도구를 제

---

103. [옮긴이 주] 데리다의 『문법학(grammatology)』은 로고스 중심주의를 배격하고 문자언어를 문명해독의 기본으로 삼는 언어학을 요청한다. 『문법학』은 텍스트의 해체적 읽기에 과학적 객관성의 이념을 자기모순이라 배척한다. 데리다는 이것을 신중한 텍스트 분리의 실천 또는 연습이라 말한다. 그런데 데리다의 『문법학』은 단지 언어와 논리에 관한 규범적인 개념만을 해체하는 것이 아니다. 그것은 동시에 모든 규범적 실재에 대한 이해를 해체한다.

104. [옮긴이 주] 서구 형이상학에서 로고스 중심주의적 편견이 가장 적나라하게 드러나는 곳 중의 하나는 '글쓰기(writing/gramme)'보다 '말(speech/phone)'에 우선성을 부여한 것이다. 글(쓰기)에 대하여 말에 우선성을 두는 것은 바로 현전에 대한 가정 때문이다. 데리다는 이것을 '음성 중심주의(phono-centrism)'라 부른다. 즉 서양철학은 언제나 목소리에 관심을 가지면서 글(쓰기)에 대해서는 깊은 우려를 표명해 왔다. 서구 형이상학의 전통에서 '문자'는 죽음, 부재의 이미지를 갖는 데 비해 '말'은 '생명', '현전(現前, presence)'으로 간주된다. 이성적인 것은 '동일자', 비이성적인 것은 '타자'라는 공식이 성립되면서 '우리' 아닌 모든 타자를 배제하는 이론적 근거가 된다.

105. [옮긴이 주] 칸트의 철학에는 세 차원이 있다. 첫째, 주체로서는 알 수 없는 '물 자체'다. 둘째, 주체에게 경험적으로 나타나는 '현상계'다. 셋째, 물 자체와 현상계 사이를 나누면서 이어주는 '선험적(transcendental/a priori) 차원'이다. '선험적'이란 경험에 선행할 뿐만 아니라, 선행하면서 가능하게 해 주는 어떤 것이다. 게다가 그냥 가능하게 해 주는 것이 아니라 보편성과 필연성을 띠도록 가능하게 해 주는 것이다.

시함으로써 이러한 선험적 기초들을 해체하고 절대자의 게임을 상대화했다. 이러한 의미에서 그의 해체의 기반이 된 차연의 유사-선험성의 토대에 이른 것이다. 그러나 이러한 토대는 더 이상 형이상학적 기반으로 사용할 수 없으며, 하나의 방법론적 지향이나 다름없다.

특히 데리다가 말하는 해체의 언어적 배경에 초점을 맞춰 보자. 위대한 구조주의자 소쉬르는 이렇게 천명한다.

> 가치의 개념적 측면은 오로지 언어상으로 다른 용어들과의 관계와 차이만으로 만들어지고, 언어의 물질적인 면도 마찬가지다. … 이런 점에서 볼 때, 결국 언어에는 차이만이 있다. 차이에서 더 중요한 것은 일반적으로 차이는 서로 지닌 긍정적 조건을 함축한다는 것이다. 그러나 언어에서는 긍정적 조건 없이 차이만이 있을 뿐이다. 기의signifier든 기표signified든 언어는 언어 체계 이전의 개념이나 음성을 갖는 것이 아니라, 그 체계로부터 제기된 개념적 음성의 차이만 있을 뿐이다. 기호가 갖는 개념의 음성적 실체는 그 기호를 둘러싼 다른 기호들보다 덜 중요하다.Saussure, 1959: 117-118, 120[106]

데리다는 소논문 「차연Différance」에서 위 단락의 대부분을 인용한 후 즉각 이렇게 말한다.

---

106. [옮긴이 주] 소쉬르는 기호가 차이에 의해 의미를 발생한다고 했지만, 데리다는 그 의미가 항상 지연된다고 생각한다. 또한 기표가 기의를 불러온다는 소쉬르의 견해에 대해 데리다는 기표가 또 다른 기표를 부르는 기표의 연쇄 작용이 나타난다고 보았다. 말하자면, 소쉬르에게서 문자에 대한 음성의 우월적 지위는 완전히 제거되지 못하였다는 것이 데리다의 진단이다. 『문법학』에서 데리다는 아리스토텔레스에게서 나타난 음성우월주의는 소쉬르에게서도 유사하게 나타난다고 본다. "문자는 언어를 표상하는 목적만을 위해 유일하게 존재한다"라는 그의 주장은 아리스토텔레스로부터 이어져 내려온 텍스트에 대한 억압을 정당화시킴으로서 로고스 중심주의의 근거를 제공하는 결과로 이어진다는 것이다.

이로부터 도출되는 첫 번째 결과는 기의로 인해 나타난 개념은 그 안에, 그리고 그 자체만으로 결코 충분히 나타나지 않는다는 것이다. 모든 개념은 필수적이면서 합법적으로 차이에 의해 이뤄지는 체계적 놀이를 통해 다른 것 또는 다른 개념을 연쇄적으로 또는 체계적으로 새기게 된다. 이러한 차이의 놀이는 더 이상 단순한 개념이 아닌 오히려 일반적인 개념 과정과 체계로서의 개념의 가능성을 보여 준다. 같은 이유로 개념이 아닌 차연은 단순한 어휘가 아니다. 즉, 일반적으로 이것은 개념과 음성 자료의 차분하고, 현전하고, 그리고 자기를 지시하는self-referential[107] 통합으로 재현되는 것이다.Derrida, 1973: 140

여기서 우리는 데리다의 가장 중요한 통찰력을 보게 된다. 이는 즉시 현전하고, 자명한 단순한 자기 정체성 같은 것은 없다는 것이다. 또한 의심할 바 없이 천재적인 번뜩임이 여기에 있다. 데리다가 해야 할 일은 "차이"를 주장하는 것이었다. 이는 선험적 개념이 갖는 초월성에 우선하는 모든 경험, 사고, 개념의 가능성 또는 가쉐Rodolphe Gasché가 말한 차연différance, 흔적trace, 보충supplement 등 "하부구조"라고 부를 수 있는 유사-선험적 조건에 도달하기 위함이다. 영어 difference에서 'e'를 프랑스어의 묵음 'a'로 바꾸는 것만으로 소쉬르가 글에 비해 말(음성적 실체나 음성 부호)의 현전이 중요하게 우선한다고 한 것에 강력한 비판을 제공한다.[108]

데리다의 글은 주장을 입증하는 것만이 목적이라 할 수 없다. 그의 글은 행동을 불러일으킨다. 그의 텍스트는 특이성과 경계 없는 짜임

---

107. [옮긴이 주] 철학에서는 주체가 자기 자신을 말하거나 언급하는 능력을 가리킨다. 자기-지시적 진술은 때로는 역설적이기도 하고, 또한 재귀적이라고도 생각할 수 있다.

새로 계산이 불가능하고, 예측도 불가능하다. 그러면서 프로그램에 따르지 않은 상황으로 자신을 열어 가는 행위를 한다. 텍스트는 (동일자가 아닌) "타자other"가 출현하여 응답하도록 길을 열어 준다. 텍스트는 늘 운동 중에 있으면서 그를 지배하거나 언어의 운용을 억제하는 어떤 단어나 개념이나 무-개념을 허용하지 않는다. 데리다 자신은 해체가 "좋은 어휘"는 아니라며 "그것은 그 자신을 해체한다"라고 결론 짓는다.Kamuf, 1991: 274, 275 데리다는 안정된 중심이나 둘레가 없는 세상에 살고 있다. 다들 그렇게 한다. 이것이야말로 그의 철학이 가르치는 하나의 교훈이다. 이렇게 그는 배제된 타자가 출현하여 자신을 표현할 수 있는 공간을 제공할 필요성에 대한 우리 시대의 증대된 민감성에 응답한다. 이에 반해 듀이는 자신의 다원주의가 이를 해결하는 방안을 제공하였지만, 타자성과 차이를 위한 방안을 그렇게 잘 준비하지는 못했다.

데리다는 거의 모든 서구 형이상학에서 발견되는 '현전presence'에 대한 가식을 해체하기 위해 '차연'이라는 개념을 개발했다. 차연은 모든 언어에 있는 이중의 의미를 가리킨다. 첫째, '차이difference'이다. 기호는 기의된 것과 다르다. 둘째, '연기된 현전deferred presence'이다. 대부분의 구조주의 사상가들에게 어떤 기호 체계-한 이론, 한 텍스트,

---

108. [옮긴이 주] différance(디페랑스)는 어미 '-ence'를 '-ance'로 바꾸어서 만든 것이다. 이는 그의 해체적 반인식론에 결정적으로 중요한 관련어들을 지칭하기 위한 독특한 조어이다. 이 말에는 '다르다differ'라는 의미와 '연기하다/지연시키다defer'라는 의미를 모두 지닌 프랑스어 differer가 포함된다. 즉 différance는 동음어인 differer가 결합되어 만들어졌음을 알리기 위해 어미 '-ence'를 '-ance'로 바꾼 것이다. '차연'은 시간성과 공간성의 차원을 지닌다. 시간성은 '뒤로 미루다(defer)'의 의미이고, 공간성은 '다르다(differ)'의 의미다. 그래서 '차연'은 차이라는 개념뿐만 아니라 연기/지연이라는 의미도 나타낸다. 데리다에게 단어도 아니고 개념도 아닌 이 용어는 두 가지 의미(차이+지연)를 모두 작동시키면서 어떤 순간에도 어느 한쪽만의 의미로 환원되지 않는다. 즉 différence의 'e'에서 différance의 'a'로의 미묘한 이동은 결과적으로 텍스트의 의미가 궁극적으로 결정되어 있거나 확정될 수 있는 것이 아니라, 언어의 의미작용이라는 연쇄 속에서 하나의 대체 가능한 언어 해석으로부터 다른 해석으로 지연된다는 데리다의 주장을 시각적으로 보여 준다. 그래서 différance를 '차이'로 번역하기도 한다.

한 이야기-도 결국 체계의 일부인 주인의 말씀master word 또는 "선험적 기의", 즉 개별적으로 또는 문법적 조합에서 지시하는 상징체계 밖의 어떤 것에서 종료된다.Derrida, 1974: 158 이것들은 보통 '원자료(또는 직관적 지식)'와 같은 경험에서의 자연적인 요소나 "합리성"과 같은 어떤 추상적 관념으로 간주된다. 선험적 기의는 아마도 의심할 수 없는 자신을 동일시하는 대상, 즉 지시 대상이기 때문에 기호 놀이를 종식시킨다. 데리다는 이런 선험적 기의의 존재를 부정하면서 대부분의 서구 인식론과 형이상학에 도전하였다. 하지만 데리다는 불확실성의 불안으로부터 벗어나려는 욕망을 이해한다.

중심적 구조의 개념은 사실상 근본적 토대에 바탕을 둔 '유희 play'[109]의 개념이며, 그 자체가 유희의 범위를 넘어서는 근본적 부동성과 불안감을 없애 주는 확실성에 바탕을 두고 구성된 유희이다. 그리고 확실성을 바탕으로 불안을 극복할 수 있다. … 항상 현전의 형태로 역사의 기원을 다시 일깨울 수도 있고, 역사의 종말이 예상될 수 있다.Derrida, 1978: 279

확실성에 대한 약속은 거짓이지만, 인지적 보안 및 안전에 대한 인간의 요구는 현실이다.

---

109. [옮긴이 주] 세계는 차연/차이가 드러난 것, 차이의 세계 속에 쓰여 드러난 것, 현전과 부재가 끊임없이 교차하여 일어나는 유희에 불과하다. 차이를 공간에 따라 차이가 나고, 시간에 따라 현전을 연기함을 의미한다. 이러한 차이들은 자체가 실제가 아니라 구조 자체가 만들어 내는 효과다. 차이는 존재하지도 않지만, 존재하지 않는 모든 것이 마치 존재하는 양 표상/재현한다. 차이는 어떤 개념이나 도식, 확정성의 사유에 포함되지 않는 전략적 부호나 절합을 알려 주는 기표일 따름이다. 차이는 속이 비어 있고 단순하지 않은 개체로 차이의 기원을 다시 차이 나게 한다. 데리다의 해체 전략은 어떤 고정된 중심도 거부하고 잠정적으로 정해진 위치들만이 끊임없이 떠돌아다니는 공간을 창출함으로써 자유로운 '유희'가 가능하도록 한다. 이러한 자유로운 공간의 창출은 모든 것들이 고정되지 않고 타자와의 관계에 의해서 자유롭게 만들어지는 가변적인 위치로 나타날 때 가능하다.

데리다의 유사-초험적 입장은 경험의 개념 자체를 비판하는 것이다. 그는 "경험주의"라는 단어를 불쾌하게 생각해 이 말을 자주 공격했다. "언어의 선험적·초험적 지평을 포기한 진짜 그 이름은 경험주의이다. 경험주의는 기본적으로 한 가지 잘못을 저질렀다. 스스로 철학이라고 내세웠다는 것 말이다."Derrida, 1978: 151; 같은 책 139와 288도 참조

이와 유사하게, 데리다는 "경험주의의 가치는 철학적 책임에 대한 반대로부터 그것의 모든 의미를 이끌어 내야 한다"라고 선언한다. 그리고 재차 이렇게 말한다.

> 관계가 의식적인 형태를 취하든 아니든, "경험"은 언제나 어떤 현전과의 관계를 가리켜 왔다. 여하튼 우리는 … 경험의 궁극적인 토대를 성취하기 전에, 그리고 해체에 의한 그것의 성취를 위해 경험이라는 개념의 자원을 소모해야 한다. 이것이 "경험주의"와 경험에 대한 "순진무구한" 비판에서 동시에 벗어날 수 있는 유일한 방법이다.Derrida, 1974: 61

결국 데리다는 에세이 「폭력과 형이상학」에서 "경험의 개념은 늘 현전의 형이상학에 의해 결정되지 않았던가?"같은 책: 152라고 선언하였다.

한편 우리가 보았듯이 듀이는 경험적 자연주의자이다. 그는 전혀 다른 견지에서 서구의 전통적 형이상학을 거부한다. 왜냐하면 그는 비록 급진적으로 재구성하더라도 다원적이고, 끊임없이 진화하고, 자연주의적인 다원주의적 우주 안에서 인간 발달을 포함하여 우리가 변화와 발전을 설명할 필요가 있다고 생각하는 '실현태energeia'[110]의 개념을 유지하고 있기 때문이다. 듀이는 데리다와는 다른 방식이지만 데

리다만큼 집요하게 서구의 전통적 형이상학을 경멸했다. 듀이는 다윈주의적 자연주의를 통해 접근했다. 「철학에 대한 다윈주의의 영향The Influence of Darwinism on Philosophy」에서 듀이는 자연의 진화론이 중요함을 제시했다. "절대적 영원이라는 신성함을 범함으로써 부동성과 완전함의 유형으로 간주되는 형상forms, eidos을 『종의 기원』에서는 발생하는 것과 사라지는 것으로 다루었다. 이렇게 『종의 기원』에서는 결국 지식의 논리와 그에 따른 도덕, 정치, 종교의 대처를 변화시킬 수밖에 없다는 사고방식을 도입했다."MW 4: 3

이러한 평가에는 또한 형이상학이 포함된다. 종은 진화론에서 궁극적인 존재론적 주체다. 다윈이 호모사피엔스를 포함한 생물학적 종을 염두에 둔 것이라면, 듀이는 모든 문화적, 언어적, 논리적 본질을 염두에 두고 있다. 듀이는 형이상학적 사고의 지성적, 실천적, 창조적 탐구의 도구로 전환하여 서구 형이상학의 늪이 논리의 유역으로 빠져나간다. 다음 구절은 크게 빠져나간다.

철학은 특별한 가치와 그것을 발생시키는 특정의 조건들을 탐구하기 위해 절대적 기원 및 결말을 추구하는 탐구를 포기한다.
같은 책: 10

듀이의 자연주의적 다윈주의 세계는 데리다의 해체된 세계처럼 우주적 시작이나 종말이 없다. 우리는 형이상학이 아닌 목적을 가진 탐구의 맥락 내에서 본질, 시원적 토대, 그리고 목적론을 파악할 뿐이다.

---

110. [옮긴이 주] '정해진 목적을 향해 가는 움직임', 즉 '키네시스(kinesis)'와 대조되는 '목적을 실현해 가려는 움직임', 즉 '실현태(energeia/ἐνέργεια)'는 원래 아리스토텔레스가 창안한 개념으로 세계의 개별 존재자를 궁극적 실재로 간주하는 입장이다.

듀이는 이전에 그것에 귀속된 인지 기능을 수행하는 논리(탐구 이론)을 허용함으로써 전통적 형이상학을 쉽게 극복하기를 희망한다.

듀이는 전통적 형이상학의 원리를 실용적으로 재구성한 두 가지 형태, 즉 '실제적인 것the actual'과 '잠재적인 것the potential'이라는 개념을 유지한다. 그는 "변화나 되어 감의 과정을 제외하고는"같은 책: 11, "잠재적"이라는 용어에 결코 매달리지 않는다고 적시한다. 그럼에도 듀이는 "잠복된" 잠재성에 매달리는 경향을 안타까워했다.

> 하나의 사과가 부패할 잠재성이 있다고 하는 것이 사과 안에 언젠가 필연적으로 썩을 것이 잠복되어 있거나, 함축된 인과관계의 원리가 있다고 하는 것이 아니다. 그러나 지금은 작동하지 않는 어떤 조건에 변화가 노출되면, 사과의 상태는 환경과의 상호작용으로 부패의 형태를 취할 수 있다.같은 책: 11

듀이는 미리 결정된 완전한 궁극적 목적을 향해 펼쳐지는 "잠복된 잠재성" 개념을 거부한 것이다. 이는 궁극적인 토대와 완벽한 목적으로서 현전이라는 형이상학의 특질을 거부하는 것과 같다. 이렇게 교육과 인간 발달에 대한 듀이 사상의 함의는 깊고도 넓게 퍼져 있다.

데리다와 듀이 모두 고전적인 서구 형이상학을 거부하지만 접근 방식이 서로 매우 다르다. 듀이가 경험적이고 자연주의적인 동기라면, 데리다는 순진무구한 경험주의에 대한 회의를 표명하는 것으로 발전한다. 물론 데리다가 경험주의를 비판하면서 실용주의와 듀이를 직접 겨냥한 것은 아니다. 오히려 그는 내심으로 로크와 흄 그리고 이들의 근대적 추종자들과 같은 영국 경험주의 제안자들의 전통을 염두에 두었다. 어떤 면에서 데리다의 비판은 오늘날 듀이적 실용주의를 해체하고 재구성하는 데 유용하게 사용될 수 있다. 퍼스와 같은 듀이 이전의 실용주의 기원을 돌아본다면, 우리는 실용주의와 해체주의의 결합 가능성을 탐색해 볼 수 있다. 『문법학』에서 데리다는 이렇게 주장한다. "퍼스는 내가 선험적 기의의 해체라고 말한 방향으로 매우 멀리 가 있는 사람이다."Derrida, 1978: 49 그리고 그는 퍼스의 다음 구절에 주목할 것을 요구했다.

> 다른 어떤 것(그것의 해석자)을 결정하는 것은 그것 자체가 동일한 방식으로 언급하는 객체(그것의 대상)를 가리키는 것, 해석자가 차례로 하나의 기호가 되는 것 등등.같은 책: 50

데리다는 이 글에 다음과 같은 방식으로 주를 달았다. "의미가 부여되는 순간부터 기호만이 존재한다. 우리는 기호 안에서만 생각한다." 같은 책: 50 데리다는 여러 가지 중요한 방법으로 퍼스가 거의 백 년 먼저 앞서간 탈구조주의자였다고 파악했다. 듀이는 논리학과 기호학 과정을 대학원에서 퍼스와 함께 배웠고, 이후 생애에 걸쳐 점점 더 그의 영향을 받았다. 듀이는 기호학을 더욱 독창적으로 발전시키지는 않았지만, 퍼스와 기호학을 공유했다. 실용주의의 원리를 소개한 논문을 발표하기 10년 전인 1868년 발행된 한 논문에서 퍼스는 이렇게 썼다.

> 사람은 어휘나 다른 외적 상징을 통해서만 사고할 수 있는데, 이는 냉정하게 이렇게 말할 수 있을 것이다. "당신이 어떤 어휘를 당신의 생각을 나타내는 것으로 사용하는 한, 우리는 당신에게 어떤 의미도 가르쳐 줄 수 없다." 따라서 사실 사람과 어휘는 서로를 가르친다. … 사람이 가진 어떤 의식의 요소도 그 어휘에 상

응하지 않는 것은 없다. … 인간이 사용하는 어휘나 기호는 인간 그 자체다.^{Peirce, 1992: 54}

데리다는 몇 가지 중요한 측면에서 실용주의 원리를 제시한 논문을 발간하기 10년 전, 그리고 탈구조주의를 내세우며 구조주의를 몰아낸 프랑스의 문화혁명보다 1세기 전인 1868년부터 퍼스가 탈구조주의자였음을 인식하고 있었다. 논문 「해체와 실용주의에 대한 언급」에서 이렇게 말한다.

> 나는 해체가 … 실용주의와 많은 것을 공유한다고 생각한다. 그리고 나는 그러한 자취와 관련된 질문의 시작점이 노동, 행위에 대한 어떤 개념과 관련되어 있었다고 상기한다. 그래서 내가 '실용문법학pragrammatology'이라고 호칭했던 것은 문법학grammatology과 실용주의pragmatism를 연결시키려는 노력이었다.^{Derrida, 1996: 78}

그러나 데리다의 경험주의에 대한 비판을 실용주의에 적용하면, 상호작용적 구성주의는 경험주의의 실용주의적 버전조차 문제가 있는 것으로 간주하는데, 특히 그것 자신이 자연주의적 형이상학으로 표현될 경우 더욱 그렇다. 뒤에서 우리는 데리다보다 더욱 쉬운 방법으로 듀이적인 고전적 실용주의에 대한 비판을 구체화한 로티Richard Rorty를 논할 것이지만, 우선 교육을 위한 해체에 대해 간단히 논의해 보자. 데리다의 관점이 어떤 의미에서 듀이의 교육철학을 더욱 발전시키기에 유용한가? 해체를 통해 교육자들이 얻을 수 있는 실질적인 결과는 무엇인가?

이러한 연결에서 가장 우선적으로 대두하는 이슈는 총체성totality

에 대한 데리다의 태도이다. 데리다가 완전성, 보편성, 마지막 말씀 등과 같은 총체성의 여러 전망들에 반론을 제기하는 새로운 방법을 제공하는데, 이는 실용주의에 이질적이지 않은 철학적 입장이다. 그는 논리적 필요성의 모든 구성이 배제의 표현과 병행한다는 것을 보여 준다. 제기된 어떤 체계의 총체성 내부에는, 그리고 그 반대에는 항상 무시되는 타자가 있다. 상호작용적 구성주의의 경우, 모든 자기 관찰자에게 있어, 실제 또는 이 경우 잠재적으로 거리를 둔 관찰자는 '낯선 관점으로 보기strangification'의 상수적 요소, 즉 이질적 관점을 파악하려고 시도함으로써 자신의 관찰을 상대화하려는 계속적 도전을 내포하고 있음을 상기하라. 해체는 이방인, 주변인, 그리고 배제된 자들에게는 잘 열려 있다. 따라서 보충이 필요하거나 상호작용적 구성주의 용어에서의 구성, 재구성, 해체가 필요하다.

모든 광범위한 교육적 경험에서 세 가지 특성 모두를 알게 될 것이다. 구성주의 교육의 입장에서 명심해야 하는 사항은 어떤 경우에는 구성을, 다른 경우에는 재구성이나 해체를 강조할 것이며, 세 가지 특성 간에 언제나 복잡한 상호작용이 일어난다는 점이다. 일반적으로 말해 두 사람 각자의 주 관심사를 살펴보면, 듀이는 재구성의 철학자이고, 데리다는 해체의 철학자라고 볼 수 있다. 상호작용적 구성주의는 세 가지 특성을 결합하는 데 상호 보충적인 방식으로 그것들을 결합하고 상호 접근을 통합함으로써 넓은 해석의 지평을 넓혀 준다.

구성으로서의 교육

이는 구성주의자의 기본적 관점이다. 구성주의자는 학습자가 능동적이고 스스로 결정한 학습 경험에서 그들 자신이 실재를 구성하도록 하는 가능성을 지원하고 강조한다. 구성주의자는 우리가 문화 속에

묻혀 있으면서 자신의 실재를 창조하는 것으로 본다. 이렇게 학습자의 구성적 잠재성을 강조하는 것은 각 개인이 다른 사람들의 실재와 결코 같을 수 없는 전혀 다른 독창적이고 개인적인 방식으로 그의 상징적이고 상상적인 실재를 구성한다는 면에서 주관주의적이다. 그러나 상호작용적 구성주의에서 이러한 주관주의적 인식은 모든 관찰자가 (그의 실재의 구성자로서) 동시에 문화적 맥락 속의 행위자이고 어떤 상호작용적 공동체의 한 참여자라는 가정에 의해 검증되어야 한다. 따라서 학습은 주관적인 노력일 뿐만 아니라 또한 공유된 과정이다. 활동으로서의 학습은 상호작용을 포함한다. 하나의 구성으로서 학습은 한 공동체 내의 상호 이해에 의존한다. 그리고 스스로 결정하는 하나의 과정으로서 학습은 어떤 사회적 환경에서 다른 사람들과 소통하고 협력하는 것을 전제로 한다. 만약 각 개인들이 자신만의 힘으로만 자신들의 실재를 구축하려 한다면 그러한 상호작용, 상호 이해, 소통 그리고 협력은 불가능할 것이다. 구성적 과정으로서의 교육은 언제나 개인적 처분과 발명에 선행하는 문화적 자원의 재구성적 사용을 내포한다. 문화적 자원은 각 개인이 실재를 구성하는 필수 불가결한 수단이다.

재구성으로서의 교육

재구성은 학습자가 문화 속 타자에 의해 이미 만들어진 실재 구성의 풍부함과 폭넓은 다양성을 발견하게 되는 방법이다. 이러한 실재의 구성은 이제 상징적 자원과 학습자가 거주하는 살아 있는 문화의 상상적 힘을 통해 구축될 수 있다. 그것은 문화적 자원, 가치, 상품, 어휘, 언어, 이미지, 생활예술의 다양한 기술과 생산품들(과학적 원리, 설명, 이론 등을 포함하는)의 재구성적 발견을 통해 얻을 수 있다. 그런

것들은 개인을 책임감 있는 사람이 되도록 하는 데 필요한 상징적 자원과 상상력을 발휘하게 해 준다.

개인들이 그들이 살고 있는 사회적·문화적 환경을 다루기 위한 비판적 구성의 역량을 갖추고 책임 있는 자아가 되기 위해 필요한 상징적 자원과 상상적 힘에 적합하게 되는 것은 문화적 자원, 가치, 상품, 어휘, 언어, 이미지 그리고 다양한 기술과 (과학적 원리, 설명 그리고 이론을 포함한) 삶의 기예에 관한 산물의 재구성적 발견을 통해서다. 이어서 이것은 정치, 과학, 예술, 경제 그리고 소비 같은 분야에 참여하는 것을 포함하여 실천과 상징적 재현, 그리고 한 사회의 담론을 효과적으로 다루기 위해 미리 갖추어야 할 것이다. 특히 듀이의 입장에서 재구성은 문화에 참여할 필요와 문제가 등장하는 어떤 삶의 맥락에서도 문제를 해결하는 새로운 구성적 방법을 찾는 것을 강조한다.

교육의 이러한 재구성적 측면과 학습 과정의 중요성은 모든 인간 사회에서 학습의 내용과 관계 두 가지 모두와 관련하여 매우 중요한 역할을 한다. 그러나 구성주의자들은 다른 많은 교육이론들보다 더욱 단호하게 교육은 교육 자체만을 위해 문화자원을 재생산하여 전용해서는 결코 안 된다고 주장한다. 말하자면 그들은 특별히 재구성을 통한 구성의 가능성을 강조한다. 그들은 학습의 어쩔 수 없는 재생산적 요소들은—가능한 한—학생들에 의해 스스로 결정되어 이들의 능동적인 학습 경험을 위한 부분이나 수단으로 사용되어야 한다고 제안한다. 문화적 재구성은 최종적 상태가 아니라, 학생들 자신의 구성을 위한 출발점이 된다. 액체적 근대성에서 담론과 상징적 재현의 다양성과 이질성이 주어진다면, 아무튼 재구성 작업으로서의 교육은 매우 선택적이어야 할 것이다. 구성주의자들은 이미 재구성적 학습을 위한 주제의 선택은 행정가와 교육과정 전문가의 일일 뿐만 아니라, 기본적으로 구체적인 학습 상황에 능동적으로 참여하는 교사와 학생 자신의 일이라고 주장한다. 무엇보다 먼저 구성주의 교육자들은 그들 학습자의 다양한 실행 가능성, 그들의 특수한 교육적 상황, 흥미, 필요, 요구 등을 고려해야 한다. 두 번째로 구성주의 교육자들은 학습자들의 선택 및 발전의 과정에 가능한 한 높은 수준으로 능동적으로 참여할 수 있도록 공동의 학습 과정에 가장 적합한 재구성적 자료를 선택하고 개발하지 않으면 안 된다.

해체로서의 교육

이 관점은 개방되고 다원적인 세상에서, 우리가 지금까지 이룩한 문화적 구성과 재구성이 다른 가능한 관점과 해석을 배제할 수밖에 없는 불완전한 하나의 세상임을 환기시킨다. 가끔 역설적이게도 해체주의자는 우리가 어떤 것을 적절하고 완전히 이해했다고 생각하는 바로 그때, 지금까지 배제한 다른 관점에서 사물을 보는 것이 유익하다고 제안한다. 그러한 해체는 잠시 동안만 익숙한 것을 낯설게 만든다. 해체는 당연하다고 생각하는 신념, 이해, 편견의 확실성을 흔든다. 상호작용적 구성주의는 때로 그러한 교란 혹은 동요가 학습자와 교사 모두의 입장에서 새로운 구성적 잠재성과 해체적 흥미를 만들어 내기 위한 하나의 전제 조건이라고 생각한다. 이런 의미에서 해체는 결코 그 자체로 하나의 목적이 아니다. 그것은 "-주의"가 아니다.

구성주의적 교육자는 그들 학습자의 구성적 능력뿐 아니라, 해체적 사고와 절합에 대한 진정한 이해를 기르도록 해야 한다. 또한 이는 학습의 내용과 관계 모두에 적용된다. 해체는 종종 어리석은 질문으로 시작한다. 이 경우 불완전한 절합을 우연히 듣거나, 그것들이 부적절하거나 곤혹스럽다고 하여 그냥 버리기가 매우 쉽다. 실제로 해체주의자는 종종 다른 모든 사람이 명백하다고 보는 믿음을 의심하고 교란시킨다는 의미에서 문제를 일으키는 사람들이다. 그들은 우리가 받아들인 해결책에 만족하는 것을 방해한다. 문제를 더욱 복잡하게 한다. 그리고 아무도 어떤 결과에 이를지 모르는 조심성 없고 명백하게 관련 없는 결과들을 고집한다. 그러나 뒤돌아보면, 예상치 않은 움직임이 관찰과 해석의 어떤 새로운 전망을 열어 나갈 때까지 우리를 사로잡고 있었던 습관적이고 관습적인 관점이 시험적으로 해체됨으로써 (개인적 그리고 집단적인 삶에서) 성공적인 새로운 구성들이 촉진되기 시작했다는 것을 우리는 종종 깨닫는다. 해체 작업으로서의 교육은 우리가 상징적으로 실재를 구성한 것에 함축된 속박을 드러내고 그 가면의 일부를 벗겨 준다.

요약

듀이가 재구성의 철학자인 반면, 데리다는 해체의 철학자다. 둘 다 전통적인 서구 형이상학을 극복하고자 한다. 그러나 극복을 위한 동기는 서로 매우 다르다. 데리다는 경험의 모든 절대적인 상징적 토대를 해체하려는 유사-선험적 입장에서 출발한다. 듀이는 선험론을 부정하고 가능성의 내재적-자연주의적이고 경험적인-조건만을 찾는다. 하지만 두 사람 모두 기호만이 기호를 해석할 수 있다는 퍼스에 동의한다. 또한 데리다는 실용문법학의 구성에 어느 정도 우호적이다.

듀이의 실용주의적 관점에서 보면, 데리다의 관점은 언어, 기호학 그리고 가능성-차연의 하부구조, 흔적, 보충 등-의 유사-선험적 조건 속의 기호적 원천에 의해 제약을 받는 것처럼 보인다. 데리다의 관점에서 보면, 듀이는 경험적 자연주의의 입장에 지나치게 관심을 보여 기호학을 대체로 무시하는데, 그래서 배제된 타자를 받아들이기 위해 미리 준비되어야 할 것으로서 언어와 사고를 위한 선험적 토대가 필요함을 인식하지 못할 수 있다.

논의를 위한 질문

- 데리다가 경험 가능성을 위한 선험적 토대를 찾으려는 반면, 듀이는 경험적 자연주의를 선호한다. 각자의 유리한 점과 불리한 점은 무엇인가?
- 실용문법학은 데리다의 해체를 듀이의 재구성과 혼합하려 한다. 그렇다면 그것이 교육에 어떤 의미가 있는가?
- 배제된 타자의 몇 가지 사례를 말할 수 있는가? 그것들을 맞이하고 알아보기 위한 여지를 주는 것이 중요한가? 이를 위해 듀이와 데리다 중 누가 더 유용한가?
- 듀이와 데리다 모두 서구의 전통적 형이상학을 극복하고자 한다. 교육적 결과는 무엇인가?

에마뉘엘 레비나스

에마뉘엘 레비나스Emmanuel Levinas는 몇 년간 윤리적인 내용과 관련하여 데리다에게 점차 영향을 끼친 '흔적'이라는 개념을 『타자의 흔적』1963에서 독자적으로 발전시켰다.[111] 타자성Otherness과 차이difference의 윤리적 관계 문제는 레비나스에게 자신의 아버지와 형제들을 잃게 한 홀로코스트로부터 발생하는 것이었다.[112] 근원적 이질성

---

111. 이 부분은 Garrison(2008, 2011) 부분 참조.

radical alterity을 향한 윤리적 응답을 요청한 것은 정의(규범, 법, 판단 등)에 대한 요청보다도 타자Other[113]를 향한 배려를 절박하게 호소하는 것이다. 상호작용적 구성주의 관점에서 보면, 이 같은 요청에 응답하는 자기 관찰자에게는 항상 잠재적으로 너무 멀리 떨어져 있는 관찰자에 대한 의무가 존재한다. 그래서 우리의 모든 참여자 관점, 우리의 모든 행위자 관점, 그리고 우리가 알고 있거나, 알고 있다고 믿는 모든 것을 완전히 이해할 수가 없을 것이다. 돌아올 수 없는 여행길에서 우리는 타자 속으로 호출당한 것이다.

『전체성과 무한』1961[114]에서 레비나스는 서구 철학, 특히 서구 형이상학에 만연해 있는 폭력적 경향을 비판한다. 즉, 필요하다면 폭력을 써서라도 모든 타자성을 "동일성sameness"으로 환원한다고 보았다. 레비나스는 "개인들의 의미(전체성 밖에서는 보이지 않는)"를 전

---

112. 그 외 Bernasconi(1988)의 「데리다에게 끼친 레비나스의 흔적(The Trace of Levinas in Derrida)」 참조.

113. [옮긴이 주] '타자'는 어떤 본질을 갖지 않는다. 타자는 범주에 속하지 않는다. 타자는 초월적이며 주체성을 지배한다. 타자는 그 내밀성 속에서 습격당한다. 여기서 타자는 분명히 노출되지만, 그 자신을 표현하지는 못한다. 동일자에 적합한 형식을 지우고 타자로서 스스로를 제시하는 방식이 '의미함(signifier)'이다. 의미는 현전에 의해 말해지고, 가르쳐진다. 의미하는 가운데 자신을 현시하는 것이 '말함'이다. 대화는 의미의 생산이다. 자신의 현전에 의미를 주는 것은 명백함으로 환원할 수 없는 사건이다. 그것은 직관으로 편입되지 아니한다. 그것은 가시적인 현현보다 더 직접적인 현전인 동시에 먼 현전, 즉 '타자의 현전'이다. 타자를 맞아들이는 자를 지배하는 현전, 그래서 결국 타자의 새로움 자체를 가르치는 현전이다. 진리는 타자 속에서 찾아간다.

114. [옮긴이 주] 레비나스의 철학은 전쟁에서 나타나는 전체성의 폐단을 비판하면서 시작된다. 그의 철학에서 전쟁은 단순히 때리고 부수는 것만을 나타내지 않는다. 전쟁은 외재성과 타자로서의 타자를 나타내지 않으며, 동일자의 동일성을 파괴할 뿐이다. 전쟁 속에서 나타나는 전체성, 타자를 억압하고 자신의 주체성 안으로 모든 것을 환원시키려 하며, 그것들을 거부하는 모든 것으로 없애 버리는 무언가를 평정하여 내 안으로 넣어 버리고 지배하려는 심리, 내 척도와 기준에 따라 판단하는 것, 자기로부터 벗어날 가능성이 없는, 자기 안에 갇혀 자신을 확장할 뿐 타자성을 배제해 버리는 생각을 탈피하고자 한다. 물론 타자(other)/타자성(otherness)에 대한 논의는 레비나스가 유일한 것도 아니고, 또 처음도 아니지만, 레비나스만큼 타자의 의미가 강조된 철학도 찾아보기 어렵다. 또한 그간에 타자에 대한 책임이 의무와 당위로서의 책임이었다면, 레비나스의 책임은 '무조건적 책임'이라는 점에서도 특별하다. 그것은 단순히 타자에 대한 철학적 호소에 그치는 것이 아니라, 욕망과 윤리에 근본적인 변화를 촉구한다. 지금의 순간에 우리에게 레비나스가 지닌 의의는 타자에의 혁명이라고 할 수 있다. 우리가 알고 가진 것이 그 바깥의 무한과 닿아 있음을 깨닫고 타자성에 귀를 기울이는 욕망이 필요하다. 이것이 진성한 욕망의 혁명이다.

체성totality[115]으로부터 빌려오는 전통적 형이상학의 주장을 거부한 다.Levinas, 1961/1995: 22 레비나스가 보기에는 개인이 무한한 타자의 초월 성transcendence과 맺는 근원적 관계는 "언제나 그 전체성 바깥에 외재 하는 잉여surplus와의 관계"[116]이기에 "객관적 전체성으로는 존재를 정 확히 측정해 낼 수 없다."같은 책: 23 따라서 선험적이고 초월적인, 무한한 타자와의 이 원천적 관계는 개별 주체나 나 자신이 어떤 체계의 전체 성으로도 흡수되지 않도록 한다. 그러므로 개별적 "존재들은 영원성 이전의, 역사의 성취 이전의 정체성을 지닌다."같은 책 이런 초월성[117]은 "단일한 체계 안으로 재흡수"될 수 없다. 따라서 타자와 우리의 관계 는 우리의 주체성subjectivity[118]이 전체성이나 동일성으로 환원되지 않 게 보호해 준다.같은 책: 26

  레비나스의 사유는 초월적이고 무한한 타자에 대한 선험적 인식을 제공하기 위해 신의 존재에 대한 존재론적 증명인 데카르트의 "세 번

---

115. [옮긴이 주] '전체성'이란 타자성을 배제하고 모두를 동일한 '우리' 안으로 끌어넣는 시도를 의미하며, 레비나스는 이러한 전체성의 원인을 서구의 주체 중심적 철학에서 찾았다. 우리의 삶은 인식이 아니라 타자와의 반응, 관계에서 시작된다. 레비나스 철학의 방향이 타자, 책임, 얼굴, 무한자로 향하는 것도 이런 이유이다.

116. [옮긴이 주] 레비나스의 표현에 따르면 '종말론'은 언제나 전체성에 외재하는 '잉여'와 맺는 관계다. 사회적 관계는 존재에 대한 선의 '잉여', 유일자에 대한 다수성의 '잉여'를 낳는다. '예 언적', '메시아적'이라는 등의 표현도 기본적으로 탈전체론적이고 탈역사적인 영역으로부터의 영향을 나타내기 위한 것이라고 볼 수 있다. 그러므로 레비나스가 말하는 종말론에서의 바깥 과 너머는 어떤 시점 이후에서부터가 아니라, 이미 우리 삶에 영향을 주고 있는 것이라 할 수 있다.

117. [옮긴이 주] 레비나스가 말하는 '초월'은 외재성을 열망하는 지성, 즉 형이상학으로서 욕망 인 지성의 작업 속에서 일어난다. 외재성에 대한 욕망은 대상적 의식 속에서가 아니라, 이윽고 '정의'로 현시되는 대화 속에서, 그리고 얼굴에 대해 행해지는 맞아들임의 '올곧음' 속에서 작 용하는 것으로 나타난다. 초월은 최초의 윤리적 몸짓이다. 얼굴을 본다는 것은 세계에 대해 말 하는 것이다. 따라서 초월은 한 자아의 초월이다. 하나의 자아만이 얼굴의 명령에 응답할 수 있다. 자아는 선함 속에서 보존된다. 초월은 완전함을 가능케 하는 이념화로서 한계로의 이행 이며, 다른 타자로의 이행이다. 따라서 초월의 운동은 불평하는 인간이 자신이 놓인 조건을 거 부하는 부정성-어떤 장소에 놓여 자리 잡고 있는 존재를 전제하면서 그곳에서 그는 자기 집 에 있고자 하는-과는 구별된다. 특히 '철학적 초월'은 이미 또는 여전히 참여하는 초월이나 존재 속에 파묻혀 있는 초월과는 구별된다. 그리고 '무한의 초월'은 무한으로부터 분리되고 무 한을 사유하는 자아와 관련해서 그 무한함 자체를 가늠하게 해 준다. 무한은 초월적인 것으로 서 초월적인 존재의 특성이다. 무한은 절대적 타자다. 초월적인 것은 그것의 관념에서 무한히 멀다. 즉 외재적이다. 왜냐하면 그것은 무한하기 때문이다.

째 성찰"을 기반으로 한다. 레비나스는 "데카르트가 관념에 의해 표상된다고 했던 것처럼, 사물이나 수학적·도덕적 개념들 역시 관념 그 자체와는 구별된다"라고 보았다. 그러나 무한infinite[119] 관념, 즉 '이데아툼ideatum(정신에 의해 알려진 인식의 대상)'[120]이 자체의 관념을 넘어서기 때문에 예외적이다.Levinas, 1961/1995: 48-49 레비나스는 '타자the Other'라는 개념으로 이 무한성에 대한 관념을 이렇게 정의한다. "무한[121]은 선험적인 것으로 초월적인 존재의 특징이다. 따라서 무한자는 절대적으로 타자다." 즉, 그것은 "무한하기 때문에 바깥에 존재한다."같은 책: 49

---

118. [역주 주] '주체성'은 무한의 관념에 기초를 둔 것으로서 주체성을 파악하는 것이다. 주체성은 '있음'이나 '생각함'으로 정립되지 않는다. 또 신의 계시나 창조와 같은 종교 언어로 이루어지지 않는다. 레비나스에게 주체란 타자를 지향함으로 타자의 얼굴, 타자의 현현이 자아를 이루는 주체이다. 주체성은 자신의 단일성을 포기하는 것이 아니라, 자신의 분리를 확증한다. 주체는 자신이 고유한 대화 속에서 사라지기 위해 거기로 들어가지 않는다. 합리적인 것으로서 이행은 탈개체화가 아니다. 얼굴을 통해 주체에게 말하는, 윤리적 행위만을 용인하는 존재에 대한 인격적 응답이기 때문이다. 나아가 레비나스는 주체성을 윤리적 주체로서 타인을 받아들이는 것으로서, 즉 '환대'로서 제시한다. 이해관계의 대립은 울타리를 치고 담을 쌓음으로써 존재의 자리를 점령하고 독점한 결과 다툼이 생기고 전쟁이 생긴다. 안락함을 주는 나의 집은 다른 이들을 밀어내고 배척하는 장소일 수 있다. '환대'는 이런 폐쇄성을 열어젖히고 타자를 내 집에 맞아들이는 행위다. 낯선 이를 기꺼이 받아들여 자리를 내주는 일이 환대다. '환대' 개념은 오늘날에도 난민 문제와 같은 사회적 갈등을 깊이 있게 조망하는 데 큰 시사를 준다.

119. [옮긴이 주] '무한' 관념은 그릇 안에 그릇의 용적을 넘어서는 내용이 현전하는 사태다. 무한 관념은 자기로부터 도출할 수 있는 것 이상을 담을 수 있는 영혼을 함의한다. 무한의 관념에 의해 성취되는 유한 속의 무한, 적은 것 속의 많은 것은 욕망으로 생산된다. 무한은 욕망의 대상이 아니라, 욕망 가능한 것이다. '무한'은 욕망을 일으키는 것이다. 무한의 무한성을 재는 것은 욕망이다. 욕망은 욕망 가능한 것이 생기를 불어넣는 열망이다. 이 욕망은 자신의 대상으로부터 태어난다. 이와 달리 욕구는 영혼의 빈자리다. 욕구는 동일자의 최초 운동으로서 주체로부터 나온다. 물론 욕구는 타자에 대한 의존이기도 하다. 욕구가 전제하는 시간이 내게 주어지는 것은 욕망에 의해서다. 인간의 욕구는 이미 욕망 위에 세워진다. 나는 신체로서 실존하기 때문이다. 그리고 무한하게 존재한다는 것, 곧 무한화는 한계 없이 실존하는 것, 따라서 한 근원의 형태로서, 그리고 한 시작의 형태로서 실존하는 것을 의미한다. 다시 말해 한 존재자로 실존하는 것을 의미한다. 무한화는 참으로 실존하는 존재자에 의해 생산된다. '그저 있음'의 절대적 비결정성은 끊임없는 부정이며, 무한한 정도의 부정이고, 따라서 무한한 제한이다. '자기'라는 나름의 정체성을 지니는 근원 없이는 무한화가 가능하지 않다. 완전히 이해관계에서 벗어나는 욕망이 '선함'이다. 무한은 스스로 선의 질서를 연다. 무한은 초월적인 존재의 특성으로서 절대적 타자다.

120. [옮긴이 주] 'ideatum'은 흔히 '관념 대상', '생각되는 것', '개념이 노리는 것'으로 번역된다. '인식의 대상(ideatum)'은 언제나 일어난 것, 이미 일어나고 지나가 버린 것이다. 호명된 자는 말하도록 요구받으며, 그의 말은 자신의 말을 '구원하는' 데서 현재/현전하게 하는 데서 성립한다. 이 현재는 흘러가는 순간들을 현전에 의해 끊임없이 다시 잡는 데서 성립한다. 이 현전이 그 순간들을 구원하고 그 순간들에 응답하는 것이다. 이러한 '끊임없음'이 현재를 생산한다. 그것은 현재를 현재하게 하는 것, 곧 현재적인 것의 삶이다. 현재는 과거에 대항하는 투쟁 속에서, 즉 현실화 속에서 생산된다.

한 발 더 나아가 그는 "무한자와 초월적 존재에 대한 사유"는 "모종의 대상에 대한 사유가 아니다"라고 주장한다.같은 책: 49

레비나스는 『전체성과 무한』에서 "타자"가 일상적인 경험 대상이나 사람이 아니라는 점을 밝힌다. 그의 설명에 따르면, 특정 개인이 무한한 타자와 맺는 예외적 관계는 모든 차이들이 "동일자sameness"라는 단일성으로 동화되는 경향을 허문다. 예를 들어, 하이데거의 "존재Being" 개념에서도 이를 볼 수 있다.

> 무한자라는 관념에 대한 데카르트의 견해는 무한자를 사유하는 사람의 총체적인 외재성exteriority[122]을 유지하는 또 다른 존재와의 관계를 설정한다. … 그 바깥에 존재하는 또 다른 외부자의 절대적 외재성은 자신을 재현하는 관계로부터 자신을 '방면시킨다.'같은 책: 50

---

121. [옮긴이 주] 레비나스의 형이상학은 자아가 '무한'을 지향하는 것이다. 자아와 무한의 관계는 동일자와 무한의 관계, 주체와 타자의 관계이다. 그는 형이상학적 지향이 닿는 자리에 타자를 둔다. 무한을 향한 사고가 곧 형이상학이요, 무한한 타자와 함께 하는 관계가 형이상학적 관계이다. 그에 따르면 주체의 정체성은 단순히 '타자가 있음'의 차원을 넘어 '타자의 요청에 대한 응답'으로 가능하다. 타자는 자아에게 얼굴을 보이고 요청한다. 자아는 타자의 요청을 외면해서도 안 되며, 외면할 수도 없다.

122. [옮긴이 주] 존재는 '외재성'이다. 존재의 외재성은 존재가 분산 속에서나 자신의 실추 속에서 우연히 또는 잠정적으로 취하게 될 형식이 아니라, 존재의 실존함 그 자체이다. 실존함은 전체성 속의 지속성과 다른 차원에서 의미를 갖는다. 그것은 존재 너머로 나아갈 수 있다. 그 존재의 실행 자체는 외재성으로 성립한다. 그리고 초월적인 것은 '외재적'이다. 왜냐하면 그것은 무한하기 때문이다. 존재의 외재성은 자신의 진리와 주관적 장 속에서, 그리고 분리된 존재에 대하여 생산된다. 함축적인 것에서 명시적인 것으로 나아가려면 주의를 환기해 줄 '스승(master)'이 있어야 한다. 주의함은 타자의 지배를 인정하는 것이다. 하지만 주의하기 위해서는 스승의 외재성과 관계하지 않으면 안 된다. 외재성은 가르치는 스승의 '스승됨(maitrise)'과 일치한다. 주의 속에서 자아는 스스로를 초월한다. 명시화는 이런 초월을 전제한다. 가르침은 지배(mastery)라 불리는 장르의 일종이 아니다. 전체성 가운데서 행해지는 헤게모니가 아니다. 그것은 닫힌 원을 폭파시키는 무한의 현전이다. '물 자체'로서 나의 실존은 내 안에 무한 관념이 현전함과 더불어 시작된다. 이때 나는 나의 궁극적 실재 속에서 나를 찾는다. 그러나 이 관계는 타인에게 봉사하는 데서 성립한다. 다시 말해 타인을 섬기는 것이다. 표현의 바탕은 선함이다. 그 자체로 존재한다는 것은 선하게 존재함이다. 따라서 자유로운 내면성과 그 내면성을 제한해야 할 외재성 사이의 모순은 가르침에 대해 열린 인간 속에서 화해된다. '가르침'이란 스승이 제자에게 아직 알지 못하는 것을 가져다줄 수 있는 대화다. 가르침은 산파술과 같은 방식으로 작동하지 않고, 계속해서 무한 관념을 내 안에 가져다 놓는다.

레비나스는 무한한 타자와 우리의 관계는 호혜적 관계가 아니라 통약 불가능하며 비대칭적인 것이라고 주장한다. 무한한 타자가 우리를 변화시킬 수는 있어도 우리가 그것을 변화시킬 수는 없다. 상호작용적 구성주의자들에게 "타자"는 모든 상상에 대한 초월을 상징한다. 이는 우리의 통제나 이해를 초월하여 존재하면서 동시에 우리에게 밀려드는 실재와 같다. 물론 우리는 이에 적극적으로 응답해야 한다.

레비나스의 윤리학이 다른 윤리학과 구별되는 점은 호혜성의 부재에 있다. 레비나스의 "의무ought"는 "어떤 약속보다도 시대를 넘어 앞서 있는 책임obligation"을 의미한다. 이 "앞선다는 것은 선험적인 것보다도 더 '오래된' 것이다".Levinas, 1974/1981: 101 레비나스는 "나 자신은 일종의 인질로서 이미 타자들을 대신하고 있다"라는 사실을 발견한다.같은 책: 118 타자와 맺는 최초의 관계 속에 "나 자신self은 자아ego보다 오래되고, 어떤 원칙보다 우선하는 철저한 인질이다".같은 책: 117 이 관계의 윤리적 힘은 "타자에 의해 가해진 폭력"이 "자기의 잘못에 대한 나의 속죄"같은 책: 118를 요구한다는 점에서 자신이 타자를 대신해야 한다는 데 있다. 나아가 "주체성[123]의 문제를, 때리는 사람에게 뺨을 내놓음으로써 공격에 완전히 노출되는 형식으로 책임 문제 혹은 해결해야 할 문제"같은 책: 111로까지 확장한다. 우리는 타자를 향한 우리의 윤리적 "희생"을 통해, '타자성'을 '동일성'으로 환원하려는 서구 철학의

---

123. [옮긴이 주] '주체성'은 주인이 되는 것이다. 주체의 실존은 분리-자기로부터 출발하여 거기에 놓이게 하는 가능성-로부터 자신의 윤곽선을 받아들인다. 자신이 분리되어 나오는 존재에 대한 부정으로 귀착하지 않으면서 분리를 긍정적으로 성취한다. 그렇게 하여 자기의식은 그 존재를 맞아들일 수 있다. 자기로부터 출발한다는 사태와 분리, 그 자체가 존재 안에서 생산될 수 있는 것은 오직 내면성의 차원을 엶으로서 가능하다. 주체성은 진리의 작업 속에서 복권되지만, 자신에 해를 입히는 체계를 거부하는 에고이즘으로 복권되는 것은 아니다. 진리의 심판에 현전하는 주체성은 단순히 전체성과 객관적 전체화에 대항하는, 무능하고 은밀하며 예측 불가능하고 밖에서는 보이지 않는 그런 항의로 환원되지 않는다. 그렇다고 해서 주체성이 존재로 진입하는 일이 분리가 단절시켰던 전체성 속으로 통합되는 것으로서 행해지지도 않는다.

경향에 은폐된 폭력성을 상세히 설명할 수 있다.^{같은 책: 120}

신데카르트주의에 입각한 레비나스의 선험적 인식은 초월적이고 무한한 타자를 상정하기 때문에 상호작용과 의사소통 이론뿐만 아니라, 듀이의 경험적 자연주의에 대한 이론과도 상충된다. 이는 명백히 듀이의 민주적 공동체 이론을 위협한다. 저명한 번역가이자 레비나스 해설자로 잘 알려진 링기스Alphonso Lingis는 공통의 언어, 공통의 자아, 공통의 가치를 포함하여 공동체성을 강조하는 듀이의 "공동체" 개념이 레비나스에게는 전체성과 동일성으로 귀결되는 것이라고 비판한다.^{Lingis, 1994: ix 참고}

다원주의와 타자성은 듀이 민주주의 이론의 핵심적인 특징일 뿐만 아니라 전체 철학의 핵심이다. 공동체성 역시 듀이 철학의 핵심이지만, 동일성은 그렇지 않다. 특정 단체나 공동체, 사회의 특성을 평가하기 위해 듀이가 제시한 다원주의의 두 가지 기준을 생각해 보자. 첫 번째 기준은 "얼마나 다양하고 많은 관심사가 의식적으로 공유되고 있는가?"^{MW 9: 89}이다. 이 기준은 다양성 안에서 내부의 통일성을 중시한다. 두 번째 기준은 "다른 단체들과의 상호작용이 얼마나 자유롭고 충만한가?"^{같은 책: 89}를 묻는다. 두 번째 기준은, 적어도 듀이가 이해한 바와 같이, 외부의 다양성과 차이를 강조한다. 상호작용적 구성주의는 '근원적 다름'을 더 잘 배려하기 위해 우리에게 세 번째 기준이 필요하다고 주장한다.^{Reich, 2008과 위에 언급한 부르디외의 논의 참고}

듀이는 제임스William James의 다원주의로부터 상당한 영향을 받았다. 『다원적 우주』¹⁹⁰⁹에서 제임스는 "이름이 갖는 정의를 내포하는 데 완전히 실패해 버려 명명된 사실을 배제한 채 이름을 취급하는 건 내가 '사악한 지성주의'라고 칭한 것이다"^{James, 1909: 32}라고 주장했다. 실용주의자들에게 개념, 범주, 대상, 의미, 본질, 그리고 모든 존재는 유한한 인간의 목적을 위해 창조된 것이다. 또한 제임스는 이렇게 말한다. "실재reality는 모든 숨구멍에 목적이 넘쳐흐른다."같은 책: 334

경험의 "범람"에 대한 제임스의 생각과 레비나스가 말한 "전체성의 외부에 존재하는 잉여와의 관계" 사이에는 중요한 차이점이 있다.Levinas, 1961/1995: 23 레비나스에게 '잉여의 근원'은 곧 무한자다. 이는 선험적이고 초월적인 타자를 가리키는 특별한 관념이다. 그러나 제임스와 듀이에게 실재란 모든 관념이나 그 관념을 전체적으로 조직화하려는 체계로 넘쳐흐르는 것이다. 어떤 관념도 경험적인 존재의 영원한 흐름을 담을 수는 없기 때문이다. 모든 개념은 실재의 흐름에서 퍼 올린 양동이 속의 물과 닮았지만, 양동이 속의 물의 흐름 자체와 결코 혼동해서는 안 된다.

레비나스는 윤리적 사유의 전체화를 피하려 했다. 듀이는 타자를 동일성으로 환원하는 것에 대한 윤리적 관심사가 제임스를 자극했다고 보았다.

제임스가 말한 '살아 움직이는 목적'이란 … 기본적으로 도덕적이고 예술적인 것이다. 이는 그의 글에서 혹평하기 위해 쓴 "집합 우주block universe"[124]라는 용어로 표현되었다. 기계론과 관념론은 둘 다 신기함이나 모험을 위한 어떤 공간도 없는 폐쇄된 우주에 매여 있기 때문에 그에게는 상극일 뿐이다. 양자는 모두 개체성을 희생시킨다. 절대적 관념론에 따르면, 도덕적이고 미학적인 모든 가치는 개체성에 속한다. 기계론적 유물론에 따르면, 개체는 그가 속한 전체에 의해 결정되는 단순한 부분이다. 순수하게 비결정론적이고 실제적이고 본질적인 변화를 다루는 다원주의 철학만이 개체에 의미를 부여한다. 그것은 창조적인 활동 을 하는

데 투쟁을 정당화하고, 완전히 새로운 것들이 출현할 수 있는 기회를 제공한다.LW 14: 101

듀이와 제임스의 다원적 세계에서는 예술적인 창조가 중시된다. 윤리적 관계는 선험적으로 발견할 수 있는 것이 아니라 창조해야 하는 것이라고 믿기 때문이다.

실제로 다원적인 세계에는 우리가 여전히 상호작용해야 하는 다른 사물, 다른 사람, 다른 사회가 항상 존재한다. 실제로 듀이는 이렇게 생각했다. 상호작용해야 할 개인이 존재하지 않는다면, 우리에겐 자유나 성장을 위한 개인의 잠재성은 존재하지 않을 것이다. 또한 그는 모든 상호작용은 호혜적인 변화라고 믿었다. 상호작용 이후, 상호작용한 사람들은 결코 이전과 동일한 상태로 돌아갈 수 없다. 타자를 우리와 동일한 존재로 완전히 환원하는 것도 불가능하다.

듀이 또한 모든 상호작용이 평화로운 것만큼 잠재적으로 폭력성을 내포하고 있다는 사실을 인정해야 한다. 그 속에 담긴 잠재적 갈등도 인정해야 한다. 그리고 그 갈등은 타자성과 차이에서, 결국 싸움에서 이기는 쪽으로 동일성이 폭력적으로 환원한다는 사실도 인정해야 한다. 듀이는 실제로 폭력을 개선할 수만 있으면 된다고 생각한다. 하지만 레비나스는 이 문제의 해결을 위해 초월적인 근거를 제공하는 윤

---

124. [옮긴이 주] 특수 상대성 이론이 뒷받침하는 '블록 우주 이론'은 시간은 우리가 경험하는 것이 아니라고 주장한다. 우주는 언제 어디서나 모든 것을 담고 있는 집합(block)이다. 인과관계만 인정될 뿐 우연은 없고, 단지 우연처럼 보이는 사건들이 있을 뿐이다. 시간은 공간과 엮여있다. 우리는 공간을 인식할 수 있지만 시간은 보거나 들을 수 없다. 시간은 관념의 대상일 뿐이다. 공간과 그 안 물체의 변화를 관념적으로 연속시켜 시간이라는 개념을 만들어 낸다. 이런 맥락에서 과거, 현재, 미래는 모두 동시에 현실이다. 그들 사이에는 아무런 차이가 없다. 시간은 공간처럼 작용하며, 모든 순간은 시공간 연속체에서 자체적인 좌표를 가지고 있다. 끝과 시작이 동시에 일어난다. 공간에 시간적 개념이 더해진 4차원적 시공간이 연속되면 과거, 현재, 미래를 아우르는 '집합 우주'가 된다. 흐르는 강물을 조각낼 수 없듯이 흐름은 곧 '집합'이다. 같은 논리로 시공간을 연속시키면 우리가 경험적으로 쉽게 받아들일 수는 없을지라도 '시공간의 집합'을 상상해 볼 수 있다. 물론 이에 대해 많은 찬반 논란이 벌어지고 있다.

리적 입장을 확보하려 했던 시도의 철학적이고 실용적인 가치에 회의적이다.

이러한 차이에도 불구하고, 타자와의 대면encounter[125]으로서 관계에 대한 레비나스의 근본적인 이해는 상호작용적 구성주의 관점과 관련된 중요한 가치를 발견할 수 있다. 레비나스는 어떤 교묘한 방식으로든 절대 타자를 동일자로 환원하는 인간관계에는 항상 위험이 따른다는 사실을 상기시킨다. 4부 서문에서 의사소통의 상상적 단계에 대해 한 말을 생각해 보자. 그러면 정체성이 형성되는 과정에 우리가 의식하지 못하는 방식으로, 그러한 환원이 종종 발생한다는 사실을 인정하게 될 것이다.

이것은 교육에서 중요한 함의를 갖는다. 왜냐하면 교육사에서 우리는 종종 제도화된 시스템이나 개인의 실천이 당시에는 대개 당연한 것으로 받아들여지다가 때로 뒤늦게 차별과 불공평으로 판명되어 포용과 배제의 과정에 의존하게 되는 것을 목격했기 때문이다. 교육의 입장에서 보면, 우리 시대는 적어도 많은 공식적인 선언이 있고 프로그램도 있기에 다양성과 포용의 시대라 할 수 있다. 레비나스 덕분에 우리는 타자와 조우할 때 자기비판적 태도를 지녀야 한다는 사실을 상기하게 된다. '포용적 공동체'로 불리는 곳조차 그들의 진짜 타자성을 무시할 위험이 있기 때문이다. 레비나스는 이러한 자기비판이 타자

---

125. [옮긴이 주] 외재성이 참된 것은 또한 '대면' 속에서다. 대면은 더 이상 전적인 시각이 아니며, 시각보다 더 멀리 나아간다. 대면은 외재성으로부터 근본적으로 분리되어 그 자체로 자신을 유지하는 하나의 점으로부터 시작된다. 인간의 참된 본질은 그의 얼굴 속에 자신을 현시한다. '대면'은 궁극적이고 환원 불가능한 관계로 어떤 개념도 이 관계를 끌어안을 수 없다. 그래서 대면은 사회의 다원주의를 가능하게 한다. 존재의 본질인 외재성은 다수적인 것을 전체화하는 논리에 대한 사회적 다수성의 저항을 포함한다. 대면의 자아는 변호이며, 자신 자신을 위한 대화다. 하지만 그것은 타인 앞에서 정당화되는 대화다. 타인이 최초의 이해 가능자이다. 왜냐하면 타인은 내 자유로부터 의미 부여나 의미를 기다리지 않고 내 자유를 정당화할 수 있기 때문이다.

성을 무시하는 극단적인 형태의 홀로코스트에도 요구되는 윤리적 과업이라고 주장하곤 했다.

물론 홀로코스트는 폭력을 상징한다. 그리고 그 폭력은 레비나스 이론의 배경으로 작용하며 그를 끊임없이 괴롭힌 실제적 공포였다. 실용주의와 그것의 의사소통에 대한 긍정적인 설명은 때때로 이 위험을 과소평가할 수 있기에 이 공포를 상기하는 것이 중요하다. 이러한 통찰은 듀이적 실용주의자가 의사소통에 대한 레비나스의 설명에서 발견할 수도 있는 편협한 측면을 일부 보완할 수 있다. 다시 말해 상호작용적 구성주의의 관점은 두 측면, 즉 레비나스의 자기비판과 듀이적 실용주의자들의 의사소통이론이 갖는 가치를 모두 포함한다.

요약

레비나스는 정의, 규범, 법규를 전체화하려는 엄격한 윤리학 저 너머에 있는 타자에 대한 배려가 절실히 필요하다고 강조한다. 그는 모든 타자성을 동일성으로 환원하려는 서구 철학의 사유를 종종 폭력으로 규정한다. 초월적이고 무한한 타자에 대한 그의 선험적 인식은 홀로코스트의 비애와 끔찍한 개인 상실의 경험에서 왔다. 이러한 타자와 우리의 관계는 전적으로 비대칭적이며 비호혜적이다. 그리고 그 관계에서 전체화하려는 서구 철학의 폭력을 벗어나기 위해 우리 가운데 일부는 윤리적 희생이 따른다.

듀이는 경험적·자연적·상호작용적 다원주의를 추구한다. 그리고 그 다원주의에서 민주적·윤리적 관계를 포함한 모든 관계는 호혜적으로 변형된다. 그 때문에 우리가 아무리 개선하고자 노력한다 해도 그 호혜적인 관계에서 폭력을 완벽하게 제거하지 못할 수도 있다.

논의를 위한 질문

- 초월적이고 윤리적인 명령을 선험적으로 직관할 수 있는가? 또
  는 모든 윤리학은 자연주의적·경험적으로 구성되는가? 이 두
  가지는 전혀 다른 것인가?
- 식민주의, 성차별주의, 인종차별주의, 종교 박해 등에서 타자성
  과 차이를 동일성으로 환원하려는 폭력적 경향을 과연 제거할
  수 있는가? 만일 그렇다면 레비나스를 따라야 하는가, 듀이를
  따라야 하는가? 혹은 다른 누구를 따라야 하는가?
- 듀이의 생각처럼, 윤리적 관계를 포함한 모든 관계는 호혜적인
  가? 아니면 신이나 무한한 타자와의 관계처럼, 특별히 중요한
  관계들은 전적으로 비대칭적인가?

리처드 로티

듀이는 가장 중요한 철학 저서 가운데 하나인 『경험과 자연』에서
자신의 연구 방법론을 특징짓기 위해 "경험적 자연주의 또는 자연적
경험주의"LW 1: 10라는 표현을 사용한다.[126] 듀이는 경험주의가 결코 사
적인 과정이 아니라 사회적 과정이라고 주장한다. 그는 과학이나 소위
탐구라고 불리는 것이 사회적 과정의 구성이라고 믿는다.

하지만 우리가 사는 이 시대의 관점에서 보면, 듀이의 구성주의는
모든 측면에서 철저한 것 같지 않다. 그의 주장은 양면성이 있기 때문
에 그가 말한 '자연주의naturalism'에 어떤 모호함이 남아 있다. 한편으

---

126. 이 부분은 Reich(2011)를 폭넓게 참조.

로 자연은 상상할 수 있는 가장 큰 맥락과 구성의 전제 조건으로 이해된다. 자연은 우리가 살고, 행위하고, 참여하고, 관찰하는 세계다. 이 측면에서 자연주의는 초자연적, 신비적 또는 그저 직관적[127] 관념을 대표하지만, 어떤 종류의 단순한 사변적 사고를 극복하도록 돕는 사실주의realism 주장을 나타낸다.

그러나 다른 한편, 듀이는 또한 "철학은 물리적, 정신적 구분과는 무관하게 모든 종류의 존재에 나타나는 '존재의 일반적 특성'의 차원에서 자연에 대한 형이상학적 관찰을 할 수 있다"라고 주장한다.같은 책: 308 이런 특성은 맥락과 문화적 다양성과 무관하게 모든 각각의 경험에 유효하다고 주장한다. 예를 들면, 듀이는 자질과 관계, 안정성과 불안정성, 다발성과 연계성 같은 특성들을 생각한다. 그리고 이런 "일반적 특성들"의 긴장은 문화의 특정 관찰자, 참가자 및 행위 주체에 의해 구성되는 것이 아니라, 듀이의 명확한 표현 중 일부가 암시하는 것처럼 자연에 의해 간단히 주어지는 것처럼 보인다.

그러나 이것은 '자연이 열린 마음을 가진 모든 이들의 동의를 구한다'는 것이 마치 명백하고 분명한 근거가 있는 주장인 것처럼 말해지기 때문에 문제가 있다. 일반적 특성에 대한 탐색은 특정의 문화적 맥락에 영향을 받지 않는다는 의미에서 순수하고 순진무구한 관찰자 위치를 가정하는 것 같다. 이러한 가정은 서구 철학에서 자연주의 전통의 유산으로 볼 수 있다.

하지만 지금까지 발달한 20세기 철학 흐름에서 보여 주었듯이, 자연을 이렇게 묘사하는 것은 기만적이다. 왜냐하면 자연이 위험에 처해

---

127. 로티는 '직관(instuition)'이라는 부르는 것을 '상투적인 말투(platitude)'로 부른다. 아이러니스트는 아주 새로운 낱말을 도입하는 경우는 말할 것도 없고, 낡은 낱말을 써서 새로운 의미를 부여하는 일을 마무리하는 시점에 이르러서는 사람들이 더 이상 낡은 낱말로 구성된 물음을 묻지 않기를 희망한다.

있는 (문화의 영향을 받은) 경험, 관심, 실천의 다양성을 무시하거나 은 폐하기 때문이다. 우리가 상황에 영향을 미치는 사회적 이해관계의 다 양성과 복잡성에 대한 과학적 탐구의 구체적 상황을 받아들인다면, 탐구의 대상으로서의 자연은 모두에게 정말 간단명료한 것이 결코 아 니라고 말해야 한다. 오히려 우리는 이미 스스로 대상으로 각인된 사 회적 권력과 이해관계를 고려해야 한다. 최근 문화이론이 주장하는 것 처럼, 그러한 각인은 종종 알지 못하는 은폐된 방식으로 행해진다. 이 는 자연물natural objects이야말로 그 의미가 종종 매우 모호하기도 하 고, 심지어 문화적 관점과 불일치한다는 사실을 함축한다. 예를 들어 원자력의 사용, 기후의 재앙, 성의 본질 또는 인간 삶의 다른 관련 논 쟁들을 생각해 보라.

이러한 배경과 대조적으로, 듀이 자연주의의 어떤 부분에도 내재된 순수하고 순진무구한 관찰자를 전제하는 것은 당대보다 오늘날 더욱 의심스러워 보인다. 오히려 우리는 항상 자연에 대해 말하기 전에 문 화적 맥락을 명시하는 명백한 관찰자 이론이 필요하다. 이것은 우리 에게 관찰자의 위치 관계와 자연과 교섭하는 방식을 항상 반영하도록 촉구하는 보다 비판적인 관점을 제공한다. 이런 점에서 순수한 자연과 학이나 순수한 과학실험이란 존재하지 않는다. 듀이가 이미 의도한 이 원론의 포기를 철저히 관철시켜 보면, 자연에 대한 이 같은 접근은 문 화적 관찰, 참여 및 행동과 뒤섞여 있다고 할 수 있다.

이러한 결론은 또한 오늘날 형이상학 차원에서 자연의 일반적 특성 에 대해 말하는 것에 의문을 갖도록 한다. 이 문제와 관련하여 다른 최근의 철학자들 가운데, 리처드 로티Richard Rorty[1982: 73ff.][128]는 듀이의 접근 방식이 재구성되어야 한다고 강력하게 주장했다. 만약 우리가 모 든 형이상학적 주장을 포기한다면, 문화와 자연 사이의 교호 관계에 대해 지금까지 논의된 최종 결론은 실제로 더 설득력이 있을 것이다. 이것은 적어도 상호작용적 구성주의가 듀이의 실용주의와의 대화를 통해 도출한 결론이다.^{Neubert & Reich, 2006 참조}

이미 위에서 살펴보았듯 자연주의에 대한 듀이의 성찰에도 불구하고, 문화는 인간의 삶과 행위에서 중요하며, 그리고 누구도 인간 행동을 좁은 의미의 자연에 기초하여 설명할 수 없다. 이와는 달리 듀이는 당대에 큰 영향력을 받았던 좁은 의미의 자연주의나 생물학적 사고방식을 거부했다.

> 인간 본성의 타고난 구성 요소가 무엇이든, 어떤 경우라도 문화라는 관념은 한 시대와 집단의 문화를 배열하는 데 결정적 영향을 끼친다. 문화는 모든 집단, 가족, 씨족, 민족, 교파, 당파, 계층의 활동을 특징짓는 행동 유형을 결정한다. 적어도 인간 본성이 스스로 만족하기 위해 사회현상을 특정한 설정이나 시스템으로 생산해 내는 것처럼, 문화의 상태가 타고난 성향의 순서와 배열을 결정하는 것은 사실이다. 문제는 인간 본성의 구성 요소들이 기존 환경과의 상호작용에 의해 설정된 조건하에서 서로 상호작용하는 방식을 알아내는 것이다. 예를 들어 미국 문화가 대체로 금전적 문화라면, 그것은 인간 본성의 원천적 또는 타고난 구조 자체가 금전적 이익을 취하는 경향을 지녔기 때문이 아니다. 오히려 어떤 복합적 문화는 특정 유형의 욕망 및 목적을 만들

---

128. [옮긴이 주] 로티는 『우연성, 아이러니, 연대』(1989)에서 모든 것이 역사적 과정을 거쳐 우연의 중첩을 통해 형성된 것이라고 주장한다. 종교의 절대자나 형이상학의 제1원인 같은 토대가 없는 상태에서 불완전한 인간들이 불완전한 도구들을 가지고 만들어 가는 것이 인간 사회다. 우리의 자아, 우리의 언어가 그렇게 형성됐고, 우리의 공동체가 그렇게 형성됐다. 로티는 이런 조건에서 우리 인류가 지난 수백 년 동안 투쟁을 통해 구축한 상대적으로 가장 좋은 사회가 자유주의 사회라고 말한다.

어 내기 위해 인간의 타고난 성향을 자극하고, 촉진하고, 공고히 하는 것이다. 지금까지 존재했던 모든 공동체, 민족, 계급, 부족, 국가를 살펴본다면, 우리는 타고난 기질로서의 인간 본성이 비교적 불변하기 때문에 서로 다른 형태의 결합이 제시하는 수많은 다양성을 설명하려면 고립되어 호소될 수 없다는 점을 확신하게 된다.LW 13: 75-76

여기서 우리는 교호작용의 역할에 대해 되돌아볼 필요가 있다. 의사소통 이론 같은 분야에서 사례를 볼 수 있듯, 교호작용이라는 용어는 오늘날 항상 명시적으로 사용되는 건 아니다. 듀이의 상호작용interaction과 교호작용transaction의 차이를 함의하는 의사소통 아이디어는 "시스템적systemic"이라는 꼬리표로 널리 알려진 이 시대의 많은 접근 방식에 영향을 미쳐 왔다. 이와 관련하여 현대에 영향을 미친 한 가지 접근 방식은 교호작용 관점을 암시적으로 사용하는 하버마스Jürgen Habermas에 의해 시작되고 국제적으로 대표되는 의사소통 행위 철학이다.

1. 우선 교호작용은 관찰, 참여, 행동의 체계적systemic 조건을 특징짓고 구분하며, 그러한 조건들은 항상 필요한 맥락일 뿐 아니라, 단일한 원인이나 폐쇄된 목적이 없는 창발적 과정의 영향이라는 이해를 바탕으로 한다. 하버마스에게 이것은 그중에서도 이해관심과 지식 사이의 교호작용에 대한 비판적 관점과 관련된 과학적 실천에 대한 이해에 적용된다. 하버마스의 접근은 특히 지배로부터 벗어난 담론의 이상을 구성하는 것으로 유명하다. 이 이상은 과학적 실천에 필요한 맥락으로 간주되는

민주적 과정에서 충분한 상호주관적 통제를 통해 과학적 교호작용을 가능하게 하는 조건을 명확히 하는 것이다. 이런 이상을 정당화하기 위한 보편주의적 주장에 대해 듀이는 하버마스보다 더 신중했다. 그리고 듀이는 하버마스의 이상적 담론ideal discourse과 같은 반사실적 이상을 상정하려는 경향을 피하기는 했지만, 하버마스의 이상적 담론은 듀이의 민주주의 및 탐구 철학과 밀접한 관계가 있다. 이러한 절차에 대한 듀이의 반론은 경험을 언급하면서 경험 대신에 반사실적인 이상을 상정하려는 모든 시도에 의문을 제기한 점이다. 우리는 듀이를 따라 항상 우리의 이상을 뿌리내리고 정당화할 수 있는 근거를 찾기 위해 실제 경험했던 것으로서의 담론을 거론하고자 한다.

2. 그런데 하버마스는 듀이와는 대조적으로 미드George Herbert Mead가 설명했던 의미를 기반으로 개인 사이의 의사소통과 관련된 특정 형태의 교호작용을 좀 더 생산적이고 비판적인 방식으로 사용한다. 1부에서 보았듯이, 미드는 듀이의 친구이자 동료였으며, 그들은 철학적 접근에서 강력한 영향을 주고받았다. 하지만 위에서 살펴본 것처럼, 미드의 사상에는 '주체적 나I'와 '객체적 나Me', 그리고 '자기self'와 '일반화된 타자generalized other' 사이의 긴장 관계에 초점을 맞춘 차원이 존재한다. 듀이는 미드로부터 개인 내부와 개인들 사이의 과정을 이론화하는 이 실마리를 충분히 포착하지 못한 것이다. 하버마스는 비판이론critical theory을 위해 미드가 못 푼 이론화의 실마리와 그것의 잠재적 함의를 적용하고 더욱 발전시키는 것으로 잘 알려져 있다. 물론 그의 입장에 대해 논의의 여지가 없는 것은 아니다. 하버마스에 대한 가장 저명한 비판자 중 한 사람인 로티는

지배로부터 자유로운 담론의 상정이 의사소통에서 실용주의자들이 할 수 있는 유일한 해석이 아님을 보여 준다. 이 문제에 대해 두 가지 주요한 해석 방향이 발전했다.

- 하버마스의 입장은 '주체적 나'와 '객체적 나'의 긴장 관계가 모든 종류의 의사소통적 만남을 구성하지만, 지배로부터 벗어나는 이상적 자유를 위한 이런 만남은 특정 조건에 의해 결정되고 제한되어야 한다는 것을 함의한다. 여기서 가장 중요한 것은 개인의 이해관심과 권력의 주장을 제한하는 것이다. 담론 참여자들은 이상 실현을 위해 자유롭고 합리적인 통찰을 바탕으로 자신의 이익과 주장을 상호 담론적 약속에 맡겨야 한다. 하버마스는 의사소통 행위 이론에서 이상적인 전형적 담론 조건에 대해 정교하고 독창적인 관점을 제공한다.하버마스 1984, 1987a 참조[129]

- 하지만 하버마스의 주장에 대해 로티 같은 비판자들은 경험에서의 실제 실현이 실용적으로 불가능한 위치를 상정하는 한, 담론적 규범의 이상화 과정 자체가 문제가 될 수밖에 없다고 주장한다. 따라서 더 겸손한 실용주의는 이상과 경험의 불가피한 양면성을 고려하는 데 신중해야 한다. 이것은 담론 문제와 관련하여 듀이가 논의한 경험의 불안정과 안정성 차원의 근본적 관계를 명확히 밝히는 일이다. 이 일은 권력과 지배 문제와 관련하여 우리 사회의 희망과 비판적 역량을 포

---

129. [옮긴이 주] 하버마스는 사회권이 국가권력으로부터 회수된 복지국가의 등장으로 인해 시민적 공공성이 쇠퇴했다고 진단한다. 하버마스의 시민적 공공성은 국가와 개인 사이에 있는 사회권을 기반으로 하고 있었고, 공론과 대화 및 실천을 추진하는 자유주의 사상에 입각하여 성립하고 있었다.

기하지 않는 것이다.

첫 번째의 하버마스 입장이 발전시켜 온 이상—비록 구성적이지 않더라도—은 민주주의에 대한 실용주의자나 구성주의자들의 담론과 탐구 윤리에 도움이 될 수 있다. 그리고 두 번째의 로티 입장은 듀이 이후 실용주의자들의 사상과 분명히 더 일치한다. 교호작용과 상호작용에 대한 양자의 시각은 이 연관성에 매우 밀접히 관련된다.

듀이의 실용주의는 이론과 실천의 이원론, 예를 들어 합리적 이상주의와 각성된 실천 사이의 이원론을 거부한다. 지식 비판에 대한 그의 실용적 전환은 우리가 살고 있다는 것은 경험이고, 그 경험 속에서의 행동임을 고려하며, 그리하여 경험으로서 이론으로 되돌아감을 고려한다.[130]

외부로부터 공동체에 부과되는 민주적인 절차를 위한 최종 가치 같은 것은 그에게 존재하지 않는다. 민주주의는 내부로부터 자신의 기준과 실행 가능성을 개발하는 살아 있는 공동체community를 의미한다. 따라서 민주주의에 대한 어떤 정당화도 경험을 넘어 존재할 수 없다. 경험으로서의 민주주의는 항상 실험적 사건이다.[131] 하지만 이게 결코 자의적인 것을 뜻하는 건 아니다. 민주적 공동체들은 모든 사람이 받아들일 수 있는 삶의 방식이 가능한 조건을 공평하게 다루어야 한다. 이는 맥락이나 상황의 실행 가능성에 따라 가치, 규범, 기준을 변화시키기 위한 준비일 뿐 아니라, 민주주의의 가능성을 실험하면서 공동체에 필요한 가치·규범·기준을 찾는다는 것을 뜻한다. 공동체는 명백히 공동선common good에 의존한다. 더 넓은 시각에서 보면 공동선에 대

---

130. 듀이 이론에서 경험과 문화적 도구주의의 결합에 대한 논의는 Eldridge(1998)를 참조.
131. 그 예로, Stuhr(1997) 참조.

한 논쟁은 매우 다양한 형태를 취해 왔다. 이를 다음 세 가지 논쟁 지점으로 요약해 본다.

1. 민주주의를 실현시키는 핵심 동력이라 할 수 있는 민주적 실험주의democratic experimentalism와 자유교양교육liberal education의 관점에서 보면, 민주주의의 충분한 자유주의적 기반을 확보하려면 사회 모든 구성원의 참여가 불가피한 것 같다.[132] 이는 민주주의 개념의 다양한 변용 가운데 심층 민주주의deep democracy를 위한 요청이다. 크리텐던Jack Crittenden[2002]은 이를 제퍼슨Thomas Jefferson이 따른 깊은 참여적 접근 방식으로 이해한다. 이러한 접근 방식에서는 민주주의 이론과 실천에 대해 지속적으로 비판적 인식을 요구한다.[133] 민주적 실험주의는 적극적이고 비판적인 참여에 적합한 토대를 만들기 위해 모든 사람의 자유교양교육을 요구한다. 그러나 비판적 연구들이 보여 준 것처럼, 교육 분야에서 자유주의적 평등 및 형평성에 대한 요구들은 가장 크게 실패해 왔다.[134]

2. 기술 관료나 지식 엘리트를 기반으로 한 민주주의 이론은 실천이 이상에 부응할 수 없기에 촉구되었다. 이는 크리텐던이 볼 때 매디슨James Madison[135]이 선전하는 대표적 분파다. 이러

---

132. 민주주의를 위한 투쟁에서 실용주의는 하나의 핵심 동력이다. 이 같은 노선에서 듀이는 복합적 문화 이론을 개발했다. 이에 대한 폭넓은 접근은 Hickman(1998)을 참조했다. Dickstein(1998)의 예에서 보듯 실용주의의 부활은 오늘날에도 논의되고 있다.

133. 듀이에게 이 문제는 시대에 대한 진단의 맥락에 위치하고 있다. 더 일반적이고 좌파 이론의 영역에 속한 논쟁을 이끈 학자는 MacPherson(1966, 1975, 1977), Barber(1984)와 Green(1999)이 있다. 이 접근 방식과는 대조적으로 Talisse(2005) 같은 학자는 절차의 측면을 과대평가하고 경험을 등한시하는 경향이 있는 숙의자유주의(deliberative liberalism)에 대한 최소주의적 설명을 하고 있다.

134. 민주주의 국가에서 학교 제도가 갖는 형평성 결핍에 대한 문제는 특히 Bourdieu & Passeron(1977), Hutmacher, Cochrane, & Bottani(2001)를 참조.

한 접근을 지지하는 사람들은 종종 대중이 지나치게 비합리적이고, 대중조작의 위험을 과대평가하는 경향이 있다고 주장한다.[136] 그들은 민주주의의 대의적인 구조를 주장함으로써 대중의 직접적인 영향력을 제한하고자 한다.[137] 그들의 생각에는 참여민주주의의 이상이 공적 사안에 대한 합리적 판단을 위해 이기심을 피할 수 있다는 비사실주의적unrealistic 이상에 기반을 두고 있다. 이 논리에 따르면 대중에게 정치적 영향력을 직접적으로 행사하도록 허용해서는 안 된다.[138] 이런 가정들은 민주주의 교육에 대한 실패를 반영하고, 그리하여 부정적 결론으로 귀결된다는 것은 아주 분명하다. 그러나 실제적 결과는 대중이 종종 대의정부가 이끄는 정치가 자신들의 의견을 제대로 반영하지 못한다고 느낀다는 것이다. 오늘날 서구 사회에서 정치적 무관심의 증대는 참여민주주의보다 대의민주주의가 크게 표준이 되어 온 증거를 충분히 보여 주는 것이라고 할 수 있다.

3. 전반적으로 서로 다른 민주주의 이론의 계승과 공존은 혼란과 함께 지속적인 세부적인 차이로 이어질 뿐 아니라, 민주주의의 본질적 기준과 관련하여 불확실성을 야기하는 것으로 발전했다. 실제로도 민주주의는 다양하고 상반된 많은 움직임을 겪어 왔다. 이처럼 민주주의의 개념이 한편으로는 직접적인 참여

---

135. [옮긴이 주] 미합중국을 공화제를 기초로 한 정치체제로 만든 미합중국헌법의 기초자인 제임스 매디슨은 「연방주의자 교서(Federalist Papers)」에서 정당의 본질을 공공선을 사사로운 이해관계에 종속시키는 파당으로 간주하고 그 발호를 공화제의 위협요소로 지목하였다.

136. 그 예로, 웨스트브룩은 이렇게 말한다. "듀이와 달리, '이 세계는 대중들보다 지도자나 권력자들로 인해 더 많은 고통을 받아 왔다'고 믿는 현실주의자들(realists)은 계속해서 무지하고 비합리적인 대중으로 인해 야기된다고 믿는 위협을 가장 두려워한다"(Westbrook 1991: 546).

137. 롤스가 평등주의 철학에서 주장했던 것처럼, 실제 경험은 충분히 고려하지 않은 채 우리가 평등하고 정의롭게 살 수 있는 유토피아적 규범, 가치, 규칙과 같은 더 민주적인 방법을 주장한다.

138. 이에 대한 고전 이론은 Schumpeter(1942)가 제공한다. 또는 Hollinger(1996, xiii)를 참조.

민주주의에서부터, 다른 한편으로는 많은 사람들의 이익을 경시하는 엘리트 중심의 대의민주주의에 이르기까지 다양한 스펙트럼과 함께 점차 진보하며 확장되어 왔음을 보여 준다.

이 같은 세 가지 노선의 담론은 오늘날에도 중요한 역할을 한다. 각 노선의 옹호자들은 최종적 이유나 마지막 승자가 여전히 가려지지 않은 채 서로 논쟁하면서 자신들의 주장을 옹호하고 있다. 사실 로티는 이 논쟁에 주목할 만한 영향력 있는 철학자였다. 로티는 실용주의를 재구성하면서[139] 오늘날 서구 문화에서 볼 수 있는 다양한 실재들을 해석하는 관점에서 볼 때, 바람직한 실재에 대한 설명은 장기적으로 다른 것보다 더 타당하거나 효과적인지에 대한 해결책이 거의 없다는 결론을 내린다.

공동선에 대한 다양한 견해들 가운데 선택을 위한 최종적 이유는 존재하지 않는다. 어떤 거대서사도, 인간 본성에 대한 어떤 이론도, 형이상학도, 심지어 신학까지도 정의로운 공동체에 딱 들어맞는 명확한 토대를 확립할 수 없다. 그렇게 확립된 모든 체제는 해석을 열어야 한다. 이것들은 관찰자들이 만들어 낸 실재에 대한 해석이자 구성물이다. 그리고 관찰하기와 구성하기의 실행이 반드시 모든 타당성의 주장에 대한 일반적이고 보편적인, 그리고 올바른 준거를 의미하지는 않는다. 근거는 우리가 사는 방식에 대한 문화적이고, 그리고 항상 자민족 중심적인 해석의 맥락에서 이루어지는 실행 자체에서 발견된다.[140]

우리에게 필요한 것은 이러한 해석 공동체를 통해 다수결로 결정

---

139. 로티(1979, 1989, 1991, 1998) 참조. 프래그머티즘 분야에서 로티에 대한 논쟁을 소개한 책은 Bernstein(1992, 1998), Kuipers(1997), Langsdorf & Smith(1995), Shusterman(1997), Margolis(2002) 그리고 Pettegrew(2000)를 참조.
140. 로티(2000)를 참조.

을 내리는 것이다. 해석의 실행 가능성, 따라서 단순한 주관적 견해를 넘어서는 모든 구성의 수용이나 거부, 즉 공동체에서 내린 의사결정은 근원적 이치보다 더 중요하다. 민주주의보다 우선하는 어떤 합리성도 결코 존재할 수 없다. 물론 로티에게 살아 있는 민주주의는 자유로운 공동체를 위한 실제적인 조건이기 때문에 민주주의 체제의 중요성을 부정하지는 않았다. 따라서 우리가 그것을 정말 좋아할 수 있는 방법을 보여 줄 수 있다면, 그의 접근 방식은 심층 민주주의의 가능성을 배제하지 않는다. 이렇게 민주적 공동체를 보다 맥락적으로 이해하는 것은 세계에 대한 형이상학적 개념과 궁극적 설명에서 벗어난 결과 중 하나다.

오늘날 이러한 전환을 따르는 다른 많은 이론들이 있다. 우리는 로티가 보는 방식의 실용주의뿐만 아니라, 문화과학 및 인문학의 다른 많은 접근 방식에서도 일종의 상대주의를 발견할 수 있다. 이런 상대주의는 지난 수십 년간 사회의 변화 및 발전을 보여 주었다.[141] 하지만 반대로 우리는 계몽주의의 한 유산으로서 사회적 진보주의의 핵심 가치가 위험에 빠지지 않도록 경고하는 또 다른 이론들도 발견할 수 있다. 그들에게 듀이는 중요한 참고 대상이 된다.

듀이는 당대의 사회적 조건과 운동에 분명하고 비판적인 관점을 발전시켜 왔다. 근대성 논의에서 자연권 이론은 계약 모델(홉스, 로크, 루소 등)로 전환되었다. 이것들은 오늘날까지도 여전히 중요하다. 그들은 사회정의와 민주질서를 확보하기 위한 탐구와 요구 사항을 명확히 한다. 따라서 우리는 규범, 가치, 법을 명확하게 필요가 있다. 잘 알다시피, 계몽주의 사상에서 가장 중요한 것은 인간의 권리를 강화하는 것

---

141. 예를 들면, Bauman(1993, 1997, 2000, 2004)을 참조.

이다. 우리가 듀이와 함께, 또 그를 넘어 이런 노선의 담론을 따르기 위해, 이런 주장들이 절합되는 정교한 지점에서 롤스John Rawls[1971], 드워킨Ronald Dworkin[1978], 애커만Bruce Ackerman[1980], 또는 하버마스Jürgen Habermas[1984, 1987a, 1987b]와 마주한다. 이러한 접근들은 이들 간의 많은 차이에도 불구하고, 사회정의가 다수결 결정보다 더 견고한 토대를 필요로 한다는 점을 강조한다. 다수라도 서로 다를 수 있다. 그러나 민주주의가 구축되는 근거는 더 안정적이어야 한다. 필요한 규범, 가치 그리고 법률은 적어도 담론에 의해 확립되고 보장되어야 한다. 따라서 이러한 이론들은 계몽주의 운동으로부터 비판적으로 발전해 오면서 새로운 이론적 형태로 절합된 합리적 이상을 주장한다. 이들은 기존의 실천과 일상, 그리고 제도가 민주주의의 이상을 제시하지 않는다는 점을 인정한다. 따라서 그것은 반사실적으로만 접합될 수 있다. 우리 모두가 민주주의를 포기하고 싶지 않다면, 이러한 절합과 이론적 토대는 여전히 필수 불가결한 것이다.

생각해 보면, 이러한 입장들이 지닌 문제는 이상화된 합리적 담론으로 도피함으로써 삶의 조건과의 접촉을 너무 쉽게 상실할 경향이 있다는 것이다. 그들은 민주주의의 사회문화적 양면성에 대한 충분한 고려를 피한다. 예를 들면, 그들은 실제로 우리가 오히려 특정의 이익, 편파성, 모순 및 양면성을 찾는 지점에서 합리적이고 일관된 논리적 설명을 구성한다. 한편으로 이는 그들로 하여금 삶의 실제적 조건을 보지 못하게 한다. 다른 한편으로 그들은 민주주의를 위협하는 특정 이익, 편파성, 모순을 극복하기 위해 반드시 필수적인 요구와 민주적 희망을 옹호한다.

이러한 입장들은 종종 듀이가 참고하고 있지만, 듀이 실용주의 가운데 일부분과 결합되어 있을 뿐이다. 우리는 듀이가 그들과 로티의 중간 지점에 위치해 있음을 보게 된다. 다음에서 우리는 이러한 판단을 명확하게 하고자 한다.

1. 듀이의 출발점은 '경험'이다. 언어는 경험을 생성하는 필수적인 매개물이다. 그러나 듀이에게 언어는 항상 행위로 구현된다. 경험을 언어 게임으로는 없앨 수 없다. 이 점이 바로 듀이의 견해 가운데 로티가 따르고 싶지 않은 지점이다. 여기서 로티는 실용주의에 새로운 방향 전환을 제시한다. 우리 생각에 로티는 실용주의의 자연주의와 자연과학 및 테크놀로지에 선호하는 방식으로 숨겨진 결과를 적절하게 비판한다. 도구주의의 지배는 (예를 들어 문학, 예술, 사회과학에서 표현된) 문화의 다양한 측면을 제대로 다루지 않는다. 듀이의 경험에 대한 폭넓은 이해가 이러한 다양한 측면을 포함한다 하더라도, 로티의 반론은 그 다양한 측면이 오늘날에는 자연을 언급하는 방식으로는 적절히 규명될 수 없다는 점을 강조한다. 자연과학조차도 언어 게임의 맥락에서는 성공하거나 실패할 수밖에 없다. 많은 테크놀로지 사례에서 볼 수 있듯이, 언어 게임은 반복되는 실험에 의해 보증된다는 사실을 인정해야 한다. 일반적으로 우리는 그 실험의 실행력을 의심하지 않는다.

그러나 이런 신뢰는 제한된 분야의 실천과 경험에만 관련될 수 있다. 그들은 이 제한된 분야를 넘어 '위험사회'로 불리는, 종종 삶의 불안정한 측면을 지닌 경험으로 회귀하는 예상치 못한 결과를 낳기도 한다. 도구주의는 그러한 결과에 대한 비판적 관점을 차단하는 경향이 있다. 핵심은 그러한 도구주의 자체가 잘못된 관점이라는 것이 아니라, 그것이 종종 지나치게 일면적으로 자연과학과 테크놀로지 분야에만 관련된다는 점이다. 로티가 말하는 비판적 담론으로서의 철학은 더 포괄적이다. 철학적 성찰은 가장 교훈적이고 다양한 방법으로 언어의 복잡성을 다뤄야 한다. 도구주의나 타당성은 주된 중요성이 아니다. 중요한 것은 우리에게 다양한 문화의 새로운 절합을 성찰하고 발견할 수 있게 해 주는 어휘와 담론이다. 하지만 이러한 움직임에서 로티는 문화에서 이루어지는 모든 언어 게임의 맥락으로서 경험과 행동의 관련성에 충분한 주의를 기울여야 함을 놓쳤다. 따라서 어휘와 언어 게임의 상대주의는 자의적인 것으로 쉽게 판명될 수도 있다. 여기서 우리는 로티를 따른 모든 학자들이 지금까지 재구성해 왔던 이론보다 듀이의 실용주의 전통에 더 풍부한 원천이 있음을 생각하게 된다.

2. 로티는 철학적 담론의 효과에 근본적으로 이의를 제기한다. 철학자들은 언어적 전환linguistic turn을 따라 현대 사상과 담론의 언어적 조건을 분석하는 많은 작업을 해 왔다. 그럼에도 우리는 대체로 철학이 근대성modernity의 구체적 표현인 사회·정치·경제 문제를 해결하는 데 그다지 효과적이지 못했다는 점을 인정하지 않을 수 없다. 따라서 로티는 우리가 갖는 기대에 더 겸손할 것을 제안한다. "로티의 실용주의는 존재론적 본질과 자연적 권리에 호소함으로써 권한을 강화하는 것을 거부한 듀이의 생각을 공유하지만, 이것은 또한 철학이 사회적 권한의 강화를 위한 효과적 수단을 제공함으로써 보완될 수 있다는 생각을 포기하도록 한다."Shusterman 1997: 81 로티는 듀이보다 공동체의 통약 불가능성과 근본적 다원성 문제를 더 단호하게 거론한다.

3. 듀이는 로티보다 더 적극적인 자유주의를 지지한다. 그는 실제로 지역사회에 살아 있는 참여적 공동체 기반의 민주주의를 선호했다. 생활양식으로서의 민주주의democracy as a way of life를 보장하려는 듀이의 주장은 민주적 상호작용의 모델로서 지역 공동체의 경험에 의존한다. 로티는 우리의 생활양식으로부터 보장된 주장 가능성을 이끌어 내기보다 그 가능성을 의심하는 '소극적 자유주의negative liberalism'를 선호한다. 그에게 민주주의의 가치들은 항상 언어 게임에서의 어휘나 우연성과는 다른 서사narrations의 일부이다.[142] 서사를 회의주의적 관점에서 보면, 민주적 삶의 좋은 모든 기준이 허약한 지위를 갖는 것처럼 보일 수 있다. 특히 우리는 그 기준을 강력한 문화적 도구로 사용할 수 있게 하는 정치적 조건과 힘을 간과하고 있다. 민주적 실천이 우리에게 보여 주는 것은, 민주적 삶의 모든 "좋은 기준"이 가장 빈번히 요청되는 경우가 바로 민주적 권리나 자유가 공격당할 때라는 사실이다. 이때 그 기준은 건설적인 수단이라기보다 방어를 위한 무기로 사용된다. 이 같은 냉혹한 회의주의에 저항하였던 듀이는 민주주의를 '모두의 적극적이고 자유로운 참여를 위한 투쟁'이라고 주장해 왔다. 이는 우리가 스스로 만들고 재구성해야 하는 것으로서 충분한 민주주의의 조건과 구조를 돌볼 책임이 우리에게 있음을 의미한다. 이와 관련해 그는 경제 제도를 포함한 문화의 근본적/급진적 개혁 요구를 주저하지 않는다. 이에 비해 로티 같은 실용주의자들은

---

142. 소극적 자유주의는 합의에 기초한 모든 진리 주장들과 관련된다. 그러나 로티에게는 자연과학과 테크놀로지에서 실험적 발견에 의해 보증되는 과학적 원리에 기초한 진리 주장들도 존재한다. 과학적 원리에 기초한 진리 주장 역시 문화적 언어 게임의 일부이지만, 로티에게는 어쨌든 합의에 기초한 진리 주장들이 더 유효성을 갖는 것 같다.

요즘의 비판에 너무나 조심스러워한다. 이 입장은 민주적 자유가 적극적 재구성보다는 관용을 옹호하는 것으로 이해되기 때문에 정치적 해방의 문제를 약화시킬 수 있다.^{Shusterman 1997: 72}

4. 듀이에게 사회적 책임을 창출하는 문제는 공동체 안에서 상호작용을 통한 개인의 적극적인 성장에 달려 있다. 여기서도 로티는 더 소극적인 태도를 보인다. 로티에게는 자유에 대한 견해뿐 아니라 연대에 대한 이해 역시 방어적 범주로 규정된다. 듀이는 공공선을 이루기 위해 대행자로서 일관성 있는 주체가 불가피하다는 근대적인 관점을 여전히 견지하고 있다. 반면 로티는 탈중심적 주체의 탈근대적인 경험을 언급하며, 자유주의 전략을 유지하는 것이 잔인함과 고통을 피하기 위해 불가피한 것임을 강조한다. 이것이 로티가 주장한 연대를 위한 최소한의 요건이다. 듀이는 다양성 속의 통일성과 다양한 가치들의 공통성을 추구한 반면, 로티는 이것을 환상이라며 거부한다. 결국 통일성은 실제보다 더 희망적인 것을 늘 추구했다. 원칙적으로 개인의 생활양식과 정체성을 형성하는 우연성은 근대에서 탈근대로 전환되면서 상당히 증가해 왔다. 기회는 삶의 섭리 가운데 점점 더 결정적인 요소가 된다. 이러한 배경에서 로티는 민주적 자유에 대한 관점을 특히, 자아의 확장, 자기계발과 자기창조를 촉진하는 "미학적 삶"의 방향으로 확장한다. 듀이는 다양한 사회 구성원들을 결합시키는 사회적 결속을 강조한 반면, 로티는 이 결속이 진짜 확실한 것인지 의문을 제기하고 모순을 지적한다. 로티에게 사회적 결속과 틀은 여전히 필요하지만, 우리는 그것을 정당화할 수 있는 확고한 토대를 잃어버렸다. 이와 같은 다양한 설명으로 인해, 우리는 듀이와 로티가 서로 다른

시대를 살았음을 어느 정도 인식할 수 있다.^{Shusterman 1997: 73쪽} 이하 참조[143]

5. 사람들이 어떻게 함께 살아야 하는가의 문제에 대해 로티는 철학자들이 해 온 그동안의 모든 예측에 특히 비판적이다. 이러한 예측은 더 이상 설득력을 얻을 수 없는 문제에 너무 많은 시간을 허비해 왔다. 철학자들은 이제 사람들의 일에서 손을 떼고 그들을 홀로 두어야 한다.^{Rorty, 1991: 194 참조} 그들은 해방보다 관용에 관심을 가져야 한다.^{같은 책: 213} 우리는 사생활 영역에서 비판적 성찰에 필요한 아이러니를 계발할 수 있다. 로티에게 아이러니의 목표는 오만이 아니라 겸손이다. 하지만 이러한 아이러니는 법과 정의, 정치적 삶에서의 자유를 위한 정부나 헌법과 같은 공적 사안에는 적합하지 않다. 역설적인 자기성찰의 가능성과 미학적 삶의 다양성을 보장하기 위해 자유주의자들은 기존의 정치적 조건을 보호하지 않으면 안 된다. 로티에게 핵심은 이것이다. 민주적 지향성을 가진 사람들이 구체적인 선택으로서 다양성과 다원주의를 옹호하는 방식으로 사적인 삶과 공적인 삶을 조직하는 것이다. 비판적 사고가 우리 사회에 끼치는 영향을 과대평가하지 않도록 경고하고 있다는 점에서는 로티는 올바르다. 그러나 이러한 입장의 약점은 공적인 조건과 사적인 일의 구별이 명확하지 않다는 데 있다. 자유주의 사

---

143. Shusterman은 이렇게 말한다. "자아를 새로운 가능성과 다양하게 변화하는 어휘를 끊임없이 탐색하는 양립 불가능한 준-자아들의 임의적 구성물로 볼 수 있다. 이렇게 자아에 대한 로티의 견해는 포스트모던 시대의 소비자 사회에 이상적인 자아이다. 즉 파편화되고 혼란스러운 자아이다. 가능한 한 새롭고 많은 상품을 즐기는 데 굶주려 있으나 그들의 이익을 조종하는 시스템이나 소비 습관 어느 하나에 도전하는 회사의 진실성에는 무관심한 자아인 것 같다"(1997: 77). 하지만 로티의 설명은 순진하게도 현재 삶의 조건을 반영하지 않는다. 삶의 방식을 변화시키는 철학자들의 힘에 대한 그의 의심은 우리에게 자본주의 소비를 포용해야 한다고 말하는 것을 의미하지는 않는다.

회를 수립하기 위한 구체적인 조건이 무엇인지 로티에게 여전히 명확하게 해결되지 않은 상태로 남아 있다. 듀이의 고전적 실용주의는 로티가 의존하는 것보다 더 풍부한 자원을 가지고 있다.

듀이와 로티의 차이를 더 면밀히 살펴보려 한다면, 지금까지 우리가 논의한 범위에서 모종의 흥미로운 변화 추이를 발견할 수 있다. 자본주의 사회의 발전은 표면적으로 듀이가 그의 저작에서 이미 언급했던 추세와 조응하는 것처럼 보인다. 실제 우리는 삶에서 공동체 안에서의 다양성, 다원주의, 차이, 그리고 그들 사이의 상호관계를 증대시켜 왔다. 그러기에 이러한 듀이의 진단은 오늘날에도 여전히 적합한 것처럼 보인다.

그러나 더 주의 깊게 살펴보면, 듀이의 견해를 오늘날 비판적인 관점에 적용하려면 그것을 재구성하지 않으면 안 된다. 바우만 덕분에 우리는 고체적 근대성과 액체적 근대성의 미묘하고 복합적 형태의 양가성을 상기할 수 있었다. 앞에서 논의한 것처럼, 푸코를 통해서는 자본주의 사회의 발전에 얽힌 권력관계와 구조를 인식하고 분석할 수 있었다. 부르디외에 따르면, 우리는 서로 다른 형태의 자본으로 결합된 다양한 이익의 결과와 그 과정에 함의된 불공평한 기대를 인정해야 한다. 데리다를 통해 우리는 배제된 타자가 안착할 공간을 제공해야 할 필요성을 알게 되었다. 레비나스와 함께 우리는 타자성이 동일성으로 환원되는 것을 제어하는 윤리적인 문제에 대해 논의했다. 로티를 통해 우리는 이러한 과정과 구조가 다양한 언어 게임에서 자신의 주제를 다루고 있었음을 알 수 있었다. 물론 푸코와 부르디외에 따르면, 언어적 행위 또한 여기서 중요한 문제라는 점을 강조할 수 있다.

비록 전문가들의 담론이 주로 언어 게임에 작용한다 해도, 이 게임이 이해관계나 권력관계와 무관하다는 것을 의미하지는 않는다. 그리고 이 세계가 그러한 언어 게임으로만 결합된다 하더라도, 거기에는 언어 게임 너머의 세계가 존재한다. 특히, 교육제도나 또 다른 상징 형태를 띤 형평성의 발전과 비교할 때, 경제적 격차는 지난 수십 년 동안 훨씬 더 확대되어 왔다. 새로운 경제적 불평등은 자본과 권력의 새로운 집중을 구축해 왔다. 바로 이것이 듀이에 대한 접근이 재구성되어야 하는 이유다.

듀이는 사회 구성원들의 상대적 평등에 기초한 전 지구적 민주주의를 향한 하나의 인식 틀로서 사회개량주의와 민주주의를 주장했다. 그러나 이후 부유한 사람과 가난한 사람, 유산계급과 무산계급 사이의 빈부 격차, 교육받은 사람들과 그렇지 못한 사람들의 격차는 점차 확대되어 왔기 때문에, 그의 사회개량주의와 민주주의 개념은 이제 또 다른 검증을 통과해야만 한다. 민주주의 발전을 위해 이 검증은 매우 중요하다. 이것은 민주주의가 개인, 단체, 계급 사이에 존재하는 심각한 경지의 차별로 자멸할 것인지, 아니면 모두를 위한 진정한 기회의 다양성 안에서 성공할 것인지 보여 줄 것이다. 듀이는 이 같은 모순을 정확히 인식하고 있었다.

우리는 민주적인 통치 과정에 참여할 수 있도록 과거 어느 때보다 많은 시민을 교육하고 있다. 그러나 민주주의가 산업과 금융 분야로 확산되는 것을 차단하기 위해 정치적 민주주의마저 거두어들일 준비가 된 영향력 있는 세력들 또한 여전히 존재한다.LW 11: 536

듀이 철학은 이러한 모순을 성찰하고 해결책을 탐색하기 위해 가능하고 합리적인 인식 틀을 제공한다. 민주주의를 이미 정해진 구조일 뿐 아니라 모순된 과정으로 간주한다면, 비록 그 해결책들이 완벽한 분석까지 미치지 못할지라도 위기에 처한 민주주의 조건을 성찰할 수 있는 결정적인 계기를 제공할 것이다.

로티는 듀이의 논의를 은연중에 자주 활용한다. 특히, 자유를 확대하는 삶을 위한 필수적인 인식 틀로서 '연대solidarity'[144]를 강조한다. 이 점에서 보면, 로티는 자신을 비판하는 많은 사람들이 생각하는 것보다 더 실용주의자이다. 그러나 듀이는 연대를 위해서는 공동체의 삶이 필요하며, 연대는 단순히 언어 게임에 한정될 수 없다고 주장한다. 이미 그는 초기 저작에서 이렇게 말한 바 있다.

> 개인이 자신에게 잠재되어 있는 고도의 능력을 실현할 수 있게 해 주는 것은 조직적이고 지속적인 문명의 원천, 즉 공동체 생활에 참여하는 것뿐이다. 단지 개인으로서 인간은 야만 상태를 넘어설 수 없다. 하나의 개인으로서 그는 미미한 존재이지만, 사회 전체에 속해 있는 그는 살아 있는 기적을 만들어 내는 존재이다. 동물적이고 자연적인 상태의 개인이 진정으로 영적인 존재가 되는 것은 바로 사회적 관계를 통해 가능하다.EW 5: 378

이후 듀이는 그러한 공동체의 참여가 교육과 학교의 중요한 목표임

---

144. [옮긴이 주] 로티가 강조하는 '연대'는 유토피아를 향한 인류의 연대이다. 편견을 제거하거나 이전까지는 감추어졌던 깊은 진실을 캐냄으로써 인식될 하나의 사실이 아니라, 오히려 성취되어야 할 하나의 목표로 보인다. 그것은 탐구가 아니라 상상력, 즉 낯선 사람들을 고통받는 동료들로 볼 수 있는 상상력에 의해 성취되어야 할 어떤 것이다. 따라서 연대는 반성에 의해 발견되는 것이 아니라 창조되는 것이다. 그것은 다른 사람들, 낯선 사람들이 겪는 고통과 굴욕의 특정한 세부 내용들에 대한 우리의 감수성을 증대시킴으로써 창조된다. 다른 인간 존재들을 '그들이' 아니라 '우리 가운데 하나'로 보게 되는 이 과정은 낯선 사람들이 어떠한지에 대한 상세한 서술의 문제이자, 우리 자신들은 어떠한지에 대한 재-서술(re-description)의 문제이다

을 강조한다. "사회적 삶에 참여하는 것과는 별개로, 학교에는 어떤 도덕적 목적이나 목표도 없다. 우리 자신이 학교를 고립된 기관으로 한정하는 한, 우리에겐 어떤 목적도 없으므로 지향해야 하는 어떤 원칙도 없다."MW 4: 271 또한 사회에 관해서는 "동등한 조건에서 모든 구성원들의 질 높은 참여를 규정하고, 서로 관련된 삶 속에서 다양한 형태의 상호작용을 통해 각 기관들이 유연하게 재조정될 수 있도록 보장한다면, 그 사회는 민주적 사회라고 할 수 있다."MW 9: 106

이런 의미에서 민주주의 사회는 아직 달성되지 않았다. 우리는 이를 이루기 위해 여전히 싸워야 한다. 이 싸움에 궁극적인 원칙이나 최종적인 목적은 없다. "자유는 처음부터 소유하는 것이 아니라, 발전시키고 성취해야 하는 것이다. 그리고 그것은 개인적인 판단과 욕망에 대한 이해관계를 축소시키거나 폐지하는 방법이 아니라, 제도와 법의 이상화 그리고 적극적인 참여에 의해 달성되는 것이다."LW 3: 103

듀이는 더 나은 방법으로 사회에 도움을 주기를 희망한다. 그러나 로티는 그것이 성공할 가능성이 없다고 믿기 때문에 사회발전에 대한 철학적 견해에 개입하기를 원치 않는다. 이 같은 부정적인 입장에도 불구하고, 로티는 다양성의 증진을 위해 희망과 자신감을 건다. 그는 차이의 증대와 언어 게임의 다원성을 한정하고 규제하려는 시도를 하지 말 것을 제안한다.

그러나 바로 그 점에서 로티는 불평등한 기회가 확대되는 것을 경시하고, 불충분한 연대로 인해 생겨난 민주적 공동체의 손해를 가볍게 다루는 경향이 있다. 미국 사회에 대한 그의 관점을 볼 때, 그는 민주주의 전체가 여전히 기능하고 있다고 믿는 듯하다. 동시에 그는 현재의 사회가 충분히 사회적이며 민주적인지 의문을 제기한다. 당대의 듀이처럼, 로티는 비사회적이며 불평등한 조건, 자기합리화, 개인의 기회와 사회의 민주적 삶 모두를 위태롭게 하는 많은 사람의 탐욕을 비판한다. 하지만 로티는 또한 비판 이론이 그렇게 많은 문제를 변화시킬 수 있다는 점을 의심한다.

문화적 관행, 틀에 박힌 일상생활, 제도에 대한 우리의 비판이 성취한 것은 아주 작은 부분에 불과하다는 사실을 과연 인정하지 않아도 될까? 미래에는 더 많은 것이 변화될 것이라는 사실을 과연 무슨 근거로 믿어야 할까? 이런 생각은 로티가 우리에게 사적이고 개인적인 삶에서 공동선을 실현해야 한다는 사실을 인정하지 않을 수 없게 한다. 일반적으로 우리가 희망하는 것은 개별적으로만 획득할 수 있다.

사적인 삶에 대한 관심으로 전환하면서 로티는 치료 모델을 대신해 설명적 담론 모델을 제시한다. 그러나 이러한 입장은 민주주의를 위한 우리의 싸움에 아주 일반적인 방향을 제시할 뿐이다. 특히 자유의 실현을 위한 구체적 방법을 결정하거나 연대의 구체적인 형태를 명시하는 데에도 필요한 도움을 주지 못한다. 그러나 듀이는 이 점에서 더 구체적이다. 그에게 중요한 문제는 다원주의와 다양성, 그리고 개인의 기회 증대를 지향하는 사회의 성장일 뿐 아니라, 지역적이며 동시에 더 세계적인 맥락에서 공동체를 건설하는 것이다. 이는 포스트모던 담론에서 정교화되었다. 예를 들면 로티를 통해 우리는 공동체 확립 문제뿐만 아니라, 다원주의적 성장의 결과에도 주목한다. 이제 새로운 문제가 등장한다. 새로운 자유의 시대를 살기 위해 우리는 관용의 문화를 이전보다 더 많이 필요하게 되었다. 그러나 자유의 증대가 결국 관용의 근거를 파괴하는 불공평한 기회를 증대시키는 결과를 낳지 않도록 하려면, 연대의 문화 없이는 불가능하다.

로티의 자유주의 아이러니스트liberal ironist[145] 가운데 유명한 철학적 여성상은 교육에 유익한 모델을 제공할 수 있다. 여성상은 통상 포괄적인 방향, 안정적인 지식, 그리고 안전한 실천을 보장한다고 알려진 주장이나 기대에 교육자들이 연루되지 않도록 비판적인 거리를 확보하는 데 도움을 준다. 역설적인 인물이 된다는 것은 위태롭게 사는 것을 의미한다. 이는 우월한 해체주의자의 입장에서 오만하게 행동하는 것을 의미하지 않는다. 역설적인 인물의 태도를 이런 식으로 이해하면, 그것은 일종의 자기 비판적 태도와 같다. 이는 다양성과 모호성을 현대 삶의 필수적인 특성으로 받아들이는 민감성 내지 준비성과 관련되어 있다.

듀이와 같은 고전 철학자들과 비교하면, 역설적인 인물의 중요성에 대한 로티의 강조는 분명히 실용주의에 나타난 새로운 사조이다. 이는 우리 시대에 일반적인 분위기라고 명명했던 것, 그리고 점점 더 세계화되는 세상에서 다양성과 변화에 도전했던 것과 우리의 인식이 결합되는 지점이다. 개별 교육자가 로티와 같은 차원에서 역설적인 인물이 된다면, 근대성에 대한 비생산적인 환상, 그리고 교육적 실천과 성과뿐 아니라, 공동생활에서도 완벽을 꿈꾸는 덫에 빠지지 않도록 도움을 줄 것이다. 또한 비록 모순적인 입장이 지금까지 모든 한계의 극복 가능성을 한 번에 부인한다고 할지라도 자기중심적, 자민족적, 성차별

---

145. [옮긴이 주] 리처드 로티의 '자유주의 아이러니스트'는 자유주의자와 아이러니스트의 합을 뜻한다. '자유주의자'란 잔인성이야말로 우리가 행하는 가장 나쁜 짓이라고 생각하는 사람이라고 말한다. 그리고 아이러니스트는 자신의 가장 핵심적인 신념과 욕망의 우선성을 직시하는 사람, 그와 같은 핵심적 신념과 욕망이 시간과 우연을 넘어선 무엇을 가리킨다는 관념을 포기해 버릴 만큼 충분히 역사주의자이며 유명론자(nominalist)−형이상학에서 보편 개념의 실존을 부정하고, 다만 추상적인 용어들의 존재만을 인정하는 철학적 견해이다. 보편은 개체에서 추상해 얻은 공통의 '이름(nomina)'일 따름이고 실재성은 없다−인 사람을 지칭한다. 아이러니스트는 아무것도 본래적 성질, 진정한 본질을 갖고 있지 않다. 따라서 '자유주의 아이러니스트'란 괴로움이 장차 감소될 것이며, 인간들이 다른 인간들에 굴욕을 당하는 일이 멈추게 되리라는 자신의 희망을 그럴듯 근거지울 수 없는 소망 속에 포함시키는 사람이다. 역사주의자와 유명론자의 문화는 현재를 한편으로는 과거와 연결시키며, 다른 한편으로는 유토피아적인 미래를 연결시키는 내러티브들에 만족할 것이다. 더 중요하게는 그 문화는 유토피아들의 실현을, 그리고 더 나은 유토피아들을 그리는 것을 끝없는 과정이라고, 즉 이미 존재하는 진리를 향한 수렴의 과정이 아니라, 자유의 실현이 끝없이 증식되는 과정이라고 간주할 것이다.

적 혹은 문화적으로 널리 퍼진 견해에 한계를 짓도록 도울 것이다.

게다가 역설적인 인물이 된다는 것은 스스로 완벽한 교육자라는 과장되고 비현실적인 주장에 대항할 수 있도록 우리를 지지한다. 한편 이것은 모순적인 교육자가 자신에게 더 평온하고 타인에게 더 관대하게 해 주는 긍정적인 효과를 지닌다. 반면 역설적인 인물이 된다는 것은 거리 두기를 너무 심하게 한 결과 사회 속의 더 많은 평등, 사회정의, 민주주의를 위한 투쟁에 관심을 갖지 못하게 하는 부정적 효과를 나타낼 수도 있다. 요컨대, 민주사회에서 공동체적 삶을 살고 있는 우리는 역설과 연대성의 긴장 속에서 어쨌든 해답과 해결책을 모색해야 한다는 점에서 로티는 이러한 모호성 속에 우리를 남겨 두고 있다.

오늘날 교육을 위해 로티의 견해가 갖는 더 많은 함의를 고민한다면, 의사소통 이론이 갖는 특별한 중요성을 상기하는 것에서부터 시작할 수 있다. 로티의 철학은 의사소통과 관련하여 풍부한 통찰을 제공한다. 예를 들면, 마지막 어휘[146], 내러티브, 담론의 시적 차원에 대한 그의 아이디어는 의사소통을 단순한 정보처리 과정으로 보는 순진무구하고 일상적인 관점을 극복하도록 도와준다. 특히 교육에서는 담론에 대한 일차원적인 통제는 존재하지 않는다는 사실을 이해하는 것이 중요하다. 상호작용적 구성주의 용어로 말하면, 이것은 실제로 다양한 참여자와 행위자에게 항상 하나 이상의 관찰자적 시각이 존재한다는 것을 의미한다.

이러한 입장과 관련해 역설적인 인물들 가운데 로티가 묘사한 인물

---

146. [옮긴이 주] 로티가 추구하는 아이러니스트들의 '마지막 어휘/말씀(final words)'이란 모든 의심을 잠재우는 것 혹은 궁극성, 적합성, 최적성에 대한 우리의 '규준'을 만족시키는 것을 의미하지 않는다. 그들은 반성이란 것이 규준에 의해 좌우된다. 이들에게 규준이란 것은 현재 사용 중인 '마지막 어휘'의 용어들을 맥락에 따라 정의한 국지적이고 상투적인 말투가 아니다. 아이러니스트에게 마지막 어휘의 추구는 이미 정식화된 규준에 따른 근면한 탐구의 결과나 이미 주어진 바에 대한 수렴이 아니라, 시적인 그에게는 '시적 성취'이다.

들을 보면, 교수학습에 반드시 필요한 역할 변화를 지적하는 매우 유용한 은유가 들어 있다.^{Reich, 2006 참조} 우리 삶의 경험에 대해 관찰자, 참가자, 행위자 각자의 자기비판적 관계로 아이러니를 이해한다면, 바우만이 모호성으로 묘사한 바와 같이, 액체적 근대성으로서의 우리 시대를 어느 정도까지는 역설의 시대라고 말할 수 있을 것이다.

상호작용적 구성주의는 의사소통과 교육에서 살아 있는 관계와 내용에 대한 상호작용을 구체적으로 설명하기 위해 모호성과 역설이 얼마나 필요한지 그 인식을 포착하고자 한다. 여기서 한 가지 중요한 논제는 관계의 수준이 내용의 수준에 끼치는 영향이 그 반대의 경우보다 훨씬 크다는 점이다. 어떤 저자들은 그 예시로 수면 위에 있는 10분의 1의 빙산을 예로 든다. 이 빙산이 수면 아래 있는 10분의 9와 밀접하게 관련된 것처럼, 내용의 수준 또한 관계의 수준과 관련되어 있다는 이른바 '빙산의 비유'를 사용한다.[147]

상호작용적 구성주의가 주장하는 학습과 교육의 관계에 대한 강조는 오늘의 교육 실천과 연구에 중요한 도전을 제시한다. 과거의 교육 이론과 실천은 관계의 수준을 거의 고려하지 않으면서 내용의 수준, 즉 학습의 상징적인 질서나 배열에만 지나치게 초점을 두었다. 하지만 의사소통 이론이 보여 주는 것처럼, 학습은 언제나 살아 있는 관계의 맥락에서 일어난다. 구성주의에서 교육자가 학생과 함께 구성한다고 하는 것은 학습의 상징적인 질서일 뿐 아니라 학습이 발생하는 의사소통의 맥락까지 함께 구성한다는 것이다. 이 사실을 이해하는 것이 매우 중요하다.

구성주의자들은 교육자들이 다른 사람들에 대한 타자성을 상호존

---

147. 콘텐츠와 관계의 차이는 베이슨(Gregory Bateson)에게로 거슬러 올라간다. 그것은 Watzlawick, Beavin, & Jackson(1967)에 의해 사용되었다.

중하고 이해하며, 서로의 자존감, 개방성, 자기결정권, 교사와 학생 양자의 책임감을 지니는 분위기를 제공할 수 있어야 한다고 본다. 이렇게 교육적인 관계를 창출하는 기술에 대한 감각을 발전시키고 기르는 것이 구성적이고 효과적인 학습을 위한 중요한 전제 조건이라고 생각한다.Reich, 2010: 51-70 참조

이처럼 어렵고도 중요한 과제를 수행할 수 있도록 교사를 준비시키려면, 무엇보다도 교사교육을 위한 수업의 필수 요소로 자기경험, 자기인식, 자기성찰을 위한 새로운 방법과 방법론을 도입할 필요가 있다. 로티는 이렇게 말한다. 우리 시대의 교사와 학습자가 짊어져야 할 역할 가운데 일부는 제한된 담론에 내재된 궁극성을 극복하고, 새로운 어휘를 고안하여 대화의 게임을 지속할 수 있는 "대담한 시인strong poet"이 되는 것이라고 말이다.

물론 이 같은 발언은 구성주의적 해결책의 일부이다. 하지만 우리는 경험이 언어나 대화보다 중요하다는 점에서 로티와 또 다른 신실용주의자들을 비판적으로 관찰할 수 있다. 듀이식의 의미로 보면, '경험을 통한 학습'은 상호작용적 구성주의 용어로는 '실재적인 것에 대한 개방성'을 의미한다. 이는 로티에게 세계에 대한 최종적인 해석처럼 보인다. 이런 경향 때문에 우리는 문화적으로, 또는 심지어 과학적으로 타성화된 어휘들에 대해 자기 비판적 입장을 취한다. 이 어휘들은 학교 수업에서 종종 이런 방식으로 제시된다. 듀이적 교육자는 그러한 한계를 극복하기 위해 경험의 우위를 주장한다. 상호작용적 구성주의자들의 쟁점은 정확하게 상징적인 것, 상상적인 것, 실재적인 것 사이에 문제가 되는 것들 간의 긴장이다. 그리고 그 긴장을 다루는 생산적인 방법은 바로 구성, 재구성, 해체의 과정을 결합하는 것이다. 여기서 소개한 구성주의자들의 관점인 관찰자, 참여자, 행위자의 역할과 상징적, 상상적,

실재적인 것의 위상, 그리고 구성-재구성-해체의 과정을 결합하고 실현하는 교육 실천의 종합적 인식 틀은 바로 민주적인 협동적 삶에 대한 듀이의 기준이고, 그리고 연대에 대한 로티의 주장을 구현하는 민주적 공동체이자 실천이고 일상이며, 그리고 제도라는 맥락이다.

요약

로티는 우리 시대와 문화에서 비판적 사고의 중요성을 갖는 맥락 이론과 상대주의를 주장한다. 그래서 그는 구체적인 사회조건에 대한 비판적 연구보다 '증대되는 자유에 대한 희망'에 초점을 둔다. 그래서 우리의 이론적 견해와 기대를 지나치게 과대평가하지 말도록 경고한다. 하지만 듀이는 사적인 영역에서 사회문제를 망각해 버리는 위험성이 너무 크기 때문에, 공적인 것보다 사적인 것을 선호하는 입장에 만족하지 않았다. 로티가 다소 유토피아적인 방식으로 지식인들이 지금 당장 세상을 바꿀 수 없다고 생각한 점에서는 옳았지만, 이런 주장을 그냥 받아들이게 되면 우리는 단순 관찰자에 머물 위험이 있다. 민주적인 진보를 위한 싸움에서 우리는 참여자와 행위자로서 우리의 역할을 통해 이러한 위험에 대해 제한을 가하는 것 이외에 다른 방법이 없을 것이다.

논의를 위한 질문

- 로티로 인해 우리는 모든 언어 게임이 우연성의 기반 위에서 이루어지고 일정한 자의성을 내포한다고 말할 수 있다. 당신이 참여하는 발화 상황speech situation이나 언어 게임에서 이러한 관찰자의 구체적인 예를 찾을 수 있는가?
- 민주주의가 실패한 상황과 관련된 예시를 제시할 수 있는가?

- 민주적인 삶에서 어떤 실천과 일상, 그리고 제도가 그러한 실패를 막는 데 도움을 줄 수 있는가?
- 오늘날 민주주의를 위한 투쟁에서 이러한 실천과 일상 그리고 제도의 이상화를 실현할 필요가 있다고 생각하는가? 이러한 질문에 구체적인 대답을 할 수 없다면, 자유와 연대를 위한 싸움에서 방향성을 상실할 위험이 있다는 점에 동의하는가?
- 역설적인 입장이 교육의 실천과 일상 그리고 제도와 관련해 우리를 더 냉정하게 만들 수 있다고 보는가? 또는 역설적인 인물이 우리를 너무 초연한 입장에 처하게 해 사회적인 의무에서 이탈시킬까 걱정스러운가?
- 지역적이면서 동시에 세계적인 공동체에서 성취할 수 있는 적극적인 형태의 참여로는 무엇이 있는가? 참여 방법을 잘 조직화하지 못한다면, 새로운 계급 이익의 분할 위험, 그리고 미래 계급투쟁의 위험이 확대되리라는 점에 동의하는가?
- 교육과 삶의 기회에서 더 많은 평등을 증진시키기 위해 할 수 있는 구체적인 형태의 지원은 무엇인가?
- 다음에 제기될 수 있는 주장은 무엇이라고 생각하는가?

부유하고 성공한 사람들은 가난하고 혜택을 덜 받은 사람들을 얼마나 더 향상시킬 수 있는지에 의해 평가받을 것이다. 가난한 사람들은 부유한 사람들에게 말할 것이다. "낭비되는 삶"Bauman, 2004 참조을 초래한 것은 누구인지, 연대는 얼마나 멀리 가야 끝나는지 의문을 제기할 것이다. 이처럼 지속적으로 제기되는 부정적인 대답이 민주적인 프로젝트의 종말이 될 수도 있다.

참고 문헌

*존 듀이의 저서 인용은 Jo Ann Boydston가 편집한 서던일리노이대학교 출판부에
서 발행한 교정판이다. 권 및 페이지 번호는 시리즈의 이니셜 다음에 나온다. 교정판
의 약어는 다음과 같다.

Dewey, John, Collected Works. Edited by Jo Ann Boydston:

The Early Works (EW 1-5): 1882-1898. Carbondale and Edwardsville:
  Southern Illinois University Press; London and Amsterdam: Feffer &
  Simons.

The Middle Works (MW 1-15): 1899-1924. Carbondale and Edwardsville:
  Southern Illinois University Press.

The Later Works (LW 1-17): 1925-1953. Carbondale and Edwardsville:
  Southern Illinois University Press.

*Peirce에 대한 모든 자료는 가능한 한, The Essential Peirce (EP), 2 vols. Indiana
University Press, 1992, 1998을 참조한다. 권 및 페이지 번호는 콜론으로 구분하여
EP 참조를 따른다. 다른 모든 참조는 CP를 따른다.

Collected Papers of Charles S. Peirce (CP), 8 vols.: Harvard University Press,
  1931-1958.

Ackerman, B. (1980): Social Justice in the Liberal State. New Haven, CT: Yale
  University Press.

Alexander, T. (1987): John Dewey's Theory of Art, Experience, and Nature:
  The Horizons of Feeling. Albany, NY: State University of New York Press.

Auxier, Randall E. (2002): "Foucault, Dewey, and the History of the Present."
  Journal of Speculative Philosophy Vol. 16, No. 2, 75-102.

Barber, B. (1984): Strong Democracy. Berkeley, CA: University of California
  Press.

Bauman, Z. (1989): Modernity and The Holocaust. Ithaca, NY: Cornell
  University Press.

Bauman, Z. (1993a): Modernity and Ambivalence. Cambridge, UK: Polity Press.

Bauman, Z. (1993b): Postmodern Ethics. Oxford, UK: Basil Blackwell.

Bauman, Z. (1997): Postmodernity and Its Discontents. New York: New York
  University Press.

Bauman, Z. (1998): Globalization: The Human Consequences. New York:
  Columbia University Press.

Bauman, Z. (2000): Liquid Modernity. Cambridge, UK: Polity Press.

Bauman, Z. (2003): Liquid Love: On the Fragilty of Human Bonds. Cambridge,

UK: Polity Press.

Bauman, Z. (2004): *Wasted Lives. Modernity and Its Outcasts*. Cambridge, UK: Polity Press.

Bauman, Z. (2005): *Liquid Life*. Cambridge, UK: Polity Press.

Bauman, Z. (2006): *Liquid Fear*. Cambridge, UK: Polity Press.

Bauman, Z. (2007a): *Liquid Times: Living in an Age of Uncertainty*. Cambridge, UK: Polity Press.

Bauman, Z. (2007b): *Consuming Life*. Cambridge, UK: Polity Press.

Bauman, Z., and M. Yakimova (2002): "'A Postmodern Grid of the Worldmap?' Interview with Zygmunt Bauman." *Eurozine* http://www.eurozine.com/pdf/2002-11-08-bauman-en.pdf.

Bernasconi, R. (1988): "The Trace of Levinas in Derrida." In D. Wood and R. Bernasconi (eds.), *Derrida and Différence*. Chicago, IL: Northwestern University Press, 13-29.

Bernstein, R. J. (1983): *Beyond Objectivism and Relativism*. Philadelphia, PA: University of Pennsylvannia Press.

Bernstein, R. J. (1992): *The New Constellation. The Ethical-Political Horizons of Modernity/Postmodernity*. Cambridge, MA: MIT Press.

Bernstein, R. J. (1998): "Community in the Pragmatic Tradition." In M. Dickstein (ed.), *The Revival of Pragmatism*. Durham, NC; London: Duke University Press, 141-156.

Boisvert, R. D. (1998): "Dewey's Metaphysics: Ground-Map of the Prototypically Real." In L. A. Hickman (ed.), *Reading Dewey. Interpretations for a Postmodern Generation*. Bloomington, IN; Indianapolis, IN: Indiana University Press, 149-165.

Bourdieu, P. (1984): *Distinction: A Social Critique of the Judgement of Taste*. Trans. Richard Nice. London: Routledge.

Bourdieu, P. (1986): "Forms of Capital." In John G. Richardson (ed.), *Handbook of Theory and Research for the Sociology of Education*. New York: Greenwood Press.

Bourdieu, P. (1988): *Homo Academicus*. Cambridge, UK: Polity Press.

Bourdieu, P. (1990): *The Logic of Practice*. Cambridge, UK: Polity Press.

Bourdieu, P. (1991): *Language and Symbolic Power*. Cambridge, MA: Harvard University Press.

Bourdieu, P. (1993): *The Field of Cultural Production*. Cambridge, UK: Polity Press.

Bourdieu, P. (1994): "Rethinking the State: On the Genesis and Structure of the Bureaucratic Field." *Sociological Theory* Vol. 12, No. 1 (March 1994): 1-19.

Bourdieu, P., and C. Passeron (1977): *Reproduction in Education, Society and*

Culture. Trans. Richard Nice. London: Sage Publications.

Bourdieu, P., and L. J. D. Wacquant (1992): *An Invitation to Reflexive Sociology*. Chicago, IL: University of Chicago Press.

Campbell, J. (1992): *The Community Reconstructs. The Meaning of Pragmatic Social Thought*. Urbana, IL; Chicago, IL: University of Illinois Press.

Caspary, W. R. (2000): *Dewey on Democracy*. Ithaca, NY; London: Cornell University Press.

Crittenden, J. (2002): *Democracy's Midwife: An Education in Deliberation*. Lanham, MD: Lexington Books.

Derrida, J. (1973): *Speech and Phenomena*. Evanston, IL: Northwestern University Press.

Derrida, J. (1974): *Of Grammatology*. Trans. Gayatri Chakravorty Spivak. Baltimore, MD: Johns Hopkins Press.

Derrida, J. (1978): *Writing And Difference* Trans. Alan Bass. Chicago, IL: The University of Chicago Press.

Derrida, J. (1984): "Deconstruction and the Other: An interview with Jacques Derrida." In R. Kearney (ed.), *Dialogues with Contemporary Continental Thinker*. Manchester: Manchester University Press.

Derrida, J. (1996): "Remarks on Deconstruction and Pragmatism." In C. Mouffe (ed.), *Deconstruction and Pragmatism*. London: Routledge, 77-88.

Dickstein, M., ed. (1998): *The Revival of Pragmatism. New Essays on Social Thought, Law, and Culture*. Durham, NC; London: Duke University Press.

Dworkin, R. (1978): *Taking Rights Seriously*. Cambridge, MA: Harvard University Press.

Eldridge, M. (1998): *Transforming Experience*. John Dewey's Cultural Instrumentalism . Nashville, TN: Vanderbilt University Press.

Festenstein, M. (1997): *Pragmatism and Political Theory*. Oxford, UK: Polity Press and Blackwell.

Finkel, D. L. (2000): *Teaching With Your Mouth Shut*. Portsmouth, NH: Boynton/Cook Publishers.

Foucault, M. (1970): *The Order of Things: An Archeology of the Human Sciences*. London: Tavistock.

Foucault, M. (1972): *The Archeology of Knowledge*. Trans. A. M. Sheridan-Smith. London: Tavistock.

Foucault, M. (1978): *The History of Sexuality, Vol. I: An Introduction*. Trans. Robert Hurley. New York: Pantheon.

Foucault, M. (1979): *Discipline and Punish: The Birth of the Prison*. Trans. Alan Sheridan. New York: Vintage.

Foucault, M. (1980): *Power/Knowledge: Selected Interviews and Other Writings: 1972-1977*. Trans. Kate Sopor. New York: Pantheon.

Foucault, M. (1981): "The Order of Discourse." Trans. R. Young. In R. Young (ed.), *Untying the Text: A Poststructuralist Reader.* London: Routledge.

Foucault, M. (1985): *The Use of Pleasure: The History of Sexuality,* Vol. II. Trans. Robert Hurley. New York: Pantheon.

Foucault, M. (1986): *The Care of the Self: The History of Sexuality,* Vol. III. Trans. Robert Hurley. New York: Pantheon.

Foucault, M. (1988): *Politics, Philosophy, and Culture: Interviews and Other Writings, 1977-1984.* M. Morris and P. Patton (eds.). New York: Routledge.

Fraser, N. (1994): "Rethinking the Public Sphere: A Contribution to the Critique of Actually Existing Democracy." In H. A. Giroux and P. McLaren (eds.), *Between Borders. Pedagogy and the Politics of Cultural Studies.* New York; London: Routledge, 74-100.

Fraser, N. (1998): "Another Pragmatism: Alain Locke, Critical 'Race' Theory, and the Politics of Culture." In M. Dickstein (ed.), *The Revival of Pragmatism. New Essays on Social Thought, Law, and Culture.* Durham, NC; London: Duke University Press, 157-175.

Garrison, J. (1997): *Dewey and Eros: Wisdom and Desire in the Art of Teaching.* New York: Teachers College Press.

Garrison, J. (1998): "John Dewey's Philosophy as Education." In L. A. Hickman (ed.), *Reading Dewey – Interpretations for a Postmodern Generation.* Bloomington, IN: Indiana University Press, 63 – 81.

Garrison, J. (1999): "John Dewey, Jacques Derrida, and the Metaphysics of Presence." *Transactions of the Charles S. Peirce Society* Vol. XXXV, No. 2, 346-372.

Garrison, J. (2002): "Dewey, Derrida, and 'the Double Bind.'" In P. P. Trifonas and M. A. Peters (eds.), *Derrida, Deconstruction and Education.* Oxford, UK: Blackwell, 95-108.

Garrison, J., ed. (2008): *Reconstructing Democracy, Recontextualizing Dewey: Pragmatism and Interactive Constructivism in the Twenty-First Century.* Albany, NY: State University of New York Press.

Garrison, J. (2011): "Dewey and Levinas on Pluralism, the Other, and Democracy." In Judith M. Green, Stefan Neubert, and Kersten Reich (eds.), *The Other, and Democracy: Pragmatism and Diversity . Dewey in the Context of Late Twentieth Century Debates.* New York: Palgrave Macmillan, 99-126.

Garrison, J., and S. Neubert (2005): "Bausteine für eine Theorie des kreativen Zuhörens." In R. Voß (ed.), *LernLust und EigenSinn. Systemischkonstruktivistische Lernwelten.* Heidelberg: Carl Auer, 109-120.

Gasché, R. (1994): *Inventions of Difference.* Cambridge, MA: Harvard University Press.

Good, J. (2005): A Search for Unity in Diversity: The *"Permanent Hegelian Deposit" in the Philosophy of John Dewey.* Lanham, MD: Lexington Books.

Green, J. (1999): *Deep Democracy.* Lanham, MD: Rowman and Littlefield.

Green, J., S. Neubert, and K. Reich, eds. (2011): *Pragmatism and Diversity. Dewey in the Context of Late 20th Century Debates.* New York: Palgrave Macmillan.

Gutmann, A., and D. Thompson (2004): *Why Deliberative Democracy?* Princeton, NY: Princeton University Press.

Habermas, J. (1984): *The Theory of Communicative Action.* Vol. 1. Boston: Beacon Press.

Habermas, J. (1987a): *The Theory of Communicative Action.* Vol. 2. Boston: Beacon Press.

Habermas, J. (1987ba): *The Philosophic Discourse of Modernity.* Oxford, UK: Polity Press.

Hall, S. (1992): "The West and the Rest: Discourse and Power." In S. Hall and B. Gieben (eds.), *Formations of Modernity.* Cambridge, UK: Polity Press, 275–332.

Hall, S. (1997): "The Work of Representation." In S. Hall (ed.), *Representation. Cultural Representations and Signifying Practices.* London; Thousand Oaks, CA: Sage, 13–74.

Haskins, C., and D. I. Seiple, eds. (1999): *Dewey Reconfigured.* Albany, NY: State University of New York Press.

Hewitt, R. (2007): *Dewey and Power. Renewing the Democratic Faith.* Rotterdam; Taipei: Sense.

Hickman, L., ed. (1998): *Reading Dewey—Interpretations for a Postmodern Generation.* Bloomington, IN: Indiana University Press.

Hickman, L., S. Neubert, and K. Reich, eds. (2009): *John Dewey—between Pragmatism and Constructivism.* New York: Fordham.

Hollinger, R. (1996): *The Dark Side of Liberalism.* Westport, CT: Praeger.

Huntington, S. P. (1996): *The Clash of Civilizations and the Remaking of World Order.* New York: Simon & Schuster.

Hutmacher, W., D. Cochrane, and N. Bottani, eds. (2001): *In Pursuit of Equity in Education.* Dordrecht; Boston; London: Kluwer.

James, W. (1909/1977): *A Pluralistic Universe.* Cambridge MA: Harvard University Press.

Kamuf, P., ed. (1991): *Letter to a Japanese Friend. A Derrida Reader.* New York: Columbia University Press.

Kearney, R., ed. (1984): *Deconstruction and the Other. In Dialogues with Contemporary Continental Thinkers.* Manchester, UK: Manchester University Press.

Kestenbaum, V. (1977): *The Phenomenological Sense of John Dewey—Habit and Meaning.* Atlantic Highlands, NJ: Humanities Press.

Kuipers, R. A. (1997): *Solidarity and the Stranger. Themes in the Social Philosophy of Richard Rorty.* Oxford, MS: University Press of America.

Laclau, E. (1990): *New Reflections on the Revolution of Our Time.* London; New York: Verso.

Laclau, E., and C. Mouffe (2001): *Hegemony and Socialist Strategy. Towards a Radical Democratic Politics,* Second edition. London; New York: Verso.

Langsdorf, L., and A. R. Smith, eds. (1995): *Recovering Pragmatism's Voice. The Classical Tradition, Rorty, and the Philosophy of Communication.* Albany, NY: State University of New York Press.

Levinas, E. (1961/1995): *Totality and Infinity.* Trans. Alphonso Lingis. Pittsburgh, PA: Duquesne University Press.

Levinas, E. (1963/1986): "The Trace of the Other." In M. C. Taylor (ed.), *Deconstruction in Context: Literature and Philosophy.* Chicago, IL: University of Chicago Press, 345-359.

Levinas, E. (1974/1981): *Otherwise than Being or Beyond Essence.* The Hague: Martinus Nijhoff.

Lingis, A. (1994): *The Community of Those Who Have Nothing in Common.* Bloomington, IN: Indiana University Press.

Lyotard, J. F. (1984): *The Postmodern Condition. A Report on Knowledge.* Minneapolis, MN: University of Minnesota Press.

MacPherson, C. B. (1966): *The Real World of Democracy.* New York: Oxford University Press.

MacPherson, C. B. (1975): *Democratic Theory: Essays in Retrieval.* New York: Oxford University Press.

MacPherson, C. B. (1977): *The Life and Times of Liberal Democracy.* New York: Oxford University Press.

Margolis, J. (2002): *Reinventing Pragmatism.* Ithaca, NY; London: Cornell University Press.

Martin, L. H. et al. (1988): *Technologies of the Self: A Seminar with Michel Foucault.* London: Tavistock.

Mead, G. H. (1903/1964): "The Definition of the Psychical." In Andrew J. Reck (ed.), *Selected Writings: George Herbert Mead.* Chicago, IL: The University Of Chicago Press, 25-59.

Mead, G. H. (1907/1964): "Concerning Animal Perception." In Andrew J. Reck (ed.), *Selected Writings: George Herbert Mead.* Chicago, IL: The University Of Chicago Press, 73-81.

Mead, G. H. (1910/1964): "Social Consciousness and the Consciousness of Meaning." In Andrew J. Reck (ed.), *Selected Writings: George Herbert Mead.*

Chicago, IL: The University Of Chicago Press, 123-133.

Mead, G. H. (1912/1964): "The Mechanism of Social Consciousness." In Andrew J. Reck (ed.), *Selected Writings: George Herbert Mead.* Chicago, IL: The University Of Chicago Press, 134-141.

Mead, G. H. (1913/1964): "The Social Self." In Andrew J. Reck (ed.), *Selected Writings: George Herbert Mead.* Chicago, IL: The University Of Chicago Press, 142-149.

Mead, G. H. (1922/1964): "A Behavioristic Account of the Significant Symbol." In Andrew J. Reck (ed.), *Selected Writings: George Herbert Mead.* Chicago, IL: The University Of Chicago Press, 240-247.

Mead, G. H. (1932/1959): *The Philosophy of the Present.* LaSalle, IL: The Open Court Publishing Company.

Mead, G. H. (1934/1967): *Mind, Self, and Society: From the Standpoint of a Social Behaviorist.* Charles W. Morris (ed.). Chicago, IL: The University of Chicago Press.

Mead, G. H. (1935): "The Philosophy of John Dewey." *International Journal of Ethics* Vol. 46, No. 1, 64-81.

Mouffe, C. (1994): *The Return of the Political.* London: Verso.

Mouffe, C., ed. (1996): *Deconstruction and Pragmatism.* London; New York: Routledge.

Mouffe, C. (2000): *The Democratic Paradox.* London; New York: Verso.

Neubert, S. (1998): *Erkenntnis, Verhalten und Kommunikation. John Deweys Philosophie des Experience in interaktionistisch-konstruktivistischer Interpretation.* Münster u.a.: Waxmann.

Neubert, S. (2002): "Konstruktivismus, Demokratie und Multikultur." In S. Neubert, H. J. Roth, and E. Yildiz (eds.), *Multikulturalität in der Diskussion.* Opladen: Leske, Budrich, 63-98.

Neubert, S. (2003): "Some Perspectives of Interactive Constructivism on the Theory of Education." University of Cologne: http://konstruktivismus. uni-koeln.de (see "Texte": "Introduction").

Neubert, S. (2008): "Dewey's Pluralism Reconsidered—Pragmatist and Constructivist Perspectives on Diversity and Difference." In Jim Garrison (ed.), *Reconstructing Democracy, Recontextualizing Dewey: Pragmatism and Interactive Constructivism in the Twenty-First Century.* Albany, NY: State University of New York Press, 89-117.

Neubert, S. (2009a): "Pragmatism, Constructivism, and the Theory of Culture." In L. Hickman, S. Neubert, and K. Reich (eds.), *John Dewey Between Pragmatism and Constructivism.* New York: Fordham, 162-184.

Neubert, S. (2009b): "Pragmatism—Diversity of Subjects in Dewey's Philosophy and the Present Dewey Scholarship." In L. Hickman, S. Neubert, and K.

Reich (eds.), *John Dewey Between Pragmatism and Constructivism.* New York: Fordham, 19-38.

Neubert, S. (2009c): "Reconstructing Deweyan Pragmatism—A Review Essay." *Educational Theory* Vol. 59, No. 3, 353-369.

Neubert, S. (2010): "Democracy and Education in the 21st Century—Deweyan Pragmatism and the Question of Racism." *Educational Theory* Vol. 60, No. 4, 487-502.

Neubert, S., and K. Reich (2001): "The Ethnocentric View: Constructivism and the Practice of Intercultural Discourse." In Bill Cope and Mary Kalantzis (eds.), *Learning for the Future. Proceedings of the Learning Conference 2001.* Australia: Common Ground Publishing, 1-25.

Neubert, S., and K. Reich (2002): *Toward a Constructivist Theory of Discourse: Rethinking the Boundaries of Discourse Philosophy.* University of Cologne 2002, http://www.uni-koeln.de/hf/konstrukt/neubert_works/aufsaetze/index.html.

Neubert, S., and K. Reich (2006): "The Challenge of Pragmatism for Constructivism-Some Perspectives in the Programme of Cologne Constructivism." *Journal of Speculative Philosophy* Vol. 20, No. 3, 165-191.

Neubert, S., and K. Reich (2008): *Perspectives of Pragmatism—The Cologne Video Project and the Dialogue between Pragmatism and Constructivism.* http://www.hf.uni-koeln.de/dewey/31679.

Neubert, S., and K. Reich (2011): "Reconstruction of Philosophy and Inquiry into Human Affairs-Deweyan Pragmatism in Dialogue with the Postmodern Sociology of Zygmunt Bauman." In J. Green, S. Neubert, and K. Reich (eds.), *Pragmatism and Diversity.* New York: Palgrave Macmillan, 127-164.

Noddings, N. (1995): *Philosophy of Education.* Boulder, CO: Westview Press.

Norris, C. (1988): *Derrida.* Cambridge, MA: Harvard University Press.

Parker, S. P., ed. (1992). *McGraw-Hill Encyclopedia of Science & Technology,* Vol. 6, Seventh edition. New York: McGraw-Hill, 570-572).

Peirce, C. S. (1868): *The Collected Papers of Charles S. Peirce,* Vol. 2. Cambridge, MA: Harvard University Press (1931-1958).

Peirce, C. S. (1992): "Some Consequences of Four Incapacities." In *The Essential Peirce,* Vol. 1. Bloomington: Indiana University Press.

Pettegrew, J., ed. (2000): *A Pragmatist Progress? Richard Rorty and American Intellectual History.* Lanham, MD; Boulder, CO; New York; Rowman & Littlefield.

Popkewitz, T. S., B. M. Franklin, and M. A. Pereyra, eds. (2001): *Cultural History and Education. Critical Essays on Knowledge and Schooling.* New York, London: RoutledgeFalmer.

Rabinow, P., ed. (1985): *The Foucault Reader.* New York: Pantheon.

Rawls, J. (1971): *A Theory of Justice.* Cambridge, MA: Harvard University Press.

Reich, K. (1998): *Die Ordnung der Blicke.* Vol. 1: *Beobachtung und die Unschärfen der Erkenntnis . Vol. 2: Beziehungen und Lebenswelt.* Neuwied u.a.: Luchterhand.

Reich, K. (2006): *Konstruktivistische Didaktik,* Third edition. Weinheim: Beltz.

Reich, K. (2007): "Interactive Constructivism in Education." *Education & Culture* Vol. 23, No. 1, 7-26.

Reich, K. (2008): "Democracy and Education after Dewey—Pragmatist Implications for Constructivist Pedagogy." In J. Garrison (ed.), *Reconstructing Democracy, Recontextualizing Dewey: Pragmatism and Interactive Constructivism in the Twenty-First Century.* New York: Suny, 55-88.

Reich, K. (2009): "Observers, Participants, and Agents in Discourses—A Consideration of Pragmatist and Constructivist Theories of the Observer." In L. Hickman, S. Neubert, and K. Reich (eds.), *John Dewey between Pragmatism and Constructivism.* New York: Fordham, 106-142.

Reich, K. (2010): *Systemisch-konstruktivistische Pädagogik,* Sixth edition. Weinheim: Beltz.

Reich, K. (2011): "Diverse Communities—Dewey's Theory of Democracy as a Challenge for Foucault, Bourdieu, and Rorty." In J. Green, S. Neubert, and K. Reich (eds.), *Pragmatism and Diversity.* New York: Palgrave Macmillan, 165-194.

Reich, K. (2013): *Chancengerechtigkeit und Kapitalformen* (Equity and Forms of Capital). Forthcoming.

Rorty, R. (1979): *Philosophy and the Mirror of Nature.* Princeton, NJ: Princeton University Press.

Rorty, R. (1982): *Consequences of Pragmatism.* Minneapolis, MN: University of Minnesota Press.

Rorty, R. (1984): "Dewey between Hegel and Darwin." In D. Ross (ed.), *Modernism and the Human Sciences.* Baltimore, MD: John Hopkins University Press.

Rorty, R. (1989): *Contingency, Irony, and Solidarity.* Cambridge, UK; New York: Cambridge University Press.

Rorty, R. (1991): *Objectivity, Relativism, and Truth.* Cambridge, MA: Cambridge University Press.

Rorty, R. (1998): *Truth and Progress.* Cambridge, MA: Cambridge University Press.

Rorty, R. (2000): *Philosophy and Social Hope.* New York: Penguin.

Ryan, A. (1995): *John Dewey and the High Tide of American Liberalism.* New York; London: W. W. Norton & Company.

Saussure, F. (1959): *Course in General Linguistics*. Trans. Wade Baskin. New York: Philosophical Library.

Schumpeter, J. A. (1942): *Capitalism, Socialism, and Democracy*. New York: Harper and Brothers.

Seigfried, C. H. (2002): "John Dewey's Pragmatist Feminism." In C. H. Seigfried (ed.), *Feminist Interpretations of John Dewey*. University Park, PA: Pennsylvania State University Press, 47-77.

Shusterman, R. (1997): *Practicing Philosophy. Pragmatism and the Philosophical Life*. New York; London: Routledge.

Shusterman, R. (1999): "Dewey on Experience: Foundation or Reconstruction?" In C. Haskins and D. I. Seiple (eds.), *Dewey Reconfigured*. Albany, NY: State University of New York Press, 193-220.

Slavin, R. E. (2006): *Educational Psychology, Theory and Practice*, Eighth edition. Boston u.a.: Pearson.

Stuhr, J. (1997): *Genealogical Pragmatism. Philosophy, Experience, and Community*. Albany, NY: State University of New York Press.

Stuhr, J. (2002): "Power/Inquiry: The Logic of Pragmatism." In F. D. Burke, D. M. Hester, and R. B. Talisse (eds.), *Dewey's Logical Theory*. Nashville, TN: Vanderbilt University Press, 275-286.

Talisse, R. B. (2005): *Democracy after Liberalism: Pragmatism and Deliberative Politics*. New York: Routledge.

Thompson, J. B. (1991): "Introduction." In P. Bourdieu, *Language and Symbolic Power*. Cambridge, MA: Harvard University Press, 1-32.

Tomasello, M. (1999): *The Cultural Origins of Human Cognition*. Cambridge, MA: Harvard University Press.

Tomasello, M. (2008): "Cooperation and Communication in the 2nd Year of Life." *Child Development Perspectives* Vol. 1, No. 1, 8-12.

Wacquant, L. (2005): *Pierre Bourdieu and Democratic Politics*. Cambridge, UK: Polity Press.

Watzlawick, P., J. Beavin, and D. Jackson (1967): *Pragmatics of Human Communication—A Study of Interactional Patterns*, Pathologies and Paradoxes. New York: Norton.

Westbrook, R. (1991): *John Dewey and American Democracy*. Ithaca, NY: Cornell University Press.

인명 찾아보기

삶의 행복을 꿈꾸는 교육은 어디에서 오는가?

교육혁명을 앞당기는 배움책 이야기 혁신교육의 철학과 잉걸진 미래를 만나다!

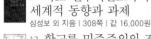

● 비고츠키 선집 시리즈 발달과 협력의 교육학 어떻게 읽을 것인가?

 생각과 말
레프 세묘노비치 비고츠키 지음
배희철·김용호·D. 켈로그 옮김 | 690쪽 | 값 33,000원

 도구와 기호
비고츠키·루리야 지음 | 비고츠키 연구회 옮김
336쪽 | 값 16,000원

 어린이 자기행동숙달의 역사와 발달 I
L.S. 비고츠키 지음 | 비고츠키 연구회 옮김
564쪽 | 값 28,000원

 어린이 자기행동숙달의 역사와 발달 II
L.S. 비고츠키 지음 | 비고츠키 연구회 옮김
552쪽 | 값 28,000원

 어린이의 상상과 창조
L.S. 비고츠키 지음 | 비고츠키 연구회 옮김
280쪽 | 값 15,000원

 비고츠키와 인지 발달의 비밀
A.R. 루리야 지음 | 배희철 옮김 | 280쪽 | 값 15,000원

 수업과 수업 사이
비고츠키 연구회 지음 | 196쪽 | 값 12,000원

 비고츠키의 발달교육이란 무엇인가?
비고츠키교육학실천연구모임 지음 | 412쪽 | 값 21,000원

 비고츠키 철학으로 본 핀란드 교육과정
배희철 지음 | 456쪽 | 값 23,000원

 성장과 분화
L.S. 비고츠키 지음 | 비고츠키 연구회 옮김
308쪽 | 값 15,000원

 연령과 위기
L.S. 비고츠키 지음 | 비고츠키 연구회 옮김
336쪽 | 값 17,000원

 의식과 숙달
L.S 비고츠키 | 비고츠키 연구회 옮김
348쪽 | 값 17,000원

 분열과 사랑
L.S. 비고츠키 지음 | 비고츠키 연구회 옮김
260쪽 | 값 16,000원

 성애와 갈등
L.S. 비고츠키 지음 | 비고츠키 연구회 옮김
268쪽 | 값 17,000원

 흥미와 개념
L.S. 비고츠키 지음 | 비고츠키 연구회 옮김
408쪽 | 값 21,000원

 관계의 교육학, 비고츠키
진보교육연구소 비고츠키교육학실천연구모임 지음
300쪽 | 값 15,000원

비고츠키 생각과 말 쉽게 읽기
진보교육연구소 비고츠키교육학실천연구모임 지음
316쪽 | 값 15,000원

 교사와 부모를 위한 비고츠키 교육학
카르포프 지음 | 실천교사번역팀 옮김
308쪽 | 값 15,000원

 혁신교육, 철학을 만나다
브렌트 데이비스·데니스 수마라 지음
현인철·서용선 옮김 | 304쪽 | 값 15,000원

 혁신교육 존 듀이에게 묻다
서용선 지음 | 292쪽 | 값 14,000원

 다시 읽는 조선 교육사
이만규 지음 | 750쪽 | 값 33,000원

대한민국 교육혁명
교육혁명공동행동 연구위원회 지음
224쪽 | 값 12,000원

 경쟁을 넘어 발달 교육으로
현광일 지음 | 288쪽 | 값 14,000원

 독일 교육, 왜 강한가?
박성희 지음 | 324쪽 | 값 15,000원

 핀란드 교육의 기적
한넬레 니에미 외 엮음 | 장수명 외 옮김
456쪽 | 값 23,000원

 한국 교육의 현실과 전망
심성보 지음 | 724쪽 | 값 35,000원

학교 혁신의 길, 아이들에게 묻다
남궁상운 외 지음 | 272쪽 | 값 15,000원

프레이리의 사상과 실천
사람대사람 지음 | 352쪽 | 값 18,000원
2018 세종도서 학술부문

혁신학교, 한국 교육의 미래를 열다
송순재 외 지음 | 608쪽 | 값 30,000원

페다고지를 위하여
프레네의 『페다고지 불변요소』 읽기
박찬영 지음 | 296쪽 | 값 15,000원

노자와 탈현대 문명
홍승표 지음 | 284쪽 | 값 15,000원

선생님, 민주시민교육이 뭐예요?
염경미 지음 | 244쪽 | 값 15,000원

어쩌다 혁신학교
유우석 외 지음 | 380쪽 | 값 17,000원

미래, 교육을 묻다
정광필 지음 | 232쪽 | 값 15,000원

대학, 협동조합으로 교육하라
박주희 외 지음 | 252쪽 | 값 15,000원

입시, 어떻게 바꿀 것인가?
노기원 지음 | 306쪽 | 값 15,000원

촛불시대, 혁신교육을 말하다
이용관 지음 | 240쪽 | 값 15,000원

라운드 스터디
이시이 데루마사 외 엮음 | 224쪽 | 값 15,000원

미래교육을 디자인하는 학교교육과정
박승열 외 지음 | 348쪽 | 값 18,000원

흥미진진한 아일랜드 전환학년 이야기
제리 제퍼스 지음 | 최상덕·김호원 옮김 | 508쪽 | 값 27,000원
2019 대한민국학술원우수학술도서

폭력 교실에 맞서는 용기
따돌림사회연구모임 학급운영팀 지음
272쪽 | 값 15,000원

그래도 혁신학교
박은혜 외 지음 | 248쪽 | 값 15,000원

학교는 어떤 공동체인가?
성열관 외 지음 | 228쪽 | 값 15,000원

학교 민주주의의 불한당들
정은균 지음 | 276쪽 | 값 14,000원

교육과정, 수업, 평가의 일체화
리사 카터 지음 | 박승열 외 옮김 | 196쪽 | 값 13,000원

학교를 개선하는 교장
지속가능한 학교 혁신을 위한 실천 전략
마이클 폴란 지음 | 서동연·정효준 옮김 | 216쪽 | 값 13,000원

공자던, 논어는 이것이다
유문상 지음 | 392쪽 | 값 18,000원

교사와 부모를 위한
발달교육이란 무엇인가?
현광일 지음 | 380쪽 | 값 18,000원

교사, 이오덕에게 길을 묻다
이무완 지음 | 328쪽 | 값 15,000원

낙오자 없는 스웨덴 교육
레이프 스트란드베리 지음 | 변광수 옮김
208쪽 | 값 13,000원

끝나지 않은 마지막 수업
장석웅 지음 | 328쪽 | 값 20,000원

경기꿈의학교
진흥섭 외 지음 | 360쪽 | 값 17,000원

학교를 말한다
이성우 지음 | 292쪽 | 값 15,000원

행복도시 세종,
혁신교육으로 디자인하다
곽순일 외 지음 | 392쪽 | 값 18,000원

나는 거꾸로 교실 거꾸로 교사
류광모·임정훈 지음 | 212쪽 | 값 13,000원

교실 속으로 간 이해중심 교육과정
온정덕 외 지음 | 224쪽 | 값 13,000원

교실, 평화를 말하다
따돌림사회연구모임 초등우정팀 지음
268쪽 | 값 15,000원

학교자율운영 2.0
김용 지음 | 240쪽 | 값 15,000원

학교자치를 부탁해
유우석 외 지음 | 252쪽 | 값 15,000원

국제이해교육 페다고지
강순원 외 지음 | 256쪽 | 값 15,000원

교사 전쟁
다나 골드스타인 지음 | 유성상 외 옮김
468쪽 | 값 23,000원

 시민, 학교에 가다
최형규 지음 | 260쪽 | 값 15,000원

 학교를 살리는 회복적 생활교육
김민자·이순영 정선영 지음 | 256쪽 | 값 15,000원

 교사를 위한 교육학 강의
이형빈 지음 | 336쪽 | 값 17,000원

 새로운학교 학생을 날게 하다
새로운학교네트워크 총서 02 | 408쪽 | 값 20,000원

 세월호가 묻고 교육이 답하다
경기도교육연구원 지음 | 214쪽 | 값 13,000원

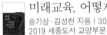 **미래교육, 어떻게 만들어갈 것인가?**
송기상·김성천 지음 | 300쪽 | 값 16,000원
2019 세종도서 교양부문

 교육에 대한 오해
우문영 지음 | 224쪽 | 값 15,000원

 혁신교육지구 현장을 가다
이용운 외 4인 지음 | 344쪽 | 값 18,000원

 배움의 독립선언, 평생학습
정민승 지음 | 240쪽 | 값 15,000원

 선생님, 페미니즘이 뭐예요?
염경미 지음 | 280쪽 | 값 15,000원

 평화의 교육과정 섬김의 리더십
이준원·이형빈 지음 | 292쪽 | 값 16,000원

 수포자의 시대
김성수·이형빈 지음 | 252쪽 | 값 15,000원

 혁신학교와 실천적 교육과정
신은희 지음 | 236쪽 | 값 15,000원

 삶의 시간을 잇는 문화예술교육
고영직 지음 | 292쪽 | 값 16,000원

 혐오, 교실에 들어오다
이혜정 외 지음 | 232쪽 | 값 15,000원

 혁신교육지구와 마을교육공동체는 어떻게 만들어지는가?
김태정 지음 | 376쪽 | 값 18,000원

 선생님, 특성화고 자기소개서 어떻게 써요?
이지영 지음 | 322쪽 | 값 17,000원

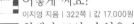

 학생과 교사, 수업을 묻다
전용진 지음 | 344쪽 | 값 18,000원

 혁신학교의 꽃, 교육과정 다시 그리기
안재일 지음 | 344쪽 | 값 18,000원

● **살림터 참교육 문예 시리즈** 영혼이 있는 삶을 가르치는 온 선생님을 만나다!

 꽃보다 귀한 우리 아이는
조재도 지음 | 244쪽 | 값 12,000원

 성깔 있는 나무들
최은숙 지음 | 244쪽 | 값 12,000원

 아이들에게 세상을 배웠네
명혜정 지음 | 240쪽 | 값 12,000원

 밥상에서 세상으로
김흥숙 지음 | 280쪽 | 값 13,000원

 우물쭈물하다 끝난 교사 이야기
유기창 지음 | 380쪽 | 값 17,000원

 선생님이 먼저 때렸는데요
강병철 지음 | 248쪽 | 값 12,000원

 서울 여자, 시골 선생님 되다
조경선 지음 | 252쪽 | 값 12,000원

 행복한 창의 교육
최창의 지음 | 328쪽 | 값 15,000원

 북유럽 교육 기행
정애경 외 14인 지음 | 288쪽 | 값 14,000원

 시험 시간에 웃은 건 처음이에요
조규선 지음 | 252쪽 | 값 15,000원

교과서 밖에서 만나는 역사 교실 상식이 통하는 살아 있는 역사를 만나다

 전봉준과 동학농민혁명
조광환 지음 | 336쪽 | 값 15,000원

 남도의 기억을 걷다
노성태 지음 | 344쪽 | 값 14,000원

 응답하라 한국사 1·2
김은석 지음 | 356쪽·368쪽 | 각권 값 15,000원

 즐거운 국사수업 32강
김남선 지음 | 280쪽 | 값 11,000원

 즐거운 세계사 수업
김은석 지음 | 328쪽 | 값 13,000원

 강화도의 기억을 걷다
최보길 지음 | 276쪽 | 값 14,000원

 광주의 기억을 걷다
노성태 지음 | 348쪽 | 값 15,000원

 선생님도 궁금해하는
한국사의 비밀 20가지
김은석 지음 | 312쪽 | 값 15,000원

 걸림돌
키르스텐 세룹-빌펠트 지음 | 문봉애 옮김
248쪽 | 값 13,000원

 역사수업을 부탁해
열 사람의 한 걸음 지음 | 388쪽 | 값 18,000원

 진실과 거짓, 인물 한국사
하성환 지음 | 400쪽 | 값 18,000원

 우리 역사에서 사라진
근현대 인물 한국사
하성환 지음 | 296쪽 | 값 18,000원

 꼬물꼬물 거꾸로 역사수업
역모자들 지음 | 436쪽 | 값 23,000원

 즐거운 동아시아사 수업
김은석 지음 | 240쪽 | 값 15,000원

 노성태, 역사의 길을 걷다
노성태 지음 | 324쪽 | 값 17,000원

 교과서 밖에서 배우는 역사 공부
정은교 지음 | 292쪽 | 값 14,000원

 팔만대장경도 모르면 빨래판이다
전병철 지음 | 360쪽 | 값 16,000원

  빨래판도 잘 보면 팔만대장경이다
전병철 지음 | 360쪽 | 값 16,000원

 영화는 역사다
강성률 지음 | 288쪽 | 값 13,000원

 친일 영화의 해부학
강성률 지음 | 264쪽 | 값 15,000원

 한국 고대사의 비밀
김은석 지음 | 304쪽 | 값 13,000원

 조선족 근현대 교육사
정미량 지음 | 320쪽 | 값 15,000원

 다시 읽는 조선근대 교육의 사상과 운동
윤건차 지음 | 이명실·심성보 옮김 | 516쪽 | 값 25,000원

 음악과 함께 떠나는 세계의 혁명 이야기
조광환 지음 | 292쪽 | 값 15,000원

 논쟁으로 보는 일본 근대 교육의 역사
이명실 지음 | 324쪽 | 값 17,000원

 다시, 독립의 기억을 걷다
노성태 지음 | 320쪽 | 값 16,000원

 한국사 리뷰
김은석 지음 | 244쪽 | 값 15,000원

 경남의 기억을 걷다
류형진 외 지음 | 564쪽 | 값 28,000원

 어제와 오늘이 만나는 교실
학생과 교사의 역사수업 에세이
정진경 외 지음 | 328쪽 | 값 17,000원

● 더불어 사는 정의로운 세상을 여는 인문사회과학 사람의 존엄과 평등의 가치를 배운다

밥상혁명
강양구·강이현 지음 | 298쪽 | 값 13,800원

도덕 교과서 무엇이 문제인가?
김대용 지음 | 272쪽 | 값 14,000원

자율주의와 진보교육
조엘 스프링 지음 | 심성보 옮김 | 320쪽 | 값 15,000원

민주화 이후의 공동체 교육
심성보 지음 | 392쪽 | 값 15,000원
2009 문화체육관광부 우수학술도서

갈등을 넘어 협력 사회로
이창언·오수길·유문종·신윤관 지음
280쪽 | 값 15,000원

동양사상과 마음교육
정재걸 외 지음 | 356쪽 | 값 16,000원
2015 세종도서 학술부문

교과서 밖에서 배우는 철학 공부
정은교 지음 | 280쪽 | 값 14,000원

교과서 밖에서 배우는 사회 공부
정은교 지음 | 304쪽 | 값 15,000원

교과서 밖에서 배우는 윤리 공부
정은교 지음 | 292쪽 | 값 15,000원

한글 혁명
김슬옹 지음 | 388쪽 | 값 18,000원

우리 안의 미래교육
정재걸 지음 | 484쪽 | 값 25,000원

왜 그는 한국으로 돌아왔는가?
황선준 지음 | 364쪽 | 값 17,000원
2019 세종도서 교양부문

공간, 문화, 정치의 생태학
현광일 지음 | 232쪽 | 값 15,000원

인공지능 시대의 사회학적 상상력
홍승표 지음 | 260쪽 | 값 15,000원

동양사상과 인간 그리고 사회
이현지 지음 | 418쪽 | 값 21,000원

좌우지간 인권이다
안경환 지음 | 288쪽 | 값 13,000원

민주시민교육
심성보 지음 | 544쪽 | 값 25,000원

민주시민을 위한 도덕교육
심성보 지음 | 500쪽 | 값 25,000원
2015 세종도서 학술부문

교과서 밖에서 배우는 인문학 공부
정은교 지음 | 280쪽 | 값 13,000원

오래된 미래교육
정재걸 지음 | 392쪽 | 값 18,000원

대한민국 의료혁명
전국보건의료산업노동조합 엮음 | 548쪽 | 값 25,000원

교과서 밖에서 배우는 고전 공부
정은교 지음 | 288쪽 | 값 14,000원

전체 안의 전체 사고 속의 사고
김우창의 인문학을 읽다
현광일 지음 | 320쪽 | 값 15,000원

카스트로, 종교를 말하다
피델 카스트로·프레이 베토 대담 | 조세종 옮김
420쪽 | 값 21,000원

일제강점기 한국철학
이태우 지음 | 448쪽 | 값 25,000원

한국 교육 제4의 길을 찾다
이길상 지음 | 400쪽 | 값 21,000원
2019 세종도서 학술부문

마을교육공동체 생태적 의미와 실천
김용련 지음 | 256쪽 | 값 15,000원

교육과정에서 왜 지식이 중요한가
심성보 지음 | 440쪽 | 값 23,000원

식물에게서 교육을 배우다
이차영 지음 | 260쪽 | 값 15,000원

● 평화샘 프로젝트 매뉴얼 시리즈 학교폭력에 대한 근본적인 예방과 대책을 찾는다

 학교폭력 어떻게 만들어지는가
문재현 외 지음 | 300쪽 | 값 14,000원

 아이들을 살리는 동네
문재현·신동명·김수동 지음 | 204쪽 | 값 10,000원

 학교폭력, 멈춰!
문재현 외 지음 | 348쪽 | 값 15,000원

 평화! 행복한 학교의 시작
문재현 외 지음 | 252쪽 | 값 12,000원

 왕따, 이렇게 해결할 수 있다
문재현 외 지음 | 236쪽 | 값 12,000원

 마을에 배움의 길이 있다
문재현 지음 | 208쪽 | 값 10,000원

 젊은 부모를 위한 백만 년의 육아 슬기
문재현 지음 | 248쪽 | 값 13,000원

 별자리, 인류의 이야기 주머니
문재현·문한뫼 지음 | 444쪽 | 값 20,000원

 우리는 마을에 산다
유양우·신동명·김수동·문재현 지음
312쪽 | 값 15,000원

 동생아, 우리 뭐 하고 놀까?
문재현 외 지음 | 280쪽 | 값 15,000원

 누가, 학교폭력 해결을 가로막는가?
문재현 외 지음 | 312쪽 | 값 15,000원

● 남북이 하나 되는 두물머리 평화교육 분단 극복을 위한 치열한 배움과 실천을 만나다

 10년 후 통일
정동영·지승호 지음 | 328쪽 | 값 15,000원

 선생님, 통일이 뭐예요?
정경호 지음 | 252쪽 | 값 13,000원

 분단시대의 통일교육
성래운 지음 | 428쪽 | 값 18,000원

 김창환 교수의 DMZ 지리 이야기
김창환 지음 | 264쪽 | 값 15,000원

 한반도 평화교육 어떻게 할 것인가
이기범 외 지음 | 252쪽 | 값 15,000원

● 창의적인 협력 수업을 지향하는 삶이 있는 국어 교실 우리말 글을 배우며 세상을 배운다

 중학교 국어 수업 어떻게 할 것인가?
김미경 지음 | 340쪽 | 값 15,000원

 토론의 숲에서 나를 만나다
명혜정 엮음 | 312쪽 | 값 15,000원

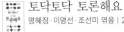 **토닥토닥 토론해요**
명혜정·이명선·조선미 엮음 | 288쪽 | 값 15,000원

 인문학의 숲을 거니는 토론 수업
순천국어교사모임 엮음 | 308쪽 | 값 15,000원

 어린이와 시
오인태 지음 | 192쪽 | 값 12,000원

 수업, 슬로리딩과 함께
박경숙 외 지음 | 268쪽 | 값 15,000원

 언어던
정은균 지음 | 268쪽 | 값 15,000원
2019 세종도서 교양부문

 민촌 이기영 평전
이성렬 지음 | 508쪽 | 값 20,000원

 감각의 갱신, 화장하는 인민
남북문학예술연구회 | 380쪽 | 값 19,000원